中国民营企业社会责任优秀案例

优秀案例

（2022）

高云龙　徐乐江◎主编

黄　荣◎副主编

中华工商联合出版社

图书在版编目（CIP）数据

中国民营企业社会责任优秀案例 . 2022 / 高云龙，徐乐江主编；黄荣副主编 . -- 北京：中华工商联合出版社，2022.12

ISBN 978-7-5158-3563-1

Ⅰ．①中… Ⅱ．①高… ②徐… ③黄… Ⅲ．①民营企业－企业责任－社会责任－案例－中国－2022 Ⅳ．① F279.245

中国版本图书馆 CIP 数据核字（2022）第 218374 号

中国民营企业社会责任优秀案例（2022）

主　　　编	高云龙　徐乐江
副 主 编	黄　荣
出 品 人	刘　刚
责任编辑	吴建新　林　立
装帧设计	张合涛
责任审读	付德华
责任印制	迈致红
出版发行	中华工商联合出版社有限责任公司
印　　　刷	北京毅峰迅捷印刷有限公司
版　　　次	2023 年 1 月第 1 版
印　　　次	2023 年 1 月第 1 次印刷
开　　　本	710mm×1000 mm　1/16
字　　　数	484 千字
印　　　张	31.5
书　　　号	ISBN 978-7-5158-3563-1
定　　　价	128.00 元

服务热线：010-58301130-0（前台）

销售热线：010-58302977（网店部）
　　　　　010-58302166（门店部）
　　　　　010-58302837（馆配部、新媒体部）
　　　　　010-58302813（团购部）

地址邮编：北京市西城区西环广场 A 座
　　　　　19-20 层，100044
http://www.chgslcbs.cn

投稿热线：010-58302907（总编室）
投稿邮箱：1621239583@qq.com

赶考之路，责任从来系家国

翻开改革开放 40 多年我国民营企业发展波澜壮阔的宏伟画卷，起笔不凡，落画精彩。

党的十八大以来，广大民营企业始终心怀"国之大者"，牢记习近平总书记"要坚持以人民为中心的发展思想，在高质量发展中促进共同富裕"的殷殷嘱托，把责任与担当铭刻于心、久久践行，成为提升经济效益、扩大对外开放、推进技术创新的重要力量。同时，也成为解决民生就业、贡献税收、绿色发展的重要支柱。广大民营企业家，也愈发收获了"而今而后、庶几无愧"的快乐。

进入新发展阶段，民营企业社会责任又赋予了新的使命。自 2018 年以来，全国工商联已连续五年发布《中国民营企业社会责任报告》《中国民营企业社会责任优秀案例》。寒暑易节，课题组奔赴九州大地，亲眼见证了民营企业负重任、敢作为、成大业的履责实践；深刻体会了民营企业家"计利当计天下利"的大公品格。

新时代呼唤新作为，新征程开启新篇章。2021 年，踏上实现第二个百年奋斗目标新的赶考之路，引导广大民营企业积极履行社会责任，依旧是全国工商联深度践行"两个健康"、实现共同富裕的重要抓手。在 2022 年中国民营企业社会责任优秀案例的选择上，我们重点聚焦在乡村振兴、绿色发展、疫情防控、促进就业、对口帮扶、诚信经营、创新创业、公益慈善等领域。

课题组先后前往浙江、云南、福建、重庆、贵州、山西、江西、河北、河南、吉林、江苏等十几个省市，实地走访了各级工商联和直属商会推荐的近百家民营企业，与优秀企业家和各利益相关方代表进行交流访谈，挖掘参与调研民营企业履行社会责任的闪光之处，分析民营企业履责特征和规律。在此基础上，遴选出 29 个具有代表性的优秀案例进行提炼总结，集中汇编成《中国民营企业社会责任优秀案例（2022）》。

入选案例的企业家有的以共产党员的实干担当长期奋战在脱贫攻坚战场，践行初心使命；有的将民生牢记在心间，为实现共同富裕舍小家为大家且矢志不移；有的为守护绿水青山殚精竭虑，只为一句庄严的承诺；有的热心公益慈善，为社会奉献温暖，满怀激情、奋斗不息……

入选案例的企业有的是依靠自身技术和数字化能力，推动可持续社会价值创新；有的是坚守绿色梦想，在新能源领域深耕不辍；有的是创新产业扶贫模式，以实体经济带动乡村振兴、区域发展；有的是通过强化企业社会责任治理，为员工创造美好生活……

这些民营企业家和企业的履责实践，映射出我国广大民营企业融入国家发展大局，勇担时代使命的卓越风范，也彰显了我国民营企业家对原乡故土的朴素情感和抹不去的家国心、民族魂。探索高质量发展，推进共同富裕进程，我国民营企业及企业家们，永远在路上！

中国已踏上实现第二个百年奋斗目标新的赶考之路，对民营企业履责提出了更高要求，唯有心系家国，行而不辍，才能在激荡的时代大潮中立于不败之地。《中国民营企业社会责任优秀案例（2022）》汇编过程中，课题组选择以文字记录，知秋一叶，表达我们对于民营企业与企业家赤子之心的崇高敬意。

新的赶考之路，民企履责从来系家国！

全国工商联民营企业社会责任课题组

2022 年 10 月于北京

目　录

| 企业家篇

Ⅱ 企业篇

企业家篇

Entrepreneur

一份"透明"的追求

——福耀集团创始人、董事长曹德旺

企业家简介：

曹德旺，1946 年出生，福建省福清市人，福耀玻璃工业集团股份有限公司创始人、董事长，中国侨商联合会荣誉会长、全国工商联咨询委员会委员、第十二届全国政协委员、民建会员。入选"改革开放 40 周年杰出企业家"，两次获得"中国首善"，七次获得中华慈善奖，并获得企业界奥斯卡之称的"安永全球企业家大奖"、全球玻璃行业最高荣誉"凤凰奖""全国扶贫攻坚奉献奖""全国抗击新冠肺炎疫情民营经济先进个人"等荣誉。此外，他还是中国第一家人才交流市场的提出者和促成者，中国第一家引进独立董事制度的倡导者，中国加入 WTO 后第一起反倾销案胜诉者，中国第一个以股票捐赠创办慈善基金会的先行者。如今，76 岁的他依然满

图1 2009 年 5 月，曹德旺先生从全球 43 个国家和地区的代表中脱颖而出，荣膺"安永全球企业家大奖"，成为该奖设立以来首个华人得主

怀激情、奋斗不息，用河仁慈善基金会名义捐资 100 亿元人民币，举办理工科研究型大学，探索新型办学模式。

透明是玻璃的基本属性，也是曹德旺的本色。

他白手起家创立福耀集团，用一片透明的玻璃，改变了世界汽车玻璃产业的格局。

他创造并带领中国品牌"福耀"征服全球用户，用公开透明的公司治理方式，让世界认识中国人的自信自强、自尊自爱。

他捐股票、办大学，探索企业家责任的边界，用一份透明的信念，开创中国慈善史上多个先河；

他捐资 160 亿元用于救灾、扶贫、教育、医疗、生态、文化等多个领域，用透明的行动，诠释感恩与责任的追求；

他真诚坦荡、心怀家国，用一颗透明的赤子之心，为经济发展和社会进步建言献策。

追求之路也是履责之途。曹德旺一生只做一事，一事成就一业，一业造福万家。他认为，企业家的责任应该包括三个信念：国家因为有你而强大、社会因为有你而进步、人民因为有你而富足。这也是曹德旺的人生价值观。

一、善念助推创业，为中国人做一片属于自己的玻璃

曹德旺出生于新中国成立前，贫苦的家庭环境让他少小辍学，15 岁起便参加工作，先后在工地、农场等做工。1978 年，国家开始推行改革开放政策，此时，曹德旺正在家乡福建省福清县高山镇异型玻璃厂当采购员。落后的生产条件和市场意识，让这家玻璃厂连年亏损，濒临倒闭的边缘。

1983 年，中央颁布"一号文件"，允许个体户承包经营乡镇企业，曹德旺在政府的号召下，身试改革，承包了这家处于危困中的玻璃厂，并大胆推行绩效工资制度，扩大生产，于当年扭亏为盈。

敏锐的市场意识和高度的家国情怀，让曹德旺发现，当时中国汽车玻璃几乎全部从国外进口，严重限制了中国汽车工业的发展以及人民生活水平的提高。为此，曹德旺立志"为中国人做一片属于自己的玻璃"。

1987 年，曹德旺在原有乡镇玻璃厂的基础上，联合十几名股东成立一家小型的合资企业（福耀集团前身），生产汽车用安全玻璃，并于 1993 年在上海证券交易所成功上市。

2001 年中国加入世界贸易组织（WTO），曹德旺决定借此东风，加速推动企业国际化进程，让中国汽车玻璃走出国门、行销全球。

这期间，福耀不仅打赢了中国入世后的第一例反倾销案，保障了企业的合法权益，还为中国产品走向海外树立了样板。这场官司也让福耀在国际市场上一战成名，让全球客户看到了福耀的本色与精神。

2005 年，经过一年多技术攻关与全球认证后，福耀成功签约德国奥迪，成为其全球供应商。此举也标志着福耀已经掌握了汽车玻璃生产的核心技术，此后奔驰、宝马、丰田、本田、路虎、宾利等一流汽车品牌相继与福耀签约，并多次被这些世界知名汽车生产商评为"全球优秀供应商"。

21 世纪初的中国，汽车工业发展进入了快车道。福耀用十余年时间，以每年建一个厂的速度，分别在北京、上海、广州、长春、天津、湖北、重庆等 16 个省、区、市建设了数十个全产业链生产基地，并在全球中、美、德、日四个国家设立了六个研发中心。

从 2011 年以后，随着国际市场的需要以及国家"走出去"战略的实施，福耀在俄罗斯、美国、德国、日本、韩国等全球 11 个国家和地区建设产销基地和服务机构。

目前，福耀玻璃已成为全球规模最大、工艺技术最先进的汽车玻璃生产企业之一，所生产的汽车玻璃占中国市场份额的 68%，占全球市场份额超 30%，是上交所和港交所两地挂牌 A+H 上市公司，并成为"央视财经 50 指数"、沪深 300 指数、上证红利指数、香港恒生指数、MSCI 明晟中国指数的成分股。

近年来，曹德旺带领福耀持续推进数字化转型升级，积极探索和实践"工业 4.0"及"中国制造 2025"，其信息技术与生产自动化方面位居全球同行业前列。

2021 年，福耀获中国质量领域的最高荣誉"中国质量奖"；2018 年，"智能制造新模式应用"项目通过国家工信部验收，获国家发改委等五部委授予的"国家级企业技术中心""国家技术创新示范企业"；申请专利超 2000 项，解决全球行业"卡脖子"技术难题 13 项，并多年蝉联《财富》中国 500 强、中国民营企业 500 强等。

图 2　2016 年 10 月 6 日，曹德旺获全球玻璃行业领袖集体评选的最高荣誉——凤凰奖，评委会称"曹德旺带领福耀集团改变了世界汽车玻璃行业的格局"

40 余年的创业历程，曹德旺始终坚守实业报国的初心，坚持职业操守，不为各种"短线操作""赚大钱""捞快钱"所诱惑，专注发展汽车玻璃主业。

他始终认为，企业家不应该把赚钱作为最大的追求，制造业是利国利民的根本。为此，福耀集团不涉足房地产、金融证券、互联网等行业，所有大型投资都与主营业务玻璃制造相关，且长期保持高信用、低负债的健康财务状况。

自 1987 年至今，福耀已累计缴税逾 240 亿元；"A+H"累计派息 233 亿元，是同期从股市累计募资额的 2.12 倍。公司在发展的同时积极践行企业公民责任，七次获得中华慈善奖。

2018 年，改革开放 40 周年之际，曹德旺入选全国工商联"百名杰出民营企业家"名单；2009 年，曹德旺获全球企业界的"奥斯卡"——安永全球企业家大奖，是全球首位获此荣誉的华人企业家。2016 年，获全球玻璃行业领袖集体评选的最高荣誉——凤凰奖，评委会评价"曹德旺带领福耀集团改变了世界汽车玻璃行业的格局"。

"实实在在、心无旁骛做实业，这是本分。"2019 年 3 月 10 日，全国两会期间，习近平总书记参加福建代表团审议时再次强调发展壮大实体经济的重要作用，这句话也正是曹德旺创办福耀的真实写照。

二、成为民间大使，用自信自尊讲好"中国故事"

"中国是中国人的中国，建设中国、发展中国、保卫中国，要靠我们每一个中国人。"曹德旺自创业之初，就始终以"中国企业家"来定位和要求自己，无论后来事业做到哪里，都将国格、人格放在第一位。

随着福耀国际化进程的加快，公司在全球的布局越来越多，国际间的商务往来频繁，曹德旺时刻不忘提醒福耀的员工，注意自己的一言一行，维护国家的形象。"外国人不知道你叫什么名字，但是他知道你是中国人。我们走出国门代表的就不只是你个人，也不只是福耀，而是代表着中国人的形象。"

同时，在面对国家尊严、国家权益受到挑战之时，曹德旺更是展现出一个中国企业家的自信与担当，他的"寸土不让"也赢得了世界的尊重。

2001 年中国正式加入 WTO（世贸组织），借助这一历史机遇，中国制造企业都加速国际化发展。但是中国产品的价格优势引起了海外竞争对手的不安，2001 年美国和加拿大向中国汽车玻璃行业发起反倾销调查，这一行为将直接影响包括福耀在内的许多中国汽车玻璃企业，也间接影响着中国企业在全球市场上的企业形象和商业信誉。

消息传到福耀，很多人都劝曹德旺放弃反倾销应诉，认为这是"出力不讨好"的事情。但曹德旺力排众议，坚持要打赢这场官司，他说："作为一名中国企业家，我想我有资格、有义务、有责任站出来，无论是为维护国家的声誉、民族的尊严还是行业的利益，我都必须站出来据理力争，打这场官司。"

为了维护商业公平，曹德旺亲自挂帅，组建反倾销领导小组，坐镇国内指挥作战，派出精锐干将赴美一线操作，不惜代价聘请美国最好的反倾销律师。

那段时间，曹德旺带领的反倾销小组成员经常吃睡在办公室，仅整理的资料和数据就重达半吨，堆满了整整一个房间。经过八个月的艰苦应诉，2002 年 8 月 30 日，加拿大国际贸易法院裁定，来自中国的汽车玻璃在加拿大的销售不构成侵害。两年后，2004 年，福耀集团在美国获得另一场反倾销应诉的胜利。

　　至此，福耀集团打赢了中国入世后的第一起反倾销案，不仅为自己的企业，更为全中国的企业正名。此后，福耀反倾销案成为中国企业开展反倾销应诉的重要借鉴典例，也是中国企业坚定道路自信、维护中企国际声誉的有力例证。

　　在国际舞台上"一战成名"的曹德旺，使国际社会对福耀和如福耀一样的许多中国企业形象发生了认知改观，对中国企业家也给予了更多的理解与认同。但真正让西方世界对曹德旺尊重并信赖的，还在于曹德旺骨子里"敬天爱人"的思想。

　　他坚信无论做什么事，在哪里做事，都首先要敬天爱人，尊重当地法律法规、风俗文化，爱护环境，维护员工、供应商、合作伙伴、社区的权益。最生动的事例，莫过于福耀在美国投资建厂的经历。

　　2014年，应美国通用等汽车公司及美国俄亥俄州招商局邀请，曹德旺赴当地考察。这一地区曾是美国汽车产业走廊的重要部分，但随着实施"去工业化"战略，当地大批汽车工厂关停，成为经济不振的"铁锈地带"。实地考察之后，曹德旺认为福耀必须在美投资建厂，这既是跟随客户贴身服务的战略需要，也是福耀国际化发展的必由之路。

　　他认为：第一，美国作为全球最大的汽车市场，无疑是世界汽车产业的战略高地，福耀想要成为"全球第一"，势必打入美国汽车产业链；第二，俄亥俄州代顿地区位于美国汽车工业走廊的核心地段，周边分布着数家全球知名的汽车制造商，独特的地缘优势将助力福耀成为美国汽车产业链的重要一环；第三，美国提出恢复制造业大国地位，地方政府为福耀建厂提供了优厚的补贴并开通了各项行政手续的绿色通道；第四，美国的石油、天然气、水电等资源价格较为便宜，能够大大降低企业生产的要素成本，从而有效保障企业发展的必要利润。此外，福耀早在1994年就已进入美国市场，虽然只是经销业务，但对美国的文化制度、法律法规已经学习了20多年，具备融入美国社会的能力。

　　2015年，第一批福耀技术人员抵达美国工厂，曹德旺现场开会，他不仅强调走出国门的中国人要维护祖国的形象，还要求员工尊重当地的法律法规，承认文化的差异，求同存异，共同努力办好工厂。

　　2016年，福耀美国工厂竣工投产。这座当时全球最大的汽车玻璃单体工厂引来了全球媒体的注目,他们惊叹于一个中国企业家能这么短的时间内在美国建成这样一座现代化的生产基地,连篇累牍地报道曹德旺创办福耀美国工厂的故事。

随着美国工厂的顺利投产,不仅解决了企业所在地就业和税收两大问题,还带动了当地配套供应链、服务链的产业发展,俄亥俄州成了最大的受益者,双方在不断的碰撞与融合中形成了更多更大的共识。如今,福耀已经在美国五个州建立了公司,形成了全产业链,连续六年实现不间断盈利,雇员超过3000人,市场占有率达到全美30%。

近年来曹德旺先后参加了中国发展高层论坛研讨会、中美民间经贸合作发展论坛、中美蓝厅论坛等多个中外关系重要会议,结合福耀海外发展的探索实践,为中外关系建设提供了很多富有建设性的积极建议。

**图3　2020年1月,美国俄亥俄州向曹德旺颁发感谢信,
以感谢曹德旺对该州发展所作的杰出贡献,并称赞曹德旺是一位"民间大使"**

2022年9月7日,中国驻美大使秦刚视察福耀美国工厂时表示,福耀的成功故事启示我们,"中国制造"和"美国制造"可以互相促进,相得益彰。他说:"中美合作绝不是零和游戏,而是互利共赢。福耀的成功故事也让我们看到,福耀与俄亥俄州的合作已成为两国经济、两国人民之间密切联系的纽带。希望福耀继续扩大在美发展合作,续写新的成功故事。"

图 4　2022 年 9 月 7 日，中国驻美大使秦刚视察福耀美国工厂

中国驻纽约总领事黄屏、中国驻芝加哥总领事赵建也曾先后考察福耀美国工厂，对福耀在美建厂的战略成功予以肯定，对曹德旺董事长为促进中美经济交往及文化交流作出的巨大贡献表示赞赏。

福耀故事还被搬上了银幕。2020 年，由美国人史蒂文·博格纳尔、朱莉娅·赖克拍摄四年半的纪录片《美国工厂》获得第 92 届奥斯卡最佳纪录长片奖。该片一经投映，就被翻译成 30 多个国家的语言，在全球范围广为传播，向全世界展示了中国人的勤劳善良、中国企业的责任担当。在奥斯卡颁奖礼现场，导演史蒂文·博格纳尔发表获奖感言时，激动地用中文说出："谢谢曹德旺。"

图 5　2020 年第 92 届奥斯卡颁奖典礼现场，
《美国工厂》导演史蒂文·博格纳尔领取最佳纪录长片奖，并用中文感谢曹德旺

如今，福耀的全球征程还在继续，无论是在俄罗斯、美国、德国，还是在日本、韩国，曹德旺带领的福耀都始终坚持道路自信、理论自信、制度自信、文化自信，把每一个产销研基地都作为向世界展示中国文化的窗口，用自己的一言一行与实际行动讲述着"中国故事"。

三、敢为人先，开创慈善史上多个先河

曹德旺一边将企业开向全球，大笔地赚钱，一边又积极投身公益事业，大笔地捐赠。这看似矛盾的现象，在曹德旺身上其实是统一的。

他认为，把企业办好就是最大的慈善，因为不仅促进了经济发展，解决了社会就业问题，更促进了每一个人对美好生活的向往和追求。

同时，他认为，自己所赚到的每一分钱都是因为国家、时代赋予的机遇，因此，要心怀感恩，积极地参与社会的第三次分配，把财富用于社会最需要的地方。这两者终极目的都是促进国家强大、社会进步与人民幸福。

他的创业之路，也是慈善之路。

曹德旺人生第一笔捐赠是在 1983 年。当时还在为工厂资金运转犯愁的曹德旺，偶然得知自己小学时的母校缺少课桌椅，便毫不犹豫地捐出了2000 元。从那以后，凡有需要，他都慷慨解囊。

随着事业不断壮大，他捐赠的额度也越来越高。在这一过程中，曹德旺逐渐发现了中国现有公益体质机制上的问题，他期待更有效、更创新的办法，能够长期对社会贡献力量。

在多年的实践与探索中，他最终产生了以有价证券创立基金会的念头。2007 年 8 月，曹德旺向福建省领导打报告，第一次表达了希望捐献福耀股权做慈善基金的想法。

2009 年 4 月，曹德旺正式向民政部递交申请书，历经两年多的努力，于 2011 年 5 月成立了以他父亲名字命名的——河仁慈善基金会。

曹德旺将三亿股福耀股份（个人近 50% 的资产）捐赠给该基金会，这是至今全国第一个以金融资产（股票）创办的非公募基金会。

河仁慈善基金会的成立，开创了中国基金会资金注入方式、造血方式、运作模式和管理规则等多个"第一"。

时任全国政协副主席、全国工商联主席黄孟复在出席基金会成立仪式并为基金会揭牌时表示，河仁慈善基金会的成立，开创了以捐赠股票方式设立基金会的先河，标志着我国慈善事业又向前迈进了一步。

图6 2011年5月5日，由曹德旺捐赠三亿股福耀玻璃股票、发起成立的河仁慈善基金会在北京正式成立。股票过户当天价值35.49亿元人民币

此外，曹德旺还是中国慈善"捐款问责"第一人。

2010年西南五省大旱，曹德旺通过中国扶贫基金会向10万贫困家庭捐出两亿元善款。为保证每一分钱都发到灾民手中，曹德旺与基金会签订协议，成立专门的监督委员会监督善款使用情况，要求基金会管理费不能超过3%，差错率不得超过1%，超出部分按30倍赔偿。

因为这一规定，这个慈善项目被称为"史上最苛刻的捐款"，在当时中国慈善遭遇信任危机的社会背景下输出了强大的正能量。六年之后，中国首部《慈善法》正式颁布，"股权捐赠"和"赔偿责任"被写入国家法律。

应国家所需，急社会所急，曹德旺以"务实"为根本，从实际出发，精心规划每一个公益慈善项目，与时俱进、创新突破。

2021年，曹德旺再次突破常举，捐资百亿建设福耀科技大学（暂名），专门培养领军型高级工程师人才，服务于中国的高端制造业，助力国家综合实力的提升。

"我建这所大学不是为了让中国多一所大学，而是要探索一种新的教育模式。"在曹德旺的规划中，福耀科技大学在管理、教研、合作等方面均不同于国内其他大学。

学校将实行错位办学，采用双导师制度，由学院一名导师负责完成教纲要求的学科知识，另一名导师由实践经验丰富的高级工程师担任，负责学生的实操动手能力。同时，学生利用寒暑假到企业实训，保证在毕业时，已经具备工程师水平。

学校管理上实施多元层面改革，在保证党和国家法律得到有效执行的前置条件下，探索治学创新，引领更多的人才和年轻人从事制造业、投身制造业。

现在，曹德旺将大半时间和精力都投入到了福耀科技大学的建设工作中。他考察国内各大知名高等学府，学习借鉴高校办学经验；四处求贤纳士，为新建大学招募人才；组织召开办学研讨会，集思广益，筹划未来。只要身在福州，曹德旺几乎每天都会到建设工地上走一走、看一看，风雨无阻。

此外，这些年来，在教育领域，他还捐赠了北京大学数学楼、厦门大学图书馆和商学院、南京大学社会学院、西北农林科技大学奖教助学金、福建师范大学基础研究院、福建师范大学附属德旺中学、福州市图书馆等20余个项目，建设占地面积超过1300亩，直接受益者不计其数。

四、亲力亲为，身体力行地参与赈灾扶贫、抗疫助困

尽管曹德旺各类工作繁重，但他总是挤出时间，几乎每一个慈善项目都亲自参与。在边远贫困地区有他行善的足迹，在慈善项目实施研讨会上有他的建议，在媒体上有他关心支持慈善的呼声，在国内外重要慈善活动上有他的观点。

从汶川、玉树、鲁甸、雅安、通辽、西藏的地震灾害，到甘肃岷县、河南暴雨和福建中北部的山洪，再到西南五省旱灾……每次国内发生重大自然灾害，曹德旺无论身在何处都会第一时间捐款赈灾，并尽力争取亲赴灾区慰问。

2008年，汶川地震牵动无数国人的心，曹德旺带头捐款500万元，并在灾后亲自深入灾区了解灾情，向眉山市捐赠400万元重建两所受灾严重的小学。

2009年，台湾地区遭遇到台风袭击，曹德旺当天紧急赶回福州，参加福建省有关部门的专场募款赈灾活动，资助1000万元人民币。

2010年，青海玉树发生地震，远在美国进行商务活动的曹德旺，连夜

给国内打电话，捐款一亿元用于赈灾。同年，曹德旺多次深入云、贵、川偏远地区，了解当地严重的旱情，并捐款两亿元，帮助了10万受灾户。

邻国遭受灾害，同样牵动曹德旺的慈悲之心。

2015年4月25日，尼泊尔发生大地震，曹德旺第一时间建议基金会通过尼泊尔驻华大使馆，向尼泊尔政府捐赠人民币1000万元，用于灾后重建。

这是灾后该国使馆收到的第一笔中国民间救助，他们非常感动，特别发来感谢信："患难见真情！对于你们这种雪中送炭的支持，尼泊尔人民非常感激，永远不会忘记！"

在大笔救灾捐赠之外，曹德旺还格外关注贫困弱势群体。

2006年，他乘飞机看报时看到这样一则消息，吉林双辽一位农民生了三胞胎，因家里贫穷无钱供养。曹德旺立即决定给孩子的父母每月支付基本工资用于抚养孩子，并很快联系上对方并办理妥当。

如此救助个体的案例不胜枚举：《海峡都市报》报道的早产三胞胎，曹德旺代付三个孩子在医院保温箱养护所需要的所有费用，并在出院后每个月给这个家庭生活教育补助。

福清市永泰县长坑村老农何金龙家庭贫困，还要照顾智力残障的儿子，曹德旺帮他选买精壮母牛，帮助老人改善家境。

2007年，福耀一位实习生被查出患有白血病，治病至少需要70万元，曹德旺得知后马上作出指示，全力救治并承担所有医疗费用，"田家穷，企业不做，谁做！"

……

随着慈善之路越走越远，越走越深，曹德旺把更大的精力放在地区脱贫和精准扶贫上。

中西部特殊贫困地区、特殊贫困人群是曹德旺始终关注的重点。在他的身体力行之下，河仁慈善基金会资助中西部贫困地区的善款已达10亿元以上。其中单个项目资助在300万以上的有20多个。

2015年，国家提出五年完成扶贫攻坚任务的号召。曹德旺积极响应，到湖北、江西、福建等革命老区、贫困地区的乡村调研，开展"万企帮万村"精准扶贫活动。

2016年春节刚过，曹德旺来到革命老区湖北省红安县走访考察，商定与贵州、湖北、福建三省 30 个贫困村（每省 10 个村），开展联村帮扶活动，每村每年资助 100 万元，三省三年共 9000 万元，主要用于"发展经济脱贫一批"的项目。

2018 年，曹德旺在听取西藏昌都市领导关于当地藏族同胞因病致贫、因病返贫的情况介绍后，立即带队到北京，向有关专家了解相关传染病、地方病防治的问题，并筹集四亿资金资助"三区三州"深度贫困地区、特殊贫困人群的健康扶贫三年攻坚项目。

党的十八大以来，党中央全面打响脱贫攻坚战，曹德旺积极带头参与，帮助对口帮扶地区的贫困人群发现产业发展机遇，扶持当地开发 98 项产业扶贫项目，实现了"造血式"精准扶贫。

曹德旺两次带队前往贵州省安顺市考察，提出放弃引入高技术项目的规划，改为依托自然资源发展有机农业的建议。

随后，曹德旺派出福耀集团的优秀管理团队，赴当地一对一帮助农产品加工企业完成现代化的管理升级，用精益管理的方式，大幅度压缩生产流通环节的浪费。此外，曹德旺还支持对当地农民进行职业培训，打造万亩高标准种植示范基地。

图 7　从 2016 年至 2019 年，曹德旺捐款 9000 万元直接帮扶闽鄂黔三省七县 32 个村、98 个项目，当地贫困户全部脱贫。图为曹德旺赴贵州安顺辣椒种植基地考察产业扶贫项目

两年时间里，曹德旺在安顺市四个贫困村，直接帮扶贫困群众 556 户、1982 人，当地农民人均可支配收入从三四千元增长到近两万元，四个村的贫困群众全部顺利脱贫。

图8 2020年11月20日，曹德旺出席国务院新闻办公室在北京举行的中外记者见面会，讲述自己参加"万企帮万村"精准扶贫行动的初心和经历

截至目前，曹德旺已累计捐赠超过160亿元，涉及扶贫济困、奖教助学、公共卫生、文化传承、赈灾济贫、扶老助残、生态环境等领域的233个公益项目，资助范围遍及我国西藏、新疆、云南、贵州、四川、甘肃、青岛、宁夏、重庆、福建、江西等20多个省、市、区。

五、参政议政，直言献策奉献一颗赤子之心

虽然社会媒体给曹德旺冠以"真正的'中国首善'"称号，但他却认为捐款只是小的慈悲，在他看来"大善为政、小善为慈"。真正的"大善"是我们党和国家的政策，帮助了中国所有人民不断地走向更加美好的生活。

为此，在担任第十二届全国政协委员期间，曹德旺认真履职，积极谏言，他说他非常珍惜全国政协委员这个身份，因为政协委员能够借助全国政协这个平台，将一名企业家的社会责任延伸到更加广泛的社会群体当中。

例如，2013年3月，第十二届全国政协第一次会议在北京召开之际，曹德旺向大会提交了"关于调高个税起征点以及税率的提案"，他认为缴纳个税是每个公民应尽的义务，其开征的意义贵在调节高收入，缓解收入引起的分配不公，改变初次分配以及加大对低收入者财政保障、促进社会稳定发展等。他建议，调高个税起征点与个税税率，真正惠及中低收入人群，同时适当加大高收入人群的个税税率。这在当时是社会各界极度关注但又讳莫如深的话题，但曹德旺依然将自己的观点毫无保留地提出，也由此引

起了强烈的社会反响。2018 年，个税法迎来第七次修订，个税起征点由每月 3500 元提高至每月 5000 元。

2014 年，他又提交了"关于立法加强我国湿地保护的提案"，呼吁出台国家层面的湿地保护法，强化湿地管理保护中心职能，切实将保护生态环境、提升经济效益、保障公众生存发展权利三者有机结合起来，实现对湿地保护和利用的可持续发展。

与此同时，曹德旺还出资以福州为重心成立湿地保护培训中心，开展湿地保护。他邀请哈佛大学、耶鲁大学等著名学府的智囊团来中国，帮助培训中国的湿地保护志愿者等团体，让更多人认识到湿地的重要性，一起保护好湿地。由他支持的武夷山国家公园体制建设项目入选第一批国家公园名录。

图9　2016 年 3 月 4 日，曹德旺在全国两会经济组第 37 组会议上就民营企业税费问题发言

作为全国政协经济界别的企业家委员，企业发展是曹德旺参加两会绕不开的话题，但他从不为福耀或汽车产业发声，而是持续关注小微企业的发展。

"小微不微小啊，管理大师彼得·德鲁克说过，中国经济的快速发展依赖于千千万万中小企业的发展。小微企业是国民经济的毛细血管，其贡献率超过了大中型企业。"曹德旺在自己写的"关于从厘定细分小与微的区别着手，帮扶小微企业发展的提案"中表示，小微企业面临着融资难、生产难、招工难、税负难、服务难这"五难"问题。他还提出，相对于步入正轨的大中型企业，小微企业更需要国家的大力扶持，国家应出台根本性政策帮助它们发展壮大。

五年的政协履职生涯，曹德旺提交了八份提案，涉及农业发展、环境保护、制造业及小微企业、教育等诸多社会焦点，每一份提案都亲自调研，每一项谏言都直言不讳，直击敏感话题。

面对一些朋友所说"不要说太多，保护自己"的说法，曹德旺受领好意，却并不认同。

他说："政协委员必须具备三个要素：第一，必须有独立完整的人格，独立自主的思考能力，不受权力、金钱诱惑；第二，必须有较高的修养，有丰富的知识，坚持自律；第三，必须有担当，必须敢于为社会底层老百姓仗义执言，积极帮助弱势群体。"

他如此说，也如此做，用务实、坦荡、自信的透明底色，为中国社会分配改革贡献了一己之力。

"我们的祖国妈妈，经历了40多年的改革开放，已发展成全球第二大经济体，但又一个新的矛盾浮了出来，那就是基尼系数居高不下，贫富两极有进一步分化的迹象，这又再一次困扰着我好事的心。"曹德旺在其自传《心若菩提》的结语中，用饱含深情的笔墨，写下他曾经、现在和未来始终如一的人生奋斗目标——助力国家强大、推动社会进步、促进人民幸福。

如今，七旬高龄的曹德旺依然致力于提升中国企业在全球的话语权，站在推动第三次分配改革的前沿，躬身于创新国内高等教育模式之中，力行于消除社会贫困、实现共同富裕的路上。

他以感恩与责任的追求，书写着"中国企业家"的精神与品格，就像他一生执着的那片玻璃，无私无华，透明坚定，福耀万家。

以共产党员的实干担当践行初心使命

——红豆集团党委书记、董事局主席周海江

企业家简介：

周海江，男，汉族，中共党员，1966年2月出生，江苏无锡人，经济学博士，高级经济师，现任红豆集团党委书记、董事局主席兼首席执行官，中国民间商会副会长。党的十七大、十八大、十九大、二十大代表。

30多年来，他以"共同富裕、产业报国、八方共赢"为使命，始终做到聚精会神办企业、遵纪守法搞经营，听党话、跟党走，讲正气、走正道，积极探索具有中国特色的现代企业制度，把一个乡镇企业打造成大型跨国民营企业集团，成为"一带一路"建设的合作共赢样板。

周海江先后获得"全国抗击新冠肺炎疫情先进个人""全国优秀共产党员""全国优秀党务工作者""改革开放40年百名杰出民营企业家""优秀中国特色社会主义事业建设者""全国劳动模范""中国青年五四奖章""全国道德模范提名奖""中国好人"，以及江苏"时代楷模"等荣誉称号近百项。

图1　红豆集团党委书记、董事局主席周海江

出生于江苏无锡的周海江自幼勤奋好学，1985年考入深圳大学，攻读经济管理专业。在校期间，品学兼优的他光荣地加入了中国共产党，并担任学生会副主席。

大学毕业后，周海江于河海大学任教。随后，在改革春风吹拂下，年轻的他毅然决定辞去大学教员职务，下海弄潮，去感受不一样的人生经历。

1987年12月，周海江辞职回乡，来到无锡港下太湖针织制衣总厂（红豆集团前身）工作，他先后担任推销员、厂部秘书、车间主任、副厂长、子公司总经理等职务。一路历练下，2004年9月，周海江初任红豆集团总裁；2007年6月，兼任集团党委书记；2017年1月，成为董事局主席兼首席执行官。

目前，红豆集团产业涉及纺织服装、橡胶轮胎、红豆杉大健康、园区开发四大领域，拥有10万名员工、两个产业园区、两家主板上市公司、三个驰名商标。2021年，红豆集团营收770亿元，位居中国民营企业500强前列。

一、坚定信仰，强化党建，积极探索中国特色现代企业制度

（一）"第一身份是共产党员"，党建强才能企业强

爱党、跟随党，在周海江家可谓祖孙三代一脉传承。

早在1957年，周海江的祖父周林森即响应中央"手工业者组织起来"的号召，组织两户农民创办起棉花加工厂，吃住在厂里，成为工厂第一名共产党员。1983年，父亲周耀庭服从组织安排，接手濒临倒闭的针织厂，五年不拿一分报酬，大胆改革，使得小厂起死回生。

"我的第一身份是共产党员！"大学时代起，周海江就以此为铭，时刻谨记以共产党员的标准严格要求自己。

20世纪末，受周边企业破产风波影响，红豆集团内人心浮动，一些股东纷纷要求退股变现，一时间集团资金压力巨大。关键时刻，周海江等一批党员站了出来，深入股东和员工中耐心细致地开展思想工作。很快，在党员干部的示范引领下，浮动的人心稳定下来，生产秩序得到维护，企业渡过了难关，当年销售额不仅没受到影响，还增长了三成。

这件事让周海江意识到，坚强有力的党组织是企业遇到困难时的定海神针，是企业发展壮大的主心骨和推进器，党建强才能企业强。

红豆集团创立之初，就设立了党组织。1997年成立党委，2004年成立

党校，2010年成立纪委。截至2021年年底，集团共有五个二级党委，七个党总支部，95个党支部，党员1413名，形成了党组织建设从集团总部到产销一线的全面覆盖。

"听党话、跟党走，讲正气、走正道。"多年来，红豆集团将党建工作与企业运营深度融合，强化政治建设和政治功能，注重发挥党组织的政治核心作用和政治引领作用，致力于把新时代的党建优势转化成新红豆的发展优势。

周海江创建了"一核心三优势"党建经验，"一融合双培养三引领"党建工作法，"五个双向"党建工作机制，探索实践了"党的建设 + 现代企业制度 + 社会责任"三位一体的中国特色现代企业制度，以高质量党建引领高质量发展。

（二）把党的政治优势转化为红豆的发展优势

多年来，周海江始终坚持从一线工作的骨干中培养选拔党员。这些党员在企业生产经营实践中充分发挥先锋模范作用，在抗击疫情的紧急关头、非常时期，筑牢了一座座红色堡垒。

2021年，集团党委开展了"庆百年、报党恩、争先锋"主题活动，评选出百名党员先锋。2022年，集团党委开展了"创先锋团队、喜迎党的二十大"主题活动，评选出20个先锋党支部团队。

集团每年都会表彰一批优秀共产党员、巾帼先锋、五一劳动模范、五四青年标兵，在全集团树立了一大批各条战线的先进典型，厚植了浓浓的正能量，营造了党建引领讲正气的浓厚氛围。

每年3月，都是红豆集团的全员"挖潜月"。连续17年，集团累计收到20多万条合理化建议，大多被运用到实际生产经营中，节省了成本开支，产生了数亿元的经济效益。

在推进党建工作标准化的同时，周海江还开始了对现代企业制度的思考和探索。

他发现，现代企业制度高度完善的西方国家，屡屡出现跨国公司欺骗公众、坑害社会的行为，发生了次贷危机、金融风暴、核泄漏污染等重大事件。

由此，周海江意识到，源于西方的现代企业制度，虽然在提高企业运行效率上优势明显，但也存在追求资本利益最大化、不顾社会利益的短板。中国企业要想超越西方企业，首先必须在制度上超越，必须让企业由以资本利益为中心转到以人民利益为中心上来。

（三）创立三位一体的中国特色现代企业制度

2012年3月，周海江参加了全国非公有制党建工作会议，并作为民营企业的唯一代表介绍了红豆党建经验，得到了时任中央政治局常委、中央书记处书记、国家副主席习近平同志的充分肯定。

这次会议让周海江更加坚定了信心，中国企业通过发挥党的政治优势和社会主义制度优势，一定能克服现代企业制度的弊端。

于是，在企业发展实践中，他把"党的建设"和"社会责任"融入现代企业制度，创立了"现代企业制度＋党的建设＋社会责任"三位一体的中国特色现代企业制度。

2017年3月，周海江这一探索性创新成果，由中共中央党校出版社出版发行，名为《中国特色现代企业制度》，社会反响热烈。

图2　2017年3月，周海江的著作《中国特色现代企业制度》在中央党校发布

党建，是红豆集团发展的稳定器，也是指南针。从党的大政方针中寻找机会和灵感，成了红豆常"红"的秘诀。党建工作具有政治优势，能够积极转化为企业的发展优势，可以激励、监督、保障企业的发展，也可以

避免企业走弯路、走错路。

社会责任，既是企业使命，也是一种品格力量、形象力量。2007 年 4 月，红豆集团通过 CSC9000T 认证，成为中国纺织行业第一家全面通过企业社会责任国际审验认证的企业。

"听党话、跟党走、报党恩"是红豆集团不变的初心，探索建立中国特色现代企业制度是周海江 30 多年孜孜不倦的探索。

探索构建"现代企业制度＋党的建设＋社会责任"三位一体的中国特色现代企业制度，实质上是通过党建引领民营企业治理，实现现代企业制度的"以资本为中心"到中国特色现代企业制度的"以人民为中心"的根本转变。

这种探索得到各界认可。2019 年，中组部"不忘初心、牢记使命"主题教育案例丛书之《党的建设》册，红豆三位一体治理模式经验成为唯一入选的民营企业案例。

2012 年 10 月，红豆集团党委被评为"全国先进基层党组织"，中组部发文推广红豆党建工作经验。在周海江的带领下，红豆成为全国工商联首批"全国非公有制经济人士理想信念教育基地"中唯一一民企，并由省委组织部批准设立"江苏省党支部书记学院民企分院（无锡）"。

红豆一直履行着"八方共赢"理念。周海江心系公益事业，个人出资 2000 万元成立了无锡红豆关爱老党员基金会，与父亲周耀庭共同出资 2000 万元成立无锡耀庭慈善基金会。新冠肺炎疫情暴发后，他第一时间缴纳 1000 万特殊党费支持抗疫。多年来，红豆已累计向社会捐款捐物超 5.6 亿元。

心中有信仰，脚下有力量。周海江用实践证明，党建引领是红豆集团发展的根与魂。加强党的建设，有利于把广大员工紧密团结起来，有利于把"红色资源"转化为企业发展的"红色动力"，有利于企业健康发展、企业家健康成长，有利于把"中国特色"打造成"中国优势"。

二、聚焦实业，做精主业，推动红豆高质量发展

党的十八大以来，周海江认真学习贯彻习近平总书记系列重要讲话精神，落实新发展理念，聚焦高质量发展，聚力新旧动能转换，心无旁骛，

坚守实业，以"自主品牌""自主资本""自主创新"，克服民营企业发展中面临的"市场冰山""融资高山""转型火山"等困难；以"数智化、绿色化、在线化、高端化、国际化、证券化"战略实施供给侧结构性改革，推动集团由传统制造企业升级为工业互联网企业，带领红豆迈入高质量发展的新时代。

（一）以"自主品牌"融化"市场冰山"

周海江常说："品牌是占据市场的命根子，要像保护眼睛一样保护品牌。"

有一次，他在通用公司车间检查工作时，发现10万多只、价值上千万元的内胎存在瑕疵。有员工建议，反正不影响轮胎使用，就低价销售吧。周海江坚决反对："绝不能降低品牌产品的质量标准。这些轮胎必须全部剪掉！"

这一举动震撼了每一名员工。从那以后，集团轮胎板块的产品合格率一直保持在同行前列，"千里马"全钢子午胎被业界誉为"中国矿山第一胎"，该产品在内蒙古市场占有率超过40%，被当地卡车司机亲切地称为"神马"轮胎。

周海江在全国企业中第一个设立了商标科，专门从事商标规范管理、防假打假，对全球54个国家和地区的34大类商品进行了商标保护性注册。

集团旗下"红豆""千里马""Hodo"商标先后被认定为中国驰名商标，带动了3000多家配套协作单位共同发展。集团被原国家工商总局确定为服装界唯一的"国家商标战略实施示范企业"。红豆品牌价值不断上升，在世界品牌实验室2022年公布的中国500最具价值品牌排行榜上，红豆品牌位列第78位，品牌价值831.85亿元。

（二）以"自主资本"翻越"融资高山"

周海江在中外企业对比中深刻地认识到，"传统产业要实现高质量发展，必须借助资本的力量"。在他的努力下，红豆股份、通用股份先后于2001年、2016年成功上市，集团获得了更大的发展空间。

此后，周海江牵头成立江苏民营投资控股有限公司，发挥资本优势、资源优势和市场竞争优势，帮助一大批中小企业解决融资问题，助力传统产业转型升级。

早在 2013 年，周海江就看准国家全面深化改革的机遇，申报了创办锡商银行的材料。经过六年不懈努力、不断完善，最终化茧成蝶。2020 年 4 月 16 日，全国第 19 家民营银行、江苏省第 2 家民营银行——无锡锡商银行正式开业。红豆是最大股东，也是创办领头者。

锡商银行开业当天，周海江还特意安排了给中小微企业复工复产复商复市的授信环节。红豆集团旗下的财务公司、阿福科贷公司、投资公司均积极响应国家金融风险防控的总体要求，帮助中小微企业翻越"融资高山"。

在红豆的支持下，越来越多的供应链企业解决了资金的燃眉之急。近年来，阿福科贷公司为 500 多家中小微企业提供了 820 笔贷款。

（三）以"自主创新"征服"转型火山"

2006 年的一天，周海江在北京邂逅多年不见的老友。老友直言，因红豆新品太少，他已不再购买。周海江陷入深思，没有产品的创新就没有红豆的未来！他开始全面谋划红豆的转型升级。

从此，红豆全面开启了推进科技、营销、组织和模式创新。先后打造了四家省级高新技术企业、两个国家级企业技术中心、四个省级企业工程技术研究中心、五个省市级工业设计中心，集聚了 200 多名海内外高层次人才，累计申报国家专利 3900 件。

2016 年，面对市场消费需求的不断升级，周海江要求，必须拿出颠覆性创新产品！他深入亏损的内衣生产企业，亲赴一线门店，了解市场需求，制定创新方案。

他带领技术攻坚小组，从面料改良、设备更新、设计优化等方面，历经六个月研发推出了既保暖又透气的红豆绒柔暖型内衣，当年销量就位列同类产品首位。几年来不断地迭代更新，如今这款内衣全国热销已超一亿件。

围绕专业化分工，以系统创新助推企业转型升级，集团分别建立了红豆男装、红豆居家、红豆家纺、红豆童装四大服装连锁品牌。

2020 年起，面对疫情反复，周海江一手抓防疫，一手抓生产，实现了逆势增长。2022 年 3 月，红豆男装联合国际顶级男装品牌阿玛尼前设计副总裁 Patrick Grandin，开创舒适男装新赛道。红豆 0 感舒适衬衫让中国消费者以普通衬衫的价格，享受奢侈品级的体验，市场表现抢眼，销售突破 20 万件，创造了单品销售纪录。

图3　2020 年 10 月，红豆与中国联通集团合作，携手进行
"5G+ 纺织服装工业互联网平台"建设，大力打造智能工厂

随着物联网产业的蓬勃兴起，周海江还联合国际知名咨询公司埃森哲，大力实施"智慧红豆"战略，布局全产业链数据化、智能化。2016 年，红豆首家智慧门店落成。

"红豆纺织服装工业互联网平台"被工信部定为 2018 年工业互联网平台试点示范项目，红豆也因此成为中国服装行业唯一进入该国家级平台类试点示范项目的企业；2019 年，通过"国家高新技术企业"资质认证；近日，红豆工业互联网公司荣登"2022 工业互联网 500 强榜单"第 56 位。

此外，红豆旗下通用半钢胎智能工厂已实现从原材料入库到成品出库全程智能化，生产效率提升 40%，运营成本降低 20%，产品研制周期缩短 30%。

（四）推进"三自"战略，加快"六化"步伐

在加速证券化上，周海江要求，已经上市的企业要进一步做强做大。市值靠业绩支撑，只有市值做大，红豆实力才能不断提升。

在加速高端化上，坚定不移抢占舒适赛道，以 0 感舒适衬衫为突破口，不断提升红豆品牌档次，坚定走高端化路线。

在加速国际化上，要进一步宣传西港特区，同时通用公司要做强泰国工厂业绩，加快推进柬埔寨工厂建设，不断推进国际化步伐。

在加速绿色化上，红豆成立新能源公司，将进一步增强实力，加快发展。

在加速在线化上，一手抓电商，一手抓融合，打通线上线下通道，在线化水平要达到 50% 的目标。

在加速数智化上，要更大力度推进智能化改造、数字化转型，数智化的速度，这决定了工厂的竞争力。

这"六化"每个方面各进步一点，都会带来红豆集团的巨大进步和成功。"三自六化"高质量发展战略，成为集团由小到大、由弱到强的"红豆密码"。

如今，集团四大实业均已形成了专业优势：纺织服装年销量多年保持全国同行首位；橡胶轮胎产业率先开启工业 4.0 建设，实现"黑灯工厂"；紫杉醇注射液中选国家第五批药品集采，紫杉药业抗肿瘤制剂智能工厂启动建设；园区开发方面，2022 年上半年，西港特区全区企业累计实现进出口总额 13.74 亿美元，比去年同期增长 38.23%。开创定位于新城镇综合体的"红豆万花城"商业地产模式，有力助推了乡村振兴。

三、牢记嘱托，打造样板，在"一带一路"建设中敢于担当

周海江身上既有苏南老一代乡镇企业家"四千四万"的创业精神，又有新一代企业家视野开阔、善于开拓、敢于超越的奋斗精神，随着企业的发展壮大，"家国情怀"在他心中不断成长。

（一）为国为民，无惧艰难

2006 年，周海江响应国家"走出去"号召，决定与无锡两家企业在柬埔寨西哈努克港开发建设经济特区（即西港特区），项目中标商务部首批境外经贸合作工业园。

然而在建设推进过程中，另两家企业因故先后撤资退出，特区建设一时陷入进退两难境地。当地政府找到周海江，希望他能接手，把项目做下去。

周海江心里清楚，对红豆集团来说，接手西港特区的开发工作，缺少投资、管理、人才上的准备，前途成败实在难料。然而西港特区是国家之间的合作项目，如果红豆也撒手不管，项目肯定失败，有可能影响国家形象。

权衡再三，他决定接盘，为了保证特区建设资金，不仅忍痛停掉了一些赚钱快的好项目，还冒着倾家荡产的风险签订了个人无限责任，把自己的身家性命全押上去，同时，他从全集团挑选了一批能吃苦、善开发、守规矩的党员干部团队进驻西港特区。

开发之初，特区无水无电，一片荒芜。周海江带领员工不顾人生地疏，顶着烈日，冒着40℃的高温，和党员干部对全区11.13平方公里、70米落差的丘陵之地，反复丈量、核定边界、施工建设。

最初，他们的努力并没有得到柬埔寨当地村民的认可。白天筑起的围墙，当天晚上便被推倒，一些建筑工具也遭到破坏。

周海江没有灰心，深入当地了解缘由后发现，当地村民担心荒地被开发后他们将失去赖以为生的放牛牧场。一头牛价值300美元，相当于全家一年的收入。

周海江带领团队挨家挨户走进村民家中，耐心解释。他承诺："旧饭碗没有了，我们一定会还给你们一个金饭碗！"西港特区运行至今，周海江早已兑现了这个承诺。如今很多在西港特区工作的村民人均年收入约3000美元，一个人一个月就能赚回一头牛。

（二）牢记嘱托，升级特区

2016年8月17日，中央召开推进"一带一路"建设工作座谈会，周海江受邀参加。会后，习近平总书记握着周海江的手说："柬埔寨是'一带一路'上的战略支点国家，非常重要，要建设好西港特区。"周海江激动地回答："请总书记放心，我们一定把西港特区建设好！"

他牢记总书记的嘱托，第二天就带着专家团队飞往西港特区，马不停蹄地重新组织研究、提升特区定位，迅速制定了西港特区2.0版升级版规划，通过抓建设、办教育、做公益，进一步赢得民心，全面提升特区发展水平。

图4 2016年8月，周海江受邀参加推进"一带一路"建设工作座谈会

在特区开发过程中，周海江主张引龙头项目和重点项目入区，带动上下游配套企业入驻，形成产业集聚优势，提升园区竞争力；建成商业区、居住区、医院、学校等，提升园区配套服务能力；以"平台＋"的理念推进一站式行政服务中心、法律服务中心、金融服务中心等10个中心建设，全面提升园区硬件和软件设施。

同时，他坚持不以牺牲环境为代价，不影响当地人民生活为底线，做到开发与保护并举，主动建设西哈努克省首个大型污水处理厂，维护当地良好的生态环境。这些维护村民切身利益的举措和设施，受到了当地群众的拥护和好评。

作为面向全球的跨国投资平台，西港特区始终坚持发展实业，坚持与股东、员工、顾客、供方、合作伙伴、政府、环境、社会（社区）等八方建立共赢关系（"八方共赢"理念），取得了实打实、沉甸甸的发展成果。

如今，西港特区2.0升级版建设正在稳步推进，区内各项配套设施建设进一步完善，就业人数稳定增长。目前已引入来自中国、欧美、东南亚等国家及地区的企业170家，创造就业岗位近三万个，工业产值对西哈努克省的经济贡献率超过50%，成为柬埔寨规模最大、发展最好、最受欢迎的经济特区。

依托特区的发展，2021年，西哈努克省年人均收入达4378美元，跃居柬埔寨前茅。周海江率领红豆集团以实实在在的成绩，有力地推动了西哈努克省经济社会的发展。

（三）授之以鱼，不如授之以渔

周海江主动为当地修建学校，配备师资，兴办教育，在西港特区设立免费培训中心，吸引当地群众前来学习中文和劳动技术。

周海江每次去西港都会为柬方员工上一堂中文课，向他们传播中国文化、传递红豆情怀，用润物细无声的方式教育感染当地群众，帮助他们从"靠天吃饭"的农民转变为有稳定收入的产业工人。如今，附近乡镇70%的家庭有成员在特区工作，许多村民家都从茅草屋变成了砖瓦房，并购置了家电和汽车。

党的十八大以来，红豆在西港特区已举办了18期技能和语言培训班，累计培训学员近五万人次。2018年，红豆协助筹办了西哈努克省中柬友谊理工学院，已招收、培训学生约1000人。另外，特区内还建有以学历教育为主的西哈努克港工商学院，2019年12月正式开学。

图5　2016年，周海江莅临西哈努克港经济特区，为培训班学员上课

（四）守望相助，中柬同心

把西港特区打造成"一带一路"上的民心工程，是周海江的一大夙愿。为了取得当地村民的支持，他专门成立了中柬友谊公益志愿者联盟，积极

推进公益慈善事业。

在当地遭遇旱灾时,红豆集团为灾民送去饮用水、大米等生活物资;在酷暑难耐的夏季,为困难家庭送去避暑防蚊用品;在交通不便的地方,给村里送去水泥修桥铺路……

红豆志愿者还主动到当地默德朗乡,与贫困辍学儿童开展"一对一"帮扶,帮助20多名辍学儿童重返校园。周海江去学校探望时,默德朗乡小学校长感激地说:"感谢联盟,感谢红豆,在你们的帮助下,学校现在已经没有因贫辍学的孩子了!"

周海江带领集团每年向柬埔寨红十字会捐款,在中柬建交60周年时,出资30万美元建设"西港—红豆友谊公园"。随着疫情在全球蔓延,周海江了解到当地非常缺口罩的时候,立马加班加点赶制,向柬埔寨红十字会捐赠了100万只口罩。柬埔寨红十字会主席、洪森首相夫人文拉妮亲王特别来信感谢,称赞"守望相助,中柬同心"。

(五)务实合作样板,"一带一路"典范

在红豆集团和西港特区推动下,无锡市与西哈努克市缔结为友好城市,江苏省与西哈努克省缔结为友好省份。两国、两省、两地以西港特区为纽带,不断加强经贸、文化、教育、卫生、医疗等方面的合作与交流。

2016年10月,习近平总书记在访问柬埔寨时发表署名文章称赞"蓬勃发展的西哈努克港经济特区是中柬务实合作的样板"。在第三次"一带一路"建设座谈会上,习近平主席称赞西港特区为当地发展提供了强劲的动能。柬埔寨首相洪森称赞西港特区是"中柬两国'一带一路'合作取得丰硕成果的典范"。

在周海江十多年如一日的坚持与努力下,西港特区已成为"一带一路"合作共赢的样板工程和民心工程。

2017年,在党的十九大召开之际,200多名柬埔寨员工在写有"感谢'一带一路'改变了我们的生活!感谢中国习主席!祝福中共十九大"的巨型条幅上签名,并派人专程送到北京,以表达他们对"一带一路"建设的感激之情。

四、不忘初心、牢记使命，为新时代脱贫攻坚贡献力量

为中国人民谋幸福，为中华民族谋复兴，是中国共产党人的初心和使命。周海江认为，作为"自己人"的民营企业家，同样要牢记这一初心，肩负这一使命。

周海江始终坚持企业"不能只追求利润最大化，而应追求社会价值最大化"理念，坚定走共富之路，努力承担社会责任，积极践行习近平新时代"精准扶贫、精准脱贫"思想。为了追求社会价值最大化，他提出并践行"八方共赢"理念。

（一）捐资设立慈善基金，关爱员工，助老扶弱

在企业内部，周海江设立了 2500 万元关爱贫困员工的"红豆慈善基金"。他建立起员工成长机制，每年投入 8000 多万元给一线员工提供免费食宿，实施薪酬倍增、星级评选、竞争上岗等制度。

2006 年，28 岁的徐姓员工不幸患上了急性白血病，在他一筹莫展、全家绝望的时候，周海江得知消息，第一时间率领工会人员为他送去了医药费，解了燃眉之急。这名员工康复后，通过竞聘上岗成为红豆男装连锁某公司的总监，常念念不忘地说："是周总和红豆给了我第二次生命，只有努力工作，才能回报公司对我的关爱。"

周海江始终身体力行参与社会慈善公益事业。他个人捐资 2000 万元成立"无锡红豆关爱老党员基金会"，目前已有 200 多名贫困老党员、老支书和优秀党务工作者得到了资助。

为了弘扬孝道家风，他和父亲共同捐资 2000 万元，建立"无锡耀庭慈善基金会"，资助当地的百岁老人家庭，至今已有 60 个百岁老人家庭分别领到 10 万元慈善慰问金。

（二）救灾抗疫中党旗飘扬

2008 年汶川地震发生后，周海江动员全集团捐款捐物，并带头献血，向党组织缴纳了 1000 万元特殊党费。随后他来到灾区，看到孩子们在简陋的校舍里勤奋学习，深为感动，当即又拿出 300 万元，在北川、聚源、映秀

三所中学分别设立了"七一红豆奖学金"。北川羌族自治县一名受助学生写信给周海江说:"感谢周伯伯在我们困难的时候伸出援助之手。长大后,我也要像您那样,去帮助更多的人。"

新冠肺炎疫情暴发以来,周海江第一时间缴纳1000万元特殊党费,践行党员初心;第一时间响应国家号召,争分夺秒转产医疗物资;第一时间高效组织复工复产,把疫情影响降到最低;第一时间牵头江苏省30家民营企业,发起倡议履行社会责任。

周海江以"秒改"速度将服装车间、制药净化车间改造为防护服、口罩等防疫物资生产车间,组建党员突击队,及时完成了国家下达的拨付武汉的65万件防护衣任务。国务院应急联防联控机制医疗物资保障组特别发来感谢信,称赞红豆"是当之无愧的抗击疫情'军工厂',为打赢疫情防控阻击战作出重要贡献"。

图6　2020年,周海江在红豆防疫物资生产车间检查防护衣质量

"习近平总书记把我们民营企业当作'自己人',我们更要自觉做好'自己人',永远听党话、跟党走。但这还不够,还要报党恩,特别是要在关键时刻挺身而出。"周海江是这样说的,也是这样做的。

从2022年3月以来,疫情在沪苏等地反复出现,周海江立即组织370多名党员志愿服务队,及时筹备1.2万件物资紧急驰援上海方舱医院建设。无锡疫情发生后,他迅速响应市委倡议,组织党员就地转为抗疫志愿者,用实际行动筑牢防疫防线。

（三）精准扶贫，产业援疆

"精准扶贫"，是周海江率领红豆集团听党话、跟党走的又一个标志性行动。

2015年，周海江响应江苏省委、省政府"产业援疆"号召，在新疆霍尔果斯投资8800万元，兴建了红豆服装厂，面向当地少数民族招工。

霍尔果斯居民艾尼买买提建厂之初就进入红豆服装厂工作，2017年被评为红豆集团标兵，2018年被提拔为民品生产线上的质量组组长。他的爱人阿尼沙古丽也在服装厂工作并被评为集团标兵，女儿也被引荐到服装厂上班。现在一家三口全年收入达10万多元，在霍尔果斯口岸买了房，买了车，生活发生了翻天覆地的变化。

目前，红豆服装厂已吸纳新疆当地员工104人，在2019年实现产值超亿元，成为纺织产业助力精准扶贫的先进典型，被中纺联授予"2017—2018年度纺织产业扶贫先进单位"荣誉称号。

多年来，周海江全力推动红豆集团与全国各地的11个"红豆村"结成联盟，为贫困村提供村民就业、村干部挂职锻炼机会，每年还优价收购当地农副产品，重点帮扶特困村民，红豆集团被全国工商联授予"全国'万企帮万村'精准扶贫行动先进民营企业"荣誉称号。

集团还向江苏民营企业决胜全面小康社会精准扶贫基金认捐5000万元，建成连云港市班庄镇孙净埠村20亩标准化温室大棚、徐州市丰县梁寨镇小李寨村600吨果蔬保鲜冷库等扶贫项目。

初心如磐，笃行致远。2022年7月1日，红豆集团与延安梁家河村签订了村企合作框架协议，红豆将通过开发当地劳动力和农产品资源促进增收致富。周海江充满信心地说，要把总书记当年带领村民发展致富的宝贵梁家河精神，融入建功新时代的生动实践之中。

立足新时代、展望新征程，周海江初心不变，使命在肩，带领全体红豆人继续加快转型升级，进一步完善中国特色现代企业制度，推进"千亿红豆、智慧红豆、幸福红豆、百年红豆"建设，向"打造世界一流企业"目标奋进。

绿色天能担责任，共同富裕谱新篇

——天能控股集团党委书记、董事长张天任

企业家简介：

张天任，男，汉族，中共党员，1962年10月出生，天能控股集团党委书记、董事长，第十二届、第十三届全国人大代表，浙江省第十三次、第十四次党代会党代表，全国工商联执行委员，浙江省工商联副主席，湖州市工商联主席，教授级高级工程师，高级经济师，中国轻工业联合会副会长、中国电器工业协会副会长、中国电池工业协会副理事长、长三角企业家联盟副主席。

张天任先后获得"全国优秀党务工作者""全国劳动模范""优秀中国特色社会主义事业建设者""全国优秀企业家""中国生态文明奖先进个人""中国民营经济年度人物""世界杰出华人奖""风云浙商"等荣誉称号。

图1　天能控股集团党委书记、董事长张天任

张天任，其名出自"天降大任"。他敢为人先，用35年时间，将一家濒临倒闭的村办小厂，做成了拥有天能动力（H股）和天能股份（A股）、跻身中国500强的跨国集团公司——天能控股集团。他带领天能集团全体员工，将一块小小的铅酸蓄电池，做成了年产值超过2000亿元的新能源电池大产业，引领行业高质量发展。

"古之成大事者，不惟有超世之才，亦必有坚忍不拔之志"，正是张天任35年来坚忍不拔创业奋进最真实的写照，他以高度的社会责任感，将天能集

团打造成为中国民营企业非公党建、诚信经营和促进共同富裕的绿色典范。

一、敢为人先：造出中国第一代免维护电动自行车电池

"年少时，在打工生涯中经受的挫折和苦难，成为我创业人生道路上的宝贵财富，既磨炼了意志，也让我学到了很多销售管理知识。"

——张天任

20世纪80年代，浙江乡镇企业迅速崛起。1988年，26岁的张天任借款5000元，承包了一家濒临倒闭的村办小厂——长兴第一蓄电池厂，走上了创新创业之路。正是这个决定，让他成了改革开放后第一批成长起来的企业家。

创业之路总是充满艰辛，当时厂里只有数十名工人，技术、设备等各方面条件都十分有限。张天任谨守"把厂子办好、让工人有班上"的初心，攻坚克难、迎难而上，目标是先做好电池半成品。从1988年到1998年，十年磨一剑，他说："后来我把半成品做到了极致，很多外资企业都来采购我们的产品。"

20世纪90年代末，因为环保问题，很多城市实施"禁摩"政策，摩托车电池需求量锐减，"转型升级"的问题摆在张天任面前。之后，电动自行车应运而生，张天任敏锐地抓住市场机遇，重金引进上海复旦大学科研成果，合力投入电动自行车阀控式密封铅酸蓄电池研制开发，成功推出国内第一代长寿命、环保型蓄电池，一举攻占了市场。2001年，天能集团电池销售收入首破亿元大关。

张天任并未被成绩遮住双眼，他清醒地意识到未来的竞争是人才、资本、机制的综合竞争，希望通过上市能规范化治理，打开企业的视野和格局。2007年，天能动力作为中国动力电池第一股在香港上市，张天任也成为中国绿色动力能源的领航者之一。2021年1月，天能股份又在国内科创板上市，成为行业首家拥有"A+H"双上市品牌的公司。

截至2021年12月，天能集团已在浙江、江苏、安徽、河南、贵州、山东、江西七省建设16大生产基地，拥有超过130家国内外子公司，员工2.7万余名。集团营收再创历史新高，年销售额超过2000亿元，年纳税金额近50亿元，成为中国智造的绿色典范，先后获得"全国文明单位""中国工业大奖""国家制造业单项冠军""浙江省人民政府质量奖"等殊荣。

目前，天能集团综合实力位居中国企业 500 强第 139 位，中国民营企业 500 强第 30 位，中国民营企业制造业 500 强第 14 位，中国轻工业百强企业第 5 位，中国轻工业电池行业十强第 1 位，浙江百强民营企业第 5 位。

二、坚守信念：筑起全球制造业绿色低碳发展的"中国典范"

"责任是企业的立身之本，诚信是企业的金字招牌，我们要算大账，不算小账，要像爱护眼睛一样爱护生态环境。"

——张天任

在坚持绿色发展的道路上，张天任领导公司上下形成了"生产经营必须把环境保护放在优先位置"的高度共识。35 年来，张天任算过很多账，但算的都是生态环保账、诚信经营账、长远发展账。有些账看似亏本，实则赢得了良好口碑，夯实了发展基础。

（一）腾笼换鸟，走绿色低碳可持续发展之路

2004 年左右，全国的蓄电池行业有 3000 多家企业，很多低小散企业无视生态环保和产品质量，行业秩序混乱。2004 的 6 月 2 日，时任浙江省委书记的习近平来到天能集团考察，勉励张天任加快腾笼换鸟，走可持续发展之路。自此，张天任以"宁愿不要金山银山，也要守护绿水青山"的魄力，在行业内率先开始绿色转型，开展产品设计生态化、生产工艺清洁化、装备制造智能化与资源利用循环化。

这一决定，令张天任承受了不小的压力。公司经营会上有人质疑：好端端的生产线为什么要淘汰？赚钱的产品为什么要停产？张天任坦言："只追求眼前利益，不顾生态环境，企业注定没有出路！"

此后，天能集团举绿色生态旗、打智能制造牌、走循环发展路，探索形成了绿色增长新模式，取得了制造业企业从源头到末端全过程"绿化"的"碳中和"经验，极大地促进了企业系统性改革和高质量发展，为节能减排、行业可持续发展赋能增效。

天能集团从绿色产品、绿色车间、绿色工厂、绿色园区、绿色标准、绿色供应链等入手，借助大数据平台，将"绿色智造"主线贯穿到生产经营

全流程，引领产业向绿色、高端、智能方向发展。目前，天能共有 30 个专案上榜国家绿色制造名单，16 个绿色设计产品入选全国绿色领跑产品名单。

（二）着眼国际，与法国道达尔集团达成绿色产业合作

2007 年以来，张天任大力推动天能集团积极布局锂电投资、研发锂电产品。先后在正极材料存储性能提升、高容量负极材料开发、单体电池能量密度提高、软包动力电池研发、系统总成可靠性增强等方面取得技术突破。

截至目前，天能集团共申请与锂离子电池相关的各类专利 160 余项，其中授权发明专利 15 项，占国内市场份额的 8% 左右。

2019 年 11 月，在习近平主席和法国总统马克龙的共同见证下，天能集团和法国最大的企业（位居全球 500 强第 20 位）道达尔（Total）集团达成战略合作，成立合资公司共同研发、生产、销售全球最先进的锂电池。

图 2　天能集团与道达尔集团合资的天能帅福德公司高能锂电池投产项目奠基仪式

自 2020 年起，天能集团投入 100 多亿元，在湖州长兴、湖州南太湖建立现代化锂电池智能工厂，现拥有 23GWH 产能，可以年配套 100 万辆电动汽车。2021 年 8 月，天能锂电·海全汽车 10001 套动力电池系统下线。

（三）布局前沿，加快新兴绿色能源的前瞻性建设

在夯实锂电池布局上，张天任大力加快能源新兴产业的前瞻性建设。

一方面，大力实施智慧工程，构建从数据感知、边缘处理到智慧应用的综合能源数字服务平台，为客户量身打造风电＋智慧储能、光伏＋智慧储能等多层次一体化清洁能源解决方案。尤其在储能上已形成绿色高能铅

炭电池、锂离子电池等一系列解决方案。

另一方面，积极推动氢燃料电池核心技术突破及产业化发展，大力引进日、美等海内外顶尖人才及尖端核心技术，组建研发团队及专项研发小组，成立专门的实验、检测基地。最新研发的 T60-C 氢燃料电池发动机和 150kW 燃料电池模块顺利通过国家机动车产品质量监督检验中心强检，突破多项关键核心材料及电堆的"卡脖子"技术。

图3　天能自主研发的 T60-C 氢燃料电池发动机

图4　装载有天能氢燃料发动机的公交车

2021年，天能集团在氢燃料电池领域取得重大突破，与南京金龙展开合作，装载天能 T60-C 氢燃料电池系统的南京金龙 NJL6106 产品型号燃料电池低入口城市客车，入选工信部第345批《道路机动车辆生产企业及产品》名单。

同时，天能氢燃料电池系统团队叉车项目组完成开发 LD20-C-01 氢电20kW 级别系统，成功搭载徐工集团 3.5 吨叉车，在重污染的装卸搬运领域及城市运营领域取得重大突破。

图5　天能氢能源荣获 2021 燃料电池系统技术贡献奖

在智慧能源领域，2021 年 12 月 23 日，天能帅福得 2MWh 储能系统正式交付投运，该系统有效提高系统循环使用寿命。2022 年，由天能承建的 100MWh 系统业务首套风冷储能集装箱完成安装，成功交付客户，实现了天能在风冷领域零的突破。

（四）打造闭环，构建双循环闭环式绿色产业链

张天任的绿色低碳发展意识不仅体现在对再生能源机构的努力上，在能源梯次再利用的循环回收体系层面也早在 2009 年就起步。张天任在股东面前带头将已赚进腰包的钱拿出来，投资在当时看不见任何利润回报的循环回收技术中。

经过 10 多年的努力，天能集团如今已实现打造蓄电＋锂电双循环的集"回收—冶炼—再生产"于一体的闭环式绿色产业链。依托全国布控 1637 条物流干线、3000 余个经销商渠道及 40 多万个营销网点，天能逐步形成了废旧电池分散回收、集中处置、无害化再生利用的闭环式循环生态圈。

目前，天能已在全国七个省份建立循环经济产业园，每年可无害化回收处理废旧电池 100 万吨。同时，持续加大对锂电池回收利用的产业布局，建成了业内领先的废旧锂电池回收处理生产线，具备了年处理 2.3 万吨废旧锂离子电池的能力，锂的回收率由行业平均水平的 70% 提高到 90% 以上，综合技术指标达到国际先进水平。

大力稳固国内市场的同时，张天任积极布局海外市场，特别是"一带一路"沿线国家的业务和服务，全面塑造中国品牌在海外的竞争力。截至 2021 年，天能集团的电池和智慧能源业务已经遍布以南非、东南亚为代表的多个"一带一路"重要节点城市和区域。值得一提的是，非洲总统府的储能系统也是由天能建设的。

三、追求极致：亲自挂帅探索新能源"中国品牌"极限

"只有不断开发适销对路的新产品，加强电芯核心关键技术的研发，才能在激烈的国内国际市场竞争中占有一席之地。"

——张天任

（一）立足核"芯"技术，致力于推进超前研发进度

多年来，张天任始终亲自挂帅，致力于推进新产品开发。从可维护电池到免维护电池到稀土硅胶电池，再到如今的石墨烯电池，天能集团始终准确把握市场变化的脉搏，以超前意识投入产品研发，保证每年都有 10 个以上新产品推出市场，先后共开发了国家重点新产品 10 项，创新国家专利 500 多项。其中，仅张天任个人创新的国家专利就有 120 余项，在国家级期刊上发表论文五篇。

天能集团高度重视科技研发，先后与八名院士合作，引进国家级引才计划人才七名，省级引才计划人才 12 名，组建了由美国、日本、韩国等国际顶尖专家组成的创新团队，研究产业涉及新能源电池、新能源材料、智能制造、绿色循环等多个领域。

天能集团设立了项目与知识产权管理部专门负责项目申报及知识产权管理工作，有效保证集团核心竞争力。

图 6　天能集团科技人员和党员骨干开展智能制造和关键科技攻关

2021 年，天能集团参与制定国家标准、行业标准等技术标准 16 份，参与编制的第一份国际标准已正式发布实施；完成专案、荣誉申报 500 余项，完成专利申请 600 余件，并获得国家"绿色设计产品"国家"绿色供应链管理企业""中国专利优秀奖""全国供应链创新与应用示范企业""中国轻工业科技创新先进集体"等荣誉称号。

（二）加码数字改革，打造智能制造领军样板

作为新能源电池行业的领军人物，张天任多年来一直非常重视科技创

新及数字化建设，积极推广绿色智造。

天能集团从产品研发端引入全面绿色设计理念，到供应链端以全流程智慧模型作为支撑，再到制造端全面推行绿色智造工厂建设，全力打造新能源智慧制造示范样板，并向天能各基地复制推广。

天能集团牵头承担的"面向定制化的高端电池大批量制造过程的智慧管控技术开发项目"获得国家科技部2020年重点研发计划项目立项批复，推动了中国高端电池制造和制造强国战略的实施。

图7　天能集团全自动化、智能化、数字化的锂电池生产线

紧跟"数字中国"战略，天能集团加快"两化"深度融合，依托互联网、大数据、云计算、区块链和人工智能等新时代元素，深入推进精益化流程管理，对工艺流程数字化改造，对生产设备数字化监控，对产品产出数字化管理，打造数字天能、智慧天能。

图8　天能集团智能化车间机器抓手设备和电池生产自动化设备

天能集团自行研发行业设备云平台，实现了生产基地与设备供应商的

互联协同，建立了一套行之有效的管理模式和管理标准，大幅提升产业智能制造水平，为湖州企业转型升级建树标杆。

天能集团成为浙江省数字化领军企业、大数据应用示范企业。"天能工业互联创新平台"荣获国家级重点领域及特定场景工业互联网平台应用项目，入选"浙江省十大工业互联网"专案。

（三）塑造诚信品牌，全面构建诚信品牌管理体系

天能集团在全国各地拥有3000余家经销商，已形成了以浙江为基点，辐射全国的庞大服务网络。

本着互惠共赢的原则，天能集团建立了完善的经销商服务管理标准和流程，同时配备各类专职售后人员700余人，为遍布全国的服务网络提供技术支持及产品培训服务。该培训每周至少进行一次，每次覆盖30人以上。

2021年，天能集团在全国范围内联合各地区执法部门开展专项品牌维权、打假行动10余场，有效减少了假冒天能电池流通市场，保护了消费者利益。

2021年，天能集团提供并优化了400电话服务全流程闭环保障，通过微信公众号、微信客诉群、QQ共赢商群、客户服务专线、400热线平台以及开展客户满意度调查的方式，建立起客户服务链接管理。

基于产品特性，天能集团在售后车间建立起产品专线维修平台，为客户提供培训、维修学习等服务。2021年，天能集团增加了七个驻外服务办事处，增加了三个重点客户现场服务点，实现了市场服务效率的有效提高。

四、勇担责任：吹响中国动力电池产业转型升级的集结号

"天能绿色低碳循环经济产业园的发展模式，吹响了天能和中国动力电池产业转型升级的集结号，对整个行业和实体经济具有风向标的引领意义。"

——经济学家、清华大学中国经济研究中心主任魏杰

近年来，随着铅酸蓄电池、锂电池等在电动自行车、汽车和储能等领域的大规模应用，退役电池的回收、处置成为一个社会问题。

张天任积极回应国家提出的生产者责任延伸制，在浙江省长兴县、河

南省濮阳市、江苏省沭阳县、安徽省太和县、贵州省台江县建设了废电池循环再生企业。通过在全国各地的终端门店，将废旧电池分散回收、集中处置、无害化再生利用，形成了闭环式的循环经济生态圈。

同时，张天任积极打造环境友好型企业，把绿色生态理念贯穿到天能集团产品设计至处置全生命周期，通过产品设计生态化、生产工艺清洁化、装备制造智慧化、资源利用循环化等创新举措，实现了电池从设计、生产、使用到回收等各个环节的污染防治。

2021年，张天任进一步加快大循环事业的全国布局。目前天能集团已在15个省份取得了回收试点资质，全国最大的废旧电池"回收云"平台已经上线运行，全面构建了循环经济发展新格局。同时，锂电池回收按期投产，实现生产、回收闭环，成为中国工信部锂电池再生利用的白名单企业。

天能集团在全国20余个省份建设规范有效的回收体系。采用国际最先进的再生铅熔炼工艺，打造了铅酸蓄电池行业集"回收—冶炼—再生产"于一体的闭环式绿色循环产业链。

2021年，天能集团共售出约3.4亿只动力电池。按每组电池（四只电池为一组）蓄电后可骑行60公里，每组电池可充放电400次计算，天能集团每年售出的电池累计助力低碳出行里程可达到20400亿公里，获得中国环境报颁发的"2021年度节能减碳先锋企业奖"。

图9　国家循环经济试点项目——天能集团循环经济产业园总部

天能集团循环经济产业园通过采用全球最先进的全自动机械破碎、水力分选工艺和纯氧低温转炉连续熔炼再生技术，相比于传统的原生铅生产方式，节能减排效益明显。每生产一吨再生铅，可实现节约标煤60%，节水50%，减少固体废弃物60%，减少二氧化硫66%。

在位于湖州的天能集团循环经济产业园中，通过采用国际上最先进的生产工艺和设备，废旧电池金属回收率达99%以上，塑胶回收率达99%，残酸回收率达100%。

截至目前，天能集团已有国家级绿色工厂八家，国家绿色供应链管理示范企业六家。天能集团已成为全国循环经济标准化试点项目、全国循环经济技术中心、国家质量标杆企业等重大绿色、低碳、智能企业。张天任本人被国家评为"全国生态文明先进个人"，天能集团也入选全国生态文明现场会考察点。

五、心有大爱："工厂办到哪里，扶贫的对子就结到哪里"

"工厂办到哪里，扶贫的对子就结到哪里。"

——张天任

授人以鱼，不如授人以渔。多年来，张天任率领天能集团成功探索出了一系列产业扶贫新模式。

扶贫＋结对。从2005年起，在河南、江苏、安徽、贵州等省建设生产基地的同时，每到一地，天能集团都会与当地贫困村结对子，通过就业扶贫和消费扶贫，累计解决上万名群众的就业和生活问题。2020年10月，浙江省助力决战决胜脱贫攻坚战推进会暨东西部扶贫协作奖表彰大会在杭州举行，天能集团获得"社会责任奖"。

输血＋造血。在产业扶贫过程中，张天任积极创新扶贫模式，通过"公司＋贫困户""保底＋分红"的利益联结方式共建扶贫产业园，建立产业发展与脱贫攻坚的长效持久的脱贫机制，实现"输血＋造血"扶贫有机融合，为产业扶贫赋予持续发展的新动能。

2021年5月，天能集团向四川省乐山市马边彝族自治县小谷溪村捐赠了430多只价值百万元的湖羊。这批湖羊给当地老百姓带去新的增收希望。据了解，每只湖羊每年可产生约5000元的经济价值，是名副其实的"共富羊"。

图10　天能集团参与东中西部协作与扶贫捐献"共富羊"

东部＋西部。2016年以来，天能积极回应东西部扶贫协作的号召，到国家级贫困县——贵州省黔东南州台江县投资兴业，通过产业拉动、利益联结、就业增收、结对攻坚等创新举措，打造具有天能特色的"扶贫套餐"。

该项目总投资30亿元，分期开发，全部投产后销售额可达80亿元，利税可达10亿元，可直接吸纳就业2000人，间接带动就业5000余人。

其中，一期项目于2019年4月建成投产，完成投资10亿元，吸纳当地就业1000余人，解决贫困人口350余人，员工人均月收入5500元。2020年实现销售收入12亿元，利税1.1亿元。

二期项目于2021年1月动工，投资6亿元，建成后将新增就业1000余人，年增加销售收入20亿元。目前，该项目在台江吸纳了15个少数民族千余名台江县籍员工在家门口就业。2020年3月3日，台江县正式退出国家级贫困县序列。

目前，天能集团连接着40多万个终端行销网点，已带动就业超过100万人。未来，张天任还将把共同富裕的行动，进一步推向全国，通过一些专项扶贫、异地投资、现代服贸、特色农副产品及养殖专案等，加大对中西部地区的扶持、投资力度，在更大范围推进共同富裕行动。

六、不忘初心：共富路上，一个也不能掉队

"当初接手天能，为的是村民有班上。现在，要让全体村民富起来！共富路上，一个也不能掉队！"

——张天任

1991 年，张天任在昏暗的案头写下了入党申请书。他写道："中国共产党是带领全国各族人民进行经济建设走向共同富裕的主力军，为此，本人积极要求加入这个既光荣又先进的组织。"从此，走共同富裕的道路，就成为他坚守 30 多年的信念。

自 1999 年起，张天任担任长兴县煤山镇楼下村党支部书记，一干就是 20 多年（2008 年，楼下村和附近的张坞村、邱坞村和涧下村合并为新川村）。

一个产业富了一方百姓。原本贫穷落后的小山村，如今成为远近闻名的文明村、富裕村。新川村和周边村里的村民，有的在天能集团上班，有的在全国各地跑经销、卖电池，也有的围绕电池产业链搞加工配套。

图 11 张天任入党申请书

自 2008 年起，在张天任推动下，天能集团和长兴县煤山镇新川村结起对子，通过村企共建，走出一条"以工哺农"的乡村振兴新路径。

企富带村富。天能集团作为新川村的村企共建单位，着力培育壮大产业支撑，突出一、二、三产业融合发展，形成了以新能源高端制造为龙头，配套服务产业协调发展，休闲农业、生态旅游、精品民宿等第三产业有效衔接的特色产业体系。

同时，张天任率领天能集团参与新川村环境整治、村庄绿化，资助村里的文化公益事业，累计捐款近亿元，为新川村"精品村创建"注入活力，创立了"以工哺农"新路径。

先富带后富。近年来，在张天任带头谋划下，以乡贤联谊会为联络联谊平台，以村企结对为助力，积极引领广大新乡贤反哺桑梓、助力新川振兴，新川村经济和社会发展取得了丰硕成果，获得浙江省"全面小康建设示范村"、浙江省 3A 级景区村庄等 46 项县级以上集体荣誉。

2019 年，煤山镇新川村乡贤会成立大会上，新乡贤共捐赠新川村美丽乡村建设资金 1105.7 万元。其中天能集团捐赠 500 万元，张天任个人捐赠

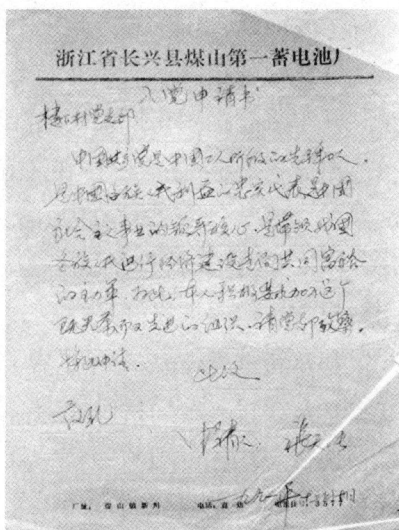

100 万元，为新川村建立了乡贤反哺新机制。

在张天任引领、支持下，目前新川村乡贤创办的各类市场主体达 80 多个，其中天能集团支持发展的配套企业有 30 多家。

据统计，目前全村在相关市场主体就业人员多达 1831 人。其中在天能集团务工、销售人员 1100 多人，在集团担任中层以上管理人员 142 人。2021 年，村集体经济总收入达 837.1 万元，村民人均收入超 15 万元，为新川村搭建了产业致富好平台。

创富带共富。2021 年，在张天任的带动下，新川村创新性地引入现代股权基金模式，聚拢村民资金，开办了三家"共富强村公司"。

通过现代化的股权投资，共有四个自然村的 3000 多名村民参与投资合伙企业，在每个自然村选出一名代表充当"合伙人"，用于发展新川的各项产业事业。此举既解决了新川在发展过程中遇到的资金来源问题，又确保了村民获得实实在在的收益。

2021 年乡贤大会上，乡贤们自发踊跃捐款，共筹得款项 523 万元。其中，天能集团捐款 100 万元，张天任个人捐款 50 万元。这些款项将与股权基金一道用于发展新川村美丽乡村建设，实现三次分配的存量资金转化为一次分配的增量资源，先富带后富共做"大蛋糕"，让村民在共同富裕的道路上更有参与感和获得感，为新川村引入了创新共富新模式。

图 12　在张天任带领下，新川村举办乡贤大会暨共同富裕推进会

2020 年 7 月 19 日，由中宣部组织的中央媒体"走向我们的小康生活"采访团共 40 余家媒体走进长兴县煤山镇新川村，进行深度采访，总结提炼村企结对的有效做法和突出成效。8月17日晚，中央电视台《新闻联播》节目以4分02秒的单条新闻，报道了新川村依托天能集团的绿色产业实现幸福小康生活，新时代的"富春山居图"令人瞩目。

图13　在天能的带动下，如今长兴县煤山镇新川村已成为共同富裕示范村

2022年1月，在浙江省民营经济助力共同富裕会议上，天能集团入选全省民营经济助力共同富裕"民企样本"的八个企业之一。2022年8月，天能集团再次入选浙江同心共富榜样企业。

七、心怀天下：脚下总是沾满泥泞的全国人大代表

"作为全国人大代表，肩负着崇高而神圣的使命，我不仅要把人民的心声带到北京去，更要在行动上心怀人民，心怀社会。"

——张天任

自2013年起，张天任已连续两届当选全国人大代表。

用脚步丈量土地和民情，用汗水和真情传递声音。"作为来自农村的全国人大代表，为农民鼓与呼，是我义不容辞的使命。我要继续承担起更多的社会责任，办好企业，为社会创造财富，为乡村振兴贡献力量。"张天任说。

人大代表的脚上沾有泥土，建言献策的情感才有温度。作为全国人大代表，无论工作多忙，张天任都要主动深入企业、乡村、基层部门走访调研，

察民情、听民意。历年全国两会中，张天任围绕乡村产业振兴、文化振兴、人才振兴提出了多项建议。

自 2013 年首次当选人大代表以来，张天任累计提交建议、议案超 200 件，涉及民营经济、新能源产业绿色发展、"三农"与社会治理、区域协调发展等多个方面，不少问题得到积极回应或正在解决。

2021 年，是张天任第 9 次参加全国两会，他围绕生态资源保护、区域经济发展、乡村振兴以及实体经济高质量发展等热点议题精心准备了 28 件议案建议，为经济民生发展建言献策。在京期间，张天任受到了中央电视台、《人民日报》《光明日报》等国家级主流媒体的广泛关注和采访报道。

人大代表既要把群众声音带上两会，也要把两会精神送到人民身边。每年两会结束后，张天任都会积极参加省、市、县、村各级两会精神的宣贯会，讲述人大代表的履职体会，以及对全国两会精神的学习理解。

图 14　张天任在担任全国人大代表期间，向全国人大建言献策现场

张天任的宣讲报告，理论结合实际，用深入浅出、鲜活生动的语言，将党和国家的大政方针、党和政府的关心关爱，送至人民群众的心里。

真情关爱，全力抗疫救灾。新冠肺炎疫情初期，张天任在第一时间成立疫情防控领导小组，组织专题会议，制定防控机制、防控举措，安排隔离房间。同时，积极筹集抗疫急需物资。整个疫情期间，在张天任的组织下，天能集团累计向海内外捐出了价值超 2000 万元的现金和防疫物资。

天能集团被列入浙江省首批复工复产名单，2020 年 2 月复产率达 98%。

天能还积极协助数百家中小企业开工，带动产业链上下游企业顺利复工复产，为落实"六稳""六保"贡献力量，受到了《人民日报》《新华社》《光明日报》等主流媒体的关注。

2021年7月，河南多地遭遇极端强降雨，车站停电长达几个小时。天能集团工作人员连夜冒雨带着数十台移动储能电池奔赴郑州站，设置多个充电点，为近3000名滞留旅客提供免费充电服务。

大爱润泽生命，行动彰显公益。2016年，张天任设立了天能公益基金，目前基金已经累计超千万元。

每年春运期间，张天任都会关注天能集团发起的"温暖回家路"公益服务活动。在全国多条"天能号"高速动车组列车上与乘客们进行互动、传递祝福，送上精美礼品。如今，"温暖回家路"公益活动已连续举办四年，内容不断升级，影响也逐步扩大。

图 15　春运期间，天能"温暖回家路"公益活动，在列车上与乘客互动

一名湖北籍员工的女儿突患重病，张天任亲自过问，各方紧急行动，从湖北宜城到浙江长兴，1000多公里的"生命接力"跨省上演。

目前，天能集团累计已为社会提供了2.7万余个就业岗位，40万个终端销售门店，创造就业岗位超过100万个。历年来，张天任个人及天能集团在捐款捐物、抗疫救灾、帮残救孤、助老扶弱、产业扶贫、项目扶贫、对口援建等慈善领域累计投入超过两亿元。

在坚守实业、专注主业、高质量绿色发展的道路上，张天任带领着天能集团时刻不忘发展初心，主动履行社会责任，积极投身公益慈善事业，在共同富裕、"双碳"战略、中国智造、循环经济、科技创新等多个层面努力回馈社会和人民，为满足人民对美好生活的向往而不懈奋斗。

与民生共存初心，使命牢记在心间

——民生能源（集团）有限公司董事长薛方全

企业家简介：

薛方全，男，汉族，1955年出生，研究生学历，高级工程师，民生能源（集团）股份有限公司董事长，重庆市第二、三、四、五届人大代表，重庆市人民政府参事，中国光彩基金会常务理事，重庆市慈善总会副会长，重庆市政协第四届民宗委副主任，中国城市基础设施商会副会长，中国民营经济研究会副会长，重庆大学客座教授，重庆市工商联顾问，重庆市光彩事业促进会副会长，重庆市燃气协会副理事长。

长期以来，薛方全关心社会发展，热心公益事业，积极参政议政，为所在地区的社会发展进步和人民幸福生活作出重要贡献，受到党和政府的充分肯定，先后当选为"全国劳动模范""全国优秀中国特色社会主义事业建设者""全国模范退役军人"、第三届CCTV全国"十大慈善人物"，荣获"中国光彩事业奖章""中华慈善之星""中国最具社会责任感企业家"。获得"振兴重庆争光贡献奖""优秀民营企业家""十大渝商""十大创业人物""重庆慈善楷模"等近百项荣誉，获中华人民共和国成立70周年奖章。

图1　民生能源（集团）股份有限公司董事长薛方全

他开民企之先河，成为中国首个涉足天然气行业、首个在长江建天然气跨江管网、西部首个拥有危化品铁路专用线的民营企业家。他带领的企业成为西部规模最大、功能最全的民营能源"航母"，建起5000多公里的输气管道，结束了武陵山区120万户贫困百姓烟熏火燎的用火历史，为社会捐赠善款两亿多元。

一、与时代同行，进山扶贫一干就是 25 年

1990年，薛方全在四川省重庆市璧山县靠着借来的2.5万元，办起了小作坊式的配气站——璧山液化气供应站〔民生能源（集团）股份有限公司前身〕，开始石油液化气经营。

1997年6月18日，中国最年轻的直辖市——重庆，顺应时代潮流应运而生。同日，薛方全投资300万元在璧山县注册了重庆民生燃气有限公司，从事液化石油气的运输、储存、分装和批发零售等业务。

薛方全说，之所以用"民生"二字来命名，就是为了彰显"与民生共存"的初心使命，"诚信为本，和气生财"的理念，"构建民生命运共同体"的价值取向，秉持"服务社会、造福于民"的企业宗旨。

1997年11月，重庆市委、市政府发出"老板进山扶贫"的号召，在市委书记、市长的带领下，薛方全等53位重庆民营企业家奔赴三峡库区考察。

考察团所到之处，看到当地百姓一方面为柴质、煤质燃料而肩挑背扛、劳碌奔波，另一方面又饱受空气污染之苦。

"留住绿水青山，就是金山银山。"薛方全心想，只有科技能改变未来，只有绿色革命才能让百姓摆脱祖祖辈辈肩挑背扛、烧柴烧煤、烟熏火燎的历史，才能真正践行"与民生共存"的使命。一方面服务社会，造福于库区人民；另一方面为库区省大量木材，留住青山绿水，企业还可发展壮大，真是一举多得，何乐而不为？

图2　薛方全在民生能源集团松桃项目通气点火仪式上致辞

石柱土家族自治县，是少数民族地区和三峡库区，也是武陵山区和革命老区，还是国家级贫困县。薛方全产生一个大胆的设想，在石柱铺设管道，为当地百姓输送天然气。

对一家民营企业来说，修管道气谈何容易，政策允不允许？气源从哪里来？最关键的是修管道气需要大量的资金，钱从哪里来？敢为人先的薛方全，决定成为第一个吃螃蟹的人。

经多方选择、反复论证，1997年11月中旬，薛方全和石柱县政府洽谈。以"忙是营养，苦是力量"为座右铭的薛方全，上跑政策、中跑气源、下跑贷款。克服了重重困难后，同年12月，民生能源与石柱县顺利签订了《独资开发石柱工民用天然气管道输送工程》合同，该工程长输管线70多公里，总投资达4200万元，首开我国民营企业涉足天然气行业的先河。

1999年，全国首条民营天然气管道在石柱建成投产。

有了石柱县管道气建设经验，薛方全怀揣着更大的梦想——要在武陵山区复制"石柱模式"，连片铺设天然气管网，首选渝东南地区的黔江、武隆、秀山、酉阳。

武陵山区林密路陡，人迹罕至。为铺管道，铁道兵出身的薛方全带领由退役军人组成的突击队，拿着镰刀、铁棍，一米一米地掘进、踏勘、划定路线图，再将焊接好的巨大钢管放入管沟，有的线路几乎是垂直立体作业。

冬天，积雪覆盖，寒风彻骨；夏天，森林茂密，热得人透不过气，还有蚊虫叮咬，条件异常艰苦。但就是这些钢铁战士，把难啃的骨头一个个都啃下来了。民生能源先后投资80多亿元，铺设天然气输气管道5000多公里，管网绵延数千公里，结束了120多万户山区家庭烟熏火燎下生火做饭的历史。

32年来，薛方全带领公司员工在崇山峻岭之间逢山开路、遇水搭桥，甚至在长江下修建跨江管网。在民生能源集团总部33楼走廊处，有一张"民生能源渝鄂湘黔互联互通"地图，对外称为"特一号工程"，2022年9月这个超级天然气管网已全线开通，覆盖了渝、鄂、湘、黔四个地区，武陵山区人民用气真正实现了互联互通，实现了绿水青山的绿色生活。

二、与光彩同在，点燃百姓的梦想

天然气管道一节一节延伸，炉火一户一户在居民家中点燃，民生能源的"块头"也在一天一天壮大，迅速发展成为国内能源行业的佼佼者之一，迈入百亿民企俱乐部。时代给予了企业发展的机会，反哺社会也成了薛方全植根内心的使命。

薛方全最常说的一句话就是他赶上了好时候，没有党的领导和改革开放政策就没有民营企业的今天，也没有他的今天。因此他所创办的企业一直秉持"服务社会、造福于民"的宗旨，致富后勇于承担社会责任，积极回报社会，坚持从事公益慈善光彩事业。

2004年8月16日，薛方全到湖北省恩施市出差，早饭后他随手在地摊上买了一份《恩施晚报》，翻阅到第六版时，一则不足150字的新闻，吸引了他的注意力。湖北省恩施市舞阳办事处周家河村五组张忠华、张忠涛姐弟俩，分别考上武汉两所知名高校，因家庭贫困无钱上大学，面临辍学危险。

农村长大的薛方全感同身受，他想若不出手相助，这对家境困难但学习优秀的姐弟就会失去上大学的机会。"帮，肯定要帮，且要帮到底！"薛方全暗自告诫自己，脑子里随即产生一串问号，家庭困难到底有多难？需要多少钱？每年学费多少……

薛方全立刻安排工作人员兵分两路负责落实此事：一路与《恩施晚报》报道新闻的记者联系，了解基本情况；另一路前往张忠华姐弟家里实地查看。

邻居告知，张忠华姐弟俩非常争气，是村里出名的好学生，从小学到高中学习成绩都名列前茅。父亲早已过世，靠母亲做农活、打短工支撑着这个家，姐弟俩经常到附近菜市场捡烂菜。

经过调查走访获取第一手信息后，薛方全当即拍板，帮助姐弟俩完成大学学业，姐弟俩大学所有学杂费、生活费全包。民生能源集团列出专项经费，保障张忠华姐弟俩的基本开支，通过"光彩事业恩施行"现场捐赠3.8万元，姐弟俩四年大学期间，民生能源总共捐款约12万元。

图3　薛方全为张忠华姐弟俩捐赠第一年助学款

在大学中，姐弟俩困惑、迷茫的时候，就会通过电话求助薛方全指点迷津；在获得优秀成绩之后，也会第一时间与薛方全分享喜悦。薛方全多次鼓励姐弟俩努力学习，将来报效祖国。姐弟俩顺利完成大学学业后，在薛方全的支持下，姐姐张忠华又在中国社科院读完博士，现就职于国家某部委；弟弟张忠涛读完华南理工大学硕士，已成为华为集团的工程师。

事实上，张忠华、张忠涛姐弟的故事，仅仅是民生能源集团捐出数亿善款中的一分子，却是薛方全发自内心感到高兴的事例。

作为"25岁"的老光彩人，薛方全先后担任中华光彩促进会理事和常务理事，他率领的民生能源集团天然气项目，也是光彩事业的重点项目之一。

中国光彩促进会在中央统战部的指导下，每年都组织系列精准帮扶活动，比如组织的甘肃"庆阳行"捐建母亲水窖，云南"德宏行"捐助养殖场，四川"凉山行"为贫困家庭提供生活六件套，福建"龙岩行"改善校舍等，每一次都少不了薛方全的身影，少不了民生能源的慷慨捐助。

图4　薛方全在光彩事业推进会捐赠仪式现场

三、与小康共进，帮扶村成全国"美丽乡村"

从扶贫帮困到脱贫攻坚，从小康建设到乡村振兴，从"万企帮万村"到"万企兴万村"，20多年来，光彩扶贫路上，留下了薛方全和民生能源集团干部员工无数忙碌的身影。

（一）璧山县卫寺村扶贫

位于璧山县正兴镇的卫寺村过去道路不畅，基础设施落后，仅靠传统种植为生。全村800多户2600多人，年人均纯收入仅几百元，一直没有改变贫困的面貌。

蜜柚种植，提高村民收入。卫寺村传统产业中有一项是蜜柚种植。薛方全实地考察后和村干部、村民代表商议，决定引导村民发展蜜柚种植。由于土壤和气候适宜，蜜柚的品质很快赢得了市场口碑，卫寺村从此走上了蜜柚产业发展之路。

2007年该村成立了蜜柚专业合作社，如今大部分村民都加入了合作社。目前已建成近万亩良种培育、规模化种植示范基地，蜜柚价格也提升几倍乃至十几倍，村民收入显著提高。

建乡村别墅，改善村民生活环境。从2000年开始，薛方全为改善村民居住条件，捐资帮助村民修建农民新村，由此开启了民生能源精准扶贫的漫长历程。2011年，31户农民新村全部建成乡村别墅，配备了必要的生活设施，村民可直接入住。

为美化居住环境，民生能源通过土地流转方式，为卫寺村打造了园林绿化、小桥流水，安装了音乐喷泉。春天花团锦簇、夏天绿树成荫，令人羡慕不已。

五保老人老有所养。2005年，薛方全利用卫寺村小学拆除后的闲置场地，改建成五保家园，购置床位、灶具等生活用品，让五保老人幸福入住。目前，五保家园共入住十几位老人，老年生活其乐融融。2011年，又出资140万元修建卫寺村公共服务中心，配置医疗服务、生活超市、图书室、活动室等，满足村委会办公和村民对公共服务的需求。

图5　薛方全看望卫寺村里的老人

20 多年来，薛方全通过对卫寺村实施产业扶贫、引导发展特色农业、改善基础设施、解决社会就业、公益慈善捐赠等多种精准扶贫方式，累计投入资金 2600 多万元，有效助推了卫寺村经济社会发展。

2013 年，卫寺村被农业部评为全国"美丽乡村"。2015 年，全村人均纯收入 13280 元。未来几年，民生能源还将对卫寺村加大投资，在脱贫致富的道路上扶上马再送一程。

（二）石柱县华溪村扶贫

华溪村，曾是重庆石柱县深度贫困乡中益乡的一个行政村。

2016 年，民生能源在武陵山区铺设天然气管道和修建石化物流园时，了解到华溪村还处在极度贫困的状况。薛方全与当地政府商议后，主动与华溪村联系，建立了对口帮带关系。

民生集团多次进村实地调研，积极寻找对策。在承诺为村民免费安装入户天然气之外，又决定帮助村民发展生猪养殖，以此带动村民增收致富。

大人 2017 年至今，集团先后投入 20 余万元为当地贫困户购买生猪饲料，此后又陆续投入 50 万元帮助当地农户扩建、改建养殖场，以及推广农产品销售渠道，并签订了长期农产品采购合同。2017 年，集团还拿出 50 多万元采购华溪村农产品。

华溪村山清水秀、景色宜人，薛方全发现该村的民风民俗很有特色，适合发展旅游业。为支持华溪村旅游业的发展，推动整村脱贫，民生集团出资 20 万元购买了一辆工程车，支持旅游设施建设。后又陆续投入近 100 万元帮扶华溪村修路、修桥，完善基础设施，发展乡村旅游、畜牧养殖及农产品销售。

在扶贫过程中，薛方全了解到当地很多村民家庭基础薄弱，一旦在干农活过程中不慎受伤，或者在生活中遇到大病就很容易因伤返贫、因病返贫。2018 年，集团出资 10 万余元为建档立卡的贫困户购买大病医疗商业保险，并承诺以后每年都会持续购买。

薛方全对帮扶村的五保老人、孤寡老人持续关注，坚持为村里 80 岁以上老人发放红包，敬老尊老，29 年从未间断，薛方全也成为华溪村的"荣誉村民"。

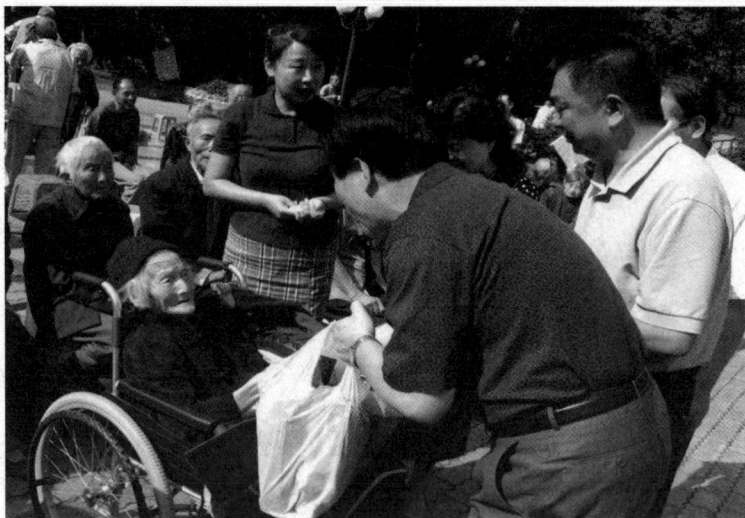

图 6　薛方全重阳节慰问老人

2019 年 4 月，习近平总书记到华溪村调研脱贫攻坚工作时，提出"两不愁三保障"目标要求，为扶贫工作指明了方向。经当地政府与民生集团的共同努力，该村已实现了"脱贫摘帽"。

自 2014 年至今，民生能源集团已先后向重庆、湖北、贵州、云南等贫困地区捐助 7600 多万元，为当地建档立卡贫困户、敬老院、养老院及学校免费安装天然气。其中涉及 16 个建档与非建档贫困村，306 户贫困户，带动脱贫人口脱贫超万人。

图 7　薛方全现场签订捐赠协议

（三）秀山县大寨村扶贫

重庆秀山县清溪场镇大寨村始建于明朝初年，至今仍然保留着不少土家族传统民居，其中包括四座清代时期的民居建筑，被称为武陵山区土家族传统建筑的"活标本"。但丰富的民俗文化却因旅游投入不足，长久以来"养在深闺人未识"，当地群众仍处在贫困之中。

民生集团与该村签订了精准帮扶协议，着力推动整村脱贫。根据协议，集团结合自身业务建设，为大寨村建卡贫困户每户提供一个就业岗位，力图从根本上消除贫困。

2017年，集团捐助价值200余万元的管材，用于完善大寨村自来水供水设施，让群众用上安全、便捷的自来水；捐赠50万元，用于完善村道路等基础设施；先后捐资100余万元，用于改善大寨村群众的生活和旅游条件，助力实现旅游扶贫、村民增收。

2018年，捐助价值100万元管材，用于大寨村打造千亩林下四季花海休闲观光、健康体验旅游基地。在此基础上，民生集团还提供300万元三年期无息借款，帮助村民培育清溪菜籽油和土家碾子米两个特色品牌，带动两万亩国家级优质粮油基地和龙凤花海乡村旅游发展，丰富旅游资源，促进村民增收。如今，该村已脱贫摘帽，全面实现小康。

薛方全注重捐资助教，建教学楼、资助贫困家庭的孩子上学，于他而言义不容辞。通过重庆市民宗委针对少数民族贫困学生设立的"渝东南少数民族青年才俊工程"，薛方全每年都向该工程捐助200万元，目前他资助的学生中已经有2415名毕业，3707名在读。

薛方全常对人说，按照现在的消费水平，一个人如果拥有1000万元，日子过得就很滋润了。钱多了干什么？薛方全说："我想就是体现个人的社会价值。钱不能买来快乐，但做慈善可以带来快乐。"这是薛方全对待钱的态度，同时也彰显了他"赠人玫瑰，手留余香"的人文情怀和价值追求。

截至目前，民生能源集团已先后捐赠善款逾2亿元。公益慈善已成为

薛方全毕生追求的事业，他常说"这条路要一直走"，或许这就是他对慈善事业的执念与追求。

2016年5月，薛方全获评CCTV第三届全国"十大慈善人物"，成为重庆市的第一人。组委会给他的颁奖词写道："农民出身，你知道土地的深浅。经过清苦，你了解贫困的根源。开荒山，辟良田，靠自己的双手，才有富裕的明天。才几年，果林成行，翠绿满山。"这是对他投身慈善事业的褒奖和写照。

图8　薛方全获选CCTV"2015年度慈善人物"的颁奖现场

四、气价倒挂不忘群众疾苦

2022年，是薛方全作为人大代表和政协委员履职的第35个年头。常年收集社情民意、建言献策，让他更了解百姓所想、所需、所困、所难，更深刻领悟"天下兴亡，匹夫有责"的担当，即使在企业困难的时候。

2019年前后，国际环境恶化导致气价倒挂，新冠肺炎疫情下的企业利润大幅缩水。多种因素叠加，民生能源遭遇了生死存亡的考验。很多人在困难面前胆怯了、退缩了，灰心丧气。但薛方全的军人本色就是永不屈服，他习惯于积极进取，乐观向上。

图9　中华慈善日，民生能源现场捐赠1000万元

当时国际市场天然气价格飙升，上游气价市场定价，最高达到 8～10 元／立方米，下游为保证市民冬季供暖，政府要求终端市民销售价限制在 2.5～3.5 元／立方米。仅此民生能源因"气价倒挂"亏损两亿多元。

薛方全主动多次向政府表态，气价顺价可以慢慢来，保证百姓气源供应是底线，绝不能越，更不能让百姓吃亏受累。

五、与党同辉，企业发展到哪里党组织就建到哪里

薛方全常说，只有与党同行，才能走得更远。在企业发展中，他要求：一手抓党建，一手抓发展，以党建引领发展，把党建融入发展，用党建推动发展，靠发展检验党建成效。

图 10　民生能源一线党员干部在党旗下宣誓

早在 2003 年，薛方全就力促民生能源成立了党委。在他的全力支持下，集团党委所属基层党组织不断发展壮大，现已有 19 个基层党支部，156 名中共党员。2010 年，重庆市委授予民生能源集团党委"两新组织党建工作示范单位"称号。

薛方全常说，"集团子分公司发展到哪里，党组织就建到哪里。有条件的要建，没条件的创造条件也要建（如果分、子公司不足三名党员的，从党员较多的其他公司调党员去工作，建立党组织），要实现党组织和党的工

作在企业中全覆盖的要求。"

他还常在集团大会上表态，只要是党组织建设工作需要，要钱给钱，要人给人，要阵地给阵地，要时间给时间，严格执行党建工作的相关规定，积极支持集团党建工作。近 10 年，薛方全先后四次被重庆市工商联直属企业党委评为"优秀党建之友"，并多次受到表彰。

薛方全办企业 30 多年来始终遵纪守法、勤政务实、有情怀、有担当，他把自己赚来的钱，一部分用于企业发展，一部分用来做慈善。对于行贿受贿、贪赃枉法之事一律拒之，经受住了大浪淘沙的重重考验。

来了只为守护绿水青山

——福泉环保城发展有限公司董事长周春松

企业家简介：

周春松，江苏宜兴人，福泉环保城发展有限公司董事长，欧洲自然科学院院士，我国著名高难废水处理和环境污染物治理专家。主要从事新型污水处理技术、三废资源化利用、节能减排与工业废水处理技术的研究和开发。兼任中国工程院生态环境专委会副主任委员、中国工程院生态环境专委会副主任委员、中国精细化工学会常委、国家科技奖励评审专家、中科院大连化学物理研究所特聘研究员、江苏省妇女儿童福利基金会副理事长、宜兴市科技发展顾问、福泉市科技顾问、福泉市食药安全现场快检装置项目特聘专家组副组长、绍兴水处理发展有限公司特聘专家（兼技术总顾问）等职务。

2019 年，周春松荣获"宜兴市优秀共产党员"、无锡市"最美双创之星""2019 年影响中国人物"；入围"中国好公司十大匠心人物"、荣获"中国环保事业杰出贡献奖"。2021 年获贵州省、黔南州、福泉市三级"优秀共产党员"称号，中国共产党贵州省第十三次代表大会代表。

周春松创办的宜兴国际环保城发展有限公司与福泉环保城发展有限公司，形成了东西相呼应的环保产业发展，开创性地构建了环保与化工协同发展的孵化模式，为未来化工园区的建设提供了样板工程，同时促进了西部大开发的健康可持续发展。

图 1　周春松出席中国共产党黔南州第十二次代表大会

黔南福泉，绿宝石般的古城。群山托举，古墙偎依，百丈峡谷藏于掌心，璀璨矿产深蕴腹地，是个山清水秀的好地方。然而，它也曾是一个欠发达地区。

一、投身西部，以废治废，只为百姓共同富裕

"我来了，就不想走了，想带着这里的人民，在青山绿水间，开辟一条奔向富裕的道路。"福泉，于周春松而言，是实现人生价值、践行一个共产党员初心使命的地方。

2019年，一次偶然的机会，周春松代表浙江工业大学专家组赴福泉考察。他爬上了福泉山，喝了福泉水，试着做了一回地道的福泉人，也发现了一件宝贝——磷石膏。这个在福泉人看来是非常令人头疼的工业废弃物，在周春松眼里却是一个宝藏。

作为一名环保人，周春松始终认为，废弃物从来都不是真正的废物，只是放错了地方。一项项磷石膏资源化综合利用技术的灵感汇聚他的脑海，吸引着他走向福泉。

真正让周春松决心奔赴福泉的原因，是大山里的落后与贫困。

在大山的深处，生活着这样一群人，他们的生活与现代化毫无联系。他们住着木屋，屋中没有基本卫生设施，孩子们穿着旧衣，门口是一条危险又狭窄的道路通向外面的世界。如果不曾看到，那便无心；如若看到，又怎能忍！缘分的指引，让周春松见到了美丽的福泉，也见到了贫困的福泉，同时也赋予他新的使命：以科技扶贫，推动当地经济发展，促进民生改善。

周春松留下来的决心下得很快，推进速度更是惊人。他通过西南研究院引进一批大连理工大学、浙江工业大学、昆明理工大学等国内七所高校院所的专家教授团队来福泉创新创业，致力于绿色精细磷化工技术、磷石膏磷尾矿废渣资源化综合利用技术的研发；引进浙江工业大学化学工程学院和宜兴国际环保城科技发展有限公司的专家团队、技术团队，共同开展高新区环保体系的建设，为产业发展打好坚实的基础。

至今，周春松已经引进中科院院士一名、专家教授29名、硕士博士团队20余名。依托专家团队、技术、环保治理优势和新型合作发展模式，高效引进一批精细化工产业的高精尖企业，实现"以废治废"及"产业闭环"

的同时，获得高效益产出，为产业发展夯实基础。

目前，一期孵化园已完成招商。共签约落户项目 15 个，注册企业九家，共计投资 2208 亿元，年销售额约 50 亿~60 亿元，上缴税金约六亿元。现已有四个项目开始投产，其他项目后续将陆续投产。二期建设已开始规划，占地约 800 亩，届时将实现产值约 150 亿元，有意向落户项目 60 余个，正排序等待。

图 2　黔南高新区精细化工孵化园航拍

一次飞机落地后，周春松在微信朋友圈里写下了几句话：

"一路向西，路途遥远而漫长。我只有看着天空的霞光才有勇气走下去！体重下降了 30 多斤，那都是妈妈、妻子的心头肉。但是我却依然选择前行。因为我坚信我是一束光，我坚信我的疼痛能改变很多人的命运，我坚信我会唤醒很多假睡的人，我坚信我会带给大家新的理念！带给大家富裕和希望！"

"贵州生态很脆弱，它在长江、黄河的上游，又是喀斯特地形。一旦污水渗漏，会影响地下水水质。这里山清水秀，如果污染了，良心会很痛。"2021 年 4 月 8 日，贵州省委副书记、省长李炳军莅临福泉环保城考察指导，周春松跟省长汇报时，如是直言。

周春松走到哪里，都要讲源头治理："以前的环保，是污染了再去治理，那成本会非常大。这跟人生病一样，为什么不去预防呢，不在化学合成中去解决呢？只要改变工艺，环保没那么难。"

国家对环保处理的态势越来越严，人民对生态质量的要求也在不断提高。福泉发展精细化工，必须有前瞻性，有宏大视野，有顶层政策设计来支撑，需要整合"政产学研用"各方面力量，这正是周春松的强项。

为深入贯彻落实习近平新时代中国特色社会主义思想，积极响应国家新时代西部大开发战略，深化东西部科技交流与合作，推动东西部协同高效发展，助力西南脱贫攻坚，周春松及团队来到了贵州福泉。在市委的鼎力支持下，成立了充分体现"政产学研用"五位一体，立足福泉、辐射西南地区的福泉环保城发展有限公司。

在多元化、国际化的新形势下，以及当前党和国家厉行绿色发展、"双碳"目标的大背景下，周春松认为，中国企业更需要以社会责任为引领，通过充分协调与利益相关方的关系，实现合作共赢，共同发展。福泉环保城以绿色发展为思路，积极导入社会责任治理，将社会责任管理和实践融入企业发展战略。

在"科技治污，变废为宝"的企业愿景下，福泉环保城秉承"以企业服务为基础，以人才技术为支撑，立足福泉，放眼西部，依法经营，稳健发展，积极履行社会责任，关注利益相关方需求，致力于把公司打造成为全国知名的专业化环保服务提供商"的社会责任战略理念，坚持绿色科技、绿色发展，用绿色、优质的创新项目来回应各利益相关方的期待。

图3　福泉环保城大楼

二、创新推动可持续发展，绿色科技助力"双碳"战略

创新，是福泉环保城最深厚的禀赋；担当，是福泉环保城最有力的风骨。在周春松创新理念的引领下，福泉环保城坚持"科技创新"和"绿色发展"，不断优化创新环境，完善创新平台，为打造全新的多元化发展企业打下坚实的技术基础。

中国工业治废行业目前存在较大问题。其一，审批刚性填埋场困难，投资大，处理成本高，存量大，废盐填埋量逐年增加，环境污染严重；其二，目前全国废盐年产量超过 1000 万吨，大多来自工业生产、农药、医药、印染等多个行业，且目前国内尚无工业废盐资源化处理的成熟技术，主要采用刚性填埋，废盐处置量受限，企业大部分废盐也无填埋出路；其三，近五年新能源行业正处于发展的重要时期，其重点布局在磷酸铁锂原料生产，采用钠发工艺每生产一吨磷酸铁锂就会产生一吨废盐。

在周春松带领下，福泉环保城发展有限公司与浙江工业大学西南研究院、国内知名能源科技公司长林能源机械，通过五年时间的艰苦攻关，共同成功研发利用"回收二氧化碳及氯化钠硫酸钠废盐制碳酸钠及碳酸氢钠"技术。目前，首台套万吨设备已稳定运行一年，处于全球顶尖水平。

该技术主要利用电厂、农药厂、医药厂、印染厂、石油化工企业等产生的废物二氧化碳、氨水与硫酸钠废盐反应再生制备碳酸氢钠及碳酸钠，副产硫酸铵。该技术是资源再生项目，充分利用三废制备纯碱的方法，打破了传统制碱行业采用"索氏""侯氏"制碱破坏自然生态，产生大量废气、废水、废渣的局面。既解决了固废问题，推动了"碳中和"目标的实现，同时又降低了企业生产成本，满足了国内外纯碱的需求。

此外，该技术副产农用级的硫酸铵，除可作肥料适用于各种土壤和作物外，还可适用于纺织、皮革、医药等行业，工业领域相关行业的发展对其需求也在持续保持适度增长。

该项制碱技术还可在盐湖、卤水中提取金属锂、溴素、碘酸钠等基础原材料，不仅能够促进新能源电池阴极材料到阳极材料的均衡发展，还能延伸到电池组装、电池回收等各个环节，打通新能源电池材料全产业链的

潜在价值，推进传统产业提质升级。

以公司自主创新研发的 10 万吨硫酸钠·氯化钠再生项目为例，碳酸氢钠系统可以年产碳酸氢钠 11.24 万吨，再生一吨碳酸氢钠综合成本约 500 元 / 吨，按照市场价 2500 元 / 吨计算，做成碳酸氢钠收益为 2.81 亿元；碳酸钠系统可以年产碳酸钠 7.1 万吨，再生一吨碳酸氢钠综合成本约 850 元 / 吨，按照市场价 3800 元 / 吨计算，做成碳酸钠收益为 2.7 亿元；副产硫酸铵可以年产8.6 万吨，按照市场价 900 元 / 吨计算，可获益 7700 万元，具有极高的经济价值和市场价值。

三、积极推进科技扶贫，推动产业转型升级

为了更加深入、有效地贯彻推动社会责任管理和实践工作，周春松要求在福泉环保城成立之初即成立由董事会、高管层和部门负责人组成的社会责任委员会，统筹规划和推进公司社会责任工作。

（一）采用"政产学研用"创新模式，真正实现从"招商引智"到"招商选资"的重要转变

周春松及团队，注册成立了福泉环保城科技发展有限公司，通过西南研究院引进了彭孝军院士、王建国教授等九位国家级专家，组建研究院高端人才团队。同时通过筑巢引凤，吸引了近百家企业及几十位各行各业的专家莅临福泉考察、投资。目前，已有 15 家大型企业先后落户福泉，签约合作经费已突破 30 亿元，通过"招商引智"真正实现了"招商选资"的转变。

2022 年 3 月，福泉环保城与福泉市委市政府、黔南高新区（福泉经济开发区）管委会共建黔南高新区精细化工产业孵化园，积极推进园区小试（众创空间）、中试（孵化园）基地建设。2020 年 5 月完成科技大楼清场移交；2020 年 7 月西南研究院揭牌；2020 年 8 月研发基地开建；2020 年 10 月 480亩孵化基地开建；2020 年年底已经完成场平建设。

精细化工产业孵化园旨在解决当地磷石膏资源化综合利用问题，同时为黔南州高新区构建完善的环保体系，提供人才、科技、项目、平台等支持，为引进精细化工新型产业提供基础和保障。

黔南高新区精细化工产业以"公建民营"的合作模式，秉持"共享、共创、共建、共赢"的理念，政府出政策、场地，院校出专家、人才，企业出资金、项目，开展政企校全方位合作。

项目以原有磷化工产业为基础，通过引进精细化工产业，采用高技术环保资源化技术，实现"废弃物+废弃物=产品"的转变，衍生出新材料产业，推进节能环保产业实现产业循环可持续发展。总投资期计划配置资金约4.9亿元，占地面积约400亩，建设标准厂房6.7万平方米、仓库约2.2万平方米、场地硬化1.4万平方米、外联道路24米宽长1公里、内部路网7～14米宽长3.3公里及附属配套供水、供电、排水、绿化等工程。

（二）搭建综合科技服务平台，短期收获累累的科研成果

西南研究院以福泉环保城为载体，创建水处理、生物处理、建材等实验室12个，申请及受让专利达42项，其中授权实用新型专利11项，授权发明专利一项，申请发明专利18项，申请实用新型专利12项。建设众创空间一个、科创基地一个，提供小试、中试、孵化等科技服务。

图4　福泉环保城众创空间

（三）采取多种方式普及科学知识，积极发挥科普作用

福泉环保城为福泉市第一小学、第四小学、福泉中学、仙桥中学 500 余名师生举办"中国梦，我的科技梦"——感受科技之美，呵护成长之星的研学活动。众创空间将人类科学史、化工生产线、固体废弃物和废水的达标处置巧妙地聚集在一个环境优美、科学氛围浓厚的空间里，再通过三维视频、生产装置、小桥流水等多种方式展示出来，完全媲美大城市的科学技术馆，为孩子们提供跨越长河而又能展示实际的生产过程，帮助他们增强热爱科学的兴趣，激发科学报国的情怀。

"孩子是祖国的未来，这里的孩子更需要关怀。"每次孩子们来，周春松总是腾出时间，用耐心的讲授启迪研学的孩子们的思想。

图 5　福泉中学科普研学活动

图 6　仙桥中小学公益研学现场

四、助力医疗、教育、养老扶贫，为福泉百姓保驾护航

助力抗疫。2020 年，在抗击新冠肺炎疫情期间，周春松通过"春松公益基金"出资 300 余万元购买防疫物资，为福泉市捐赠五万多只口罩、防护服、消毒水等防护用品。更是争取到研究院特聘专家、福泉荣誉市民彭孝军院士支持，深圳迈瑞公司为福泉市 14 个卫生院捐赠价值约 170 万元的 14 台血球分析仪，又向妇幼保健院捐赠两台高端血细胞检测分析设备，用于提高肺癌早期预防、诊断能力。

图7 血细胞、血球检测分析设备捐赠仪式

帮扶困难。2021 年 2 月，得知福泉市仙桥乡王卡村党支部书记胡一茂患病急需筹集治疗费用时，周春松代表福泉环保城当即捐赠 10 万元，解了胡一茂的燃眉之急。还向仙桥乡民族中学及仙桥乡贫困家庭每年捐赠 10 万元，助力仙桥乡的教育与脱贫攻坚。

2021 年 11 月，当听说王卡村支"两委"和驻村工作队在规划实施乡村道路建设时缺乏资金，福泉环保城当即决定资助 27 万元，支持村里开挖乡村道路和打通出村路"最后一公里"。

捐资助教。2021 年 12 月，福泉环保城捐资 100 万元，支持福泉中学创办"周春松班"，聘请名校教师、配备优质条件，为学生提供更好的教育环境；为福泉市特殊教育学校捐赠了 60 台空调，给特校师生带去寒冬里的温暖；2021 年 12 月，还资助并建设了金山街道日间照料中心等，树立福泉养老、敬老的样板。

图 8　"周春松班"授牌仪式

图 9　日间照料中心资助现场

周春松只身前往贵州，家中 80 岁的母亲很不放心。但同样是共产党员，母亲对儿子参与祖国西部建设唯有义无反顾的支持。

图 10　周春松参加疫情慰问

当听闻儿子对接帮扶的王卡村的贫困情况后，母亲当即取出 60 万元现金，乘车从宜兴赶赴福泉，希望在儿子的扶贫路上有母亲的一份厚重心意。一路上，老人双手牢牢护着装钱的袋子，不让任何人帮忙，直到把钱交到儿子手中。她还叮嘱周春松："一定要把这笔钱用在最贫苦的地方，让爱照到他们的心上。"

五、参与地方乡村振兴事业发展，万企兴万村

"这里的老百姓更需要我，我是一名共产党员，我们一定会留下来，我

相信我们会做得更好。"在接受著名主持人水均益专访时,周春松坚定地表示,作为一个党员,是对党和国家的关怀、对福泉这片土地的热爱给了他力量。

在环保建设中,周春松坚持"绿水青山就是金山银山"的理念,始终将环保产业纳入科技创新,构建循环产业经济生态链,转变环保在化工中的制约角色,实现化工产业发展的助推力这一目标作为己任。

就这样,他率领福泉环保城克服一个又一个的困难、落实一件又一件的事情、奉献一片又一片的爱心,用真心守护着祖国的绿水青山,用忠诚和行动换来了群众的赞许,用执着和担当肩负起了群众脱贫致富的重任,用实际行动践行了一名共产党员的初心和使命。

2021年10月22日,在黔南州"万企兴万村"行动启动会上,周春松与仙桥乡签署了"万企兴万村"结对帮扶协议,决心以科技帮扶、产业帮扶、教育帮扶致力"万企兴万村"行动,发展乡村建设,带动仙桥百姓共同富裕。

福泉环保城依托浙江工业大学科研团队优势,与福泉市工商联携手建设万三文化创意基地项目,通过贵州一片叶高新科技有限公司、福泉冒泡泡影视文化传媒有限公司、福泉新春紫砂文化艺术有限公司、福泉烧坊酒业有限公司等四家公司,将仙桥作为主战场,以科技赋能,推动乡村的全面振兴。

创意基地在茶、水、中草药、辣椒深加工,黄牛养殖、养殖业污染治理,紫砂产业发展、大健康、林下经济、文旅等多方面,对仙桥乡产业发展进行科技帮扶。组织47名村民前往宜兴学习紫砂制作技艺,聘请中国陶瓷艺术大师熊立新蹲点仙桥乡开展现场教学,联手国家茶重点实验室、携手王华银到仙桥乡养殖黄牛、开发生产仙桥辣椒酱等,通过以人才促产业、以产业形成仙桥地方本地民族技能人才培养,促进人才、文化振兴。

周春松计划在福泉市仙桥乡建设紫砂厂,运用当地紫砂泥打造地方紫砂品牌,由国家紫砂工艺品大师熊立新领衔,对当地百姓进行紫砂制作培训。以"百姓+企业+市场"的模式有效合作,提高百姓收入,增加百姓幸福指数,解决就业的同时,带动了当地百姓创收致富。

此外,他还计划在新加坡、日本等国家开展紫砂艺术品展览,打造属于福泉本土的紫砂文化品牌,走出福泉,走向世界,推动乡村发展,努力实现乡村振兴。

建设茶叶精深加工厂，以安徽农业大学国家唯一茶叶重点实验室为技术支撑，利用科技提升茶产品附加值，从高品质茶叶生长环境和宜居养生角度，对夏、秋茶的精、深加工，加大对健康茶、养生茶的开发力度。大力推动茶产业从简单的物质消费向旅游文化享受的多样化、多层次转型发展，将福泉茶与优美的自然风景、丰富多彩的民族风情整合，推动茶旅融合发展，延长产业链条。开发以茶为载体的高端休闲养生产业，形成一批茶旅融合、茶文结合的产业新业态，实现生态效益、经济效益双丰收，助推茶旅一体化融合发展。

六、以人才建设，推进现代工业产业链高质量发展

"人才是第一生产力，发展需要人才，贵州的发展更需要人才。"周春松在福泉环保城成立了"院士之家"，将引进来自中国科学院、中国工程院及欧亚科学院、德国科学院、俄罗斯工程学院、美国科学院、英国科学院等20余名院士，组建国际科创俱乐部，打造贵州人才高地，建设国际一流的人才据点与科创中心。

图 11　院士之家

他还成立了研究生院，将针对地方产业发展，着力于地方人才的培养，每年可向贵州培养和输送30名研究生人才。

周春松心系贵州发展建设，以科技创新为核心，把生态发展放在第一位，带领团队成功研发出全世界首台万吨级"利用二氧化碳以及工业废盐

制备碳酸氢钠及碳酸钠"技术设备。这一前沿最新技术研发成果，让他有了一个又一个的创新构想，福泉环保城将以此成果为依托，开创出贵州一系列的环保新材料产业。

福泉环保城计划通过"利用二氧化碳以及工业废盐制备碳酸氢钠及碳酸钠"技术，结合"政产学研用"的发展理念，打造医药、农药、染料中间体高端精细化，打通新能源电池材料全产业链，从原料生产、电池组装、电池回收打造福泉瓮安千亿级电池全产业链。同时，依托福泉市现有的精细磷化工产业，打造千亿级全链条新能源电池产业。福泉环保城计划将重点布局以工业级磷酸为基础，延伸建设 200 万吨阳极材料磷酸铁锂项目；以氢氟酸为基础，通过新建 200 万吨锂电池回收拆解，延伸建设 50 万吨级电解液六氟磷酸锂和 VC 溶剂项目；以福泉市矿业为基础，延伸建设阴极材料电池级钴镍新能源材料项目；引进 LG 集团、格派镍钴材料等国内外领先的大型新能源电池企业，建设电池隔膜及电池组装线，形成百万吨－级全链条新能源电池产业链。

采用废硫酸钠协同处置二氧化碳制碱工艺，实现碳中和；采用废盐酸处理赤泥制备净水剂聚合氯化铝项目，打造环保净水剂产业基地。以环保资源化为基础，形成西南地区环保药剂供应中心以及新材料助剂中心，不仅为新能源电池产业和精细化工产业夯实环保基础，形成高效良性互补发展，而且最终将形成百亿级环保及新材料产业。

这就是周春松扎根贵州这片热土，将要行进的方向，纵路险且艰，然行则终至。

七、心中有党，就有信念

"心中有党，就有信念。"周春松在接受黔南州电视台采访时表示："党员是先进代表的象征，是帮助百姓与群众的力量。"

周春松连续多年被评为年度"先进工作者""优秀共产党员"。2021 年，周春松荣获贵州省、黔南州、福泉市三级"优秀共产党员"称号。作为中国共产党福泉市第六次代表大会代表、中国共产党黔南州第十二次代表大会代表、中国共产党贵州省第十三次代表大会代表出席党代会积极建言献策。

赋予党建品牌"科创"内涵。福泉环保城在周春松的带领下，始终重视党建工作，积极参与社会责任管理和实践，助推企业稳定、持续、和谐、健康发展。

福泉环保城以"大党建、大创新、大发展"为格局，深化"绿色工程"实施路径，以品牌党建整合创新资源、聚合创新力量、推动创新发展。2022年，周春松进一步提出"观念更新、战略革新、管理创新、能力刷新、产业出新"的"五新"改革发展总思路，不断推动高质量发展从"N"到"N+1"迭代升级。

周春松以项目为牵引，党建搭台成立专班，实行"一个项目、一个专班、一抓到底"的工作机制，促进科技创新成果转化。他率领党建专班，围绕环保的行业共性难题集中技术攻关，取得重大成果，申请及受让专利达 42 项。其中，授权实用新型专利 11 项，授权发明专利 1 项，申请发明专利 18 项，申请实用新型专利 12 项。

分享发展成果，建设和谐企业。他带领福泉环保城人坚持不懈地打造责任品牌项目，持续提升社会服务力，不断扩大社会影响力，最大限度地创造经济、社会和环境的综合价值。从 2020 年以来，福泉环保城出资 100 余万元，以公益慈善的方式，为服务国家精准脱贫战略贡献了企业力量。

福泉环保城坚持"依靠员工办企业，办好企业为员工"理念，通过落实安全责任强保障、推进稳健发展惠员工、实施人本管理聚合力、深化精神激励强引领、坚持慰问助困暖人心等一系列有效举措，在团结广大员工勠力同心推进企业转型发展的同时，确保了企业发展成果最大限度惠及员工，为企业创建和谐企业发挥了表率作用。

践行核心价值，促进共建共享。福泉环保城致力创建文明企业，推动企业法治建设。历年来坚持诚信经营、开展爱国主义教育、履行安全环保责任、弘扬劳模精神、工匠精神、组织志愿服务等，为社会主义核心价值观在企业落地生根发挥了播种机、宣讲队作用，在履责实践中彰显了环保力量。

周春松全力推进环保技术攻关和治理设施建设，在落实企业安全环保主体责任、引领园区企业共建强富美的新福泉中发挥了表率作用。他要求通过加强党建，引领合作的企业在服务公共安全、扩大就业、维护稳定、改善民生等方面勇于担当、积极作为。

福泉环保城在推进企业转型升级的同时，促进了企地共建共享，实现了与合作方下的共同发展。

社会责任管理与实践，是福泉环保城"打造企业品牌，实现可持续发展"的重大战略选择，是公司在新的历史时期，打造企业未来核心竞争力，培育公司优秀企业文化和担当精神的最佳实践路径。

在周春松的带领下，福泉环保城正以"守护祖国绿水青山"发展为目标，大力发展环保产业现代化，开发绿色产品，开展绿色施工，坚持绿色发展，切实履行企业的社会责任。做有担当的企业，做有担当的员工，为公司优秀的企业文化注入新的发展内涵，推动企业转型升级和创新发展。

让网络更安全，让世界更美好

——奇安信科技集团股份有限公司董事长齐向东

企业家简介：

图1　齐向东参加庆祝中国共产党成立100周年大会

齐向东，1964年10月出生，奇安信科技集团股份有限公司党委书记、董事长，北京市政协委员、西城区人大代表、北京市商会副会长、全国工商联执委。齐向东先后荣获国家"万人计划"科技创新领军人才、北京市劳模、优秀中国特色科技工作者、全国关爱员工优秀企业家、全国非公有制经济人士优秀中国特色社会主义事业建设者等荣誉。

从2014年以来，在齐向东带领下，奇安信已发展成为国内人员规模最大、营业收入最高的网络安全公司，在"中国网安产业竞争力50强"榜单中连续两年排名第一，是北京市第一批"隐形冠军"企业；多次参与国家重大活动网络安全保障，成立奇安信公益基金会，近五年在公益事业方面累计投入资金、物资和服务价值超一亿元。奇安信集团党委取得北京市网信办首批党建示范点、市委"两新"工委办颁发的100个强党建促发展党建品牌项目等；2022年3月，奇安信圆满完成北京冬奥会和冬残奥会网络安全保障任务，创造了冬奥网络安全"零事故"的世界纪录，为未来国内重大安保活动、关键信息基础设施安全保护提供了重要实践样板。

2014年，中国互联网发展史上发生了一件里程碑式的大事，中央网络安全和信息化领导小组第一次会议于当年2月27日在北京召开。"没有网络安全就没有国家安全，没有信息化就没有现代化。建设网络强国，要有自己的技术，有过硬的技术……"习近平总书记的重要讲话引发社会各界的强烈反响，也让齐向东这个在网络安全领域摸爬滚打多年的互联网老兵热血沸腾。

这一年，齐向东集结了一批当时国内最优秀的互联网安全工作者，奇安信就此成立。实践证明，当时代召唤与个人使命相碰撞时，就会激发出巨大能量。

一、勇担时代使命，为网络强国护航

万物互联时代，安全为要。没有网络安全，就没有国家安全，就没有经济社会稳定运行，广大人民群众利益也难以得到保障。

2014年，中国迎来全功能接入国际互联网20周年。中央网络安全和信息化领导小组宣告成立，习近平总书记担任组长，充分体现了党中央对维护国家网络安全、推动信息化发展的高度重视和坚定决心。

"明者因时而变，知者随事而制。"就在这一年，奇安信义无反顾地挑起守卫网络安全的重担。

作为国内网络安全领军企业的掌舵人，齐向东始终怀揣高度的责任感和使命感，把自己的智慧、心血、精力，毫无保留地投入国家网络安全事业中。

2019年5月10日，奇安信深入贯彻落实习近平总书记深化国有企业改革，发展混合所有制经济，培育具有全球竞争力的世界一流企业的重要指示，携手中国电子打造央企混改优秀案例。中国电子战略入股奇安信，让奇安信成功跻身"国家队"。

图2　中国电子战略入股奇安信

为网络强国护航，为行业发展赋能，为幸福社会助力！短短八年间，齐向东带领下的奇安信，借着新时代的春风，成长为国内增长速度最快、规模最大的网络安全公司，于2020年7月22日成功登录科创板。

图3　齐向东带领奇安信成功登录科创板

在互联网这个没有硝烟的战场上，齐向东始终不忘初心，努力践行自己的使命：让网络更安全，让世界更美好！在齐向东的率领下，奇安信这个国内规模最大、综合实力最强的网络安全企业，多次参与国家级重要活动的网络安保任务，为建设网络强国提供安全保障。

图4　奇安信蝉联"中国网安产业竞争力50强"

二、筑牢国家网络安全防线

"国家安全，人人有责"是奇安信人矢志不渝的信念。

作为国内网络安全领域的龙头企业，奇安信勇挑"网络安全国家队"责任，肩负起维护公共安全的职责，为能源、通信、金融、医疗等支柱行业提供安全规划和 7×24 小时安全保障。

公司成立八年来，齐向东率领奇安信持续推动我国网络安全体系重塑，从过去"局部整改""事后补救"的外挂式建设模式，走向"深度融合"的体系化建设模式，改善网络安全体系化缺失、碎片化严重、协同能力差的旧有局面，用内生安全框架构建全面"事前防控"的内生安全体系。

2020 年 11 月，奇安信的内生安全框架荣获世界互联网领先科技成果奖。

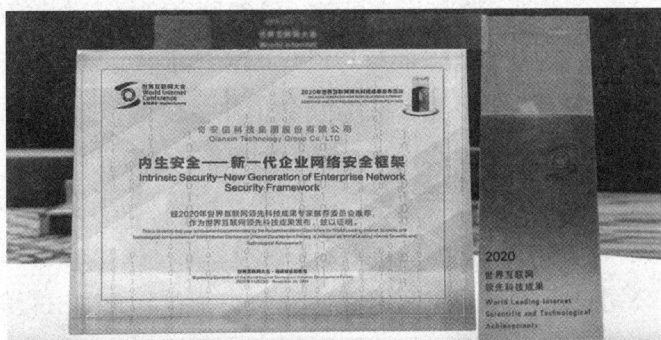

图 5　奇安信内生安全框架荣获世界互联网领先科技成果奖

在公共安全领域，奇安信用系统工程的方法，输出体系化、全局化、实战化的网络安全架构、动态综合网络安全防御体系，建立数字世界的有效"抗体"；创新构建网络空间安全态势感知体系，搭建了网络空间的"免疫系统"，第一时间感知威胁；用"经营安全"引领，实施主动反击，破敌于源头，从被动防御转向主动防御，从单点防御转向综合防控，极大地提升了网络公共安全能力和水平。

针对网络勒索、网络犯罪、电信诈骗等高发态势，奇安信系统支持公安部网络态势感知与指挥调度系统，保障关键基础设施安全；协助职能部门，参与多类涉网案件打防管控，建设"智能警务""数据警务"平台，协助反诈、经侦、反恐、禁毒、网安、技侦等公安机关部门破获多起涉案金额超亿元的重大案件。

在数据治理方面，奇安信研发了移动应用隐私安全合规检测系统，将近百个法律法规条款、规则和要求通过技术固化为自动化的检测评估流程，对移动应用进行批量自动化的违法违规检测，配合监管机构对移动应用进行合规检查，帮助企业和机构发现和纠正移动应用的违规行为。

截至 2021 年年底，奇安信累计为超过 300 家网信、公安等监管机构、政府机构、金融机构、大型央企和互联网企业检测了超过 150 万款 APP，协助完成了相关隐私保护合规整改，保护了公民个人隐私。

国家的网络安全事业在哪里，奇安信的脚步就走到哪里。

为助力国家"数字丝绸之路"建设，奇安信联合高校、研究机构、企业共同成立了"一带一路"网络空间安全研究院，就跨国企业网络安全保护政策建议、安全测评和监督检查机制、沿线国家网络安全政策沟通机制、网络安全国际标准制定参与、推动与沿线国家标准体系相互兼容、推广我国网络安全保护相关治理经验、网络安全企业与跨国企业合作机制等核心议题展开系统研究，为"数字丝绸之路"建设提供智力支持。

就像一名中流击水的勇敢水手，齐向东率领奇安信奋力划动科技与创新这两支巨桨，不断向上游挺进。

目前，公司已承担了多个政府部门、中央企业和大型银行等单位的网络安全职责，成为能源、金融、通信、医疗等国民经济运行体系支柱型行业网络空间以及政府、企业数字化转型的安全护卫者。

三、网络安全"零事故"的冬奥样本

伟大的时代成就伟大的企业。党的十八以来，随着中国日益走近世界舞台的中央，大型的高规格活动越来越多，对网络安全保障也提出了更高的要求。对奇安信来说，这是挑战，更是机遇。

凭借过硬的实力，在建党 100 周年、"一带一路"高峰论坛、达沃斯论坛、G20 峰会、APEC 会议、上合峰会、全国两会、中国国际服务贸易交易会、数字中国峰会、中国国际进口博览会、世界互联网大会等国家级重大活动和会议上，奇安信顺利履行了网络安全"守门人"职责。截至 2021 年 12 月，累计参与超过 70 场国家网络安全重保、组织和参与超过 600 场实网攻防演习、协助超过 500 家国家监管机构和关键基础设施单位构建了态势感知系统，为国家网络安全贡献力量。

2019 年 12 月 26 日，奇安信发展掀开新的一页——公司正式成为北京 2022 年冬奥会和冬残奥会官方网络安全服务和杀毒软件赞助商。也是在这天，齐向东向数十家海内外媒体郑重承诺，奇安信将确保北京 2022 年冬奥会和冬残奥会网络运行"零事故"。

图 6　奇安信成为北京冬奥会官方网络安全赞助商

身为网络安全行业的老兵，齐向东心里很清楚，做好冬奥会网络安全保障工作本身就是难度极高的战役。伦敦奥运会以来，没有任何一届奥运会实现过网络安全"零事故"。伦敦奥运会发生大规模 DDos 攻击，里约奥运会发生 APT 攻击导致重要数据泄露，平昌冬奥会因网络攻击直播中断、官网瘫痪……种种严重后果表明，奇安信没有成功的奥运网络安全模式可以借鉴。

与此同时，日益严峻的国际形势叠加不断反复的疫情，再加上科技冬奥的高要求，更让北京冬奥网络安保的困难程度呈几何级数激增。

但作为总指挥，齐向东没有一刻退缩。他意识到，为了赢得冬奥会网络安全的全面胜利，必须同时立足两个战场：一个是数字空间中，与黑客和不法分子的攻防较量；一个是现实世界中，对新冠肺炎疫情的严防死守。两个战场都不能有丝毫闪失。

为打赢网络安全保卫战，齐向东带领团队在奥运会筹办期就介入冬奥会重要设施的规划和建设中，全流程参与冬奥会软硬件搭建，并与冬奥组委技术部以及其他为冬奥会提供网络和信息服务的供应商紧密对接，做到冬奥网络安全保障系统边设计边建设边投入使用。

在此基础上，奇安信专门为庞大的冬奥会数字化系统打造了"全层面管控、全网络防护、全领域覆盖、全周期保障、全线索闭环、全兵种协同"的"六全"防护体系，构建起一套史无前例、空前复杂的网络安全保障系统。

冬奥会期间，齐向东亲自担任冬奥会网络安全保障总指挥，率领 11 支冬奥保障团队、全国 64 个分支机构、近万名员工及数百名网络安全"白帽子"组成的"冬奥网络安全卫士"，冲锋在前、坚守一线。

图 7　北京冬奥会开幕式当晚，齐向东在冬奥网络安全保障指挥中心布置工作

据统计，从冬奥会开始到冬残奥会结束，奇安信累计检测日志数量达 1850 亿，日均检测日志超 37 亿，累计发现修复漏洞约 5800 个，发现恶意样本 54 个，排查风险主机 150 台，累计监测到各类网络攻击超 3.8 亿次（含社会面），跟踪、研判、处置涉奥舆情和威胁事件 105 件。

与网络安保同时进行的还有疫情防控阻击战，后者的工作难度、强度不亚于前者。由于冬奥会场馆闭环运行，设备送进去难，运出来更难，因为负责运输的员工需要严格的隔离和防护措施。如果团队在一起住酒店，一旦某个场馆的团队有一人感染，整个团队就可能被集体隔离，场馆网络安全服务就可能无人可用。

面对前所未有的挑战，齐向东和团队一起绞尽脑汁，确保关键时刻不掉链子。最终，公司决定让工作人员分散住宿几十个酒店，每个酒店不超过六人，避免人员集中，以应对疫情突发情况。尽管增加了很多成本，但齐向东认为，为了确保胜利，就需要有不计代价、克服万难的魄力。"北京冬奥会是国家大事、全球盛事。奇安信作为中国领先的网络安全品牌，有义务、有责任、有能力、有信心完成这一光荣的历史使命。"

3月13日晚，北京2022年冬残奥会落下帷幕。这标志着在齐向东的带领下，奇安信完全经受住了大型网络安全实战考验，并最终实现了北京冬奥网络安全"零事故"的历史性突破。这一刻，齐向东和全体奇安信人悬着800多天的心，终于落地了。

图8　北京冬残奥会闭幕后，奇安信冬奥会保障团队部分队员合影

冬奥"零事故"，是网络安全"中国方案"的胜利，是对齐向东和奇安信的最大褒奖。北京冬奥组委技术部专门发来感谢信，称赞奇安信"兑现了北京冬奥网络安全'零事故'的承诺，创造了伦敦奥运会以来网络安全'零事故'的记录，为完成习近平总书记关于北京冬奥会'简约、安全、精彩'的要求，贡献了网络安全方面的重要力量"。

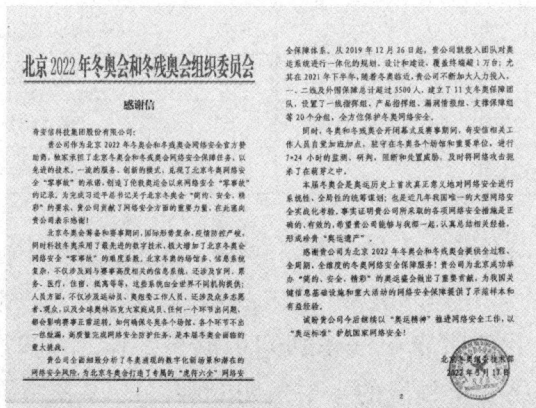

图9　北京冬奥组委技术部给奇安信的感谢信

四、勇做创新先锋，为行业发展赋能

创立奇安信八年来，齐向东坚持用创新引领企业发展，不断在行业内率先推出创新网络安全产品和服务，相关技术成果荣获世界互联网领先科技成果奖、国际信息社会世界峰会奖、国家保密科技进步奖等多个奖项。如今，奇安信已经成长为国内规模最大的网络安全公司，并入选北京市第一批"隐形冠军"企业认定名单。

对引领者而言，能力多大，责任就有多大。在带领企业发展的同时，齐向东和奇安信始终以培育健康生态、引领行业发展为己任，不断赋能网络安全行业健康发展。

（一）为行业发展筑根基

技术创新是行业发展的关键变量，自主创新是网络安全的不二法门。齐向东经常说，企业要实现科技创新、科技自立，应该不计成本、不计血本地投入，即使最后没干成，也是企业的光荣。

在创新投入方面，齐向东是业界出了名的"敢花钱"，研发投入的营收占比远高于国内同行。

表 1　奇安信历年研发投入情况

年份	研发投入营收占比
2017 年	65.90%
2018 年	45.02%
2019 年	33.20%
2020 年	29.51%
2021 年	30.09%

自成立以来，奇安信先后搭建了锡安、诺亚、大禹等八大研发平台，组建了 Z-TEAM、A-TEAM 等 12 大攻防技术团队。强大的研发机制，为中国网络安全行业带来了一系列知识成果。截至 2021 年年底，奇安信拥有 662 项网络安全领域的主要发明专利、1099 项主要计算机软件著作权。

凭借领先的网络安全技术实力和突出的市场表现，奇安信受到国内外权威机构的一致认可。赛迪发布"IT市场权威榜单"，奇安信荣获九项大奖。2022年4月，IDC发布《2021年下半年中国IT安全软件市场跟踪报告》，奇安信终端安全连续四年市场份额第一。2021年12月，Gartner发布安全威胁情报产品和服务市场报告，奇安信威胁情报平台、威胁分析和研判平台等多项技术能力上榜。

图10　奇安信多项创新产品荣获权威机构认可

创新实力的提升，在推动企业高速发展的同时，也让奇安信更有能力服务于行业发展。

2021年10月16日，2021（第四届）"天府杯"国际网络安全大赛在成都举行。奇安信旗下的补天漏洞响应平台以"攻防快一步""全网漏洞检测""网聚白帽力量""基于互联网的安全测试协助平台"四大展题亮相展会。

通过补天漏洞响应平台全网漏洞监测大屏，可以直观地看到哪里发生漏洞及以漏洞产生的危害。大屏左侧控制台以行业、时间维度展现漏洞分布，右侧展现漏洞详情，中间展现全国范围漏洞态势情况。

作为全球三大漏洞平台之一，补天漏洞响应平台是国内第一家全面覆盖全品类漏洞的第三方漏洞响应公益平台，同时也是最活跃的网络安全从业者交流平台之一。

截至 2021 年 12 月 31 日，补天漏洞响应平台入驻白帽专家数量超过 9.3 万位，报告漏洞总数超过 85.4 万，影响企业数量近 26.2 万家，发现 Windows、MacOS、iOS、Android 等操作系统和 Adobe、Oracle、Chrome、IE、Safari 等应用的重要漏洞，被公安部、国家信息安全漏洞共享平台（CNVD）、国家信息安全漏洞库（CNNVD）分别评定为技术支持先进单位、漏洞信息报送突出贡献单位和一级技术支撑单位。

补天漏洞响应平台是奇安信助力中国网安行业发展的缩影。除此之外，针对软件源代码和二机制漏洞，奇安信还组建了代码安全实验室。自组建以来，实验室多次向国家信息安全漏洞库（CNNVD）和国家信息安全漏洞共享平台（CNVD）报送原创通用型漏洞信息，帮助微软、谷歌、苹果、阿里云、华为、施耐德、腾讯等大型厂商和机构的商用产品或开源项目发现了数百个安全缺陷和漏洞。

在微软安全响应中心（MSRC）发布的 2019—2020 年度"最具价值安全研究者"榜单中，奇安信代码安全实验室有五名研究员入选。

（二）为行业前行引方向

习近平总书记在北京冬奥会、冬残奥会总结表彰大会上指出，北京冬奥会、冬残奥会既有场馆设施等物质遗产，也有文化和人才遗产，这些都是宝贵财富，要充分运用好，让其成为推动发展的新动能，实现冬奥遗产利用效益最大化。

作为北京冬奥会的重要遗产之一，冬奥网络安全实践经验为我国关键信息基础设施、重要活动的网络安全打造了模范样本。齐向东深知，自己要做的，就是把网络安全冬奥遗产管理好、运用好，实现价值最大化。冬奥会结束后第三天，齐向东就组建了冬奥网络安全宣讲团，把冬奥"零事故"的经验复制到关基行业的网络安全建设中。

在 2022 年 7 月举行的第四届北京网络安全大会（Beijing Cyber Security Conference，简称 BCS）上，齐向东进一步分享了他奋战了 800 多个日夜之后的冬奥网络安全思考：网络安全可以走出一条"零事故"之路。

图 11　齐向东在北京网络安全大会上演讲

北京冬奥会之前，业界普遍认为网络安全不存在"绝对安全"的状态。很多企业在进行网络安全防护系统建设时，主要针对过去出现过的安全事故，采用相应的防护技术和产品。这样的防护系统往往存在极大的安全隐患，因为过去没有发生，不代表未来不会发生。"冬奥这场大型实战充分证明，只要我们将'零事故'作为目标，就能满足我们对'绝对安全'的无限追求。"齐向东认为，"零事故"应该成为千行百业网络安全建设的新目标。而这，也是网络安全产业向更高水平发展的必经之路。

"零事故"网络安全理念的提出，引发了与会人士普遍反思：网络应摆脱传统被动式建设思路的束缚，不断推动理念、体系、技术升级，以应对不断变化的新挑战。

类似这样的反思与启发，已经成为北京网络安全大会的常态。

北京网络安全大会由奇安信联合中国电子 CEC 以及业内具有重要影响力的协会、学会共同发起。大会立足北京、辐射全球，旨在发挥首都北京作为"四大中心"在探索和开拓网络安全创新发展方面具备的独特优势，集聚全球高端人才、技术和产业资源，对接国际国内交流合作。

截至目前，大会已成功举办四届，来自全球几十个国家的上千位院士专家、行业领袖、顶级技术专家出席分享精彩观点，成为东半球极具影响力的网络安全盛会及交流平台。从"数据驱动安全"到"内生安全"，从"经营安全"到"零事故"，每届大会的主题都成为网络安全产业发展的风向标。

（三）为行业未来育人才

网络空间的竞争，归根结底是人才竞争。

齐向东秉持以人为核心的安全运营服务，带领奇安信建设校企合作、专业培训基地、定制专项培训、在职培训和网络安全体验中心等平台，全面覆盖专项技术、实战技能、攻防能力、资质认证以及安全意识科普等领域，形成了包括安全运营、攻防渗透、安全分析人才在内的网安人才培养体系，源源不断地为网安行业、党政机构、企事业单位培育专业人才。

2019年1月，奇安信与中国工程物理研究院签署了联合建设网络安全人才培养基地的协议，在绵阳建成近万平方米的教室、宿舍和安全运营与服务技术支撑场地，拥有15个实训室、两个考试中心和800个床位的学员宿舍，可同时对800人进行实战培训。2021年，奇安信虎符基地成为工信部网络信息安全领域人才评价支撑机构。截至当年年底，虎符基地共举办45期网络安全特训班，累计培养网络安全人才3099人。

与此同时，奇安信积极开展网络安全专业人才职业认定工作，并于2020年12月获批为教育部1+X证书制度第四批职业教育培训评价组织，推进"网络安全应急响应"与"云安全运营服务"两个职业技能等级证书试点工作。截至2021年12月31日，1+X试点院校数多达31所，试点学生数1348人，考证通过人数158人。1+X师资培训覆盖1542人，共发认证、结业证书609张，考评员证书247张。

为提高网络安全人才的综合素质，齐向东还带领奇安信举办了形式多样的训练营、实战大赛，DataCon大数据安全分析竞赛是其中之一。该赛事由奇安信与清华大学网络研究院联合发起创办，为国内首个专业大数据安全竞赛。比赛与国内百所高校和科研机构合作，模拟真实网络环境的攻防对抗，以竞赛的形式考察选手利用新技术解决问题的能力，从而挖掘并培养更多攻防兼备的实战型安全人才。

图 12　齐向东在 DataCon 大数据安全分析竞赛颁奖现场

来自武汉大学 10TG 战队在参与过 2020 年邮件安全竞赛之后，2021 年再度参赛，并获得邮件安全赛道冠军。战队成员表示，经过一年的研究生学习，对研读论文、调研学习有了一个新领域积累的经验，在本次开放性的赛制下，接触到了更接近真实的数据环境，让理论和实践有了全新结合。

截至 2021 年年底，DataCon 大赛吸引了 4000 余名专业高手参赛，这些选手中 75% 以上拥有硕士博士学历；554 支战队参赛，覆盖全国超百所高校和上百支企业战队，以赛促学、促练，打造数据安全分析人才培养闭环。

五、勇做公益标兵，为幸福社会助力

社会责任是企业的立身之本，也是奇安信持续发展的根基。作为一名党员，齐向东深刻不忘党的初心和使命。企业业务开展到哪里，他就把党建工作做到哪里。2021 年，奇安信党建经验入选中国上市公司协会编撰的《民营上市公司党建优秀案例》。在党建引领下，奇安信坚持在国家网络安全、灾害救助、精准扶贫、个体帮扶等领域持续开展公益行动，展现新时代民营企业的风采。

（一）擦亮红色信仰

心有信仰，行有力量。齐向东将党建品牌建设与业务工作深度融合，推动企业自觉承担更多的社会责任，引领企业高质量发展。

在建党百年之际，齐向东创新推出了"红云行动"党建品牌项目。2021年6月15日，齐向东与人民网董事长叶蓁蓁、中国传媒大学校长廖祥忠，在人民日报一号演播厅共同启动了三方合作的"红色云展厅"。"红色云展厅"连接上百个革命老区纪念展览馆平台，通过5G、云技术将各地党建党史内容数字化，观众可一屏看遍全国百家红色展馆；在展馆现场，可通过扫码收听专业讲解，实现线上线下沉浸式体验。

图 13　奇安信与人民网、中国传媒大学共同打造"红色云展厅"

截至 2021 年 12 月 31 日，"红色云展厅"PC 专题页面、人民网微博微信、党史学习教育官网官微、"人民网+"客户端、人民视频客户端等平台总计访问量约10亿，互动量超28万次。该项目获评全市 100 个"党建强、发展强"党建品牌，入选由中国记协专委会组织的"建党百年融媒体精品案例"，并将其作为优秀案例面向全国展示。同时，"红色云展厅"还在以公益的方式，将全国更多展厅的海量数字化内容汇聚到云端，打造更多体验式学习和生动传承的新阵地。

齐向东以"一个好思路、一套好制度、一批好党员"为目标，不断擦亮"红云行动"党建品牌，将党建品牌打造与公司业务工作深度融合，同步谋划、同步部署、同步推动。相继推出"红云冬奥网安保障行动""红云志愿者"等若干子品牌，传承"将支部建在阵地上"的作战精神，在冬奥网安保障小组党员干部中建立"红云冬奥网络安全战队"，成立冬奥临时党支部，充分展现了党员的带头作用。

为挖掘优秀党员的引领力量，齐向东还建立了与业务评优相结合的"优秀党员出在先进集体里"活动，推出"红云标兵"（个人）、"红云战队"（团队）等，把党员发展与干部成长结合，让党建工作与培训、评优结合，做到关键岗位有党员、业务骨干党员多，不断探索民营企业党建的新路径。

截至目前，奇安信党委获得北京市网信办首批党建示范点，北京市非公有制经济组织党建示范单位，首都互联网协会党委优秀党组织、党建工作优秀品牌等荣誉。

（二）抗疫救援"急先锋"

2020年新冠肺炎疫情暴发后，齐向东第一时间向奇安信全体员工发出倡议，成立疫情防控支援团并担任总指挥，带领全体奇安信人投入疫情防控阻击战中。

2020年1月27日，奇安信接到武汉火神山医院的网络安全建设需求后，齐向东当即决定捐赠400万元专业网络安全设备。当时正值春节假期，100多名员工40分钟内到岗，仅用九小时就完成了全部设备的生产及发货。在火神山医院建设现场，火神山九人小分队经过几个昼夜连续奋战，顺利完成交付。奇安信捐赠的安全设备开始为火神山医院网络设施保驾护航，确保信息化系统安全稳定运行。

图14　奇安信小分队驰援武汉火神山医院

与此同时，奇安信向武汉雷神山医院捐赠的 150 万元专业设备连夜完成备货，从北京送往武汉。2 月 4 日，奇安信火神山医院小分队转战雷神山医院，提前 11 个小时完成安全设备的安装、调测任务，于 5 日凌晨正式交付雷神山医院。

为保障疫情防控一线单位的网络安全，奇安信发起了网络安全行业最大规模的捐赠行动，共向全国 30 多个省区市的 100 多家医院和疾控中心等疫情防控一线单位捐赠专业设备和提供安全服务，1600 多名员工奔赴疫情防控一线，提供网络安全建设方案，紧急生产备货、及时安装部署，确保疫情防控单位的系统安全稳定运行。

同时，齐向东结合公司技术优势，积极开展"科技抗疫"，为政府、医疗、交通、能源、物流等方面的近千家单位免费提供网络安全服务支持，开发应急协同与指挥平台、疫情实时态势系统，免费协助近 2000 家组织防控疫情。

疫情期间，奇安信为重要的新闻广播媒体系统提供专项的安全防护和专家值守服务，并为相关网站提供必要的安全防护，累计为 600 多家企业的重要系统提供云端实时监测和防御，成功拦截疫情防控相关单位的网站 Web 应用攻击超过 150 万次、CC 攻击超过三亿次。

在以奇安信为代表的网络安全企业努力下，疫情期间国内未发生灾难性的网络安全事故。奇安信也被中华全国工商业联合会评为"抗击疫情先进民营企业"。

（三）让生活更美好

齐向东积极投身公益事业，率先垂范，主动参与到社会的公益事业中，在奉献社会中实现企业家的社会价值。

精准扶贫、脱贫攻坚是党中央作出的重大决策。在齐向东的带领下，奇安信与赤峰市政府、北京吴英恺医学发展基金会联合发起赤峰"心明眼亮"公益活动，帮助因病致贫、因病返贫的家庭解决困难、改善生活。四年来，奇安信累计帮助筛查贫困白内障患者 23489 人，实施复明手术 900 例；筛查贫困先天性心脏病患儿 551 人，实施手术 65 例。

2018 年，北京市发布推进"万企帮万村"精准扶贫行动的指导意见，奇安信积极行动，捐赠 10 万元支持河北阜平县脱贫工作；在全国工商联开展"定点扶贫"活动中，奇安信为贵州织金县捐赠 10 万元进行"定向扶贫"。2019 年，奇安信支持"消费扶贫"项目，向北京密云区捐赠 8.5 万元；定向支持内蒙古自治区赤峰市敖汉旗"脱贫攻坚"项目，捐赠 228 万元。

为更加专业地践行企业公益行为，2021 年 10 月，齐向东组织成立了北京奇安信公益基金会。基金会以开展慈善活动为宗旨，通过资助扶贫济困公益项目，促进公益事业发展。资金重点用于资助困难学生就学、资助困难学校基础设施改善、资助困难家庭改善生活、资助困难患者就医，以及自然灾害、事故灾难和公共卫生事件等突发事件伤害者的救助。

2019—2021 年，奇安信连续三年荣登北京市工商联"北京民营企业社会责任百强"榜单前十名；2021 年，获得中国互联网大会颁发的"责任之星"荣誉称号。

▲ 2021 "北京民营企业社会责任百强"榜单前十　　▲ 2021 "北京民营企业科技创新百强"榜单前十

图 15　奇安信荣登"北京民营企业社会责任百强"榜单前十

齐向东带领奇安信成长的八年，是见证中国向网络强国昂首迈进的 8 年，是个人梦想与伟大时代共精彩的八年。他求真务实、担当作为，以国家需求为导向，攻克网络安全核心技术难题；以党建工作为引领，带动企业高质量发展；以企业社会责任为根基，开展一系列社会公益活动，为维护国家网络安全贡献了重要力量，书写了一名优秀共产党员、民营企业家的责任和担当。

义者无惧山河远，家国情怀赤子心

——吉林省品牌产品农业发展有限公司董事长鲁贺

企业家简介：

鲁贺，男，1966 年出生于长春市，1997 年下海创业，吉林省品牌产品农业发展有限公司董事长。中华全国工商业联合会第十二届执行委员、吉林省人大代表、吉林省工商联副主席。先后获得"全国劳动模范""全国五一劳动奖章""全国关爱员工优秀民营企业家""吉林省特等劳动模范""吉林省五一劳动奖章""吉林省第六届创业先锋""长春市劳动模范""长春市最具爱心慈善楷模"等荣誉。2019 年 10 月受邀参加新中国成立 70 周年观礼阅兵仪式。

图 1　2019 年 9 月 30 日，鲁贺在人民大会堂参加
"热烈庆祝中华人民共和国成立 70 周年"文艺晚会现场

熟悉鲁贺的人常说，他骨子里就有种不服输的劲头；了解鲁贺的人常说，他血液中流淌着一种北方人的豪放；而懂鲁贺的人常说，他的心中满满的是家国情怀。

一、下海经商，创立中国的服装品牌

1997 年，年仅 30 岁的鲁贺作为吉林省纺织工业厅最年轻的副处级干部，毅然决定放弃公职下海经商。他用自己仅有的 6000 元存款和东挪西借的近 30 万元，在长春市东朝阳路开起了一家服装店，做品牌代理。

创业伊始，生意并不好，但他坚信，只要坚持诚信经营、优质服务，生意总会好起来。经过几年的苦心经营，1999 年，服装店生意有了很大起色，不但还上了之前开店借的钱，还有了盈余。鲁贺"淘"到了创业后的第一桶金。

2001 年，鲁贺萌生了新的创业梦想——打造中国人自己的服装品牌。于是，他南下深圳，带着四个工人、在一间 23 平方米的民房开始了拼搏之路。然而两年后，由于合伙人经营不善，公司出现了巨大的亏损，欠下 300 多万元的外债，全家人过年就只剩下 500 元。合伙人不辞而别，公司面临倒闭。

"所有生意人会遇到的困难我们都经历过，但好事多磨，我相信所有的伟大都是熬出来的。"鲁贺不想就这样放弃，他决心从头再来！

这个好事多磨，磨的是鲁贺一次又一次不断地尝试，通过一个店一个店的铺展，最终得到了市场的认可。10 年的艰苦奋斗和拼搏努力，他创建的集设计、研发、生产、营销于一体的可盈服饰（深圳）有限公司赢得了市场，获得了成功。

公司旗下"简爱诺"逐步发展成为全国知名的高端女装品牌，取得远超行业水平的高速增长，先后进驻北京多家知名商场，成为国内一线女装品牌。鲁贺自己也成为六家公司的董事长，其中，包括知名服装企业世纪宝姿（厦门）实业有限公司。

二、锦凤还巢，让老牌企业重现生机

商海沉浮，十余载打拼，鲁贺凭着干事业的韧劲以及坚持走高品质的发展路线，将名下各公司打理得越来越好。成功之余，他却始终牵挂着家乡的发展。他常说："大家都去南方了，那谁去管老家？"就这样，一心想为家乡发展建设贡献自己力量的鲁贺，再次迈出大胆的一步：返乡投资，再显身手。

（一）接手运营老牌企业，重新焕发生机

2011年3月，鲁贺投资接手了吉林长春市红旗街上的一家老牌企业，更名为"吉林省巴黎春天百货有限公司"。红旗街商圈竞争激烈，当时这家老牌企业的经营状况不是很好，很多亲友都对鲁贺的决定表示不理解和担忧。可是鲁贺却说，长春是他的家乡，红旗街也是他长大的地方，这里有很多关于家乡的记忆。他坚信，没有解决不了的问题，一定要让公司走出困境，带领员工过上好日子。

他投资接手这家企业后，及时调整经营定位，不断更新品牌组合；转换经营理念，坚持"把顾客当亲人""傻呵呵地对人好"的服务理念，用品质与服务赢得市场。

鲁贺重视对员工的培养，关心员工的成长和生活的改善。为了迅速提升企业服务，一段时间里，他还亲自站柜台接待顾客，给员工示范服务、指导销售。

除此之外，他还每年都对全体员工进行思想品质、道德素质、销售技能等方面的培训。"要忘记自己是在做生意，始终以服务的态度对待顾客，了解顾客的需求，以对待亲人的心态去对待顾客，这样还怎么会有人不来呢？"

正是这样的服务理念，不仅增进了团队的凝聚力，也增强了员工以公司为家的归属感。不到两年的时间，这家老牌百货公司就重新焕发了生机。

图2　鲁贺为员工开会时亲身示范"如何把顾客当亲人"

（二）关爱员工及家属，帮扶落到实处

吉林省巴黎春天百货有限公司的业绩不断上升之后。鲁贺先后数次为员工上调工资、奖金，员工的收入是上一年的数倍，使得员工有干劲儿，服

务质量提升了，企业得以蓬勃发展。

员工遇到困难，鲁贺会主动伸出援助之手。

员工常晓丽的孩子不慎坠楼，生命垂危，他得知后第一时间赶赴医院探望，并赠予五万余元，挽救了孩子的生命；一名28岁的哈尔滨员工患白血病，鲁贺组织捐款80万元为其治病；北京员工张鑫患淋巴癌做手术，10余万元治疗费用由鲁贺全部承担。

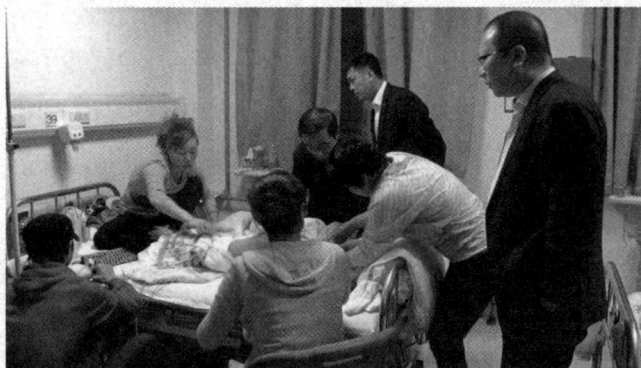

图3　常晓丽的孩子不慎坠楼，鲁贺第一时间赶赴医院探望并赠予五万余元

员工刘洋的婆婆患有癌症，为了省钱给婆婆买药治病，她每天的生活费只有10元，天天吃光头面。鲁贺得知后，自2016年1月起，每个月给她补助2000元，累计6.6万元。刘洋感激不已，努力工作，业绩也有了飞快的提升。

25岁的员工王伟疑似骨癌，鲁贺亲自联系医生，沟通病情，并且支付医药费10万元；员工尹秀云家孩子生病，鲁贺帮忙转院，帮助支付医药费；员工王立君母亲生病，鲁贺拿出自己的钱给该员工补贴。这样的例子比比皆是，数不胜数。只要鲁贺知道的，他都会义无反顾地去帮助。

图4　2014年4月，鲁贺荣获"全国五一劳动奖章"

员工是企业的主人，企业是员工的大家。为了丰富员工的精神生活，让员工能有更多的见识，鲁贺每年带着团队先后去日本、韩国，以及我国的香港、澳门、台湾、深圳、上海、大连等地游览考察，开阔眼界，让很多连家乡城市都未踏出过的员工激动不已。

一旦有优质电影上映，鲁贺马上带着自己的员工和厂家营业员观看，在丰富他们业余生活的同时，也向员工们传递正能量，帮助大家构建更健康、更阳光的精神世界。

他不仅关爱自己的员工，还将这份关怀延伸至与自己没有劳动关系的厂家营业员。为改善厂家营业员的生活状况，鲁贺每月拿出 10 万元奖金，用以奖励在平凡工作岗位上取得优秀成绩的厂家营业员。每年大年初一，鲁贺为厂家营业员发放红包 15 万余元。

不仅如此，每逢佳节，鲁贺都会给自己公司的员工、厂家的员工、合作伙伴的员工发放福利，每次均达 20 万元。除此之外，他还补助和他没有劳动关系的员工：鲁贺看到五楼运动馆的营业员工资不高，赚得不多，自 2015 年 1 月起，鲁贺为五楼每名营业员每月补助 300 元现金，为期半年，共计达 25 万元。

图 5　在巴黎春天，每年新年为员工发红包已成为鲁贺的习惯

商人重利，企业家更重情义。鲁贺用实际行动彰显出了身为当代民营企业家的情义担当。

他用本可以给自己买车的 200 万元买了 10 辆甲壳虫，奖励给公司年轻的经理们，只为了不让他们上下班时还在东北寒酷的冰天雪地里等候公交车，并且亲自安排没有驾照的经理们报考驾校，以最快的速度将10辆车提回公司。看见大家激动振奋的样子，鲁贺感到无比满足。

此后，鲁贺又陆续为优秀员工奖励20辆汽车，30辆汽车累计金额达到700万元。

从2011年以来，鲁贺致力于振兴企业，稳定和增加就业岗位，帮助更多员工提供就业岗位近2000个，帮扶残疾人员及安排就业岗位六个。对所有企业员工的赤诚相待，体现了鲁贺待员工如家人的大爱，也因此获得"全国关爱员工优秀民营企业家"的荣誉称号。

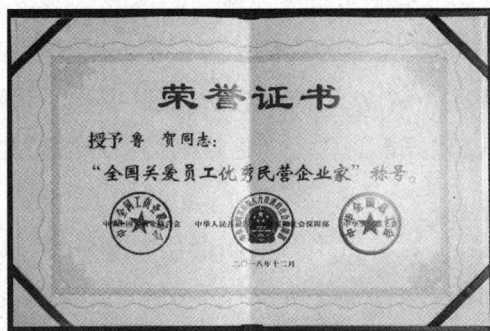

图6　2018年12月，鲁贺获得"全国关爱员工优秀民营企业家"的荣誉称号

自2015年起，鲁贺将"简爱诺"东北销售结算中心搬到长春市朝阳区，每年为当地带来税收1000多万元。2016年，吉商联合会成立之后，鲁贺积极响应投资家乡的号召，把"宝姿"的部分销售管理业务转移至长春，每年为当地政府带来500万元以上的税收贡献。

三、打造品牌，乡村振兴不放松

如果说，将调整经营布局，帮助家乡增加税收，比作为地方发展"输血"，那么，通过做大做强本土企业，带动就业、发展产业，就是为地方发展持续地"造血"。

紧跟国家振兴农业的步伐，鲁贺积极响应吉林省倡导的"叫响一批'吉字号'品牌"的号召，把目光投向巍峨长白山、广袤黑土地上丰富的农业资源，致力于把吉林品牌卖遍全国，走向世界。他认为，一个企业家的经历，首先是一个不断奋斗的过程，而乡村振兴第一步就是做到产业振兴！

2019年，鲁贺注资一亿元，重启吉林省品牌产品农业发展有限公司。打造高品质农产品品牌——"囍源吉品"。经过慎重考察后，他选择了六个最适合在该区域种植的优质品种，最终，将有机绿色水稻种植基地选在有着300年历史的贡米之乡——吉林舒兰。这一举措，将产业发展与精准扶贫有机结合，带动农民就地就近就业创业，助力家乡农产品全面发展。

"现在农村种植的现状是，缺乏稳定销售渠道的农民朋友们，为了极其微薄的利润，追求数量而不重视质量，使得产品品质不高，粮食的收购难以提升。如此循环的结果是，农民辛苦一年也无法实现增收。这是现状，也是困局。"鲁贺表示，树立"囍源吉品"品牌的初心和始终的追求，就是生产国民所需的健康农产品，做大"吉字号"农产品品牌，让耕者有尊严，食者得健康。

在品牌建设过程中，鲁贺不惜先期进行大量科研、资金、资源、营销等投入，例如建造"囍源吉品世界大米文化展馆""囍源吉品大米生态文化展馆""吉林省名优特暨新电商产品展示推广中心"，以及在北京建设"囍源吉品大米展馆"。在舒兰，又建设了一个集研发、育种、种植、加工等功能于一体的世界一流水稻科研生产基地，夯实品牌发展基础，以世界格局塑造大米民族品牌形象，为中国大米扬名。

为了研发出真正品质好、口感好、营养好的高端大米产品，鲁贺不顾患严重糖尿病、心脏病的身体，带领团队在产品研发阶段不分昼夜地品尝、筛选国内外数百款大米产品，进行比对分析。经常为了产品细节开会研讨至凌晨，并且不断带领团队走遍全国去拜访高端客户。

严重超负荷的工作量，让鲁贺的身体时时亮起"红灯"。家人朋友劝他，如今早已生活无忧，何必在早该退休安享晚年的时候干起"年轻人创业"这样劳心劳力的事业？每听到这样的劝告，鲁贺总要认真地为其分析打造高端大米民族品牌事业的必要性："中国明明地域辽阔，尤其咱们吉林这片黑土地如此肥沃，我们作为大米主产地，也为大米研发投入了这么多精力，品质已经做到绝佳，在世界上却少有真正高端的品牌。可日本等国却在对比这么强烈的窄小土地上种出世界最高端的大米，我们难道不应该更加努力吗？如果我们做出自己的大米民族品牌，农民兄弟就能挣到更多钱，这样的事不值得做吗？"

坚守这样的理念，他不断要求团队严格把控农产品品质，对产品生产标准、采购标准、服务标准进行统一界定及升级，向市场呈现更专业、更高端的品牌形象，提升品牌价值与价格收益。并以订单农业等形式，付款在先，直接惠及农民及合作企业，确保其安心、放心地追求产品品质，打造共同体内部良性循环发展环境，最终为消费者提供真正安全、优质的放心品牌。

正是这样舍我其谁的拼命精神，功夫不负有心人，2021 年 9 月 7 日，"囍源吉品"首次亮相长春农博会，就迎来了"开门红"，与和润酒店集团签订了 1000 吨的大单，初显吉林优质大米的实力！

如今"囍源吉品"大米收获一致好评，已走出吉林，顺利进入国家机关事务管理局等相关单位，被称为"尝过的最好吃的大米"，在北京、上海、广州等地已经有一定名气。

而最让鲁贺欣慰的是，有了这样的高端大米品牌，无数农民兄弟因此而增收，真正得到实惠，同时也会安心地致力于种植真正好品质的大米，不再陷入恶性竞争循环中，保证了更持久的发展。

产业兴则乡村兴，产业强则农民富。鲁贺就是以这样的家乡情怀，承担起了民企助力乡村振兴的责任。

四、热衷慈善，让爱的种子播撒世间

在企业稳步运转后，鲁贺将更多的关注度转移到社会上需要帮助的人身上。近年来，他倾力于关爱妇女儿童、捐资助学、扶危助困等公益事业。

2011 年刚接手巴黎春天百货商场后，鲁贺就立即设立了"巴黎春天百货见义勇为专项基金"，捐款捐物达 30 余万元，还为见义勇为的伤残英雄及与歹徒英勇搏斗牺牲的烈士家属安排了工作。巴黎春天百货被长春市政府授予"长春市见义勇为工作突出贡献单位"的光荣称号，这也是长春市唯一一家获此殊荣的企业。

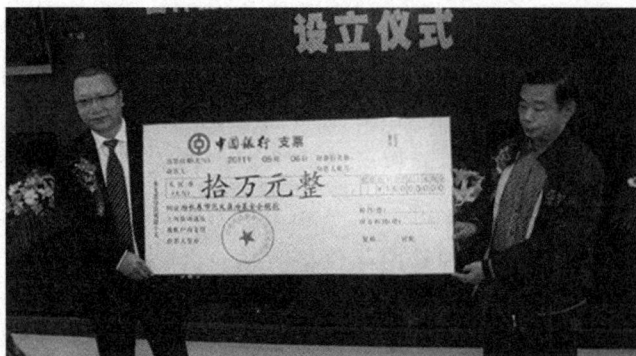

图7　2011年5月，鲁贺为长春市见义勇为基金会捐款10万元

对保家卫国的军人，鲁贺一直心怀崇敬。在偶然结识盲人军医王琦后，鲁贺被他积极乐观、无私奉献的精神深深打动，为其捐款20万元作为科研经费，希望通过帮助王琦来帮助更多的人摆脱病痛的折磨，走向康复之路。

图8　2014年，鲁贺为特技战斗英雄、盲人军医王琦捐款20万元

2022年，得知很多退役军人及军烈属的生活仍很艰难，鲁贺立刻为关爱退役军人和军烈属爱心基金捐款100万元。他说："坚强不屈是我们的民族精神，我希望能通过此举让英雄和他们的家属们暖心，让他们知道背后有我们的支持。"

与此同时，鲁贺非常感恩政府与社会对他的大力支持，因此在得知部分机关有困难时，自2016年起，他为朝阳区交警队捐款30万元；2018年12月，为长春市公安民警优抚基金会捐款10万元；2019年12月，为榆树民政局捐款10万元；2018年12月，为长春市公安民警优抚基金会捐款10

万元；2019 年 12 月，为榆树民政局捐款 10 万元……

对于弱势群体，鲁贺更是一马当先，扶危助困。2017 年 2 月，他为吉林省残疾人福利基金会捐款 30 万元；2017 年 5 月，为朝阳区红十字会捐款 30 万元；2017 年 12 月，为镇赉贫困县捐款 10 万元；2018 年 6 月，为榆树扶贫捐款 20 万元……

鲁贺不仅在扶贫事业上尽心尽力，同时在关爱妇女儿童、支持教育事业发展方面也作出了突出贡献。

图 9　2018 年 9 月，鲁贺为农安镇贫困学生及教师捐赠 30 万元教育基金

2011 年，鲁贺为困难职工子女就学捐款 10 万元；组织员工为省孤儿院捐款捐物达 10 万余元、为媒体报道的"90 后"白血病母亲捐款 12 万余元。

2014 年 8 月，在电影《中国合伙人》原型、新东方教育集团创始人俞敏洪先生发起的"筑梦之旅——中国企业家巡讲公益行"活动中，鲁贺为西藏贫困地区孩子捐款 5.4 万元；同月，为刚刚考入大学的八名贫困学子慷慨出资 12 万元；2014 年年底，在"朝阳区红十字博爱助学公益拍卖会"现场为自闭症儿童捐款 9.7 万元。

2015 年 3 月，他为长春市树勋小学"甘于奉献，师德高尚"优秀教师专项奖励基金捐款 20 万元；6 月，在长影音乐厅"六一儿童节"活动中，为盲童朱雨彤捐款 10 万元；12 月，在"爱之声"公益交响音乐会活动中，为自闭症儿童捐款 20 万元。

2018 年 6 月，他为延边州汪清县机关乡捐款 50 万元，用于支持教育；9 月，为东北师范大学附属小学教育基金会捐款 10 万元……

可以说，每一笔善款都凝结了鲁贺对孩子们的殷切期盼，希望他们成长为祖国的栋梁之材。

图 10　2018 年 6 月，鲁贺为延边州汪清县机关乡捐款 50 万元

在一次参加活动现场，鲁贺偶尔知晓到两名残疾人家庭的小学生包文龙、冯永琪在生活条件极其困难的情况下，依然乐观阳光，不仅小小年纪就开始操持家务、照顾残疾的家人，同时在学习上非常努力，成绩优异。

这样弱小的却无比感人的生命力令鲁贺动容，当即决定每年为两个孩子资助学费 10 万元，并一直资助到大学毕业，总计将资助 100 万元。这一善举也让两个孩子倍受鼓舞，如今两个孩子已经成长为心怀感恩、积极向上的优秀青年。其中包文龙还考上了北京大学，令鲁贺倍感欣慰。

2018 年，东北深秋天气已凉意渐浓。鲁贺捐款 30 万元成立基金会，为学校搭建暖棚，让孩子们能坐在暖洋洋的教室里学习。

2021 年，鲁贺发现一部关于少数民族留守儿童的温情电影《红尖尖》。该电影以弘扬中华民族传统美德为主线，温情演绎了扶老助弱、祖孙亲情的人间大爱。看过电影，他倍受感动，于是立即捐款 10 万元，还号召大家捐款 20 万元，用于邀请农民工子弟免费观影，同时大力帮助这种宣扬关爱老人儿童传统美德的优秀电影进行推广。

图 11　2015 年 3 月，鲁贺为长春市树勋小学捐赠 20 万元表彰优秀教师

2022 年，鲁贺积极响应吉林省培养造就一支高素质乡村教师队伍的政策号召，为吉林省教育基金会捐款 100 万元，用于表彰奖励全省优秀乡村教师，推进乡村教师队伍建设和乡村教育事业持续健康发展。

同年 6 月，鲁贺还为长春市慈善会捐款 100 万元成立囍源吉品妇女儿童基金会，用实际行动帮助更多有需求的困境妇女、儿童及家庭，将公益慈善之举真正传递下去。

图 12　鲁贺为长春市慈善会捐款 100 万成立囍源吉品妇女儿童基金会

鲁贺常说：生意人有所为，有所不为，而企业家必须承担起国家和社会的责任。无论是初创时的举步维艰，还是创业成功后的衣锦还乡，鲁贺都紧紧跟随党和国家的脚步，时刻准备着为国家和人民贡献自己的力量，也时刻准备着用自己的爱心善举号召、带动、感染更多人参与到振兴国家、回报社会中来。

2021年7月，河南遭遇极端特大暴雨，鲁贺带领公司员工连夜加班生产，捐赠价值1000万元的优质有机鲜米，彰显了吉林人的大爱！

图13　2021年7月，河南遭受洪涝灾害，鲁贺捐赠价值1000万元的大米

五、同心"战"疫，助家乡一臂之力

2022年春天，为应对突如其来的新冠肺炎疫情，吉林社会各界展现出了"硬核"力量，鲁贺就是其中一位。"家乡有难处，企业要积极解难题、作贡献。"在他看来，抗击疫情，民营企业必须担起社会责任。

3月14日，在鲁贺的带领下，吉林省品牌产品农业发展有限公司通过省工商联、省慈善总会向长春市、吉林市各捐赠100万元，用于两地疫情防控工作。

3月18日，在公司自身面临重重困难的情况下，鲁贺依然坚持为抗疫提供更多帮助，再次捐赠100万元。

3月19日，鲁贺组织公司高管捐款11.5万元，用于采购防疫物资，助力长春市疫情防控。

疫情发生以来，鲁贺率领公司累计捐款311.5万元，为疫情防控贡献了民营企业的力量。

除捐款外，鲁贺公司的干部员工积极参与疫情防控。公司高管带队，组织、带领员工到社区及部分方舱隔离点的防疫一线提供志愿者服务。与此同时，公司还通过微信工作群对员工进行线上防疫知识科普、政策宣传、居家关怀、学习培训等，宣传抗疫正能量，引导正确防疫思想，确保全员科学了解本次疫情，积极配合防疫工作，同时丰富了员工封控时期居家生活。

"通过捐赠的方式，贡献微薄之力，与家乡人民一起同心"战"疫、共克时艰。我们坚信，没有一个冬天不可逾越，没有一个春天不会来临。"面对疫情的严峻考验，鲁贺坚信，抗疫必将胜利。

同样，鲁贺更坚信，疫情过后，在国家乡村振兴战略指引下，他和他的吉林省品牌产品农业发展有限公司盯紧农业产业，积极参与振兴"三农"产业，以创高端品牌农产品为落脚点，提高全产业链价值，把"吉字号"农产品品牌做得更大更强，为振兴吉林作出新的贡献。

返乡创业之后，这些年鲁贺已累计为长春市纳税 2.5 亿元，累计捐款3000 余万元。他始终坚持将自己获取财富的能力直接转化为对社会作贡献，助力乡村振兴，积极投身"万企兴万村"行动，扎根家乡农产品，脚踏实地推动家乡人民脱贫致富、攻坚克难。

"感觉自己很渺小，国家给了我这么多荣誉，让我倍受鼓舞，同时，也有一种责任在肩！"这是鲁贺积极履行社会责任，投身于爱国爱民、爱家乡信念的原动力。义者不惧山河之远。鲁贺对国家有义、对人民有情、对社会有爱。他用实际行动塑造了履行社会责任、促进共同富裕的新时代"义商"形象。

奋楫实干，助力和谐网络生态与社会构建

——中至数据集团股份有限公司董事长李一华

企业家简介：

图1　中至数据党委书记、董事长李一华

李一华，1983年7月出生，江西余干人，中共党员。2000年起，投身互联网领域创业。2004年至今，就职于中至数据集团股份有限公司（简称中至数据），现任公司党委书记、董事长，江西省工商联副主席、江西省网络社会组织联合会副会长兼副理事长。

作为技术工作者和企业带头人，李一华获得个人发明专利数十项，并主持、主导集团重大、重点项目的科研攻关工作，带领公司研发出智一机器人、智能设计平台等一批科技创新成果，其中"基于人工智能的不完全信息博弈智能决策云平台的应用研发"项目主要成果经认定为国际首创，达到国际领先水平。

2019年，江西省委组织部授予李一华"新时代赣鄱先锋"称号。在其担任党委书记期间，公司党建事迹于2020年6月入选中央网信办《全国互联网企业党建工作案例选编》。2021年7月，公司党委被授予"全省先进基层党组织"荣誉称号。

身为民营企业年轻一代党员出资人和带头人，李一华不忘初心，脚踏实地，坚持创新创造、诚信立企，带领创业团队历经20余年的努力，使一

家原本 10 余人的民营小企业逐步成长为"软件百强企业"和"中国互联网百强企业"，入选中国互联网领军企业 100 家重点研究企业、全国版权示范单位、江西省首批数字经济重点企业、江西功勋企业、江西省先进非公有制企业、江西省文化企业 20 强等。

李一华在为社会创造经济效益的同时，始终牢记习近平总书记所说"只有积极承担社会责任的企业才有竞争力和生命力"，带领企业践行跟党走，感党恩，报党恩，以建设健康长寿的一流企业和助力网络强国为目标，在构建健康和谐网络生态、强化科技创新诚信建设赋能企业发展、推动行业共建共融共赢、让员工更具幸福感、积极投身公益事业等方面勇于承担社会责任，让企业发展成果惠及社会。

公司因积极践行社会责任，入选《江西省民营企业社会责任报告（2019）》优秀案例，获得中国红十字会奉献奖章、脱贫攻坚与防控新冠肺炎疫情突出贡献企业等荣誉。

一、坚持党的领导带头抓好党建

作为一名共产党员，李一华在创办企业的同时，始终坚持党的领导，正确定位自我，强化政治自觉和责任担当。以习近平新时代中国特色社会主义思想为指导，深入学习贯彻党的十九大和十九届历次全会精神，努力增强"四个意识"、坚定"四个自信"、做到"两个维护"。先后参加中宣部组织的全国非公企业思想政治工作专题研修班、全国民营企业年轻一代党员出资人培训示范班等。

李一华高度重视以党建引领企业发展，坚持党建与业务融通，推动中至数据继成立党支部后，于 2019 年 12 月成立党委。继承发扬党的"支部建在连上"的优良传统，公司党委下属六个支部均建在企业一线，实现了党组织对整个公司的全覆盖。

建立健全党委会和董事会、监事会、高管层"双向进入、交叉任职"的领导体制，由其本人担任党委书记，高管人员全部加入党组织。将"跟党走，报党恩"写入企业章程，明确和落实党的建设在公司治理架构中的政治地位。

落实党员和业务骨干"双向培养"机制，把党员培养成企业管理人才、业务骨干、营销能手等。同时，突出加强对中层以上骨干人员的政治吸纳，公司中层以上骨干中超八成是党员，牢牢把住业务产品的政治关口。

加强党建工作与企业文化深度融合，通过党的建设领导群团建设，开展各类文化活动。

目前，中至数据公司已构建起"党委政治引领，董事会战略决策，监事会依法监督，管理层全权经营"的现代公司治理运行体系。

2021年党的百年华诞之际，李一华带领创作团队创新党史学习教育载体，推出"有盐同咸，无盐同淡"系列党史漫画，得到江西省委网信办、省委党史研究室及广大党员群众好评。

图2 "有盐同咸，无盐同淡"系列党史漫画

继中至数据党建事迹入选中央网信办《全国互联网企业党建工作案例选编》后，2021年，在江西省庆祝中国共产党成立100周年大会上，中至数据党委被中共江西省委组织部授予"全省先进基层党组织"荣誉称号。

图3 李一华作为"全省先进基层党组织"代表接受表彰

"党的举旗定向就是我们民营企业健康发展的最坚强保证"，李一华真切感受到，通过开展党建工作，党的政治优势、组织优势、群众工作优势正逐渐转化为企业的管理优势、竞争优势和发展优势，也进一步激发了他和企业积极践行责任、回报社会、服务社会的奉献力。

二、加强平台治理助力互联网健康发展

李一华把解决行业、网民痛点、难点作为企业社会责任建设的出发点和着力点，严格依法经营，依法管理，主动加大落实主体责任，加强平台治理，带领企业助力互联网行业健康有序发展。

（一）切实维护网络安全构筑"放心网"

网上不安全，国家就难安全；网上不稳定，社会就难稳定。李一华深入理解互联网企业在维护网络安全工作中基础性、源头性、主体性地位和做好网络安全工作的重大意义。在李一华的主抓直管下，中至数据规范履行网络安全主体责任，从切实维护网络数据安全、技术安全和应用安全等方面，打造"安全网"，构筑"放心网"。

公司成立了由李一华担任组长的网络安全工作领导小组，专门制订了网络安全管理工作制度，不定期对安全制度执行情况开展检查。严格落实国家网络安全等级保护制度，做好网站和重要信息系统的定级备案、测评整改工作。落实日志信息留存制度，建立重要信息系统安全监测预警制度与应急保障技术支撑队伍，做到预警及时、处理迅速。

研发了中至网络集群安全防御系统，当出现网络攻击时，该系统将网络流量分流至单点网络，保障整体集群不受影响，并在必要时自动隔离处理。通过技术手段保护用户隐私信息、数据不被泄露。例如，对用户身份证、手机号等信息数据实施加密或隐藏处理，限制内部工作人员后台查询权限等。

在李一华的倡导与统筹下，公司定期组织员工参加网络安全技术、管理和法律培训，全面提升企业网络安全意识和防范能力。企业切实做好容灾备份等工作，存有信息安全监测预警、备份和恢复记录等，确保公司网

络安全事件应急处置工作始终有条不紊。

（二）用户实名认证与防沉迷双"管"齐下

在李一华的高度重视下，中至数据对所有游戏用户实行严格的实名认证制管理。当用户登录游戏后，系统将第一时间弹出实名认证对话框，要求用户输入准确的姓名、身份证号码，经国家个人信息系统核验无误后，方可进入游戏。未实名认证的用户将一律被禁止参与游戏。

公司致力于为 16 岁以上的用户提供健康、绿色、益智类在线文娱服务，持续升级网络游戏防沉迷系统与措施，且标准高于国家最新规定的标准要求。依据新的防沉迷系统规则，中至数据自主研发的所有游戏产品一律不允许未成年人充值，已满 16 岁不满 18 岁的未成年人仅可在周五、周六、周日 20 时至 21 时进入游戏，其他时段均不得参与游戏。

（三）积极参与实施"未成年人网游监护工程"

李一华积极推动中至数据与政府部门、家长以及业界众多企业联动，致力于用技术手段推进青少年网瘾问题的解决。公司积极参与实施"网络游戏未成年人家长监护工程"，在平台上建立了专门的服务页面，公布专线咨询电话，开通专门受理渠道，介绍受理方式。

此项工程充分考虑家长的实际需求，当家长发现自己的孩子沉迷于游戏时，由家长提供合法的监护人资质证明、游戏名称账号，以及家长对于限制强度的愿望等信息，平台即可对相关账号采取限制措施。比如，限制孩子每天玩游戏的时间区间和时长，或者完全禁止等，为助力社会学校家庭共管共治形成合力发挥积极作用。

（四）加大可控范围内信息发布自审力度

李一华深知，网络舆论作为社会舆论的重要组成部分，网络传播阵地建设在加强社会主义核心价值观宣传教育方面的重要作用。针对接入平台的所有游戏，他严格要求公司落实核查机制，对于不符合社会主义核心价值观的产品，实行"三不"政策，即不接入、不推广、不提倡。

针对论坛等交互式栏目内容，公司制订了完备的管理制度，对新用户注册增设验证邮箱和验证码，同时在技术上对单位时间内同一 IP 的注册数、发帖数予以限制，并要求论坛管理员以五分钟为时间粒度审核巡视论坛帖子，确保论坛内容健康向上。针对用户可输入信息，建立了《过滤屏蔽关键字库》，由系统自动监测，如发现输入信息中出现字库中关键字，将会屏蔽过滤，为用户提供稳定、清朗的网络环境。

（五）坚持健康游戏理念与正确价值观引导

李一华带领企业切实贯彻新发展理念，努力让游戏成为创造美好生活的文化力量。2019—2022 年，中至数据联合南昌市体育局连续举办了四届智力竞技运动会。

图 4　南昌第四届智运会新闻发布会现场

智运会的成功举办，为广大智力竞技运动爱好者提供了同场竞技的良好机会，集中展示了棋牌项目的风采和魅力，引导群众特别是青少年群体参与到高雅、文明、健康的智力运动中来。同时，借助于中至"互联网 +"、大数据技术运营推广优势，提升了江西在国内棋牌竞技产业中的影响力和市场竞争力，促进了江西传统棋牌产业的绿色健康发展，助力江西打造智力竞技体育 IP 名牌。

在"万物皆可互联"的时代，互联网企业容易成为社会的"传声筒""放大器"。李一华注重突出企业的服务保障功能，在其带领下，中至数据公司坚持社会效益优先，保护未成年人优先，遵循有利于保护公众健康及适度游戏的原则，重视向公众开展相关知识科普，帮助网民提高自律意识。

公司通过用户群、聊天窗口等渠道向玩家宣传"抵制不良游戏，拒绝盗版游戏；注意自我保护，谨防受骗上当；适度游戏益脑，过度游戏伤身；合理安排时间，享受健康生活"等理念，配合国家"扫黑除恶"等重大行动或重要事件，实时更新网站素材等，引导网民树立正确价值观，文明上网。

中至游戏平台因一直以来所发挥出的正向引导作用，被国家工信部评定为"新型信息消费示范项目"。

三、强化科技创新诚信建设赋能企业发展

作为公司带头人，李一华从前瞻性、战略性高度，带领企业布局前沿技术领域，主持、主导企业重大、重点项目的科研攻关工作，推动技术自主创新与诚信建设，不断增强企业核心竞争优势。仅 2021 年，公司研发费用超 3500 万元，较上年增长 36%，企业营业收入、上缴税收、企业员工数量分别同比增长 42%、35%、25%。

（一）大力发展智能科技产业

作为一名技术工作者，多年来，李一华勇于探索，敢于创新，擅于钻研，共获得"证据链生成方法、装置、可读存储介质及电子设备"等数十项个人发明专利。

作为公司技术带头人，由李一华主持研发的中至"基于人工智能的不完全信息博弈智能决策云平台的应用研发"项目于 2019 年 12 月通过南昌市重大科技攻关项目专家组验收，主要成果经认定为国际首创，达到国际领先水平。

他主导开发的中至智一机器人在 2019 年 8 月的第 22 届世界计算机奥林匹克大赛中荣获亚军，为江西实现该赛事奖牌"零的突破"。

图 5   中至数据选手接受第 22 届世界计算机奥林匹克大赛颁奖

李一华主持开发的智能设计平台，面向国内建筑设计、图审市场，以深度学习、知识图谱及强化学习等 AI 技术赋能传统建筑设计各环节及其全产业链的提质、降本、增效，进而延伸推广至国土空间规划、交通等各行业，致力于将"AI+ 建筑设计"打造成江西省数字经济工程的标杆性应用场景。

上述技术创新成果被陆续应用到产品和业务中去，为中至数据的经营带来了更大的便捷和效益。

此外，在李一华的大力推动下，中至数据投资建设智能科技园项目陆续投入使用；拥有完善的自主研发体系，在海量服务、分布式网络、机器学习等方面，共获得近千项发明专利、著作权等知识产权；建有江西省机器学习与大数据工程研究中心与企业技术中心两个"省级中心"。

目前，中至数据已完成以发展智能科技产业为引领，推动企业高质量发展的战略布局。公司以人工智能等新技术为驱动，围绕"在线娱乐＋在线营销＋在线 AI"主营业务，初步探索出一条服务经济建设、民生需求与社会治理的新发展路径。

（二）积极探索文化与科技融合

在李一华的重视与推动下，中至数据以"文化＋科技"为核心，积极探索文化和科技融合发展的新体系、新生态、新路径，不断提升文化产业的数字化水平。着力孵化"洪城街艺"等文娱品牌，充分利用互联网技术和网络资源，打通文化艺术呈现的线上线下渠道，为展示地域人文风貌、城市活力精神，推动城市文化艺术交流发展开辟新的阵地。

图6 "洪城街艺"举办街头文化艺术节

公司利用技术优势，为中至美术馆研发智慧线上系统，开启美术馆数字化运营模式，进一步转变美术馆传统协作管理模式，为丰富公众文化艺术需求，传播美学文化发挥出积极作用。2021年12月，公司获评江西省级文化和科技融合示范基地。

（三）切实推进企业诚信建设

在强化技术创新驱动发展的同时，李一华始终将诚实守信作为立身之本和企业开拓进取的生命线，坚持做互联网行业的长跑者，从不涉足与网信事业无关的行业和只赚快钱的行业。

作为公司高层管理者，他注重借鉴先进、科学的管理模式，确保组织遵守诚信准则，符合道德规范，建立组织信用体系等，融合发展成符合企业发展实际的高效管理系统。2019年7月，中至数据因在推行卓越绩效管理方面作出成绩，荣获南昌市市长质量奖提名奖。

2021年7月，他牵头组织公司与中国网络诚信大会参会单位共同签署网络诚信《长沙倡议》。公司成立至今，运行管理规范，经营状况良好，连年获评纳税信用A级企业、银行信用AA级企业等。

四、高度重视伙伴责任实现合作共赢

李一华始终相信合作伙伴的行为是中至自身业绩的重要因素，积极践行和探索"互联网＋"战略，与合作伙伴携手融合、实现共赢。

（一）主要业务领域

李一华带领企业主动服务网络强国战略和国家大数据战略，聚焦数字经济和实体经济融合发展，重视把推动企业高质量发展与助力地方经济社会发展紧密结合在一起。

中至数据公司深耕数字营销领域20余年，已成长为江西领先的互联网广告服务商，先后与国内40万家媒体建立了合作，目前是腾讯、搜狗、知乎、小米广告等江西区域全行业独家合作伙伴。公司致力于为江西企业提供一站式全域营销整合方案，已累计为132个行业近两万传统企业提供了数字化营销服务。

2021年起，中至数据联合江西省农业农村厅，着眼于江西农产品品牌突围与营销，充分发挥自身新媒体＋大数据优势，通过整合互联网头部平台推广资源，应用短视频内容营销、IP孵化、电商运营、直播带货等数字化营销模式，承担实施了江西"生态鄱阳湖·绿色农产品"推广项目等，在促进农产品线上销售增长的同时，赋能当地休闲农业、乡村旅游等产业发展，努力探索出一条助力乡村振兴和消费升级的创新之路。

图7 江西"生态鄱阳湖·绿色农产品"推广活动

（二）警务合作领域

李一华深刻认识到互联网企业作为网络社会重要组成部分和节点的作

用，高度重视与公安警务工作的融合和利用，带领公司充分发挥优势，建立健全网上网下有机衔接和长效工作协作机制，从技术合作和网安人才共享两方面主动联系对接。不仅加大了在应急处置、线索查证、信息共享、资源共用、宣传报道等方面的合作，还通过研发银行不良资产研判系统这一监管科技"新武器"，协助公安机关对金融犯罪行为发生的可能性进行分析、判断、预警，实现了从智能预警到精准打击金融犯罪行为，在助力防范金融安全风险、净化网络生态安全环境等方面发挥着不可或缺的作用，也为江西公安事业发展提供更加有力的科技与信息支撑。

（三）行业共建领域

李一华主动关注行业诉求，积极开展行业领域调研，参政议政。在他的部署下，中至数据立足于用企业核心技术服务用户和社会，努力推动行业共建。

2018第四届中国（贵阳）大数据交易高峰论坛上，公司与30余家大数据企业联合发起成立"大数据不作恶"同盟，并庄严宣誓"不侵犯公民隐私、不破坏市场秩序、不危害国家安全，大数据，不作恶"，与同盟企业一同恪守行业准则，共同呵护好大数据这方净土。

图8 "大数据不作恶"同盟成立现场

2018年7月起，牵头组织公司参与全国出版物发行标准化技术委员会组织的 CNONIX 国标修订工作。2019年，主持研发的智一机器人项目主要技术成果荣获全国首届新型信息消费大赛技术创新奖，经认定为国际首创，居国际领先水平，为行业开拓了新的技术支撑，引领行业应用新模式。

2019—2021年，分别通过省、市政协委员，提交《关于大力支持江西民营企业申请互联网出版许可证的建议》《关于加快发展南昌游戏产业的建议》与《关于有效遏制互联网领域不正当竞争的建议》等。

2021年，李一华带领公司积极承担江西省网络社会组织联合会筹备工作，联合省内数十家互联网行业组织、互联网企业等推动联合会正式成立，共同助力江西省网络综合治理体系建设，以及治网管网能力水平提升。

疫情期间，通过垫付款项、免收租金等方式帮助江西省麦乐克实业发展有限公司、江西省波西米亚摄影有限公司等小微企业共渡难关。针对疫情危机下企业生存状况展开调研，同时应江西省管理学会之邀，根据公司实践撰写《企业如何提高员工在家办公效益》一文刊发于学会微信公众号，为疫情危机下更多企业如何渡过难关提供帮助。

五、暖心关爱让员工更具幸福感

中至数据现有员工700余名，50%以上为专业技术人员。李一华认为，党之信仰以"民"为核心，企之发展以"人"为根本，将员工福祉写入企业使命，从关爱员工点滴，对员工负责入手，开创了以"一筵三院"为主要载体的中至人才"引育留"新模式，让员工奉献于企业，发展于企业，与企业共成长。

（一）建福利房解人才后顾之忧

在他的推动下，公司把解决人才后顾之忧落到实处。2018年8月，中至数据斥资近亿元拍得南昌市4号地铁沿线地块，启动员工福利房项目建设。

在现今周边房价已超过1.2万元/平方米、员工福利房项目每平方米成本价超过8000元的情况下，员工福利价仅为6000元/平方米，且含精装、送车位。中至数据福利房项目共计开发300余套，能够满足公司一半以上员工的认购需求，且福利房项目的排布、户型以及园林式绿化规划，经与设计、开发单位以及政府部门等反复深入沟通探讨后，均得到了高度认可。

（二）全方位关爱呵护员工

在李一华"以人才为本"理念的引领下，公司自 2015 年起推行员工持股计划，于 2016 年顺利完成股改。

公司为员工提供行业内具有竞争力的薪资体系，特殊人才薪资可达到体系外优厚水平。特设酒店式员工宿舍、健身房、瑜伽房、图书馆等生活学习娱乐场所，并提供微波炉、热水器、冰箱等设施服务。

为确保食品安全，公司与指定供应商签订采购质保合同，统一选用非转基因食用油、新鲜肉类蔬菜等食材。多次与相关政府部门协调，增辟公交线路与站点，方便了员工出行。

同时，公司还为每位员工提供团建经费，定期组织员工生日会、外出拓展等活动，充分满足了员工精神文化需求。2021 年 6 月，联合江西省荣军医院开辟员工就诊绿色通道，解决了员工看病难等。

（三）注重提升人才队伍素质

关爱员工的同时，李一华致力于培养、提升员工。于 2018 年 4 月牵头设立的中至学院，是中至与省内高校共建的校企合作学院。

学院以不断提升企业核心竞争力，确保企业持续发展为目标，将当前与长远、普及与提高结合起来，通过多形式、多层次、多岗位教育培训工作，有计划、有步骤地不断提高企业员工整体素质，为公司培养输送具有"秉持中至文化、掌握管理技能、洞悉行业趋势、富有创新精神"的实用人才。

据统计，仅 2021 年，中至举办各类员工培训 79 场近 515 课时，内部分享课程同时上传 OA 线上学习平台，线上线下共覆盖了 95% 以上的中至人。此外，中至还按照人岗匹配的原则，提供技术、管理"双向双通道"转岗与晋升机会，助力员工实现自身价值，成就自我事业。

（四）推行"中至和筵"促进和谐

为增强企业凝聚力、向心力，李一华高度重视文化建设与创新，着力塑造"长跑者""创业者"文化形象，总结提炼了以"和正于中，行以远至"为核心的具有中至特色的文化理念体系。

他开创性设立"中至和筵"机制。"和"，使调和、融洽。"筵"即筵席，本意指古人铺在地上的坐具。"中至和筵"取自筵席的引申义，每年开展两次，包括企业高管在内的各层级、各部门员工坐在一起，坚持实事求是和问题导向，遵循"团结—批评—团结"的方针，本着"点真问题、真点问题"的原则，面对面交流思想、总结经验教训、开展批评与自我批评，即知即改、团结和谐、风清气正的组织生态在中至内部生根开花。

六、积极投身公益事业回报社会

李一华高度重视企业社会责任，积极投身公益慈善事业，主动参与脱贫攻坚、捐资助学、抗疫抗洪等。

他带领企业积极响应江西省"千企帮千村"行动，先后促成企业与宁都县铁树村、水口村，南昌市新建区淑溪村、鲁田村、东洲村，泰和县螺溪乡，南丰县藕塘村等结成帮扶关系，通过建立生态农业科技示范合作社机制等实施精准帮扶。2019 年春节前，宁都县铁树村生态肉牛养殖专业合作社的贫困户通过帮扶顺利实现分红收益。

面对 2020 年疫情初期一线防疫物资告急的情况，他积极推动公司党委做好组织部署工作，带领公司多方筹买口罩等物资，并在第一时间向其他兄弟企业发起支援抗疫的倡议。

针对市场供应短缺、物资采买未果的状况，李一华又迅速调整支援方式，在南昌市新建区企业中率先捐赠 100 万元善款，并牵头推出抗疫主题线上画展等，助力打赢疫情防控阻击战。2022 年 3 月，捐赠近 230 万元的善款与物资，助力抗疫工作。公司克服疫情造成的不利影响，在谋求业绩"逆势上扬"的同时，不减薪、不裁员，员工收入、人数自 2015 年以来实现连续增长，累计带动数千人就业。

2020 年 7 月，面对异常严峻的防汛形势，李一华和企业高管带队向南昌市新建区抗洪一线送去爱心物资，共抗洪灾、保卫家园。大力推进校企合作，先后与江西师大、江西财大、南昌航空大学等重点院校合作建立实习实训基地，打造校企协同育人模式。多年来，个人自掏腰包或以企业名义主动参与捐资助学，截至目前，累计资助寒门学子逾 500 名。公司积极参与各类公益活动的捐助金额累计超千万元。

图 9　中至数据向抗洪一线赠送慰问物资

图 10　中至数据向江西财经大学百年发展基金捐资

图 11　江西余干第三小学、梅溪中心小学向中至数据赠送锦旗

七、积极推进节能环保绿色经营

作为互联网高技术企业，李一华高度重视将节能环保绿色经营作为企业可持续发展战略的重要内容，并贯穿于经营管理的全过程和各个方面。

在日常办公管理过程中，中至数据充分利用现代信息技术手段，积极引入财务电算化、内部网、内部即时通信工具等，不断完善 OA 办公系统，最大限度实现无纸化办公。通过应用更先进的服务器架构和更低功耗的 CPU 和存储设备，实现整体设备的大幅度降耗，积极推进资源节约型社会建设。

公司将前沿的绿色环保技术应用于办公场所——中至信息大厦的建设运营中。在保证安全和不污染环境的情况下，大厦可再循环材料使用重量占所用建筑材料总重量的 10.3％；卫生器具全部采用节水器具，所有绿化浇灌均采用喷灌与微灌相结合的自动控制系统，保证了各项用水的"精确制导"；设置全热回收装置，用以回收利用排风中的热量，全热回收率大于60％；广泛应用建设部推广的"建筑业十项新技术"中的八大项、18 小项技术，形成了中至信息大厦特有的坚实、安全、现代、低耗、无废、无污、生态平衡的建筑环境。据测算，中至信息大厦预计年节约用电量 30.6 万千瓦时，减排二氧化硫 0.34 吨，减少一氧化碳 132.38 千克。

Ⅱ 企业篇

Enterprise

科技助力社会共益，共筑"善"的同心圆
——深圳市腾讯计算机系统有限公司

摘要：

得益于社会发展和时代机遇，腾讯已经成长为一家为十几亿用户服务的互联网科技公司。用创新的产品和服务提升用户生活品质。腾讯在发展过程中一直不断思索如何依靠自身技术和数字化能力履行社会责任，助力社会发展，创造社会价值，实现社会共益，从而更好地"取之于社会，回馈于社会"。

在"扎根消费互联网，拥抱产业互联网，推动可持续社会价值创新"战略指引下，腾讯聚焦高质量发展，以用户价值、科技创新及社会责任为本源，坚守科技向善的愿景，以长期主义的决心推动社会共创，创造可持续社会价值。

企业简介

深圳市腾讯计算机系统有限公司（以下简称"腾讯"或公司）成立于1998年，总部位于深圳。公司一直秉承科技向善的宗旨，从QQ产品为起点，后又有微信，在服务用户中快速发展。随着数字科技的飞速发展，越来越

多的行业开始数字化、智能化，腾讯也在 2018 年提出了"扎根消费互联网，拥抱产业互联网"的战略升级，助力实体经济。

2021 年，腾讯再次将战略升级为"推动可持续社会价值创新"——腾讯的服务对象，从用户（C），发展到产业（B），再到社会（S），最终指向是为社会创造价值。2021 年全年，腾讯全年营收 5601.18 亿元，净利润 1237.88 亿元。截至 2021 年年底，微信及 WeChat 合并月活跃用户数为 12.68 亿；QQ 移动端月活跃用户数为 5.52 亿。

截至 2021 年 12 月 31 日，腾讯整体拥有员工 112771 名。在带动就业上，中国劳动和社会保障科学研究院课题组发布的《数字生态就业创业报告》显示，2021 年，以微信公众号、小程序、视频号、微信支付、企业微信等共同构成的微信数字生态衍生的就业机会达到 4618 万个，同比增长 25.4%。在公益慈善上，腾讯集团历年来向腾讯公益慈善基金会捐赠金额达到约 78.75 亿元。

腾讯连续获得"福布斯全球企业 2000 强""《财富》中国 500 强""中国最具品牌价值 100 强"等荣誉。因为在社会责任领域的持续践行，腾讯连续多次获得由民政部主办的"中华慈善奖"；在 2020 年人民日报发布的中国企业社会责任领先指数 60 强中排名第一；还获得了 2018—2020 年度"中国互联网行业自律贡献和公益奖"。

企业履责实践与成效

"十四五规划"指出，"以数字化转型，驱动生产方式、生活方式和治理方式变革"。对科技公司而言，数字技术是能力，助力实体经济是选择，也是责任所在。

一、引领科技创新，助力行业发展

（一）夯实科研基础，为产业提供价值

创新是发展的第一动力。腾讯深入基础科研和前沿创新研究，推动开源协同和开源生态构建，夯实科研基础建设。

2021年，腾讯研发投入达到518.8亿元，较2018年实现翻番；研发人员数量同比增长41%，研发队伍不断壮大；新增研发项目超6000个，增量同比2020年增长51%。过去三年，腾讯累计研发投入已经超过1200亿元，年均增速超过30%，通过科技创新为产业提供价值。

优秀的科研能力是企业科技发展和技术创新的根基。腾讯已经形成了成熟的科研体系，建立了以AI（人工智能）和前沿科技为基础的两大实验室矩阵。以实验室为科研基础，腾讯将科研落实到技术和产品上，提升产品使用感受和生活品质。

图1　腾讯联合国家天文台启动探星计划

（二）助力基础科学，探索科学"无人区"

腾讯鼓励基础科学和前沿科学领域的青年科技工作者探索科学的无人区，助力国家基础科研长远发展。自2018年发起的科学探索奖，到2021年已成功举办三届，资助了150位优秀青年科学家。多位获奖人致力于关键领域攻关，成为国家科技事业的中坚力量。从2022年开始，该奖项增设医学科学领域，鼓励医学研究面向人民生命健康，解决医学科学领域的基础性问题。

2022年4月30日，在国家有关部门的指导下，由科学家主导、腾讯出资支持的"新基石研究员项目"正式发布。未来10年，腾讯将为该项目投入100亿元人民币，并将探索永续运营模式，长久支持基础研究。

"新基石研究员项目"将设置"数学与物质科学""生物与医学科学"两大领域，旨在长期稳定地支持一批在中国内地及港澳地区全职工作的科学家自主选择研究方向，鼓励他们潜心研究、勇于挑战，聚焦"从0到1"的原始创新。

（三）打造解决方案，助力实体经济加速发展

当前腾讯互联网产业已在30多个行业，与9000多家合作伙伴打造了超过400个行业解决方案，帮助实体产业在各自的赛道上加速发展。这组数据勾勒出了腾讯助力实体经济的图景，同时也是腾讯立足自身优势能力，打造用户、技术、安全和生态的四大引擎，助力各行各业，发掘数字化新动能的记录。

打造用户引擎。腾讯助力企业服务于人，激活增长；助力玲珑轮胎打造智慧营销云平台，通过企业微信、小程序等方式连接了300家经销商、1.5万家加盟店；借助平台理解客户行为，精准触达需求，同时基于库存、渠道与门店的销售数据，优化排产计划，帮助企业提升了效益。

打造技术引擎。腾讯将前沿数字技术与产业落地融合，为产业升级提供好用、易用的工具。腾讯云企业级分布式数据库TDSQL，服务了国内前10大银行中的六家，也是国内少有的在银行传统核心系统上线的国产数据库。加上在政务、电信运营商等领域的合作，TDSQL数据库服务了超过3000家金融政企客户。

打造安全引擎。腾讯以云原生、零信任为核心，塑造产业互联网时代的安全底座。过去20多年，腾讯安全一直是腾讯社交、内容等海量用户业务的守护者，网络安全专利申请量超过3900件，其中云安全领域的专利申请量超过1500件，位列行业第一。腾讯也以云原生的可拓展、零信任的动态认证为基础，为机构和企业，进行全域、全时的弹性安全防护。

打造生态引擎。腾讯持续推动产业互联网的开放战略。在产品生态上，构建了生态产品库，引入了近500个精品应用，持续深度孵化200款精品应用；在服务生态上，向合作伙伴开放腾讯多款自研产品的交付服务，提供培训与认证；在伙伴成长上，通过腾讯云启创新生态平台把自己的知识经验、技术能力与伙伴共享，促进与腾讯全业务链接合作，加速ToB优质企业成长。

（四）打造智慧产业生态，注入繁荣新动能

"互联网＋"正朝着"智能＋"方向迈进，智慧产业作为战略性新兴产业的重要组成部分，具有极其广阔的成长空间和发展前景。

腾讯坚持以数字驱动创新，以创新驱动发展，在智慧产业工具、智慧医疗、智慧教育、智慧文旅、智慧交通、智慧零售、智慧能源和智慧金融等领域不断突破创新，为新时代发展格局下的智慧产业生态繁荣注入新动能。

案例 1：穗腾 OS2.0 助力大湾区最快地铁

2021 年 9 月，腾讯与广州地铁集团联合发布了新一代轨道交通操作系统——穗腾 OS2.0，是业内首创的基于工业互联网与物联网的新一代轨道交通操作系统。

穗腾 OS2.0 可以高效连接起各轨道交通设备和系统，构建了 400 多个轨交物模型，接入了 20 多个专业系统，两万多个设备，涉及的标准体系 33 份，实现统一的智慧化调度管理，支撑各类智慧化应用快速敏捷地开发与迭代，目前已经在"大湾区最快地铁"广州地铁 18 号、22 号线示范应用。

图 2　穗腾 OS2.0 易扩展、可迭代

二、注重绿色发展，积极参与国家社会低碳转型

2022 年 2 月 24 日，腾讯正式宣布"净零行动"，并首次发布《腾讯碳中和目标及行动路线报告》，提出碳中和目标，即不晚于 2030 年，实现自身运营及供应链的全面碳中和。同时，不晚于 2030 年，实现 100% 绿色电力。

作为数字科技企业，腾讯实现碳中和战略的意义，不仅在于自身的节能减排，更重要的是以碳中和为契机，带动科技研发和应用创新，助力中国低碳技术跨越式发展，并与消费互联网、产业互联网融合创新，不断普及低碳生活方式，促进传统产业转型升级，推动中国经济社会向低碳、绿色、循环方向发展，最终为全球应对气候变化提供中国方案和智慧。

（一）做好自身碳中和

结合自身产业运营特点，腾讯提出"减排和绿色电力优先、抵消为辅"的原则，推进自身运营和供应链碳中和的实现。

1. 技术改进和管理优化，尽量减少对新增能源需求，提高能源使用效率

在碳中和规划启动前，腾讯已持续多年推动办公楼宇的节能工作，获得七个 LEED 设计金级认证，对全国全部自建和租赁办公面积进行能耗管理。

腾讯第四代数据中心技术 T-Block 实现 PUE 不高于 1.3，极限 PUE 降至 1.06；数据中心创新制冷技术，如自然冷却技术、液冷技术、三联供、余热回收等创新模式。

图 3 腾讯北京总部大楼最大限度降低对环境资源的消耗

2. 大幅提高可再生能源的比例，破解用能需求和碳排放的相关性

在用电领域，腾讯部署数据中心屋顶光伏，探索新能源微网技术，建设储能电站，搭载智慧能源管理系统。2020 年，腾讯正式启动了数据中心分布式屋顶光伏的开发建设。截至目前，已建和正在建设的数据中心园区

分布式新能源项目超 80 兆瓦，预计建成后年发电量超 8000 万千瓦时。

腾讯大力推进可再生能源采购，参与绿电市场化交易。在 2022 年度交易市场，腾讯集中签订了绿电交易合同，共计 5.04 亿千瓦时，锁定了六个风电光伏项目的年度部分发电量。

2021 年，腾讯率先在广东与新能源合作伙伴合作探索源网荷储一体化示范项目。在推动新能源市场发展的同时，腾讯也在探索中国科技企业在绿色电力市场的参与方式，以及在未来格局中扮演的角色。

3. 对无法实现完全减排的小部分排放量，通过碳抵消方式实现

腾讯借助自身碳抵消量需求，探索碳汇领域的新方法和技术革新。基于自然的解决方案 (NbS) 领域，已逐步展开对林业碳汇、海洋碳汇的探索，在为腾讯获得减排信用的同时，支持新兴碳汇技术发展、量化方法学开发以及市场化交易。

（二）助力经济社会低碳转型

腾讯不仅需要实现自身碳中和目标，更要积极参与到国家和社会的低碳转型中，充分发挥相关能力，努力助推全社会的碳中和进程。

1. 引导绿色生活

腾讯的业务生态连接着海量的消费者，有责任倡导全新的低碳生活方式。为此，上线了一系列基于腾讯生态的互联网产品，营造绿色生活新风尚。

2021 年 8 月，腾讯联合生态环境部宣传教育中心，推出碳中和科普公益活动，依托"碳中和问答"小程序，帮助用户在轻松答题的过程中学习了解碳中和知识、助力碳中和公益项目。截至 2022 年 1 月 31 日，累计答题用户数 770 万，累计答题次数 3253 万次。

案例 2：腾讯首款碳中和主题公益小游戏《碳碳岛》

2022 年 1 月，腾讯首款碳中和主题公益小游戏《碳碳岛》上线。这是一款模拟经营城市碳中和过程的放置经营类小游戏。《碳碳岛》让玩家在游戏中建设打造出一个碳中和的未来之城，让"碳中和"这个严肃枯燥的环保话题在游戏中变得生动有趣，让玩家更好地了解"碳中和"的重要性。

图4　腾讯首款碳中和主题公益小游戏《碳碳岛》

2021年12月，腾讯与深圳市生态环境局等机构联合打造的"低碳星球"小程序上线，标志着深圳碳普惠体系开始依托应用场景面向用户开展低碳数据的核算和汇集，是打造碳普惠生态体系的重要开端。

2. 数字化助力低碳转型

作为一家科技企业，数字化是腾讯助力产业低碳转型中，最能够发挥自身优势的方式。

智慧建筑管理平台（微瓴）。这是腾讯推出的深度适配智慧建筑场景的物联网类操作系统。该系统于2020年在国家电力投资集团有限公司（简称国电投）总部的综合能源管理改造中实施部署，配合国电投"天枢一号"智慧大脑，实现了数字综合体与现实综合体的全过程、全要素的数字化管理。

零碳园区智慧能源平台。在工业园区方面，港华能源投资有限公司与腾讯云综能工场，共同打造零碳园区智慧能源平台，针对碳管理、能耗监测等核心难点，支持智能化的能源数据管理、分析、预测和优化，实现碳排放一目了然、碳管理精准高效。

在线办公产品。腾讯陆续推出了"腾讯会议""企业微信""腾讯文档""腾讯微卡"等在线办公产品，帮助企业推进无纸化办公，显著降低了各行各业的差旅需求。2019年12月，"腾讯会议"上线，迄今已助力用户累计实现超过1500万吨的碳减排量。

低碳绿色算力。腾讯在数据中心的各项减排工作，优化能耗、提升可再生能源比例，不仅服务于自身运营及供应链碳中和的推进，更为社会提供低碳绿色算力，帮助更多企业减少自身碳足迹。

（三）推动技术创新

为实现可持续社会价值创新，腾讯将自己作为技术试验田，尝试各种新技术的可能性。同时，坚持"开放共享"，对外输出低碳技术和能力资源，推动低碳技术的研发和产业化进程。并为新兴低碳技术提供资金、试点及落地场景支持。

腾讯正在联合冰岛 CarbFix 公司，推广 CO_2 凑矿化封存技术在中国的试点项目，这也是该技术在亚洲地区的首个试点。

三、推动共同富裕

共同富裕是社会主义的本质要求，是中国式现代化的重要特征。因此，腾讯在力求自身高质量发展的同时，也在拉动就业、小微企业帮扶、公益助力等方面推动共同富裕。2021 年 8 月 18 日，腾讯宣布启动"共同富裕专项计划"，深入结合自身的数字和科技能力，在民生领域提供持续助力。

（一）助力创建就业新形态

腾讯以建设数字经济、数字生态为基础，构建多样的择业舞台，助力创建就业新形态。

1. 微信生态衍生 4618 万个就业机会

2022 年，中国劳动和社会保障科学研究院发布的《数字生态就业创业报告》显示，微信生态在 2021 年衍生了 4618 万个就业收入机会，同比增长 25.4%。新的就业形式不断出现，如目前微信小程序提供了开发、产品、运营等工作机会 839 万个，视频号则在视频拍摄、直播带货等方面带动 1341 万个就业收入机会；私域业态的快速发展还带动了小程序商城运营、数字导购等诸多新型就业岗位。

2. 数字平台运营搭建全新职业赛道

2021 年，人社部会同国家市场监管总局、国家统计局正式发布服务机器人应用技术员、电子数据取证分析师、智能硬件装调员等18个新职业信息。意味着在数字平台运营维护人员需求激增的情况下，微信创造了专业性更强的技术服务商、运营服务商等商业形态和对应岗位，从而以精进的专业技能应对平台的开发、运维和经营对接等相关工作。

此外，伴随着数字生态的创新和延伸，微信生态中衍生出私域流量运营、新媒体运营、数字化服务商、网络直播、视频号博主等新职业。

案例3：微信就业新形态

"90后"的情感类博主小北，出于爱好自学AU剪辑，离职创业后转战运营粉丝300万的微信公众号。而后，她又利用视频号能够打通朋友圈和个人微信号的优点，将用户引流到私域，再通过社群运营的方式，形成良性循环的视频号运营机制。

2021年，"小北爱吃肉"视频号已经实现几十万元的变现，通过数字平台的运营将"副业"成功转化为"主业"。

（二）助力中小商户抗风险

2020年6月，腾讯发布微信支付"全国小店烟火计划"，在线下线上一体化、福利补贴、商家教育指南、物料营销支持方面输出四大全新数字化政策，解决中小商户承担风险能力弱的困境。2021年，"全国小店烟火计划2.0"提档上线，并宣布在未来三年追加资金及资源投入超过100亿元。

为响应中国人民银行等四部委印发的《关于降低小微企业和个体工商户支付手续费的通知》，微信支付年度降费让利数十亿元，覆盖数百万小微商家，让努力生活的小微企业可以更加轻松与幸福。

（三）公益捐赠活动带动全民关注

2021年，"99公益日"为响应共同富裕的号召，在配捐机制、产品体系、企业联动、公益基础建设等方面升级。腾讯公益慈善基金会投入50亿元，用于"99公益日"及后续的激励金支持、公益数字化建设以及一线公益帮扶，为中国公益事业的可持续健康发展提供助力，为"第三次分配"提供有力的公益技术平台和数字能力服务保障。

2021 年 9 月 1~9 日，"99 公益日"活动的用户捐款总额 35.69 亿元，捐款总人次 6870 万，共带动超过 1.2 万家企业参与。其中 9 月 5 日"共同富裕主题日"，共 473 万人次捐出 2.7 亿元，加上腾讯基金会的 1.6 亿元配捐，合计 4.3 亿元善款。

该项善款用以帮助灾后重建、乡村振兴、弱势人群等，促进共同富裕、共享美好生活的项目，重点覆盖中西部、山区农村等多个欠发达地区。

四、推动农业高质量发展和乡村全面振兴

2021 年，我国"三农"问题工作重心历史性地转移到全面推进乡村振兴阵地上来，中央一号文件将实施数字乡村建设发展工程放在工作重点位置。

腾讯致力于提升农村数字化生产力，培育具备数字化能力的新农人，加快弥合城乡数字鸿沟，推动农业高质量发展和乡村全面振兴，让广大农民共享数字经济发展红利。为此，腾讯在 2021 年设立"为村发展实验室"，在促进乡村振兴方面进行持续探索。

（一）"耕耘者"振兴计划聚焦人才振兴

2021 年，腾讯与农业农村部签订了"耕耘者"振兴计划战略合作协议，共同促进我国乡村治理体系和治理能力现代化，推动乡村全面振兴。

"耕耘者"振兴计划围绕提升乡村治理骨干的治理能力、新型农业经营主体带动小农户发展能力，计划三年投入五亿元用于人才培训，将线下培训 10 万人、线上培训 100 万人。

目前，"耕耘者"振兴计划已开展丰富的线上线下培训，线上发布了"为村耕耘者"小程序，内容丰富实用，如"乡村振兴 100 问"，就是来自对农民发展需求的大量调研而设计。

2022 年 4 月，农业农村部印发《关于实施"耕耘者"振兴计划的通知》，在全国落实"耕耘者"振兴计划。

（二）数字化公益平台提供乡村治理工具箱

"腾讯为村"是专门为乡村打造的低门槛、易操作的村庄数字化开放公益平台，努力为发展农村经济、改善基层治理、提升公共服务水平提供数字化"工具箱"。

截至 2022 年 3 月 31 日，"腾讯为村"已覆盖全国 30 个省（自治区、直辖市）、247 个市（地、州、盟）、1008 个县（市、区、旗）、2865 个乡镇的 16825 个村（社区）。其中，包括 1372 个原国定贫困村、2527 个革命老区村庄，以及 514 个边疆和少数民族地区村庄，其中党员人数超过 22 万，被有关专家誉为"目前覆盖性最好的乡村数字平台"。

图 5　腾讯"村级事务积分制"管理平台

（三）助农专项计划推动产业振兴

2021 年 9 月，腾讯启动"丰收好物"助农专项计划。在农业农村部的指导下，腾讯借助平台资源与能力，推动农产品品牌的数字化转型升级。自启动以来，为全国 23 个省市的 40 多款特色农产品打通数字化上行通路，为农户带来"第二次丰收"。

（四）探索新模式，推动共富乡村建设

腾讯以"共富乡村建设"助推"共同富裕"，在支持农村人居环境改造的基础上，遵循"助力推动乡村新型服务业的发展，突出以农民为主体，确

保农民利益为前提，着重帮扶乡村提升数字化对接市场的工具与能力，以及助力打造农民主导的产业体系和为农民服务的职业经理人"的思路。

2021 年 9 月，腾讯在国家 160 个重点帮扶县之一的重庆酉阳县启动何家岩共富乡村建设试点项目，助力打造农村美、农业强、农民富的"共富乡村"。项目核心是确保农民成为自己的资源和劳动的受益主体，探索在数字技术支撑下在一个村庄如何把政府的支持和市场的动能转化为农民致富和乡村发展的动力。

目前，何家岩示范区已经有智慧公厕、临崖咖啡、何家小院现代民宿、灵芝小馆现代餐饮、为村明德书院、转角便利店等经济业态开张运营，更有观田小院、何家岩会客厅等业态正在陆续竣工。

五、求解更广泛的社会议题，推动社会价值创造

2021 年 4 月，腾讯宣布了"扎根消费互联网，拥抱产业互联网，推动可持续社会价值创新"的新战略，通过科技创新、产品创新、模式创新，以"可持续社会价值事业部"为核心发动机，开展对包括基础科学、教育创新、乡村振兴、碳中和、FEW（食物、能源与水）、公众应急、养老科技和公益数字化等领域的探索。

腾讯深刻认识到，企业越往上生长，越需要把创造社会价值的根基扎得更深更稳。一路走来，腾讯对社会责任的理解从用户价值上升到社会价值，再进一步发展到可持续社会价值。

（一）积极推进公益数字化，助力公益可持续发展

2021 年，腾讯公益进行了平台升级，获得了用户与慈善机构的踊跃参与和正向反馈。

2021 年"99 公益日"，在平台升级的大背景下，更加注重公益项目长期运营，项目支持资金从四亿元增加到 10 亿元，其中约四成用于"99 公益日"之后对管理良好的项目进行资金和技术支持，增强这些项目的长期运行能力。

此外，"小红花机制"升级，给捐赠人提供更多基于社交的参与方式；

"技术公益创投计划"发起，重点关注缺乏资金资助、技术支援、运营指导、传播渠道、志愿者能力的五类社会企业和公益组织；"千百计划"发布，帮助公益性社会组织依托互联网公益平台，提升筹款、项目和人才方面的能力。

图6　处处盛开的"小红花"代表着公众的公益行为

1. 千百计划，助力公益性社会组织

2021年5月20日，腾讯宣布从"战"疫基金中拿出两亿元，依托腾讯公益平台发起"千百计划"，旨在帮助公益性社会组织依托互联网公益平台，提升筹款、项目和人才方面的能力，实现可持续发展。

计划补贴1000名公益机构的"数字化专职人员"。经过合规复查工作，千名筹款官项目共资助867家组织和机构。

计划资助100个"公益数字化行业支持计划"，资助对象为推动公益行业可持续发展的全国和区域性机构。2021年，第一期收到来自全国的713份项目意向书，经过评审合议，最终53个项目获得资助。

计划建立一所"公益数字化创新虚拟学习中心"，分设基础课程、精品课程和进阶课程三大层级，免费向公益机构开放。

2. 公益创投，营造可持续公益生态空间

公益创投是一种新型的公益伙伴关系和慈善投资模式，这种模式不以营利为目的，更重视资助者与公益组织合作的长期性和参与性，目的是向被支持组织提供助力，增强其持续地提供公共服务、服务社会的能力。

2021 年 12 月，腾讯发布了"技术公益创投计划"，该计划希望以公益的技术和创新之力，助力公益组织提升运营模式和效能，并通过支持优秀案例的复制和扩展，在全社会营造全新、可持续的公益生态空间。为长期致力于信息无障碍、应急救灾、科技助老、生态环保、文化遗产保护五大领域事业的公益组织等提供具有针对性的资金、技术和资源支持，助力公益组织实现数字化。

（二）社会应急：探索救灾救助模式

2020 年的同心"战"疫打开了腾讯在响应社会应急方面的思考边界，而 2021 年 7 月河南特大暴雨灾害救助则进一步推动了腾讯探索如何建设应急开放平台、连接社会救助力量，将科技的力量发挥在社会应急和灾害救助之中。

1. 驰援河南水灾，探索网络互助新模式

2021 年 7 月河南遭遇重大水灾，腾讯第一时间捐赠一亿元驰援河南。腾讯文档紧急上线"救援互助信息登记模板"、腾讯问卷火速上线"河南暴雨救援模板"，有需要收集救援求助等信息的组织及有求助需求的当地群众，可直接使用模板进行救援及求助登记。

腾讯以文字凝结而成的信息之网，在灾难中提供了一种大规模协作的可能性，使网络互助成为应急救援的新模式。

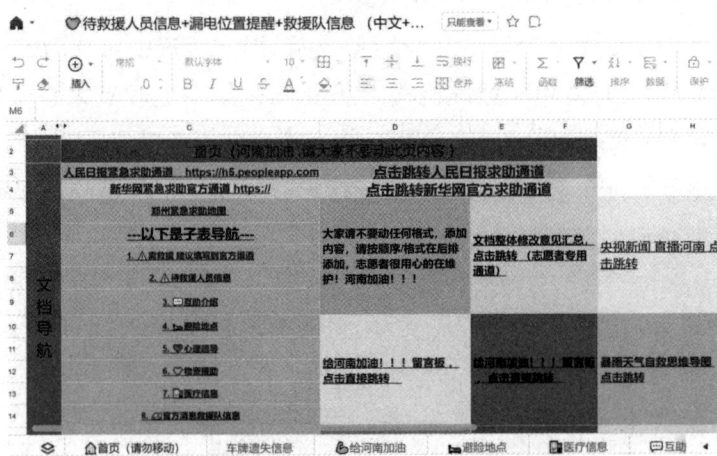

图 7　在线文档提供了应急救援的新工具

河南当地政府和民间救援机构组织通过企业微信"洪灾响应信息志愿者群"组织志愿者，第一时间知晓求救信息，联系救援队前往救援。与此同时，通过腾讯地图、乘车码等产品定位与连接受灾群众，相关信息也第一时间直达河南官方防汛救助部门。

腾讯安全中心联合腾讯智慧出行、腾讯智慧应急、腾讯文档、腾讯地图、腾讯云医等公司 15 个团队，在小程序内接入救助互助信息登记服务、避难所或救助点导航服务、郑州暴雨地图、医疗物资调配、防汛自救指南、公益爱心捐赠等服务和内容，合力共筑生命救助通路。

腾讯新闻、视频号、微信搜一搜、腾讯为村等平台，以真诚而温暖的关切、迅速而务实的行动投入到抗击汛情中。

为助力城市灾情下的公共管理，2021 年 7 月 21 日，在腾讯云技术支持下，国家政务服务平台上线了防汛专区，提供每日水雨情、台风路径、天气查询等多项防汛服务，助力群众积极应对灾害性天气，做好应急措施。

2. 探索 AED 急救体系

腾讯响应"健康中国"的理念和目标，成立社会应急业务中心，将 AED 社会化急救体系建设提上日程。

急救的有效落实，涉及许多基础条件：AED 急救设备、院前急救资源、急救志愿者、急救知识普及程度等等。同时，还需要一个高效的调度系统，把人、物调配至需要的地方。针对这一痛点，腾讯正在建立联结中控端、AED 设备和急救志愿者的应急开放平台。

2021 年，腾讯在南京大学试点，打造了全国首个高校场景的应急响应系统，并正式启动运行。校园内设置了许多 AED 和小程序码，当发现紧急情况，呼救者打开"急救互连"小程序就可一键呼救，还能及时得到救援帮助，而附近懂急救的人也能及时施以援手。

2021 年 9 月，腾讯公益慈善基金会向中国红十字基金会捐赠 3500 万元，推进"应急救护一体机"走进北京中小学及普高，提升校园急救水平，夯实校园安全保障能力。

（三）助力公共医疗服务体系建设

"十四五"规划和 2035 年远景目标强调要"全面推进健康中国建设"

和"推动构建人类卫生健康共同体"，腾讯积极发挥资源和技术优势，助力公共医疗服务体系建设。

1. 助力公共医疗数字化转型

2021年7月，腾讯发布全新智慧医疗数据中台，涵盖从数据集成、治理到应用的全流程医疗数据服务能力，并进一步开放平台助力医疗数据的体系化管理，助力医疗产业实现数字化转型。

2021年11月，武汉市卫健委与腾讯签署了战略合作框架协议。双方将在探索区块链医疗创新应用、推动区域医疗影像云中心建设、完善公共卫生应急指挥决策和调度体系建设等方面展开合作，全面提升当地医疗服务质量和水平，为全国医疗信息化高质量发展打造"武汉样板"。

2. 公共卫生人才提升项目

2021年12月，"公共卫生人才提升项目"在腾讯北京总部正式启动。项目首期包括"公共卫生高层次人才专项""新时代疾控能力提升专项""助力乡村医生通过项目培训取得乡村全科执业助理医师资格专项""中青年临床骨干医生国际培训专项""应用型公共卫生硕博双学位专项奖学金专项"五个专项。

腾讯和参与项目的政府部门和机构一起，设置了系统化的课程设置与研究实践，希望通过对这些重点人群的培养，系统性地壮大公共卫生人才队伍。

3. 提供防疫支持

2021年，疫情的持续暴发给各行各业带来了巨大的挑战。腾讯发挥平台和技术优势，整合基础服务，帮助全社会战胜疫情，恢复正常生产生活。

支持防疫健康码。2020年，腾讯健康码累计助力搭建八个全国级疫情服务平台，推出多款疫情服务相关小程序，支持各级政府部门开展疫情防控工作。随着防疫要求不断变化，健康码也随之"进化"，满足民众和社会的实际需要。

2021年2月，腾讯支持国家政务服务平台及时推出了全国统一的"防疫健康信息码"，让健康码跨省数据共享和信息互认成为现实。腾讯还参与了《个人健康信息码》系列国家标准的制定，打破省与省之间的信息数据壁垒。各地健康码信息和展现形式统一后，有效避免了重复申报和多次申报，打通了属地管理限制，从而为人员跨地区流动提供便利。

在疫情防控常态化下，健康码相关小程序也实现了高频使用功能全覆盖，满足防疫相关的需求，如核酸检测预约、检测结果查询、线索上报、密接查询、风险地区查询等。

健康码累计用户达 13 亿，累计访问量达 1800 亿次，成为疫情期间验证健康和出行状态的最常用电子通行证。

为抗疫提供长期系统性支持。新冠疫情暴发初期，腾讯快速设立 15 亿元"抗击新型冠状病毒性肺炎疫情综合保障基金"，分别投入在物资支援、技术支援、人员关怀、科研与医疗事业等领域。防疫常态化阶段，腾讯陆续推出多项服务，抗疫行动实现了从一次性应急捐助到长期系统性支持的转型。

（四）生物多样性保护：共护绿色家园

腾讯通过公园海绵项目、"神秘雪豹在哪里"等在公众和自然保护之间建立起智慧连接，在保护生物多样性及栖息地的同时，探索人人可参与生物多样性保护的创新模式。

1. 助力生物栖息地建设和保护

腾讯助力深圳福田的红树林生态公园开展海绵项目改造，通过修建绿色屋顶雨水花园、植被缓冲带、绿色屋顶、铺设透水混凝土、透水砖等海绵设施，重新规划了雨水去向，实现了引水入湖。

该项目每年生态补水多达 40 万立方米，红树林生态公园的淡水湖生态补水体系初步建立。2021 年，深圳福田红树林生态公园的海绵项目被国家住建部评选为智慧水务典型案例。

2. 打造首个雪豹保护数字化平台

腾讯公益慈善基金会与祁连山国家公园（甘肃片区）、世界自然基金会及深圳市一个地球自然基金会合作，共同打造了首个雪豹保护数字化平台——雪豹智能识别及监测数据管理云平台。

该平台集 AI 识别、数据上云、模型搭建等功能于一体，能够把巡护员从烦琐的记录、标注、识别工作中解放出来，从而更好、更高效地找寻和保护雪豹。2021 年 10 月，该平台获选 COP15"全球生物多样性 100+ 案例"。

图 8　雪豹保护数字化平台

（五）社会包容：推动信息无障碍和适老化

随着数字经济与实体经济深度融合，银发群体、特殊人群适应社会的难度也在不断加大。如何帮助他们更好地融入互联网时代，成为全社会的焦点。

腾讯成立银发科技实验室，积极探索老龄服务和助老教育，认真做好老年人群探索生活可能的"智慧手杖"；同时关怀障碍群体，通过产品和技术助力障碍群体跨过数字鸿沟，享受数字生活。

案例 4："银发青松助手"助老畅游网络

2021 年 10 月，腾讯公益慈善基金会推出了"银发青松助手"小程序。这是为老年群体量身定制的互联网产品使用教程，涵盖社交通讯、生活娱乐、出行旅游等多个领域。

图 9　"银发青松助手"小程序

同时，腾讯开放了银发青松助手开发过程中的工作笔记，包括老年人的手机操作习惯、学习习惯以及对各种应用的态度等，希望能够为智慧助老教育的"同行"提供借鉴和参考。

（六）教育创新：关爱青少年发展

推动教育创新，是互联网科技企业尤其需要倡导和践行的社会价值。腾讯与多方合作，探索"科技＋教育"的创新模式，依托创新办学实验室、青少年科技学习中心等平台，助推教育创新，推动教育普惠。

案例5："InnoGirls"（科技女孩）助力女孩科技素养与职业成长

"InnoGirls"由腾讯与中国儿童少年基金会共同发起，旨在以科技教育助力女孩科技素养与职业成长，为春蕾女孩提供优质的互联网科技学习与视野拓展机会。

2021年，InnoGirls已向甘肃、河北、云南、江西等省近3500名春蕾女孩提供互联网科普课系、青少年通识素养与职业发展课程、腾讯志愿者成长帮扶、春蕾女孩科技营地等一系列培养内容，启发春蕾女孩对科技的兴趣，培养自强、自信、创新、进取的新一代科技女孩。

（七）文化传承：科技助力传统

腾讯在数字文化内容领域加大拓展尝试，以科技助力文化生产方式的创新，扎根传统文化，深耕本土IP，从而讲好中国故事，助力文化传承。

2021年12月29日，在北京正阳门箭楼，北京市文物局和腾讯联合发起"数字中轴，点亮文明——北京中轴线申遗'数字中轴'启动仪式"。该项目是腾讯在数字文化领域的一次全新探索，重点围绕北京中轴线保护传承与创新发展来展开，以"公益捐赠＋技术投入"全程参与、助力北京中轴线申遗。

为此，腾讯整合多项业务和技术，运用大数据、云计算、游戏技术、人工智能、区块链、知识图谱等新技术和文化内容创意形式，探索文化遗产的可持续社会价值创新模式。

由 ▨ ▟ 拥有　　　　　序号：#543

广场燕

藏品ID：

6d3b7c3b63bc1ab72bc50d1c
3355b6e27a82c04b1b4e7069
4aecd8273f2d3d2e_9937

发行方：
北京中轴线申遗保护工作办公室

Tencent 腾讯区块链技术支持

图 10　北京中轴线申遗数字形
象——"北京雨燕"

图 11　"云上中轴"小程序为北
京中轴线申遗助力互动

六、尊重用户权益，员工向善氛围浓厚

腾讯深入践行现代企业制度，始终坚守底线、遵纪守法，不断完善风
险管理、反舞弊、供应商管理等体系的建设，持续在合规经营中提升企业
竞争力。

（一）在合规经营中提升企业竞争力

腾讯遵循《公司法》、香港联交所上市规则等法律法规及制度要求，构
建起现代公司治理架构。致力于维持最高水平的公司管治，让投资者充分
了解公司的管理和发展，为股东创造可持续的价值。

腾讯在董事会的监督和指导下，建立风险管理及内部监控组织架构，不
断完善包括架构、流程与文化在内的风险管理系统，提升公司风险管理的
能力，确保公司的健康、持续发展。

（二）保护用户权益

腾讯在知识产权保护、未成年人保护、用户服务优化、网络平台治理、数据安全与隐私保护等方面持续深化管理措施，让用户体验更优质的产品和服务。

知识产权保护：腾讯上线的知识产权平台将结合规则与技术，为权利人提供知识产权资讯动态、知识产权保护政策以及维权投诉等一站式服务，严厉打击侵犯第三方知识产权的行为，推动第三方知识产权保护政策的落实，提供全方位的知识产权保护。

未成年人保护：腾讯持续开展未成年人保护行动，不断优化"事前—事中—事后"的健康防护方案，先后推出"成长守护平台""青少年模式"等健康系统，建立起未成年人保护的长效机制。

案例 6：腾讯发起"守护青苗行动"，营造未成年人绿色上网环境

为给未成年人营造绿色上网环境，腾讯发起未成年人网络内容安全保护的"守护青苗行动"。基于腾讯优图 AI 内容审核能力、腾讯天御内容风控能力，打造未成年人内容安全审核解决方案。腾讯天御与腾讯优图已联合为超过 1500 家平台提供内容安全服务，共计审核图片总量已突破 1000 亿，累计拦截不良内容 51263 万。

图 12　未成年人保护

2021年，按照《未成年人保护法》及其配套法律法规的要求，微信青少年模式在公众号、视频号、小程序等多个场景均进行了深度优化，从权限管理、时间管理、消费管理、内容管理等多个角度加大了保护力度。

为切实防止未成年人沉迷网络游戏，腾讯从2017年开始打造未成年人保护体系，并持续进行了多项自发主动的探索。针对未成年人冒用家长等成年人身份信息问题，自2020年6月起腾讯扩大人脸识别策略，不断优化人脸识别技术，提高甄别游戏中疑似未成年人用户的能力。腾讯在2021年上线"全天巡航"功能，已应用于旗下所有移动游戏产品中。

2021年，为响应国家新闻出版署《关于防止未成年人沉迷网络游戏的通知》的相关规定，腾讯对未成年人保护体系进行全面升级，主动以更严格的标准限制未成年人游戏充值——禁止未满12周岁的未成年人在游戏内消费。腾讯还携手200多家单位组织，在主管部门指导下共同发起《网络游戏行业防沉迷自律公约》，达成了未成年人防沉迷体系建设的行业共识。

网络平台治理：腾讯"守护者计划"反电信网络诈骗公益平台，依托腾讯在安全大数据、底层技术和海量用户优势，与政府、行业、民众共同构建新型网络安全治理模式。

为响应国家2021"清朗行动"，腾讯发起了多个专项整治行动，通过整治不良内容、打击盗版黑产、原创内容保护等多个角度，积极营造良好的网络环境，构建健康的内容生态。

数据安全与隐私保护：隐私保护与数据安全是腾讯的首要任务。腾讯通过"将隐私保护融入设计"和"默认保护隐私"两项举措，落实至产品开发和运营服务中。依循六项用户隐私保障及数据安全原则，即坚持安全可靠、自主选择、保护通信秘密、合理必要、清晰透明和将隐私保护融入产品设计内。

（三）持续推动全员公益

腾讯持续推动全员公益，一方面，为员工参与志愿服务提供平台和技术支持，拓宽服务边界，提升志愿效率；另一方面，鼓励员工公益，为员工设计、参与公益项目提供机会。

为了鼓励员工投身公益，通过亲身参与的行为体验如何更好地为社会服务，腾讯于 2022 年 1 月 1 日起正式启动员工配捐计划。不论是参加志愿服务，还是在腾讯公益平台捐款，员工都将获得公司的配捐，以此鼓励公司和员工一起，把资金和能力投入更好的地方，一起做好事。

过去腾讯所倡导的社会公益和责任，都将融入腾讯对可持续社会价值的追求之中。它们就像土壤中的水分和营养，滋养公司每一枝、每一叶的成长更新。作为一家数字科技企业，腾讯不会止步于追求基业长青的商业成功，还将激发用户、产业和社会中每一个人的善意，共筑"善"的同心圆，助力整个社会创造更加健康、可持续发展的未来。

责任引领发展，推进社会进步

——牧原实业集团有限公司

提要：

作为农业产业化国家重点龙头企业，牧原集团坚持可持续发展的理念，秉承"让人们吃上放心猪肉"的美好愿景，致力于打造安全、美味、健康、环保的高品质猪肉，让人们享受丰盛人生。积极响应联合国可持续发展目标（SDGs），对标国际标准规则建立社会责任发展战略，在战略层面规范企业社会责任工作，并基于经济、社会、环境三大维度，制定牧原社会责任阶段性目标，结合公司业务和利益相关者的诉求持续更新，使指标体系与时俱进，适应企业和行业发展需要，全面推进可持续发展。

企业简介

牧原实业集团有限公司（以下简称"牧原集团"或集团）位于河南省南阳市，始创于 1992 年，历经 30 年发展，现已形成集饲料加工、种猪育种、生猪养殖、屠宰加工于一体的猪肉产业链，主要产品有商品猪、种猪、仔猪和猪肉。目前集团总资产 2000 亿元，员工 14 万人，子公司 300 余家，旗下牧原食品股份有限公司于 2014 年上市，养猪业务遍及全国 24 个省份 102 个市 215 个县（区），2021 年出栏生猪 4026 万头。

2019 年，成立牧原肉食品有限公司。集团现已成立 23 家屠宰子公司，发展布局 11 个省份 21 个市 23 个县，投产八个屠宰厂，产能 2200 万头，猪肉销售覆盖 22 个省份 75 个市。

牧原始终秉承"让人们吃上放心猪肉"的美好愿景，科技赋能养猪产业，致力于打造安全、美味、健康、环保的高品质猪肉，让人们享受丰盛人生。

牧原集团先后获得"2021中国民营企业社会责任100强""全国万企帮万村先进民营企业""2020年中国优秀农业企业品牌""中国红十字会新冠肺炎疫情防控工作特殊贡献奖""全国脱贫攻坚先进集体""全国五一劳动奖状""第十一届中华慈善奖""退役军人服务保障先进单位""河南民营企业社会责任100强""就业与社会保障先进民营企业""河南省慈善捐赠突出贡献奖"等荣誉。

企业履责实践与成效

牧原集团始终秉承"创造价值，服务社会"的核心价值观，坚持价值创造，综合运用现代科技、科学管理等手段，提升经营效率，推进高质量发展，支撑中国农牧业做大做强，为农业现代化发展贡献力量。

一、公司治理与责任体系建立

牧原结合国家战略制定企业社会责任发展战略，构建六大社会责任管理体系，建立包含决策层、组织层和执行层的社会责任管理架构，不断提升业务可持续发展水平，以"五坚持"（食品安全、环境保护、合作共赢、员工关怀、社会公益）作为牧原企业社会责任战略的核心，持续为各利益相关方创造价值，全面履行社会责任。

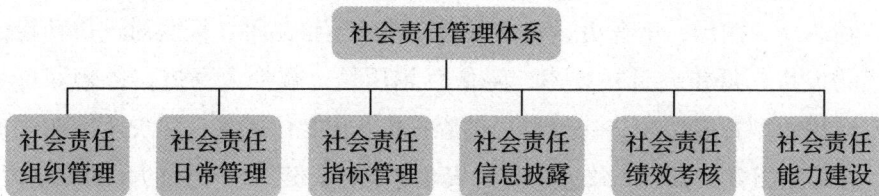

图1　社会责任管理体系

董事会设有以董事长秦英林为主任委员的可持续发展委员会，加强可持续发展决策科学性，提高公司可持续发展能力。公司设有社会责任部，负责制定公司社会责任目标和规划；评估确定有关社会责任的风险与机遇；设立合适及有效的社会责任风险管理系统；组织可持续发展相关工作的落实；

开展社会责任考核与评价；保证社会责任战略的执行与落地。

牧原自从 2013 年开始，连续九年编制和公布《牧原社会责任报告》。2022 年，发布行业内首份《绿色低碳行动报告》，积极探索绿色低碳模式，拟定一系列行动方案，希望携手上下游价值链上的客户、合作伙伴和各利益相关方，推进包括环境保护、社会责任、组织治理等方面的革新，共同努力创建低碳绿色、美好、可持续的未来！

二、建设以高质量发展为核心的农业现代化企业，助推行业转型升级

（一）打破行业壁垒，延伸产业链条，提升产业价值

养猪业已经从传统粗放式养殖发展成为融合多学科的现代化高技术行业，包括生命科学基因选择、猪舍设计、疫病防控、营养配方、生产管理、环境保护、信息化及智能应用等。历经 30 年发展，牧原已形成集饲料加工、种猪育种、生猪养殖、屠宰加工于一体的猪肉产业链。

30 年来，牧原始终专注养猪主业，深耕种、料、康、养、宰等 20 大专精技术，用科技赋能养猪，提升产业链价值，实现多方共赢。专业人才与跨界人才通力协作，实现养猪管理、技术革新与设施装备同步提升，推动生猪产业从机械化、工业化向智能化迈进。

20 年自主育种，牧原以市场需求为导向，打破原有行业壁垒，倾力破解"猪芯片"困局，培育更适合中国人口味的生猪品种，摆脱对进口种猪依赖。研发推广低蛋白日粮技术，降低豆粕用量，减少大豆进口依赖。自主研发应用新型智能猪舍，让猪群更健康；推进智能化屠宰，实现全产业链追溯，保障猪肉食品安全，致力于打造安全、美味、健康、环保的高品质猪肉。

案例 1：坚持自主育种，解决种猪"卡脖子"问题

牧原自 1998 年开始布局种猪育种的"种子计划"，始终以市场需求为导向，坚持自主育种和价值育种 20 余年，把国内好的种猪基因留下来，把国外好的种猪基因引进来，致力于做在中国环境下更适合发展的种猪品种。

20多年自主育种，牧原建立了轮回二元育种体系，采用种猪性能测定、性能选育、选配等技术手段，持续选育优秀基因，提高种猪繁殖性能、生长性能，形成了遗传性能稳定、适应性强、综合效益好的种猪，改善了猪肉的品质，为消费者提供了瘦肉率高、五花夹层好、口感香嫩的猪肉，同时提高了养猪生产效率和经济效益。

成效： 目前，公司核心种猪群规模居全国前列，已摆脱了对进口种猪的依赖。截至2021年，牧原已在河南、江西、陕西、湖北等省份布局11家种猪公司，持续推进生猪育种规模化发展。

非洲猪瘟发生以来，牧原种猪不仅满足自身发展需求，还为行业产能恢复作出贡献，2020—2021年，公司向行业提供92万头优质种猪，助力行业生猪产能恢复，为稳产保供作出积极贡献。此外，公司推出平价种猪，以肉猪价格供种，帮助客户降低引种成本，助力行业发展。

图2　牧原仔猪

案例2：推广低蛋白日粮，实现可持续发展

牧原从企业建立初期便开始进行低蛋白日粮初试，2000年前后推广应用，通过剔除饲料中多余的非必需氨基酸，在不影响动物生长性能和产品品质的前提下，添加适宜种类和数量的工业发酵氨基酸，降低豆粕使用量。历经20余年不懈努力，至2021年，牧原全年豆粕用量占比6.9%。

2011年开始，牧原在行业会议上多次分享低蛋白日粮研发应用情况，呼吁行业推广低蛋白日粮，还将"大力推广低蛋白日粮应用"写进人大建议案。2021 年 5 月，牧原股份董事长秦英林在第七届全球猪业论坛作报告时将牧原低蛋白日粮相关数据公开共享。同年 8 月，国家农业农村部对十三届全国人大代表秦英林第 7740 号建议《大力推广低蛋白日粮应用》进行回复。

成效： 低蛋白日粮的应用，不仅对企业有切实的经济效益，而且对行业、国家意义重大。据测算，应用低蛋白日粮配方，一头猪可节约大豆 31.4 千克，减少 1.5 千克氮排放。若低蛋白日粮在全国推广应用（全国年生猪出栏量按 6.5 亿头计算，行业猪用饲料中豆粕用量占比按照 17.7% 计算），生态方面，全国可实现氮减排 98 万吨；社会方面，可节约大豆 2000 万吨，节约土地 1.5 亿亩。

（二）敞开怀抱拥抱智能时代，科技赋能养猪行业升级

牧原集团将人工智能、图像识别、5G 技术和现代控制理论等前沿技术运用到养殖和屠宰的设备中，围绕猪肉产业一体化发展路径，搭建起涵盖饲料、养殖、屠宰三大业务的智能物联网平台。实现了整个业务链条数据互通，全面覆盖集团、区域、子公司、场区、单元五级，整合业务数据与权限实现个性化智能管理。同时，在提供设备监控、智能识别、报表分析、智能评估、生物安全、数据服务的基础上，不断叠加延伸新应用，服务生产，实现猪肉生产管理精细化及决策智能化。

2021 年 9 月 28 日，农业农村部发布关于认定 2021 年度农业农村信息化示范基地的通知。经省级农业农村部门推荐、审查和专家评审，认定牧原为"2021 年度农业农村信息化示范基地"。

牧原探索研发出智能环控、智能饲喂、智能养猪专家、智能健康管理系统、智能作业装备等多种智能产品，目前，已实现 30 余项产品的转化应用，输出各类产品数量超过 130 万套，累计服务猪群规模超 6000 万。减少了人与猪直接接触，降低疫病传播风险，提升生产效率，降低人工成本投入。

牧原创新研发集新风过滤、独立通风、除臭灭菌于一体的新型智能猪舍，有效保障了生物安全，为猪群提供安全健康的生长环境，大大提升猪群的健康水平，打开行业发展新格局，推进养猪产业全面升级。

（三）全产业链协同发展，构建现代化产业体系

牧原建立了从原料到销售的全流程食品安全把控体系，把控养猪生产全流程，确保每一头出栏生猪都符合食品安全和质量标准。

同时，牧原强化营养研发，生产高品质猪肉；完善生物安全管理体系，从制度建设、风险预警、现场管理、内部培训等多方面发力，确保猪群健康，守护食品安全；打造新型智能猪舍，致力于实现生猪疫病全面净化，无抗饲养。企业先后获得 GLOBAL GAP(良好农业规范) 认证和 FSSC22000 食品安全体系认证、无公害农产品认证，2020 年荣获福利养殖金猪奖。

2019 年，为响应国家"运猪"到"运肉"的政策，公司积极布局屠宰业务，未来将根据养殖产能的布局，在养殖产能密集的区域配套建设屠宰厂，通过养殖加屠宰产生协同发展效应，不断提升产品价值。

牧原进一步加快技术研发与创新，完成"种猪好—饲料好—养得好—屠宰好"的产业链延伸与升级，打造全产业聚集的智能化生猪产业园。以智能楼房猪舍养殖为核心，囊括上游农牧装备研发制造、饲料加工，延伸下游肉食屠宰加工。同时，依托智慧物流园提供高效便捷的运输服务，提高生产效率，推动生猪产业高速发展，实现"原粮进、猪肉出"的规模化养殖、标准化生产和产业化经营，推进农业供给侧结构性改革，着力构建农业与二、三产业交叉融合发展的现代产业体系。

截至 2022 年 3 月末，牧原的屠宰业务已发展至全国 10 个省份，20 个市，22 个县（区），已投产八个屠宰厂，年屠宰产能 2200 万头，销售范围覆盖 22 个省份 77 个城市。屠宰业务的发展，实现了牧原一体化全产业链布局，养殖屠宰协同匹配，相互促进，保障食品安全。同时，实现了生猪屠宰加工向养殖集中区域转移，助力产销顺畅衔接，促进行业提档升级。

案例 3："农头工尾"——牧原肉食产业综合体

位于河南省内乡县的牧原肉食产业综合体，囊括 21 栋楼房式全空气过滤新型智能猪舍，总投资 50 亿元，年产值达 100 亿元。年产饲料 72 万吨，年出栏和屠宰生猪 210 万头。

成效：该项目使单位土地面积承载生猪养殖量增长五倍以上，养猪成本

更低，优化了产业链，提升了资源利用率，降低了生产成本，实现了"粮进肉出""农头工尾"又一行业创举。

图3　内乡牧原肉食综合体

（四）构建产业生态，打造和商文化

牧原积极构建产业互联的共享平台，和合作伙伴建立多维度的合作关系；输出技术、管理、资金等，助力全产业链业务发展与管理升级，提升效率，降低成本，实现最优价值，打造共生共赢的产业生态，带动行业发展，共同推进商业文明。

牧原完善合作伙伴管理体系，实现"准入—绩效评估—管理—认证"的闭环管理，持续完善与合作伙伴的沟通机制，帮助合作伙伴提升环境和社会风险的意识，加强对供应链可持续性管理。截至2021年年末，牧原已与万余家合作伙伴达成深度合作，持续推动金融资源赋能猪肉产业，协同金融机构为1000多家中小企业提供供应链金融服务，帮助合作伙伴获得77.1亿元银行"支农支小支微"资金支持。

牧原建立了全球采购网络，通过召开合作伙伴大会、季度高层互访、日常线上和线下交流、专题培训分享等方式，加强与合作伙伴之间的沟通，携手共进，互利共赢。2021年，牧原召开两次廉洁诚信大会，22次生物安全、廉洁诚信等专题培训，1301家合作伙伴参加，强化联络，深化合作，共同发展。

图 4　供应商签订廉洁诚信承诺书

案例 4：携手共进，河南中建南方净化科技有限公司
（以下简称"中建南方"）助力县域经济发展

牧原合作伙伴河南中建南方净化科技有限公司于 2019 年通过牧原合作伙伴准入标准，2020 年确定为公司空气过滤器的核心合作伙伴，供应数量占公司空气过滤器的 30%。

目前，中建南方在南阳内乡、吉林松源（牧原子公司所在地）建厂，总计八条生产线，带动当地注塑类等上游企业共同发展，助力县域经济发展。2021 年中建南方与牧原合作金额达到 8249 万元，带动当地就业 100 人，纳税 500 余万元。

三、探索绿色生产新路径，推动行业可持续发展

（一）打造立体管理体系，提升环境管理水平

环保后勤部是环境管理的责任部门，下设省、市、子公司环保后勤部及场区运营团队四级环境管理组织架构，另设环境监控处及六大环境督察

中心，负责公司整体环境的监督管理，持续完善公司内部监控体系。

牧原注重环保智能化发展，依据工艺流程设计智能控制管理方案，一场一案，实现自动排污、固液分离、粪肥发酵、沼气利用、资源化利用、环境监控等全业务流运营，提升系统效率。不断完善环保智能化管理平台，业务运营数据实时采集上传，系统自动分析各项数据并进行风险预警，支撑环保业务管理至最小颗粒度，提升管理效率，推动行业环保升级。

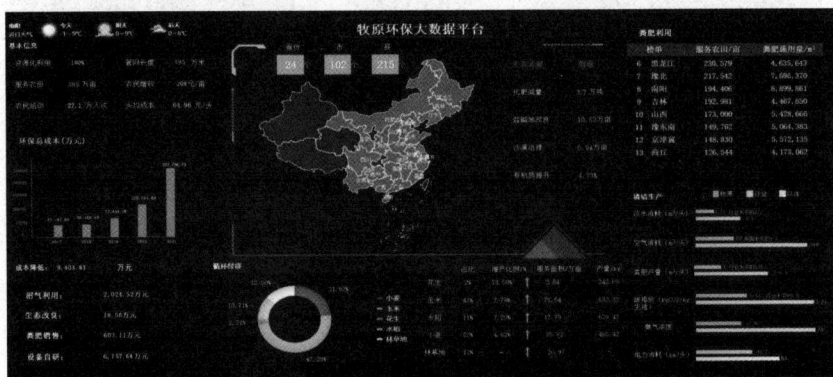

图5　牧原环保大数据平台

（二）绿水青山就是金山银山

多年来，牧原集团持续加强生态建设和环境保护，探索出"环保发展五台阶"的生态发展模式，建立了覆盖产业链各个环节的全面环境管理机制。牧原的环保工艺被生态环境部推行为标杆模式之一，实现了经济效益、生态效益、社会效益的同步提升。

"环保发展五台阶"，即零排放、无隐患、无臭气、减雾霾、碳减排。

1. 零排放：极致节水，种养循环，资源化利用

极致节水，降低用水量，节约水资源。采用全漏缝地板免水冲工艺，整个饲养期免水冲洗圈舍；持续创新改进饮水器，采用智能饲喂技术，依据猪的生理需求精准供水；智能温控，喷雾降温，不形成径流；高压水枪清洗刷圈，减少用水；管理节水，减少跑冒滴漏。同时，创新研发粪水净化回用工艺，将净化后的水用于养殖过程刷圈、除臭等环节。最终实现上市一头猪用水量是养猪行业平均用水量的1/3，节约了大量水资源。

种养循环，变废为宝，资源化利用。探索出集"养殖、沼肥、绿色农业"于一体的牧原特色生态模式，通过资源化利用，将传统养猪过程产生的废弃物变废为宝；采用厌氧发酵技术，对猪场粪水和生产废水等进行无害化处理，将产生的沼气用于场区运营，沼液进行还田，经固体分离后的猪粪和沼渣进行堆沤发酵，制作有机肥料。

案例5：粪水净化回用工艺

牧原创新粪水净化回用工艺，通过生化处理和深度处理技术净化粪水，用于刷圈、除臭和场区消毒。

成效：截至2021年年末，粪水净化回用工艺已在广东、江苏等地区成熟推广，累计推广场区144个，平均节省淡水0.45立方米/头。

牧原在各地区积极推广种养结合，在养殖场周边免费为附近农户铺设支农管网，以便于农民使用沼液肥。2021年，牧原的沼液肥累计还田594万亩，亩均增收209元。牧原"零排放"不仅保护了环境，而且降低了农户施肥成本，发展了生态农业，促进了增产增收，实现经济增收、生态改进和社会和谐的有机统一。

2. 无隐患：全场防渗漏，环境做监测

牧原为确保污水、粪便等全场无渗漏，首先将猪舍地坪基础压实，确保基础稳定无沉降破坏造成渗漏风险；基础压实清理后铺设防渗膜，确保无接缝渗漏风险；最后在猪舍墙体四周内侧迎水面，采取防水涂料或防水卷材，确保防渗无死角。

同时，牧原建立了环境全指标监测监控体系，对场区周边地下水、地表水、土壤及作物持续监测，确保无隐患。

3. 无臭气：除臭气，不扰民，构建和谐社会

牧原确立"治臭气，不扰民"的治理目标，建立六级识臭标准，锁定臭源针对处理，通过行业领先的"三防猪场"技术，对猪舍进行空气过滤、喷淋水洗、灭菌除臭，环保区进行光解氧化、密闭运行、封闭除臭等措施，将养殖场臭气降至最低，并对运营场区进行常态化臭气影响评估，确保不对周边居民产生重大影响。

4. 减雾霾：降低 PM2.5、PM10，减少大气污染

牧原为环境保护积极制定应对方案，分别对饲料加工、肠道发酵、粪便管理、低碳减排等过程进行核算，全面评估从生产养殖到沼液还田全过程的污染气体、温室气体排放量，监控甲烷、二氧化碳、一氧化氮三种温室气体的排放量，并对沼气回用、沼液还田等行为进行减排量量化。

5. 碳减排：无供热，不燃煤，推进清洁生产

牧原创新研发出了无供热猪舍，实现了在东北零下40℃的极寒环境下，不用煤、燃气进行供热，猪舍内可达到22℃～25℃适宜猪群生长的温度，实现了节能减排。

案例6：无供热猪舍实现极致环保

牧原研发应用无供热猪舍，通过热量交换技术以及合理使用猪舍保温材料，减少猪舍热量散失，实现所有猪舍无须供热，在东北地区零下40℃的极端环境下，猪舍内部温度仍可达到22℃—25℃。

成效：无供暖猪舍的应用从源头上减少了冬季供暖天然气和煤炭的消耗，实现了节能减排。2021年节约燃煤27.67万吨，相当于减排温室气体71.94万吨二氧化碳当量。

建设生态文明，造福子孙后代。牧原集团将一如既往地践行"绿水青山就是金山银山"的理念，坚持以"零排放、无隐患、无臭气、减雾霾、碳减排"为牧原"环保发展五台阶"，从全生命周期的理念和视角出发，奋力实现资源最大化利用，尽最大能力保护生态环境，把碧水蓝天留给子孙后代。

四、巩固拓展脱贫攻坚成果，积极投身乡村振兴战略

（一）建立利益共享机制，助力贫困户脱贫增收

在"万企帮万村"精准扶贫行动中，牧原集团充分发挥龙头企业的产业优势，立足养猪主业，发展扶贫产业。目前，累计在102个贫困县完成投资575亿元，建成一大批现代化的生猪产业扶贫基地，吸纳贫困县用工

68960 人，年人均收入六万元以上。并推动产业集聚，牧原现已有上下游供应商 6000 余家，带动就业 50 余万人。

探索实施资产收益扶贫模式，复制推广到全国 15 个省份 62 个县，累计帮扶 14.8 万个建档立卡贫困户 39.3 万人脱贫，脱贫增收 8.95 亿元。

积极探索扶贫长效机制，实现脱贫攻坚与乡村振兴的有机融合。探索实施县、乡、村三级农民合作社联营新模式，对农民合作社改造赋能，嵌入牧原产业链条，进行市场化运营，使合作社逐步成为有资产、有收入、有利润的实体化新型经营主体。

目前，在内乡建立的一个县级合作社、15 个乡镇级合作社、279 个村级合作社，已全部融入牧原产业链粮食购销、工程劳务、后勤劳务等经营活动中从而获得收益。据统计，合作社仅粮食购销交易额累计达 8.4 亿元。此外，让贫困村村集体经济合作社参与牧原业务，壮大贫困村集体经济，已累计帮助内乡全县 97 个贫困村村集体经济合作社获得收益 4239 万元。牧原集团正在将内乡的这一做法复制推广到全国各地，巩固拓展脱贫攻坚成果，奠定了乡村振兴的产业基础。

同时，不断加强乡村人居环境和基础设施改善投入，进一步增强了老百姓的获得感和幸福感，在"万企兴万村"行动中发挥了带头示范作用；截至目前，已累计捐赠三亿元，用于当地乡村修路架桥打井、修建广场、亮化工程、养老助孤、扶贫帮困等方面，累计惠及 5883 个村，受益 50 万户 167 万人，巩固拓展脱贫攻坚成果，奠定乡村振兴的基础。

案例 7："美丽乡村"黄楝村

牧原集团在黄楝村投资三亿元建设了 30 万头规模的养殖场，带动全村贫困户进入公司就业，解决 500 人就业问题，带动当地产业发展。并且出资 300 多万元帮助该村建设新社区。

在新农村建设中，牧原重点围绕开展"改厕、改路、改灶、改圈"等卫生建设方面，发展"养殖—沼气—种植"生态农业模式，实施安全饮水工程，全村接通了自来水，彻底解决了村民的安全饮水问题，极大地改善了该村群众的生活环境。现如今，黄楝村已从昔日的贫困村转变为中国首批"最美丽乡村"，成为内乡县乡村振兴的样板。

图6　牧原兴盛社区

（二）情系教育发展，坚持聚爱助教

多年来，牧原围绕"聚爱助学计划"持续发力，不断加大投入力度，提升乡村教育质量，已在全国累计捐助 2.1 亿元，惠及 22 个省份 159 个县。2019 年 2 月、2020 年 4 月董事长秦英林先后两次捐赠西湖大学九亿元股权，支持国家基础研究和前沿技术创新。2022 年 7 月 6 日，在河南农大 120 周年之际，董事长秦英林捐赠 10 亿元，助力河南农大创建世界一流农业大学。

"春雨计划"旨在表彰乡村优秀教师，持续提高乡村教师教学积极性，提升乡村教育水平。自 2006 年以来，共奖励优秀教师 25483 人次，奖励金额达 2483 万元，覆盖 12 个省份 38 个县。

"春苗计划"旨在关爱乡村儿童，通过为乡村地区的儿童捐赠书包、文具等学习用品，激发孩子们的学习热情，帮助孩子们快乐成长。自 2017 年项目开展以来，累计为全国 22 个省份 159 个县 2935 个社区村小学生发放爱心礼包超 50.2 万份。

牧原还组织成立了志愿者团队，招募员工与大学生志愿者参与志愿活动，服务社会。截至目前，已注册员工志愿者 2860 人，超过 3800 人次的大学生志愿者和公司内部员工参与到各项公益活动中，志愿服务足迹遍布全国 23 个省份，志愿服务时间 2.86 万小时，爱心之火在他们的手中传递。

聚爱助学系列活动，建立从小学生到大学生和基层教师奖励机制，致力于提升教育教学质量，斩断贫困代际传递。

案例 8：努力奋进，创造美好未来生活

牧原在实施"聚爱助学·金秋计划"的同时，通过帮助学生办理助学贷款、提供就业绿色通道支持、协助申请国家学费补偿和助学贷款代偿以及诸葛英才计划补贴等举措，为学生提供从学业到就业的全过程成长帮助，帮助学生顺利完成学业，为社会输出优秀人才。

张水长，2017 年考入河南科技大学软件工程专业，接受了牧原"聚爱助学·金秋计划"奖励。张水长在大学期间，牧原持续关注他的成长情况，并提供支持与帮助。2021 年张长水毕业后回到牧原就业，现在已经成为一名网络开发工程师，他正通过自己的专业知识，用科技改变行业，为人们生产安全健康的高品质猪肉。

"聚爱助学·金秋计划"是针对优秀大学生开展的奖助项目，累计有 43153 名优秀大学生获得了牧原奖助学金，金额达 1.5 亿元。这些优秀学子遍布全国 2000 多所高校，多数已经踏入工作岗位，为国家和社会作出自己的贡献。

每年都有万余名学生接受牧原"聚爱助学·金秋计划"奖励，毕业后，他们将在社会各行各业发挥才能，为社会做贡献。牧原期望受助大学生能够成为品行端正、自立自强的人，早日成才，担当起强国的大任。

图 7　第十四届"牧原聚爱助学·金秋计划"——上蔡牧原站

（三）打造聚爱优选电商平台，助力乡村消费升级

在"十三五"规划期间，牧原创立的电商扶贫平台——聚爱优选，着力于乡村消费升级，为农产品规模化、标准化、品牌化发展作出有力贡献，成为公司深度助推乡村振兴的又一抓手。

聚爱优选发挥电商销售优势，通过社交网络、直播带货等模式，拓展稳定增收渠道。积极开展"聚爱双品购物节"和"农民丰收节暨全县优质农产品展销"等活动，把乡村地区特色农产品推向全国，建立一套从农户到消费者的严选机制，不仅给农户带来增收，更让消费者享受到标准化的优特农产品，强力有效地带动了区域经济增长。

自 2018 年上线以来，平台总交易额达 25.71 亿元，优选来自 13 个省份 31 个县的特色农产品 1018 款，累计销售额超 2.68 亿元，带动 8503 户 25132 名脱贫群众实现增产增收。同时，龙头产业和家庭农场由销量带动产量，产量推动产能，产能带动就业，在推进第一产业繁荣、第二产业结构调整、第三产品发展上发挥了重要作用。

（四）探索创新农业循环模式，提升农业生产效率

夯实产业振兴基石，帮助广大农民走上致富路，是成就村民美好生活，接续开创乡村振兴新格局的题中之义。牧原始终关注农业发展，寻找种养契合点，将高效养殖和农业发展有机融合，探索实施农牧结合、种养循环为一体的模式。同时吸引优秀大学生，扎根田间地头，服务农户种植作业，探索创新农业循环模式，推进可持续发展工作。

截至 2021 年年底，牧原已累计还田 594 万亩，替代化肥 3.65 万吨；累计开展农技服务 8334 次，覆盖 9281 个村庄，培训农民 27.21 万人次；小麦增产 4.62%，玉米增产 7.79%，助农减投增收 209.29 元/亩；改良盐碱地 18.53 万亩，治理沙漠地 6.94 万亩，盐碱地土壤有机质较改良前提升了 13.46%。为农民高产稳产贡献牧原力量。

牧原发挥全国布局优势，在黑龙江、内蒙古、山西、陕西、江西、广西、云南、河南等地区积极推广种养结合，通过粪肥综合利用与农艺师科学种植服务，助力种植户打造苹果、柑橘、葡萄等优质示范园；通过聚爱优选电

商平台将高品质的生态农产品供应给消费者，形成产供销一体化的完整产业链。截至 2021 年年底，已累计销售大米、水果、蔬菜等特色农产品 2000 余万斤。

图 8　吉林大安牧原农技服务现场

案例 9：内乡县数字化种养循环示范区

内乡县数字化种养循环示范区项目总规划 6.7 万亩，总投资 4.3 亿元，建设内容包含农田灌溉系统、高效水肥一体化系统、智慧农业系统（包含田间病虫害感知、卫星遥感、项目区无人机多光谱扫描分析系统）、排涝系统、农田数字化控制中心。实现了农业种植集约化、现代化、智能化、生态化，保障粮食增产增收。由大学生人才团队高效管理运营，实现经济效益、生态效益、社会效益同步提升。

成效： 2022 年 6 月，内乡县数字化种养循环示范区实现丰收，小麦种植面积 4475 亩，收获 1900 吨，亩均产量 850 斤，总收入 570 万元，其中合作社收入 285 万元。亩均成本 455 元（含肥料、旋地、种子、播种、打药、收割等费用和人工薪酬），合作社亩均收入 635 元，农业公司亩均利润 180 元。示范区内，亩产最高 1200 斤。

图 9　内乡县数字化种养循环示范区

五、以党建为引领，以员工为核心，强化使命担当

在 30 年的发展历程中，牧原牢牢把握"以党建促发展、以发展促党建"的主基调，引领全体党员和干部职工坚定政治站位，坚持听党话、跟党走，在做大做强企业的实践中强化党性锻炼，走出了一条新时代党建带动发展、发展造福社会的新路子。

2007 年 6 月牧原集团成立了党支部，2013 年 4 月升格为党委，集团党委下辖 22 个基层党组织，共有党员 6500 余人，高层管理团队党员人数占比 74%。

（一）共克时艰战疫情，风雨同舟渡难关

风雨同舟，共克时艰。面对来势迅猛的新冠肺炎疫情，牧原充分发挥基层党组织的战斗堡垒作用和党员的先锋模范作用，彰显党组织的领导力、凝聚力、战斗力，保证疫情防控工作有力、有序、有效地开展。

2020 年新冠肺炎疫情暴发后，牧原集团第一时间成立企业疫情防控指挥部，组织 3000 余名员工参与地方政府疫情防控工作；第一时间捐赠 2 亿元，支持全国疫情防控。

党旗指引方向，凝聚防汛力量。2021 年 7 月郑州突降罕见特大暴雨，牧原充分发挥基层党组织在疫情防控阻击战中的战斗堡垒作用，第一时间组

建抢险队伍并进行物资准备，全力投入应急防汛；捐赠一亿元用于郑州、周口、新乡等灾情严重地区的防汛救灾、群众帮扶、卫生防疫及灾后重建工作。

同时，2021年全国多地持续出现的强降雨天气，给人民群众的生产、生活造成严重影响，农村地区的农作物受灾严重。牧原迎难而上，全力以赴参与抗洪救灾工作，为灾区人民群众的生产、生活提供了力所能及的保障。

山东曹县、山西永济等地发生洪涝灾害，农户种植的玉米、花生、芦笋、辣椒等农作物被雨水淹没。牧原快速行动，积极提供人员支持，帮助农户抗洪排涝救灾，开挖水渠，提供抽水泵、消防水带等设备，疏通河道，并帮助村委进行危房处理。

多年来，牧原始终秉持"创造价值，服务社会"的核心价值观，积极主动承担和践行企业社会责任，把企业战略融入国家战略中，积极响应各级党委的号召，与国家同呼吸、共命运。

（二）以奋斗者为本，助力员工享受幸福人生

牧原集团始终把促进劳动就业、维护职工合法权益、构建和谐劳动关系作为企业发展的重要内容，积极履行企业社会责任。将员工视为企业最宝贵的资源和财富，搭建开放的事业平台，积极响应国家政策，号召合作伙伴一起做好退役军人就业工作，共同践行社会责任。截至2021年12月，牧原现有大学生四万余人。本地化用工率达到74.9%，累计吸纳当地劳动力10万余人就业。

为维护职工的合法权益，构建和谐劳企关系，促进企业发展，牧原集团依法与员工签订劳动合同并缴纳"五险一金"，并组建工会组织。使工会充分发挥其职能，积极参与职工权益保障和公司生产经营决策，切实保障职工合法权益，共谋企业健康发展。

牧原始终视员工为家人。在保障员工各项基本权益的基础上，持续为员工营造舒适的工作和生活环境，提供良好的福利待遇。同时，对标市场水平不断优化提高，从衣食住行用等方面全方位、多角度增强员工的幸福感和归属感。

人才是牧原可持续发展的核心动力。牧原将人才队伍的建设视为重中之重，健全员工培训与晋升机制，提供全方位的成长和发展计划。截至2022

年4月末，牧原共实施三次员工持股计划和两次限制性股票激励计划，共有1.2万余人次持股，让员工享受到了牧原发展的红利。

牧原集团持续投入大量资源培养员工，结合员工需求及生产经营实际需要，完善培训机制和体系，为员工提供丰富且多样的学习资源，建立全方位的成长和发展计划，拓展员工的发展空间，帮助员工成就高品质人生。

（三）用心搭建服务平台，助力1.5万名退役军人就业

退役军人是党和国家的宝贵财富，他们在部队期间为军队和国防建设作出了积极贡献，他们也是建设中国特色社会主义的重要力量。促进他们就业创业、引导他们积极投身"大众创业、万众创新"实践，对于更好地实现退役军人自身价值、助推经济社会发展、服务国防和军队建设具有重要意义。

图10　退役军人培训

多年来，牧原在自身发展的同时积极推进退役军人就业安置工作，助力退役军人更好就业，充分发挥企业在军民团结中重要的纽带作用。

为更加全面、广泛地服务退役军人，牧原探索实施"进得来、留得住、强培养、发展好"的12字方针，坚持"有组织、有章程、有运营管理机制"的原则，成立退役军人综合服务中心。通过专门的就业安置、技能培训及服务保障，搭建就业平台，帮助他们提升自身技能水平，树立再就业的信心，

实现人生价值。同时，牧原号召合作伙伴一起做好退役军人就业工作，共同践行社会责任。

截至 2021 年 12 月，牧原已累计吸纳 1.5 万余名退役军人，其中 300 余名退役军人走上各级管理岗位，近 800 名退役军人成长为优秀工程师。

为提升退役军人在牧原的归属感、幸福感、荣誉感，牧原集团举办退役军人入职仪式，让退役军人感受到尊重和认可。开展"八一"慰问活动，设立退役军人专项荣誉奖励，对退役军人先进事迹进行表彰，激励退役军人发展进步。

牧原建设了专门的退役军人综合服务中心，中心设有"三家一办"（战友之家、雷锋之家、学习之家，综合办公室），同时还设有交流室、综合会议室、党委办公室等功能室，可同时容纳近百人办公。中心不仅服务企业内部近万名退役军人，同时还对上下游供应商及企业外退役军人群体开放，为更多退役军人提供便捷平台。

牧原集团先后获得河南省退役军人就业创业基地、全国退役军人服务保障先进单位等荣誉称号，入选 2021 年度全国退役军人就业合作企业光荣榜。

2022 年是中国实施"十四五"规划、开启全面建设社会主义现代化国家新征程的第二年。牧原将继续聚焦业务，储备体力，保持定力，发挥产业带动优势，积极融入国家乡村振兴战略，以更积极的状态去探索、创造、追求，与社会发展同频共振。牧原将继续践行初心使命，更加积极履行民营企业的社会责任，为人民向往的美好生活助力加油，为经济社会的可持续发展贡献力量。

践行企业担当，播洒温暖阳光
——晶澳太阳能科技股份有限公司

提要：

晶澳科技自成立之初，就确立了"开发太阳能、造福全人类"的使命，秉持"真诚、质朴、敬畏、感恩"的企业精神和"客户至上、股东优先、员工受益"的核心价值观，在稳健推动企业发展、为全球输送绿色清洁能源设备及电力的同时，主动承担社会责任，先后开展了光伏扶贫、捐建希望小学、救助白内障患者、资助困难学生、抗疫救灾、支持大学科研教育等一系列活动，将晶澳科技阳光洒向社会，用实际行动温暖更多人。

企业简介

晶澳太阳能科技股份有限公司（以下简称"晶澳科技"或公司）是全球领先的光伏发电解决方案供应商，主营业务为硅片、太阳能电池和组件的研发、生产和销售，以及太阳能光伏电站的开发、建设、运营等。截至2021年年底，晶澳科技在全球拥有12个生产基地（其中两个海外基地），13家海外销售公司，员工约三万人。

公司太阳能组件出货量连续五年位居全球前三，产品遍布135个国家和地区。截至2022年第二季度，公司累计光伏组件出货量超过100吉瓦，这些产品运用到光伏电站，相当于每年为社会减排二氧化碳超过一亿吨，有效助力全球低碳发展。

凭借持续的技术创新、稳健的财务优势和发达的全球销售与服务网络，晶澳科技先后荣获工信部"制造业单项冠军示范企业"（第五批）、"智能光伏试点示范企业"（2021年）和"国家工业企业知识产权运用试点企业"

（2020年）等称号，连续多年荣登《财富》中国500强、"全球新能源企业500强"和"中国民营企业500强"榜单。

晶澳科技社会责任实践也得到了社会各界的肯定，公司先后获得国务院扶贫办"中国企业精准扶贫专项案例50佳"、中华慈善总会"全国慈善会爱心企业"、中国上市公司协会"上市公司ESG实践案例"、河北省工商联"民营企业社会责任典型案例"、中国社科院"企业抗疫优秀案例"、中国社会责任百人论坛"绿色环保奖"、《公益时报》"中国公益企业"、财联社"2021中国企业ESG最佳环境奖"、中国企业家杂志"零碳先锋"等荣誉。

企业履责与成效

晶澳科技秉持"真诚、质朴、敬畏、感恩"的企业精神和"客户至上、股东优先、员工受益"的核心价值观，在稳健推动企业发展、为全球输送绿色清洁能源设备的同时，主动承担社会责任，积极参与公益事业，将晶澳的阳光洒向社会，用实际行动温暖更多人。

一、公司治理与社会责任管理体系建立

（一）科学有效的上市公司治理体系保障利益相关方权益

晶澳科技拥有科学规范、运行高效、边界清晰的管理体系，建立了以股东大会、董事会、监事会和高级管理层为主体的公司治理架构。董事会下设战略委员会、审计委员会、薪酬与考核委员会、提名委员会等决策与运营管理机制，切实保障全体股东及债权人的权益。

此外，公司设立了研发、智造、产品与质量、运营管理、市场、智慧能源、人力资源、财务金融、数据与智能九大平台。平台化的建立推进晶澳科技扁平化管理模式进一步完善，推动公司管理从"管控"向"赋能"转变。

（二）完善的社会责任管理体系推动企业可持续发展

晶澳科技构建了以股东会、董事会、战略委员会、总部各职能部门、生

产基地协同推进的可持续发展管理体系。战略委员会下设战略产业研究院，战略产业研究院内设碳管理与可持续发展部，主要负责全面统筹协调公司减碳和可持续发展相关工作。

公司工会及 EHS 管理部、审计部门、各事业平台等职能部门负责与利益相关方保持紧密联系，共同推进构建互惠、互利、共享、共赢的生态价值体系；战略产业研究院内设的战略研究与规划部，负责跟踪研究国内外可持续发展优秀案例和最佳实践，分析研究提供有关成果，辅助领导层决策；证券事务部负责按照中国证监会和深交所的有关要求披露 ESG 信息。

此外，晶澳科技通过积极加入国内外相关组织和倡议，如联合国全球契约组织、中国乡村发展志愿服务促进会、中国企业气候行动、中国绿色供应链联盟、中国企业反舞弊联盟、阳光诚信联盟等，借助平台力量，与其他企业及 NGO 成员共同践行可持续发展理念，向社会传播正能量。

二、打造绿色生态之路，助力全球零碳发展

光伏是绿色低碳的清洁能源，是构建我国新型电力系统、推动全球能源转型的主力军，是减少温室气体排放、保护环境的重要方式。作为光伏行业的"领跑者"，晶澳科技用实际行动构建全方位绿色发展体系，助力实现国家"双碳"目标。

（一）持续优化绿色产品技术

晶澳科技积极响应国家创新战略和光伏行业"领跑者"等专业技术要求，不断加大研发创新力度，持续引领行业发展，以低成本、高效率和高可靠性大力推动全球绿电普及。

截至 2021 年年底，晶澳科技拥有光伏授权专利 1000 多项，其中发明专利 168 项。2021 年工信部发布首批光伏电池组件"绿色设计产品"，公司申报的五款产品全部入选；2020 年由公司申报的"高效 PERC 单晶太阳能电池及组件应用技术"通过专家评审，被纳入国家发展和改革委《绿色技术推广目录 (2020 年)》。

另外，公司 DeepBlue 3.0 系列高效组件产品先后荣获 UL EPD 环保产品

声明标志、法国 Ertisolis 碳足迹认证、韩国 KS 低碳认证等。无论是在约旦沙漠地区还是在中国青藏高原，无论是韩国的山地还是泰国的湖面，无论是以色列国会大楼还是土耳其的竞技场，处处都有晶澳科技绿色光伏产品的身影。

（二）持续提高绿电供给和使用

晶澳科技在积极推进光伏电站开发和电站运营维护等业务的过程中，大力推动生产绿色电力和消费绿色电力。截至 2021 年年底，晶澳科技持有山西大同 50 兆瓦光伏电站、河北临城 42 兆瓦光伏电站等并网项目 30 多个，年发绿电六亿千瓦时；在建电站共计约 700 兆瓦。

晶澳科技大力倡导使用绿色能源，各基地积极利用自身闲置房顶、车棚、空地等，安装了小型集中式电站、屋顶分布式、水上悬浮式电站等多种形式的光伏电站。

2021 年，位于晶澳科技生产基地的分布式电站约 28.55 兆瓦，年发绿电超过 2500 万千瓦时。这些分布式电站，为基地办公、生产、生活供应清洁的电力，减少二氧化碳排放，同时也使公司各基地减少了对传统电源的依赖。

此外，位于云南省曲靖经济技术开发区的晶澳科技曲靖基地，充分利用当地电网中水力发电占比 90% 的电力结构优势，再加上基地分布式光伏产生的绿电，逐步打造全国绿色园区的典范。

（三）不断提升绿色供应链管理能力

作为全球领先的清洁能源企业，晶澳科技高度关注产品全生命周期，将绿色环保理念贯穿于研发、采购、生产、物流和产品回收等生产运营各环节，全面推行 ISO14001 环境管理体系建设，减少环境危害和资源消耗，减少碳排放，致力于打造资源节约型和环境友好型企业。

在设计环节，在机场环境使用防炫光组件防止组件光污染影响；在氨气盐雾沙尘等恶劣环境，采用符合氨气 IEC 62716、盐雾 IEC 61701、沙尘 IEC 60068 等相关测试标准设计要求的组件。

在供应商的引入评估阶段，要求供应商通过 ISO9000 和 ISO14000 认证，部分重点行业供应商须通过 OHSAS18000 的认证。

在精益生产环节，将绿色智能制造作为企业转型升级的重要途径，不断推进产品向高端化、智能化、绿色化、集约化迈进，有效提升效率和降低能耗。

在组件回收环节，晶澳科技已经加入国际环保组织 PV CYCLE，采用国际领先标准开展废弃组件的整个收集和循环利用流程。

目前，晶澳科技宁晋基地、合肥基地、邢台基地、奉贤基地、包头基地等五个生产基地获得工信部授予的国家级"绿色工厂"（第三批、第四批和第五批）。

表 1　晶澳绿色发展方面的认证或认可

授予单位	工信部	工信部	国家发改委	法国 Ertisolis	美国 UL
授予内容	绿色工厂	绿色设计产品	绿色推广技术	碳足迹认证	EPD 认证
授予对象	宁晋、合肥、邢台、包头和奉贤等五个生产基地	166mm 组件、182mm 电池和组件等五种产品	Perc 高效电池组件产品	DeepBlue 3.0 系列产品	DeepBlue 3.0 系列产品

三、充分发挥产业优势，全方位助力乡村振兴

作为中国乡村发展志愿服务促进会理事单位，晶澳科技依托产业链优势、产品技术优势、生态合作优势，在全国多地实施乡村振兴工程，走出一条产业发展、清洁能源建设和乡村振兴相结合的"光伏 +"新路子。

晶澳科技是中国光伏扶贫联盟的发起单位之一，积极践行企业担当，推进扶贫事业。截至 2021 年年底，晶澳科技累计支付扶持款约 5600 万元（其中 2021 年提供扶持款 1016.4 万元）。

从 2015 年起，晶澳科技积极参与国家级光伏扶贫项目建设，先后在河北临城、河北康保、宁夏盐池等地区投资建设光伏扶贫电站，帮扶建档立卡的贫困村和贫困户快速实现脱贫。这些电站项目将连续 20 年为当地百姓提供扶持款超过两亿元，惠及家庭 4055 户，人口超过一万人。

另外，晶澳科技积极促进乡村振兴与产业发展、劳动力就业有机结合，为老百姓收入持续提高奠定了坚实的基础。目前，晶澳科技参与建设的乡村振兴光伏项目已经应用于牧光互补、农光互补、光伏山地等多个场景，不仅提高了老百姓产业收入，同时每年提供工作岗位超过 500 人次，年发放劳务补贴 100 多万元。

张家口市康保县忠义乡三老虎村党支部书记郭玉清说："村里都是劳动力薄弱人员，之前只能靠农田里微薄的收入生活，自从有了晶澳光伏扶贫电站，老百姓每年可以在电站打工，在家门口干活挣钱，现在村里的老百姓都实现了稳定脱贫。"

案例 1：晶澳光伏连续 20 年为宁夏盐池百姓提供扶持款项

2021 年，晶澳科技向宁夏盐池 854 户居民提供扶持款约 256 万元。宁夏回族自治区盐池县于 2015 年被确认为全国光伏扶贫工作的试点县，晶澳科技被确定为盐池县北塘新村、十六堡新村 5.551 兆瓦（约占全部扶贫电站指标的比例超过 1/3）光伏扶贫项目的实施单位，利用两个村居民院落及养殖羊棚建设光伏扶贫工程。

图 1　利用居民院落及养殖羊棚建设的光伏扶贫工程

成效： 项目于 2016 年 7 月并网发电，连续 20 年为 854 户居民每年每户提供 3000 元的扶贫款。该项目得到当地政府、两村村委会及受益老百姓的高度评价，帮助盐池县于 2018 年 9 月脱贫摘帽。

除了扶贫电站开发建设和运营外，晶澳科技积极开展光伏捐赠活动。截至 2021 年年底，晶澳科技先后向河北省邢台市巨鹿县贾庄乡白佛村爱心小学、江苏省南通市海安县墩头镇杨慎修爱心小学、安徽省颍上县黄桥镇新庙小学和全楼小学、云南红河绿春县骑马坝中心小学等 10 余所小学捐赠了光伏发电系统，有效解决了相对困难地区 3000 多名师生的用电需求。

一个个小电站，用爱心点亮贫困地区学堂，用真情共筑教育梦想，为教育均衡发展充电储能，让山区孩子们感受到爱的传递与温暖！

四、全力参与抢险救灾，维护群众生命财产安全

2021 年 7 月，河南省多地遭受连续强降雨，部分地区受灾严重，损失重大。晶澳科技高度关注汛情发展，第一时间通过北京市慈善协会向河南省捐赠 1000 万元，用于支持灾情严重地区防汛救灾及灾后重建工作。灾害无情人有情，晶澳科技用实际行动将爱心传递到灾区。

图 2 晶澳科技向河南洪涝灾区捐款

2021 年 7 月，受强降雨和上游水库泄洪影响，河北省宁晋县防汛抢险进入关键期，当地群众的生命财产安全受到严重威胁。面对严峻的防汛形势，晶澳科技联合同一控制人旗下的晶龙集团，第一时间启动应急响应机制，闻"汛"而动、主动担当，组织了由 100 余名党员干部组成的抢险突击队，迅速奔赴指定地点有序开展防汛抢险工作，高效完成封堵任务。同时，

公司为 2000 多名一线抢险人员提供爱心餐，把热饭热菜送到一线。在此关键时期，晶龙集团捐款 1000 万元，为支援防汛救灾提供了资金保障。

此前，晶澳科技在 2016 年河北邢台洪灾、2008 年汶川地震、2010 年青海玉树地震和海地地震（100 千瓦高效光伏组件支持重建）等重大灾害面前，都发挥了作为行业领先企业的率先垂范作用。

五、积极参与抗击疫情，践行上市公司责任担当

2020 年年初，新冠肺炎疫情暴发，晶澳科技高度关注疫情变化，捐赠 1000 万元用于支援武汉抗击疫情，成为河北省慈善总会收到的第一家为疫情捐赠的爱心企业，也是光伏行业捐赠最早的企业之一；2021 年 8 月，晶澳科技扬州基地向扬州经开区捐赠 100 万元用于支援新冠肺炎疫情防控工作；2022 年 3 月，晶澳科技东海基地向东海县红十字会捐款 30 万元用于县疫情防控工作。

此外，自新冠肺炎疫情暴发以来，晶澳科技利用公司各种资源渠道，积极寻购医用口罩、防护服及护目镜等防疫物资，第一时间将筹集到的防疫物资捐赠给各地的医疗机构、一线抗疫人员和海外学子。

截至 2021 年年底，晶澳科技先后向河北省宁晋县红十字会、邢台市卫生健康委员会、安徽省立医院、江苏省东海县红十字会、马来西亚槟城中央医院、马来西亚峇六拜自由工业区警局，以及全球 20 多个国家的海外学子或社区工作人员等累计捐赠各类口罩近 30 万只。外交学院海外交流的学生在收到口罩后感动地说："感谢晶澳和学校的牵挂，虽然身在异乡，感受到的最多的还是来自祖国的关怀。"

案例 2：晶澳科技越南基地成为越南"春苗行动"疫苗接种点

2021 年 7 月 15 日，为海外中国公民接种新冠疫苗的"春苗行动"在越南正式启动，晶澳科技越南基地被中国驻越南大使馆确定为北江省四个接种点之一。

晶澳越南基地在接到承担"春苗行动"疫苗接种点这项光荣任务的通知后，迅速行动，精心布置功能区场地，配齐各类防护物资，并为医疗队

专门配备了九名现场翻译，基地领导也主动加入志愿服务者队伍。晶澳接种点当日共接收 605 名中国公民接种疫苗，占越南当天通过"春苗行动"接种疫苗总人数的近 23%。

中国驻越南大使馆王贲参赞赴晶澳科技越南基地现场协调接种工作，并对晶澳科技为"春苗行动"积极提供志愿服务给予了高度评价。2021 年 12 月 16 日，中国驻越南大使馆专门发来感谢信，对晶澳科技高度的"社会责任担当和无私奉献精神"予以充分肯定。

六、持续开展三大惠民工程，温暖更多人心

自 2007 年起，晶澳科技联合晶龙集团先后发起启动实施了"百所希望小学捐建工程""救助困难白内障患者光明工程"和"万名贫困学子救助工程"三大惠民工程，全面提高救助对象的幸福感、获得感。

（一）"百所希望小学捐建工程"为孩子点燃希望

"百所希望小学捐建工程"于 2007 年正式启动，旨在帮助贫困地区建设学校和提供教学设施。2021 年以来，"百所希望小学捐建工程"通过河北省慈善总会或北京市慈善基金会（晶澳阳光公益慈善专项基金）向张家口蔚县吉家庄镇中心小学、承德丰宁满族自治县波罗诺镇哨虎营小学、承德市平泉市黄土梁子镇苏达营子小学等六所小学捐款 140 万元，用于小学基础设施建设。

截至 2022 年 6 月底，累计在河北省黄骅市、迁安市、东光县、平山县、赞皇县、赤城县和陕西延安柳林镇等全国近 30 个县或区捐建希望小学 72 所。

"百所希望小学捐建工程"为孩子们插上腾飞的翅膀。位于河北省邢台县太子井乡西牛峪村的希望小学，始建于 1964 年，"土屋子、土台子，里边一群土孩子"是学校改造前的真实面貌，晶龙、晶澳捐赠 20 万元重新建设后，彻底改变了学校的面貌。家长们看着宽敞明亮的教室激动地说："雨雪天我们再也不用担心了，替俺们谢谢靳总，牛峪父老乡亲不会忘记他的。"

案例3：晶澳科技捐建河北三所小学

河北省张家口蔚县吉家庄镇中心小学、承德丰宁满族自治县波罗诺镇哨虎营小学、承德市平泉市黄土梁子镇苏达营子小学，因学校年久失修，操场排水困难，房屋墙壁老化，部分门窗严重腐朽，教室内粉刷层多处脱落等，严重影响学校的教育教学秩序。2022年2月，晶澳科技阳光慈善基金通过河北省慈善总会向三所小学共计捐款80万元，为以上三所小学解决实际困难，改善学校的办学条件，为在校师生提供更好的学习环境。

图3 晶澳科技捐建小学现场

河北省慈善总会会长曹双平对晶澳科技的爱心善举给予了高度评价，他说："晶澳用实际行动展现了'崇慈向善、扶危济困'的责任担当，彰显了大爱情怀。"

（二）"救助困难白内障患者光明工程"为患者带来光明

"救助困难白内障患者光明工程"于2011年正式启动，公司定期出资为家庭困难白内障患者提供医疗救助。

2021年，晶澳光明工程先后在河北宁晋、江苏连云港东海县启动，共计支持267名白内障患者完成手术。截至2021年年底，晶澳科技先后为河北宁晋、江苏连云港等地区1900余名家庭困难白内障患者分担就医费用，免费为其进行手术，重返光明。

项目开展期间，晶澳科技联合当地工会组织、慈善总会以及当地医院开展实地调查，对项目实施情况等进行跟踪监督，确保把帮扶工作落到实处，有效防止了白内障患者家庭因病致贫、因病返贫的情况发生。

案例 4：晶澳科技 2021"光明工程"二期在江苏东海启动

2021 年 10 月 26 日，晶澳科技 2021"光明工程"慈善公益项目二期暨晶海洋"博爱光明工程"启动仪式在江苏东海举行，东海县政府、县红十字会、县卫健委等领导和公司相关负责人出席。

本次活动旨在"复明一个人，幸福一家人"，计划定向对东海县 250 名白内障患者提供资金资助，帮助其重见光明。这是 2021 年 6 月 17 日晶澳科技在河北宁晋实施 2021"光明工程"一期以来的第二次活动。

图 4　2021 年，"博爱光明工程"启动仪式在江苏东海举行

东海县领导表示："晶澳光明工程是县委、县政府关注民生，助力乡村振兴，巩固脱贫攻坚的重要举措，是一项光明工程、为民工程、德政工程，对促进社会和谐稳定具有十分重要的意义。"

（三）"万名贫困学子救助工程"圆了学子求学梦

"万名贫困学子救助工程"于 2017 年正式启动，旨在通过多种资助形式，鼓励帮助成绩优秀的贫困学子完成学业。

2021年，晶澳科技先后在河北宁晋、内蒙古阿拉善左旗、河南信阳等地开展家庭困难学子帮扶工作，全年资助学子87名，资助费用总计29万元。截至2021年年底，"万名贫困学子救助工程"累计资助困难学生1000多名，受资助的优秀学子纷纷表示，将更加珍惜来之不易的学习机会，坚定理想信念，树立远大目标，用知识和专业技术充实自己，通过自己的努力，为社会作出更大的贡献。

案例5：2021年晶澳科技光明工程宁晋地区启动仪式

2021年8月20日，晶澳科技"圆梦贫困学子"助学活动暨"阳光奖学金"发放仪式在宁晋基地举行。

图5 "阳光奖学金"发放仪式在宁晋基地举行

晶澳科技"圆梦贫困学子"助学活动旨在帮助寒门学子圆大学梦，"阳光奖学金"用于奖励高考成绩优异的员工家庭。此次活动对2020年和2021年两个批次的贫困学子共计15人进行为期四年的连续救助，每年每人资助5000元；同时，对子女考取985、211、双一流院校的11个职工家庭颁发晶澳"阳光奖学金"，每个家庭一次性给予5000元的奖励。

全体受助学子和获奖学子进行了"以青春的名义宣誓"活动，立志成才报国，把追求人生理想与服务祖国紧密结合，不辜负政府和社会的关怀与爱心。

七、大力支持高等教育，助推产业人才和技术发展

除了通过加强自身研发创新能力来推动光伏产品应用普及外，晶澳科

技还积极支持国内外院校开展光伏创新方面的研究。2021年，由清华大学、中国华电集团和晶澳科技联合建设的"光储充备一体化"科研项目顺利完工并投入运行，项目所涉及光伏系统位于清华大学化学工程实验楼房顶，其中50千瓦太阳能光伏组件由晶澳科技捐赠。

2021年国际太阳能十项全能竞赛（简称"SD大赛"）场地在河北张家口开工建设，晶澳科技先后向西安交大、东南大学等高校合计捐赠73千瓦组件，帮助赛队了解光伏前沿技术，促进光伏建筑一体化的发展。

截至目前，晶澳科技已经向同济大学、北京大学、清华大学、北京交通大学、上海工程技术大学、西安交通大学、东南大学等全国多所重点院校免费提供光伏组件，用于光伏项目科学研究及相关活动。

案例6：晶澳科技助力清华大学光伏科研项目，携手推进"碳中和"

为积极响应国家"建设清洁低碳、安全高效的现代能源体系"和"实施创新驱动发展"战略布局，通过科技创新支撑清洁能源产业发展，由清华大学、晶澳科技和中国华电集团联合建设的"光储充备一体化"科研项目顺利完工并投入运行。项目所涉及光伏系统部分位于清华大学化学工程实验楼房顶，相关50千瓦太阳能光伏组件全部由晶澳科技捐赠。

图6　联合建设"光储充备一体化"科研项目

成效：项目投入运行后，预计年发电量约七万千瓦时，年均减少二氧化碳排放65吨，节约标准煤20吨。项目不仅践行了绿色校园的理念，实现实验室绿色供电，还提供了良好的低碳发展教学平台和"产学研"联合创新平台，战略意义显著。

另外，晶澳科技积极响应国家科技兴国、创新强国的号召，推动校企合作，先后与北京大学、河北科技大学、河北工业大学、上海应用技术学院、上海电力大学等几十所高校建立了长期的人才战略合作关系。自2010年以来，公司曾先后在北京大学、浙江大学、合肥工业大学、河北工业大学、南昌大学等国内多所高等院校设立奖学金或人才培养专项资金等，合计约400万元。

八、高度重视企业社会责任信息披露，打造上市公司典范

长期以来，晶澳科技高度重视社会责任信息披露工作，自2017年起开始编制、发布社会责任报告以来，累计发布了五份社会责任报告或可持续发展报告（2016年、2017—2018年、2019年、2020年、2021年）。特别在近两年，晶澳科技根据GRI（全球报告倡议组织）标准编制可持续发展报告，最新编制的报告已通过全球知名认证机构SGS的审验，经董事会审议后对社会公开发布。

为满足业务需要，2021年晶澳科技主动将自身人权保护、环境保护、商业道德、可持续采购等方面的材料报送国际权威评价机构EcoVadis进行评估，荣获EcoVadis"2021企业社会责任成就认可银奖"。

公司还积极组织参与各类社会责任活动，2021年由北京市丰台区人社局和晶澳科技联合主办的"发展责任贡献——后疫情时代丰台企业主体沙龙活动"在晶澳科技北京总部举行，活动通过辩论、分享等议程形式，向社会阐明晶澳科技社会责任理念。

晶澳科技通过持续的社会责任管理提升和有效披露，不断提升公司影响力，受到了投资者、合作伙伴、监管部门、社区等社会各界的关注、肯定和支持。

坚守绿色梦想，担当企业社会责任

——比亚迪股份有限公司

提要：

比亚迪自成立之初就以解决社会问题为导向，以技术创新为驱动，在解决问题过程中发展企业。20多年来，比亚迪始终坚持自身的绿色梦想，在新能源领域、新能源汽车领域、轨道交通领域等深耕不辍，为世界提供比亚迪立体式交通解决方案、"治污"方案、"治堵"方案等。在支持社会可持续发展的同时，比亚迪积极响应国家"碳达峰""碳中和"号召，在国际上为保护环境发声，为构建人类命运共同体、促进全社会可持续发展贡献力量。

企业简介

比亚迪股份有限公司（以下简称"比亚迪"或公司）1995年成立于深圳，业务横跨汽车、轨道交通、新能源和电子四大产业。早在2008年，比亚迪就提出了太阳能、储能电站和电动汽车的绿色梦想，力求打通能源从吸收、存储到应用的全产业链环节。经过10多年坚守，终于迎来了"碳达峰、碳中和"风口，处于前所未有的发展局面。

2021年，随着世界百年变局和汽车百年变革加速演进，叠加"双碳"目标，比亚迪实现了厚积薄发的大发展，汽车、轨道交通、新能源和电子四大产业均取得了重大突破。特别是乘用车板块，实现了具有里程碑意义的跨越，迎来了技术、产品和市场爆发期。比亚迪凭借刀片电池、DM-i超级混动、e平台3.0等颠覆性技术，坚持纯电动和插电混动"两条腿"走路，全年销售汽车74万台，其中新能源汽车约60.4万台，连续九年位居中国新能源汽车销量第一。

这一年，比亚迪引领新能源汽车加速变革，几乎凭借一己之力把磷酸铁锂、插电混动重新拉回行业发展正道，解决安全痛点和资源承受度问题，加速新能源汽车对传统燃油车替代，通过掌握电池、电机、电控及芯片等全产业链核心技术，促进上下游产业链供应链发展，与全球同行分享科技成果，努力走出一条从自主创新到全面开放的创新之路。

为推进"碳达峰、碳中和"的发展目标，落实应对气候变化《巴黎协定》，比亚迪发挥新能源汽车龙头企业示范作用，强化企业碳排放行动和管理，通过绿色的技术、产品和解决方案，加快了交通运输业和制造业的低碳转型。2021年，比亚迪成立了碳排放管控委员会，设置各项工作推进组，年初宣布启动"碳达峰、碳中和"规划研究，8月启动企业总部零碳园区项目，11月获颁国内首张 SGS 承诺碳中和符合声明证书，计划在 2022 年完成首个汽车企业总部零碳园区打造计划。

此外，比亚迪还受邀参加联合国 COP26 气候峰会，率先签署《零排放中、重型车辆全球谅解备忘录》，加速中、重型车辆零碳发展。截至 2021 年年底，比亚迪累计销售新能源汽车超过 150 万辆，减少二氧化碳排放量超过 892 万吨，相当于植树 7.5 亿棵，实现全球首条云巴示范线的商业化运营，为全球治理空气污染和交通拥堵贡献有效方案。

2021 年，比亚迪实现年度总收入 2161 亿元，员工总数突破 28 万人。荣获中国外观设计金奖、国家科学技术进步奖、广东省守合同重信用企业、2021 成渝地区双城经济圈企业社会责任先锋奖等荣誉。

图 1　比亚迪获得扎耶德未来能源奖

图 2　比亚迪获得联合国能源特别奖

企业履责实践及成效

自 1995 年创业至今，比亚迪所做的事业，已不再是基本的资本积累和企业规模扩大，而是将自身定位于以解决社会问题为导向的企业公民，希望用技术创新满足人们对美好生活的向往，把技术变成产业，把产业变成财富，带动共同致富。在这一使命的驱使下让比亚迪在遇到一个个困难的时候，从不放弃，仍然能够坚持下去，直到获得一个个成果，不断攀登新的高度。

一、全产业链绿色布局，加快产业低碳转型

致力于用技术创新促进人类社会的可持续发展，比亚迪自 2008 年起就提出太阳能、储能电站和电动汽车的绿色梦想，至今已全面打通能源从吸收、存储到应用的全产业链绿色布局，建立起一套完整的新能源生态闭环，可以提供安全可靠的一站式解决方案与服务，用电动车治理空气污染，用云轨、云巴治理交通拥堵，为全球城市提供立体化绿色大交通整体解决方案。

（一）新能源领域

比亚迪作为新能源整体解决方案提供商，拥有电池、太阳能、储能等新能源产品，打通了能源从吸收、存储到应用的全产业链各环节。公司新能源产品覆盖消费类 3C 电池、动力电池、光储一体化等领域，拥有完整的产业链，牢牢占据行业前列。

图 3　BYD Cube 储能系统

1. 储能产品

依托先进的铁电池技术，比亚迪储能专业从事电池储能技术的研究与产品开发，满足能源存储、削峰填谷、调峰调频等服务需求，提供高效清洁的新能源解决方案。目前，比亚迪储能已成功打入美国、英国、德国、法国、日本、加拿大、澳大利亚等全球多个市场，为全球合作伙伴提供近百个工业级储能解决方案，全球总销量 2.6GWh。2021 年 5 月，比亚迪获由中国国际储能大会组委会、中国储能网颁发的"2021 年度中国储能产业最佳系统集成解决方案企业"。

2. 太阳能产品

太阳能，不仅能从根本上解决世界能源问题，也可改善正在日益恶化的生态环境，实现人类的健康、可持续发展。太阳能是比亚迪在清洁能源领域的重要布局之一，拥有硅片加工、电池片、光伏组件制造、光伏系统等全产业链布局。

比亚迪通过技术创新，成功开发出比亚迪独有的硅胶双玻组件，与传统光伏组件相比，比亚迪硅胶双玻组件能源生产效率高，功率衰减更低，使用寿命可长达 50 年。

此外，比亚迪"光储一体化"模式是将比亚迪自主研发的储能设备和太阳能组件整合，实现清洁电力的持续稳定输出，实现收益增长，适用于户用家庭光伏、工商业分布式光伏、大型地面电站、农光互补、渔光互补等应用场景。同时赋予电站更多功能，能够有效缩短投资回报周期，加快太阳能发电普及过程，真正让清洁能源走进千家万户，走入寻常百姓家。以科技创新和实际行动建设清洁高效能源体系，努力实现人与自然的和谐相处。

目前，比亚迪太阳能业务足迹遍布包括中国、美国、日本、英国、巴西、印度、澳大利亚等国家。同时，比亚迪太阳能在光伏组件领域可融资价值已跃升至全球第 8 位，并连续多年入选 Bloomberg Tier 1 全球一级组件制造商榜单。

图 4　被评为"2021 年度中国储能产业最佳系统集成解决方案企业奖"

图5　比亚迪敦煌电站项目

（二）新能源汽车领域

新能源汽车是比亚迪为社会提供的"治污"解决方案。目前，比亚迪新能源汽车已涵盖私家车、出租车、城市公交、道路客运、城市商品物流、城市建筑物流、环卫车等七大常规领域和仓储、港口、机场、矿山专用车辆等四大特殊领域，实现全市场布局。

1.绿色技术

比亚迪掌握电池、电机、电控及车规级芯片等新能源车全产业链核心技术，走出一条从自主创新到全面开放创新之路，引领了全球新能源汽车产业变革。

经过近20年坚守，比亚迪建立了10大技术研究院，集团现有四万多名研发工程师从事各类技术开发。近年来推出了刀片电池、DM-i超级混动、e平台3.0等颠覆性绿色技术，引领新能源汽车加速变革，推动加速新能源汽车对传统燃油车的替代，与全球同行分享科技创新成果，努力走出一条从自主创新到全面开放创新之路。

2.新能源乘用车

2021年，比亚迪新能源乘用车销量593745辆，第九次登顶中国新能源乘用车年度销量冠军。

3.新能源商用车

比亚迪新能源商用车形成了以产品规划、研发、制造、销售、服务为一体的完整产业链，产品线覆盖6～27米全系列纯电动客车，2.5～32吨纯电动卡车，全球累计交付纯电动商用车超过8.5万辆，总运营里程超55亿公里。目前，比亚迪新能源汽车运营足迹已遍及全球六大洲、70多个国家和地区、400多个城市。

（三）轨道交通领域

云轨、云巴是比亚迪为社会提供的"治堵"解决方案。我国城市轨道交通面临结构单一的问题，需要推进大中小运量轨道交通协同发展，比亚迪云轨、云巴是中小运量，且往空中发展，给地面做减法。云轨、云巴填补了我国轨道交通技术和产业空白，为治理城市交通拥堵、打通交通微循环提供了解决方案，为全球城市治理交通拥堵贡献了"中国智慧"。

1. 云轨

比亚迪云轨为电力驱动，在运行过程中没有尾气排放，对环境不造成污染，为绿色交通系统；同时比亚迪云轨具有能源回馈再生制动系统，列车制动时，将动能转化为电能，储存在车载电池中，多余能量传递给导电轨，供给列车起动、加速时使用，节约能源。

云轨编组灵活，单向运能为1万～3万人/小时，综合优势非常突出，可广泛用于大中城市的骨干线和超大型城市的加密线、商务区、游览区等线路。

2. 云巴

云巴是比亚迪历时七年、耗资近100亿元倾心打造的具有100%自主知识产权、不占用道路资源的立体智能交通系统，是比亚迪为进一步治理城市拥堵及污染所提供的又一创造性解决方案，填补了我国自主化城轨交通制式的空白，有利于推动我国多层次、多模式、多制式轨道交通系统的融合发展，缓解城市交通拥堵等问题，为乘客提供更智能、更舒适、更便捷的出行体验，助力城市交通新升级。

云巴可以作为大型城市交通支线和加密线、中小城市骨干线、城市综合交通枢纽接驳线、旅游景区观光线，还可作为大型活动中心内部环线以及老城区旧城改造交通线，具有很强的适用性。

云轨和云巴均搭载无人驾驶系统、多功能深度集成的综合调度系统、人脸识别等高科技配置，具有高智能、高安全、高适应、高颜值、低能耗、建设成本低、建造周期短等优势，能为乘客提供更加智能、便捷的出行体验，助力城市交通新升级。

2021 年 4 月 8 日，比亚迪轨道交通迎来新的里程碑，巴伊亚云轨车辆在比亚迪全球总部深圳下线。2021 年 4 月 16 日，全球首条新能源无人驾驶低运量轨道交通系统云巴在重庆璧山正式开通。

未来，比亚迪将继续潜心耕耘，用领先的新能源技术与优质的新能源绿色产品，为世界城市提供一站式解决方案，打造绿色交通，加快产业低碳改革，实现可持续发展。

二、打造零碳园区，营造自身绿色生态环境

作为全球新能源整体解决方案提供商，比亚迪不仅以解决社会问题为导向，更在解决问题的过程中实现企业自身发展。

2021 年 8 月，比亚迪率先启动零碳园区项目，利用自身在新能源领域的独特优势，将电动车、储能系统、太阳能电站、电动叉车、LED 灯、云巴等绿色产品应用到园区生产生活的方方面面。

图 6　比亚迪坪山全球总部工业园

比亚迪坪山全球总部工业园位于深圳市坪山区，总占地面积约 230 万平方米，员工约五万人。为实现比亚迪全球第一个零碳园区，比亚迪进行统一规划，从三个方面进行全面改造。

（一）绿色运营

比亚迪利用自身在新能源领域的独特优势，将电动车、储能系统、太阳能电站、电动叉车、LED 灯、云巴、云轨等绿色产品应用到自身的生产活动中。

坪山园区装机量为 6.4MW 的太阳能光伏每年发电 800 多万度，储能发电 400 多万度用于园区日常生产。截至 2021 年年底，坪山园区合计使用 1035 台新能源车用于公务出行及员工交通，园区云巴全年载客量达 173.8 万人次，累计使用 3415 辆电动叉车替换传统的燃油叉车，用于园区车间物流，园区新能源汽车使用率 100%。

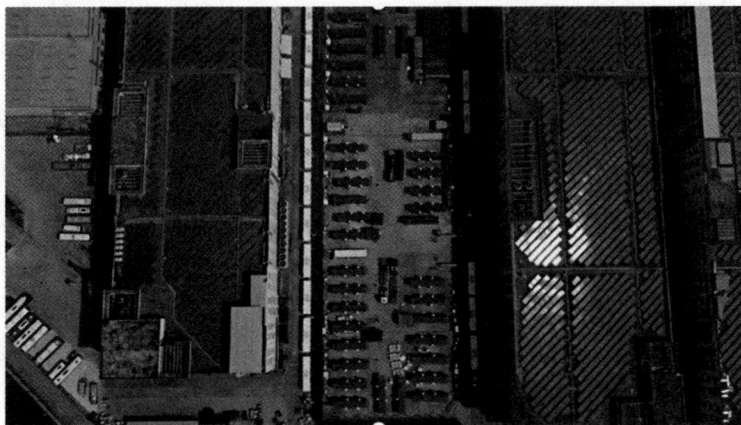

图 7　比亚迪坪山园区屋顶太阳能

表 1　比亚迪坪山园区 2021 年绿色运营数据

绿色产品	单位	2021 年
新能源公务车	辆	1,035
园区物流电动叉车	辆	3,415
太阳能 / 储能发电量	万度	1,256.678
园区云巴年度载客量（坪山）	人次	1,738,093

（二）绿色办公

比亚迪注重提高员工的环保意识，通过日常培训、会议、宣传栏、活动竞赛等方式，向员工宣传环保知识，践行绿色办公，合力打造零碳园区。

（三）绿色生产

自 2019 年起，比亚迪投入超 1.3 亿元用于坪山园区节能改造项目，主要项目如下：

冲压自动化线改造项目：项目点为深圳焊接工厂，采用机器人焊接和大量滚床等自动化设备代替人工转运和焊接，焊接设备改为变频伺服焊机，将原来每小时生产 20 辆车提升至每小时生产 35 辆车，以达到提高生产效率、降低能源消耗。

电池生产设备系统优化改造项目：项目将电池生产系统高耗能三相异步电动机用伺服电机替代，单面焊接改为双面，生产效率提升 100%，大大提高了自动化程度和产品良率。

空压机余热回收利用项目：项目通过给每台空压机安装一套余热回收装置，回收油冷却器中的热量，实现把这些空压机产生的热量 90% 回收利用。将空压机产生的热能回收加热冷水，为坪山宿舍、食堂等提供热水，不单实现了热能回收利用，同时减少了冷却水和电能的使用。

整车性能测试方法节能项目：项目为提高整车验证的试验成效，建立虚拟试验环境，替代试验车辆在真实路面的行驶，减少了车辆的油耗及碳排量。道路模拟试验设备已分别应用在大巴车和乘用车中。

坪山燃油动力系统试验台架余能回收节能项目：项目为此购买了包括双模车动力系统试验台架、发动机试验台架、双模车动力总成试验台架等设备，改进和提升了动力系统的性能，有效提高了能源的使用效率。并对燃油动力系统试验台架的余能进行回收再利用，减少了能源的损耗。

表 2　比亚迪坪山园区近三年主要节能改造项目成效

节能项目名称	项目资金（万）	节能效益（吨标准煤）	年减少碳排放量（吨二氧化碳）
冲压自动化线改造项目	3999	435	3356.587
电池生产设备系统优化改造项目	547.8	306	2364.539
空压机余热回收利用项目	551	319	2463.074

续表

节能项目名称	项目资金（万）	节能效益（吨标准煤）	年减少碳排放量（吨二氧化碳）
整车性能测试方法节能项目	3541	370.99	2864.3808
坪山燃油动力系统试验台架余能回收节能项目	4405.53	71.3	550.31
合计	13044.33	1502.29	11598.8908

注：以上数据均由第三方评估。

2021年11月，比亚迪获颁国内首张SGS承诺碳中和符合声明证书，在2022年6月，实现比亚迪首个"零碳园区"。同时，比亚迪将在全球各工业园开展"零碳"工作，争取实现全球所有园区的"零碳化"。

（四）积极参加国际行动，助力实现零碳排放

2021年11月，比亚迪受邀请参加第26届联合国气候大会（以下简称"COP26"）。在COP26的交通日（Transport Day）上，相关政府、企业和其他组织代表共同发表了关于加速向零排放汽车和货车转型的宣言，目标是在2040年或之前实现零排放汽车和货车的销售占比达到100%。比亚迪积极参与其中，并加入签署了《零排放中、重型车辆全球谅解备忘录》。

此外，比亚迪纯电动大巴也作为官方接驳车辆为190多个国家和地区的代表们提供绿色出行服务，用实际行动助力实现全球零碳排放的共同愿景。

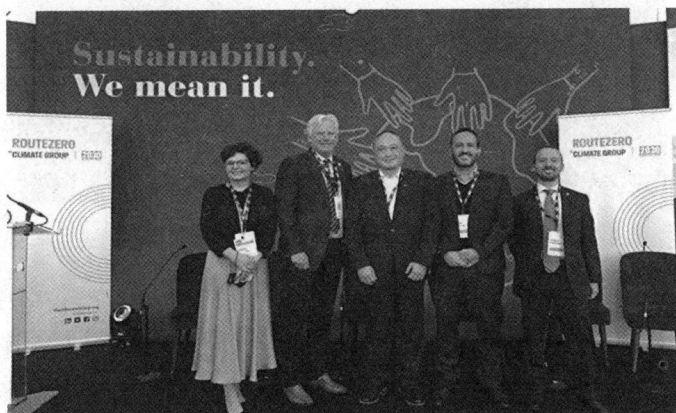

图8　比亚迪代表参加COP26

三、抗疫救灾共克时艰，回馈社会践行公益

（一）共同抗疫救灾

2020 年新冠疫情暴发，国内疫情防控异常艰巨，在社会迫切需要口罩的时候，作为中国制造业的一个代表企业，比亚迪急天下之所急，第一时间捐赠 1000 万元抗疫。

总裁亲自上阵，带领比亚迪 10 万员工援产口罩。三天出图纸，七天出设备，10 天口罩下线，24 天成为全球最大口罩生产商。口罩最高日产能达一亿只，为抗击疫情和复工复产提供了有力保障。

依靠强大的科技力量，比亚迪快速援产口罩与消毒凝胶，支援全球 80 多个国家和地区共同抗疫。

2021 年，比亚迪持续支援抗疫，在 6 月深圳疫情反复的时候，比亚迪紧急调动 1200 万元防疫物资，支持全深圳地区的防疫工作。截至 2021 年年底已累计捐赠全球防疫物资超 5000 万元。

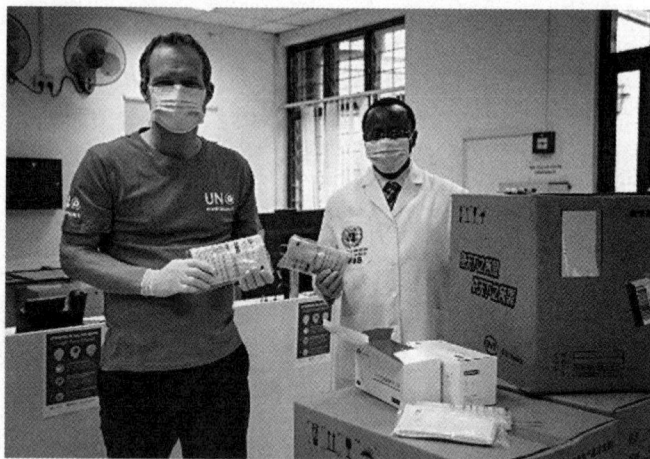

图 9　比亚迪捐赠防疫物资至联合国环境署

2021 年 7 月，河南郑州发生特大水灾，比亚迪第一时间响应，支援 2000 万元用于救灾紧急举措和灾后恢复工作。同时，比亚迪汽车也开启车主紧急救援服务通道，并开放郑州市所有 4S 店作为应急避难场所，附近市民可就近进店寻求援助。

（二）回馈社会，践行公益

2010年，比亚迪捐资设立了"比亚迪慈善基金会"。自成立以来，基金会帮扶贫困地区支持国家脱贫攻坚战，积极赈灾救助，支持教育发展，帮扶社会弱势群体，截至2021年年底，已累计捐赠1.56亿元，用星星之火，点亮梦想。

精准扶贫。比亚迪用资金帮扶，引入技术，发展产业，让贫困县山村再次焕发生机，至今已精准帮扶九省市地区的20个贫困县。

案例1：造血式扶贫，帮助陕西城固县老庄镇双井村脱贫致富

陕西省城固县老庄镇双井村传统产业单一、集体收入无积累，是远近闻名的贫困村。2018年6月，比亚迪捐赠100万元，委托专业公司建设比亚迪树莓生产及深加工精准扶贫基地，基地共流转土地100亩，种植苗木一万余棵，为187户建档立卡户提供了务工机会。

同时，对接深加工公司对树莓进行收购，每年所得收入全部用于基地建设及贫困户分红。通过土地流转、务工、分红等渠道，187户建档立卡户每户每年增收可达万余元。

2019年，比亚迪还打通公司内部采购渠道，引入深加工产品树莓酒为公司商务礼品、车主活动礼品等，积极为扶贫基地拓展销售途径。截至2021年年底，已累计采购近30万元，真正实现造血式扶贫。

图10　比亚迪树莓生产及深加工精准扶贫基地

教育帮扶。比亚迪持续开展助学、奖学奖教、改善教育设施三大教育帮扶方向。

助学方面。自 2010 年起，在云南、安徽、湖南、青海等贫困地区开展贫困高中生助学项目、为爱比心等公益项目，资助贫困地区学生助学金，为贫困学生圆了上学梦。

奖学奖教方面。比亚迪自 2012 年起在中南大学设立比亚迪奖学金，每年捐赠 200 万元，持续资助 20 年。此外，还在南方科技大学、深圳中学、深圳亚迪学校、云南个旧中学等设立奖学金，累计发放奖学金超过 2700 万元。

改善教育设施方面。比亚迪通过捐赠教学器材，捐建教学场地等，大力支持教育事业。

截至 2021 年年底，比亚迪教育帮扶已惠及全国 23 个省、市区超 150 所学校，助力近三万名学子圆梦未来。

案例 2：携手公益组织，为乡村孩子捐建图书角

在中国乡村，有 74% 的孩子每年能读到的课外书不到 10 本，还有 20% 的孩子始终没能拥有一本属于自己的故事书。让中国乡村孩子也能拥有阅读自由的权利，是我们不得不面对的社会议题。

2021 年，比亚迪携手公益组织担当者行动，为中国乡村的孩子建设班级图书角，捐赠 40 万元在云南蒙自建立了 200 个图书角，让乡村孩子也有书可读。

图 11　比亚迪捐赠云南蒙自 40 万元建立图书角

关注弱势群体。比亚迪关注妇女、儿童、老人等社会弱势群体。

2016年，比亚迪发起"贝壳计划"，这是以关注女性宫颈健康为主题的公益项目，为女性提供宫颈癌筛查服务、开展公益讲座，累计为超过2000名女性提供HPV活动、普及宫颈癌防治知识。

自2010年起，比亚迪设立养老金项目，每年为安徽省无为县王咀村、潘头村约100个留守老人每人每月发放200元养老金，已持续12年。

自2016年起，比亚迪联合公益组织"壹基金"开展"比亚迪援助脑瘫儿童专项计划"，目前已累计捐赠400万元，支持911个脑瘫儿童家庭摆脱困境。

案例3："比亚迪援助脑瘫儿童专项计划"帮助孩子快乐成长

涵涵是比亚迪脑瘫儿童专项计划援助的孩子。因为患有脑瘫，涵涵双膝前弓，走路脚后跟无法着地。正常行走对涵涵来说都是巨大的挑战，奔跑和跳跃更是奢望。唯一能让涵涵正常行走的方法，是接受专业的手术和康复训练。但高昂的手术费用和长久的康复训练费用是这个普通家庭难以承受的。父母最质朴的愿望，无非自己的孩子在最天真活泼的年纪，能和其他孩子一样，蹦蹦跳跳，不受轮椅束缚，快乐成长。

"比亚迪援助脑瘫儿童专项计划"的工作人员，带着最真挚的情感，走进了涵涵家，资助他接受了跟腱延长术。手术后，涵涵足跟能够落下，足踝可以主动屈5°～10°（正常值为20°），走路姿势也接近正常值。

通过训练，涵涵下肢关节能适度放松，可以试着穿鞋走路，虽然下肢脚尖还是习惯性踮脚、足跟腱有点紧，但在经过几个月的训练后，涵涵能够跳起来一段距离了，尖足的问题基本解决，步态也有所改善，如厕时能穿着鞋子踩下去，走路姿势也逐渐正常。

看着儿子一天天好转，妈妈高兴得像个小孩。"非常感谢比亚迪公司在最困难的时候给予资助，感谢壹基金对我们困难儿童家庭的帮扶。"相信小涵涵会在爸爸妈妈以及爱心人士的关爱下，重回健康。

911个孩子正在逐渐康复，但"比亚迪援助脑瘫儿童专项计划"不会止步于这个数字。

推动员工公益。比亚迪分别在全国成熟工业园及生活区成立志愿者服务站13个。截至2021年年底，已注册志愿者累计5050人，志愿服务41184.83小时。

在公司的倡导下，比亚迪志愿者日常开展关爱社区、支持教育、倡导环境保护等公益活动。疫情期间，比亚迪志愿者积极协助集团抗疫事宜，参与捐赠防疫物资运送、协助核酸检测等工作，为社会更加美好奉献比亚迪人的力量。

图12　比亚迪西安志愿者参与疫情防控各项工作

未来，比亚迪将继续坚持绿色梦想，争当可持续发展先锋，加强企业自身碳减排行动，实现零碳排放。同时，进一步通过比亚迪的绿色技术、绿色产品和解决方案，加速推动交通运输行业和制造业绿色低碳转型发展，为保护人类共同的家园、实现可持续发展贡献力量。在发展自身的同时，承担起社会责任，积极回馈社会，助力实现人们对美好生活的向往。

共创共富，以实体经济带动乡村振兴、区域发展

——横店集团控股有限公司

提要：

持续探索追求共同富裕是横店集团与生俱来的文化基因。在40多年的实践探索中，横店人以使命与价值观为驱动，以产业带动与集聚为支撑，将企业发展与城镇发展、百姓共同致富紧密结合，走出了一条共创共富之路。可以说，横店集团的创业奋斗史，就是一部在国家改革开放政策指引下不断探索共同富裕的实践史。这一实践历程，立足于企业的不断发展，内生于企业价值理念，呈现了以工业为基础、以影视为特色、与社区共生共荣的鲜明特征。

企业简介

横店集团控股有限公司（以下简称"横店集团"或公司）创立于中国横店。40多年来，先后经历三次创业，以"多元化发展，专业化经营"为发展战略，现已成为具有核心竞争力、国际影响力的多元化、国际化、现代化的民营企业。主要从事电气电子、医药健康、影视文旅、现代服务四大产业产品的研发、生产、销售与服务，业务遍及150多个国家和地区。集团运用前沿的技术、优质的服务，帮助客户持续创造商业价值，致力区域经济社会可持续发展。

横店集团的业务领域涵盖第二、第三产业。通过融合领先的制造技术和信息技术，形成新材料、新能源、照明、微特电机、音响、医药、医疗、医疗器械、绿色农药等产品研发、生产、销售、服务于一体的综合解决方案，被誉为"世界磁都""江南药谷"。

作为中国影视文化产业的龙头基地，横店已建成全球最大的影视实景拍摄基地，构建了从影视基地、影视服务、影视娱乐到院线影城、影视制作、影视教育的全产业链，赢得了"中国影视梦工厂"的美誉，践行着中国文化自信、文化繁荣、文化高质量发展的理念。通过市场开拓，横店开发了金融衍生品、国际贸易、航空产业等现代服务平台，促进了实体经济发展和产业升级。

图 1　东阳八面山下的横店镇

横店集团始终秉持共创共富的价值理念，在改革开放的进程中，不仅在税收、就业上，还在区域产业的兴起、城市面貌的改变、百姓生活的改善、地方品牌的塑造与辐射上，形成了独特的价值贡献模式。横店先后成为国家小城市综合改革试点、国家影视产业实验区等 20 多个国家级、省级示范基地（实验区、试点）。

集团现有员工 5.8 万人，横店镇的纳税额占东阳市总量的 35%。依托杭温高铁、横店机场、金义东轻轨等现代化立体交通，空铁枢纽融合优势，横店集团着眼于影视文化教育国际化，努力把横店打造成"影视文化名城，休闲梦幻之都"和"工业强盛、文化领先、城市优美、百姓幸福"的现代化小都市。

企业履责实践与成效

作为一家在改革开放中成长起来的大型民营企业，横店集团始终坚持

"共创共富"的创业初心，持之以恒探索实践。

一、不懈探索，向着共同富裕坚定前行

（一）"共创共富"价值理念的形成与发展

1. 创业早期，集团创始人徐文荣提出了一系列朴素的"共创共富"理念，成为企业价值观的基础

徐文荣说："我的梦想就是通过自己的不懈努力，带领乡亲们艰苦奋斗，让日子好过起来。""企业发展起来以后，我经常对我们干部说，我们办企业的目的是什么？我们的目的就是，要多办工厂多赚钱，多为老百姓办好事。""我们走共同富裕道路，就是改革和发展的成果让老百姓都能分享，更为重要的是，要创造一种条件，让大家都能有赚钱的机会。"

2. 1993年，在不断实践与专家学者论证的基础上，横店集团创立了社团经济模式

宗旨：共创、共有、共富、共享。

特点：产权共有，政企分开，社团主导，多轮驱动。

任务：使农业经济变为第一、第二、第三产业协调发展的农村经济。用社团经济主导农村经济。用现代工业带动现代农业。按城市文明塑造农村文明。让富裕城镇带动贫困乡镇。

经营理念：以人为本，资本经营，市场导向，管理创新，法制护航，持续发展。

发展方针：高技术领头，多元化发展，专业化管理，连锁化经营，现代化手段，国际化思路。

3. 2001年，集团新领导团队接棒后，深化发展了"共创共富"理念，与时俱进提出了横店特有的价值贡献模式

信念：做最具社会责任心的企业。

核心文化：仁爱、中庸、团队、执行。

特点：扎根横店、拥抱世界、立足实体、多元发展。

任务：通过集团的持续发展，带动区域产业发展，带动新型城镇化，带

动社会就业，带动品牌辐射，推动横店实现"工业强盛、文化领先、城市优美、百姓幸福"的目标。

路径：践行"共创共富"理念，弘扬创业创新精神，增强核心竞争力，发展影视文化。

（二）共同富裕的探索实践

1.创办工业吸纳就业，带动农民先富起来

40 多年来，横店集团坚持扎根乡村探索农村工业化，发展实体工业，不断带动当地农民就业，实现脱贫致富。

（1）兴办工厂，吸收大批农民就业

1975 年年初创办丝厂，之后发展轻纺针织企业，在一家家工厂的兴起中，带领一批批农民"洗脚上田"当工人。与此同时，集团主动把轻纺针织技术、产品向农村和农户扩散，在当地形成了完整的轻纺产业链，促成了横店"针织一条街"。

1989 年，创办音响产业，以垫付产品采购款、赊销原材料、协助产品开发等措施，扶持配套户办企业，如今已有 30 多家户办企业从当初的小作坊发展成了产值超千万元的规模企业。

成效：横店集团通过发展工业，不仅有效地带动了当地经济的发展，改变了极其贫穷的经济状况，更使大批农民转身为工人，走上脱贫致富的道路。

（2）发展高技术产业，培养高素质的产业工人

20 世纪 80 年代后期，横店集团明确提出"非高技术不上"的发展方针，一步步培育起了磁性材料、医药等高技术产业，造就了"世界磁都""江南药谷"。

在发展磁性材料过程中，集团通过主动分享技术、派出骨干指导，帮扶当地企业发展，在当地形成了由高到低庞大的磁性材料产业群。如今，磁性材料不仅是集团的重要主导产业，还带动了整个东阳磁性材料产业的兴旺发展，成为东阳工业经济的重要支柱。东阳全市现有磁性材料企业 300 多家，带动就业 2.6 万人，年销售额超 150 亿元。

成效：目前，横店集团已培育上市公司六家、拟上市公司一家，拥有国

家级、省级创新平台 78 个，国家高新技术企业 25 家，国家级院士工作站两个，国家级博士后工作站四个，大专以上学历员工 1.5 万人。通过发展高技术，为横店的共同富裕打下了良好的人才基础。

（3）扎根横店，发展实体促进就业

集团始终坚持扎根横店谋划发展，注重发展实体经济，不断提升就业带动力。

成效：集团现有员工 5.8 万人，其中四万多人集中在横店。在集团的带动下，横店镇的纳税额占东阳市总量的 35%、规上工业产值占东阳市总量的 40%，横店镇配套及小微企业达到 1000 多家，大批农民在工业兴起中率先实现脱贫致富。

2. 影视文旅创造就业，带动周边共同繁荣共同富裕

集团立足文化自信探索发展影视文旅产业，带动兴旺第三产业，推动实现物质上的共同富裕、精神上的共同富有。

（1）持续投入，打造全球最大的影视实景拍摄基地

20 世纪 90 年代中期，横店集团以拍摄电影《鸦片战争》建造广州街为契机，开始发展影视文化产业。2000 年宣布为影视剧组免费提供实景拍摄场景，推动行业快速发展；2003 年创立演员公会，为 10 万名"横漂"演员搭建了就业引导平台；2019 年，为支持创作更多的正能量影视作品，宣布摄影棚免费政策……

成效：通过近 30 年的不懈努力，横店已建成 30 多个影视实景拍摄基地、130 多个专业摄影棚，构建了国内最完整的影视文化产业链，被誉为"中国影视梦工厂"。吸引了 1500 余家影视企业入驻，累计接待剧组 3500 多个，共有 12.6 万名影视专业人员、"影视工匠""横漂"演员在横店就业创业。

（2）文旅融合带动兴旺第三产业

横店集团充分发挥影视文化产业的带动优势，推动文化与旅游融合发展。横店累计接待游客近两亿人次，全面带动了横店餐饮住宿、商贸服务等第三产业繁荣发展，为农民增收拓宽了渠道。

成效：目前，横店共有各类酒店、民宿 1500 多家；农民房屋出租年收入达 4.38 亿元。当地居民就业率近 100%。横店镇农民人均收入提前 18 年

达到小康水平。

横店特意把影视基地、旅游景区布局在集体经济相对薄弱的村落，促进带动横店镇112个村（小区）2021年集体经济收入超四亿元，每个村平均收入超350万元。集团还帮助中西部贫困地区创造了2.8万个就业岗位，2021年被党中央国务院授予"全国脱贫攻坚先进集体"。

（3）以影视文化推动精神上的共同富有

在带动百姓物质富裕的同时，横店影视文化产业还促进了精神文化建设。

横店累计拍摄影视作品七万多部集，全国1/4的影视剧、2/3的古装剧出自横店，被誉为中国影视文化产业的晴雨表和风向标。一大批知名影视剧在横店拍摄，成为影视主旋律、正能量、高品质作品的创作生产高地。

成效： 自2004年至今，横店入区企业作品荣获金鸡奖、百花奖、华表奖等300余项。横店的影视文化产业，已经成为展示中华优秀文化的特殊窗口。延伸开发演艺秀、国防教育、红色旅游、研学旅游等产业，极大地丰富了当地百姓的精神文化生活，也为广大游客提供了具有影视特色的文化体验。

3. 多为百姓办好事，积极助力城镇建设

主动担起共建横店责任，实施一大批基础设施、公共服务、城市风貌等项目，持续推动横店城镇化步伐。

（1）构建完善的基础设施体系

横店集团建桥修路、兴修水利、建设公园，建起了日供水能力15万吨的自来水厂、日处理能力八万吨的污水处理厂，惠及全镇及周边20多万人，建成了全国首个镇级通用机场——横店通用机场。

（2）打造优质的公共服务体系

集团先后创办横店影视职业学院、横店集团幼儿园、横店文荣实验学校等五所学校，总毕业生数3.8万人，为社会培训8.2万人次。

建成了两家二级甲等综合医院——横店文荣医院、金华文荣医院，现有总床位1120张，累计为百姓提供医疗服务770万人次，为社区提供免费健康培训8.1万人次。2000年至今，补贴运营公交线路14条、总长173公里、共计 1.5 亿元。

（3）不断满足百姓的美好生活需求

集团建成 20 多座文体场馆、博物馆，打造横店影视节、横店马拉松等品牌活动，不断提升横店百姓生活品质。自 2004 年至今，集团连续 18 年为横店镇 65 周岁以上老年人发放生活补贴 6600 多万元，使横店老年人的晚年生活更有保障。2016 年，集团与政府合力开展城市风貌提升，使横店百姓的生活环境变得更加优美。

现在的横店，不仅使当地百姓就地实现了城市化、市民化，还使近 14 万外来人员安居乐业。中央党校课题组对横店幸福感调查显示，横店人均住房面积 69.41 平方米，每百人汽车拥有量 29.9 辆；横店人很幸福和非常幸福比例达到 90% 以上，横店居民的总体满意度达到 93.5%。

二、创新驱动，推进高质量发展

横店集团始终坚持创新驱动，坚持自主创新和开放创新相结合，通过持续加大科研投入，建设创新平台，深耕创新土壤等途径，锻造企业核心竞争力，提升企业社会价值，为社会发展与行业进步贡献可持续的创新力量。

（一）建设创新平台，实现科技强企目标

横店集团持续推进创新平台建设，坚持自主创新与开放创新两轮驱动，在自主创新中扩大开放、兼容并蓄，在开放创新中提升自我、实现更高层次的自主创新，持续攻克企业及行业创新难题，努力实现科技强企的目标和愿景。仅 2018 年至 2020 年，集团就投入逾 30 亿元进行创新研发。

1. 立足自主创新

创新是第一动力，自主创新是其中最重要的一环。横店集团始终坚持走自主创新之路，围绕工业制造领域、影视文旅产业、现代服务业等，持续开展创新能力提升行动，推进产业资本与知识资本战略融合，推动国内外顶尖科技成果在横店落地生根、开花结果。

截至 2021 年年底：

· 集团拥有研发人员 4008 人，国家级、省级各类创新平台 78 个。

· 国家高新技术企业 25 家，国家级院士工作站一个，国家级博士后工作站三个。

· 国家级技术中心一个，省级技术中心 14 个，省级研发中心 15 个，省级重点企业研究院两个，省重点创新团队四个。

案例 1：横店东磁：打造工业互联网平台，做新时代的探索者和创新者

2018 年，横店东磁"磁性行业智能化生产工业互联网平台"入围工业和信息化部工业互联网平台集成创新应用试点示范项目。

该项目通过大数据技术、人工智能技术与行业最佳业务实践的结合，从工业数据建模分析、物联监控、智能排程、设备综合效率对标、在线检测等各环节，提升设备预测性维护能力，实现精准化管理管控，为磁性材料生产提供一站式智能化服务，建立服务于制造业工厂的工业互联网。

横店东磁力求将自身打造成为国内领先的工业互联网平台，形成较为完整的工业互联网产业链，树立起可复制可推广的企业"数字化、网络化、智能化"改造升级应用标杆。

2. 实施开放创新

横店集团始终以开放的心态拥抱创新，与政府部门、科研院所、行业协会、国内外知名高校等保持密切交流与合作，注重搭建联合创新平台；重点关注成长性较好的小微型企业孵化和并购，研究并建设新兴产业发展平台。同时，在全新的领域与国内外一流人才、院校和企业合作，构建世界级科学家创新平台，建立全球尖端技术孵化和智能创造体系，多方发力，共同推动行业技术创新及应用，在实现互利共赢的同时，为世界科技之林添砖加瓦。

案例 2：聚焦低温共烧陶瓷，实现国产化替代

2020 年，横店集团与中国科学院上海硅酸盐研究所合作，成立了浙江矽瓷科技有限公司，致力于打造低温共烧陶瓷材料制备与器件制造一体化领军企业。

公司借助中科院上硅所在低温共烧陶瓷领域的领先技术，发挥横店集团先进的生产管理水平和制造优势，达成了每批次吨级的量产能力，进而形成器件产品高品质、高可靠性的制造能力。从而解决国内该项材料制备"卡脖子"问题，实现高端低温共烧陶瓷材料的国产化替代。

目前，矽瓷科技已建成规模化介质材料粉体生产线，年生产能力达 150 吨以上；建立了具备粉体粒度、形貌和热机械等材料性能表征能力的分析测试中心；形成了严格的产品质量控制和高效的"6S"现场管理体系，确保为客户提供高品质的材料产品和技术服务。

（二）深耕创新土壤

横店集团高度重视自主创新能力建设，不仅强调创新人才的引进和培养，更注重企业创新体系的不断完善，通过营造积极的创新文化，锻造卓越的产品品质，积聚丰硕的创新成果，持续激发企业的创新动力和发展活力。

创新成果：

·截至 2021 年年底，横店集团及下属企业累计取得有效发明专利 1057 项，累计取得有效专利 3603 项。

1. 弘扬创新精神

创新精神是横店集团企业文化价值理念中的重要内涵之一。从创新人才培育体系建设到创新项目工作机制的成熟运行，从每年定期举办创新成果表彰活动到常态化举办各类职业技能比武大赛，创新精神已全面融入集团及各子公司日常的生产经营管理工作中。

图 2　专利墙

图3　一年一度的横店集团颁奖盛典表彰"科技贡献奖""优秀科技创新团队"

图4　横店集团各子公司组织各类职业技能比武活动和创新知识学习活动

2. 锻造匠心产品

横店集团将持续提升产品质量纳入公司战略规划统筹推进，紧跟市场和客户需求，革新企业生产和管理体系，全方位满足客户对高品质生产生活、便捷优质服务的需求，持续为客户创造价值。

案例3：得邦照明：研发智慧照明方案，营造健康照明环境

横店集团旗下得邦照明是一家专业照明解决方案服务商，专注于绿色照明。公司自主研发的教育照明产品和智慧校园解决方案，已应用于国内外近百所大中小学。

该方案中的照明护眼教室灯和护眼黑板灯采用优质护眼光源，光线均匀，柔和舒适，无蓝光危害，有助于保护学生视力。并通过教育照明管理系统，连接云服务器、手机APP、触控面板、教室灯、黑板灯、照度传感器、窗帘电机等，实现多种照明场景模式一键切换，为广大师生提供绿色、健康的照明环境，实现校园照明系统的节能、环保与智慧。

在横店集团2020年度颁奖盛典舞台上，得邦照明的这一创新故事被演绎为情景舞剧节目《点亮》。

3. 拥抱技术变革

横店集团积极拥抱技术变革，以数字横店为目标，对标国际一流、国内先进，着力构建系统配套、近远期相衔接的数字化转型工作体系。积极推广5G应用、工业互联网、工业自动化等新技术，推动集团工业体系生产与管理技术的优化升级；积极探索制造业的未来模式，推动智能制造、建设数字工厂，探索"产业大脑＋未来工厂"的核心业务场景。

案例4：英洛华科技：创新制造技术，打造智能制造新模式

随着光伏发电在全球范围的不断普及，太阳光伏自动跟踪系统的市场需求逐步扩大。英洛华科技旗下联宜电机公司主动发力，将传统的制造技术与现代的信息、自动化及管理技术等有机融合，形成了一套设计合理的光伏跟踪系统，打造出完美太阳能光伏智能制造生产工厂。

成效：该系统采用的永磁直流电动机具有自主知识产权设计技术，各项性能均达到国际先进水平，不仅能满足各种应用需求，填补国内空白、实现进口替代，而且高效精准、成本低廉，产品性价比极具市场竞争力。

该系统的成功研发应用，不仅使联宜电机公司拥有了新一代先进制造技术，实现了产品的"数字化、网络化、智能化"制造，刷新电机行业智能制造新模式的同时，更为电机行业制造技术的转型升级作出了积极贡献。

（三）贡献创新力量

横店集团始终秉持与区域共发展、与行业共进步的理念，加强战略共享机制建设，积极搭建共享渠道，加强多方交流合作，主动输出经验和智慧，实现良性竞争中的合作共赢，打造互利共赢的伙伴生态圈。

成效： 2019—2021 年，横店集团参与制定、牵头起草国家、行业标准共 62 项，其中牵头制定标准 38 项。

1. 融入长三角一体化

2018 年年底，随着长三角区域一体化发展上升为国家战略，横店集团从产业转型升级、G60 科创走廊建设、商业创新研究等方面着手，迅速开展相关行动，并取得了系列成果。

2. 加强多方交流合作

横店集团积极参加各类产业发展、技术创新交流活动，与同行企业分享先进的产品技术和管理创新经验，建立长期交流合作机制，同时广开国际交流之窗，参与各行业代表性活动及相关展会，与国际众多企业、组织机构建立广泛联系，共同推动行业管理、创新及协作能力稳步提升。

案例 5：石金玄武岩：创新基地成立，搭建行业创新交流平台

2018 年 10 月，横店集团下属浙江石金玄武岩纤维股份有限公司联合三家国内玄武岩纤维产品研发优势企业，共同发起"玄武岩纤维产品应用推广创新基地"成立大会暨学术论坛。

会上，来自全国各地的 60 余位专家学者、企业代表，围绕玄武岩纤维材料的性能、应用范围、研究现状及产业发展前景等，进行了深入探讨。该创新基地旨在搭建地方优势企业与科研院所、合作伙伴之间的桥梁，通过各成员单位优势资源互补，建立起以产业发展为主线、产学研用一体化的良性发展模式，并积极发挥产学研平台、科技创新平台以及人才、技术、产品交流平台的作用，联合行业力量，共同推进玄武岩纤维产业稳步发展。

三、安全绿色，助力可持续发展

横店集团牢固树立"安全运营"和"绿色发展"理念，建立从集团到下属子公司和分公司多层级的安全生产、环境保护和职业健康监督管理体制机制，优化安全绿色运营模式，着力打造本质安全型、资源节约型、环境友好型企业。

（一）构筑安全运营格局

安全生产是企业发展的立身之本，也是横店集团可持续发展的基础。建立健全集团安全管理体系，完善安全监管制度，营造安全组织文化，坚持源头防范、系统管理，努力创造安全运营环境，促进公司持续稳定发展。

2021年，集团共在安全生产方面投入1.04亿元，集团及下属企业参与安全培训137468人次，开展应急演练3951次，开展安全检查19437次。

1. 完善系统安全管理

按照"坚持安全发展、坚持源头防范、坚持系统管理、坚持持续改进"的安全原则，横店集团全面落实人防、技防、物防，深入践行"安全隐患零容忍、安全监管零商量、安全责任百分百、安全一票否决、对人的生命负责"安全理念，以完善安全管理体系、落实安全生产责任、加强安全风险防范及营造安全文化氛围为重点，狠抓风险管控落实和隐患排查治理双预防机制，努力实现安全生产零事故的目标。

"安全源于设计"，横店集团建立了新改扩建项目安全管理指南，不断提升设备设施自动化水平，追求生产过程本质安全化。

"安全源于管理"，深化安全标准化体系建设，加强安全风险分级管控和隐患治理工作，建立健全安全管理机构设置，以自身培养和市场化机制建立安全生产技术团队和管理团队，规范特殊作业管理，强化安全教育培训，做到安全生产合法合规，开展员工行为安全观察，建立从制度保障到人员行为监督全过程的安全风险管控措施，全面推行应急救援安全管理体系。

"安全源于责任"，建立集团安全生产三年行动计划，落实安全生产责任体系建设，注重责任制考核和诚勉约谈。通过本质安全设计、管理机制和落实责任，进一步强化公司系统安全管理体系建设。

案例 6：狠抓安全生产，建设六大体系

2019 年是横店集团安全文化建设年。集团持续推进下属企业签订安全目标责任书 49816 份，使责任意识更加深入人心；修订《安全生产事故应急救援预案》，通过突击盲演，不断检验应急救援力量的机动性、实战性、针对性和预案可操作性；并出品《伤不起之安全篇》MV，以活泼通俗的形式为员工及当地群众普及安全文化知识。

集团下属五家企业被评选为金华市级安全生产标准化示范企业。通过持续努力，目前已形成安全生产管理体系、责任体系、法规制度体系、风控体系、培训教育体系、应急救援体系六大体系，使安全生产成为集团上下的自觉行动，为企业发展提供了坚实的安全保障。

2. 培育安全组织文化

多年以来，横店集团持续对员工加强安全法律法规宣传及教育工作，积极开展各类应急救援演练，组织编写危化品使用安全管理指南等企业标准，制定行业安全、岗位安全培训课程体系；编制精品培训课件，聘请专家名师专业授课；规范健全培训需求、课程、考核的系统三级安全教育，连续多年举办"我来讲安全""安全生产月"等活动，帮助员工提升安全素质、专业技能和管理能力，树立正确的安全价值观，最终让安全成为一种习惯、责任、艺术、力量、文化。

（二）夯实绿色发展根基

秉持"绿水青山就是金山银山"的绿色发展理念，横店集团不断完善环境管理机制，持续提高资源利用效率，加快构建绿色制造体系，全面推进节能减排和低碳发展，铸就绿色生态圈，为实现"碳达峰、碳中和"目

标贡献力量。

1. 完善环境管理体系

为深入贯彻落实国家节能环保政策，严格遵守环境法律法规要求，加强环境管理体系建设，横店集团将绿色低碳发展理念贯彻到企业生产经营和发展的各个环节，坚持合理利用资源，注重"防患未然"，持续开展环境风险隐患大排查工作，全面防范环境风险，推动企业与环境共生发展。

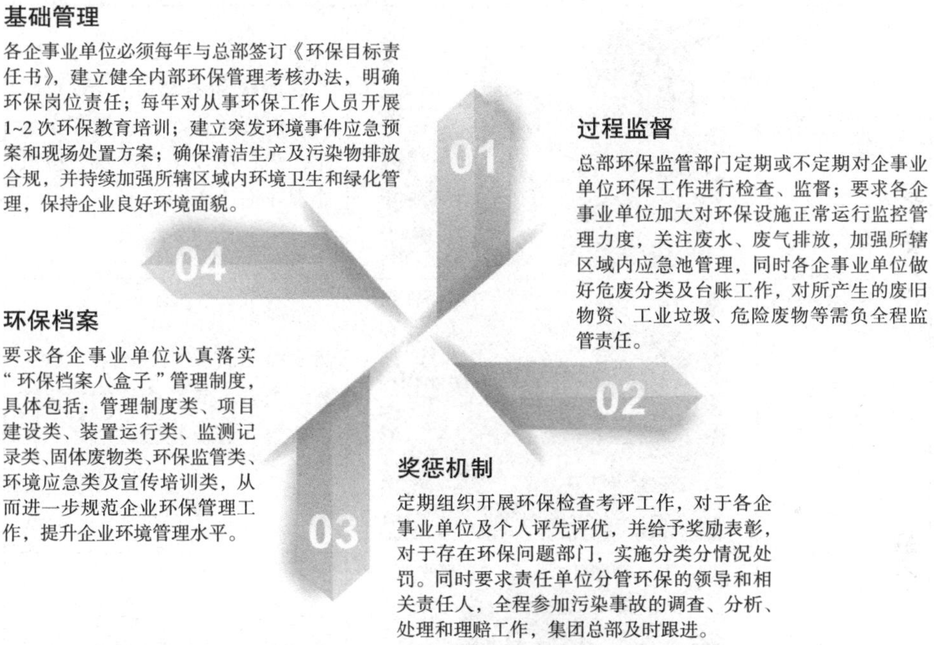

基础管理

各企事业单位必须每年与总部签订《环保目标责任书》，建立健全内部环保管理考核办法，明确环保岗位责任；每年对从事环保工作人员开展1~2次环保教育培训；建立突发环境事件应急预案和现场处置方案；确保清洁生产及污染物排放合规，并持续加强所辖区域内环境卫生和绿化管理，保持企业良好环境面貌。

过程监督

总部环保监管部门定期或不定期对企事业单位环保工作进行检查、监督；要求各企事业单位加大对环保设施正常运行监控管理力度，关注废水、废气排放，加强所辖区域内应急池管理，同时各企事业单位做好危废分类及台账工作，对所产生的废旧物资、工业垃圾、危险废物等需负全程监管责任。

环保档案

要求各企事业单位认真落实"环保档案八盒子"管理制度，具体包括：管理制度类、项目建设类、装置运行类、监测记录类、固体废物类、环保监管类、环境应急类及宣传培训类，从而进一步规范企业环境管理工作，提升企业环境管理水平。

奖惩机制

定期组织开展环保检查考评工作，对于各企事业单位及个人评先评优，并给予奖励表彰，对于存在环保问题部门，实施分类分情况处罚。同时要求责任单位分管环保的领导和相关责任人，全程参加污染事故的调查、分析、处理和理赔工作，集团总部及时跟进。

图 5　横店集团环保管理制度

2. 推行绿色低碳运营

为不断降低生产运营对环境的负面影响，加强污染防治，横店集团立足技术创新，实施节能技改项目，积极推进节能设备及技术应用，努力提升资源利用效率，重视资源的节约和可再生，注重环保理念培养与宣传贯彻，为实现社会与环境的和谐发展贡献力量。

集团以先进的工业技术和加工设备为依托，创新研发生产工艺，淘汰高耗能的落后工艺、技术和设备，大力开展绿色环保设施改造和清洁生产技术设计研发，提升资源循环利用效率。持续推进清洁生产、节能减排及光伏等清洁能源和可燃废气的综合利用，减少化石能源使用。

　　集团旗下得邦照明积极应对全球气候变化，主动开展碳信息披露项目（CDP）核查与申报，持续跟踪和管控企业温室气体排放状况，助力实现国家"碳达峰、碳中和"目标，促进生态文明建设，以实际行动推动经济社会高质量发展。

表1　横店集团及其下属企业部分环保项目一览表

环保设施名称	图片	先进性体现
废气蓄热焚烧炉 RTO		采购国际知名品牌杜尔产品，确保设施运行的稳定性和安全性，热利用效率达 95%，废气处理效率达 99.9%
污水处理站		污水站工艺采用厌氧和 AO 工艺的组合，具有稳定的脱氮除磷效果，有机物去除率达 95% 以上
固液焚烧炉		固液焚烧炉采用 DCS 自动控制，焚烧尾气处理采取余热利用和低排放脱硫脱硝设计
尾气吸收塔		采用多级吸收，全自动控制，确保废气处理去除率达 95% 以上

续表

环保设施名称	图片	先进性体现
溶剂吸附回收设施		采用树脂吸附废气中的溶剂，进行回收资源再利用，系统采用全自动控制

集团一直注重企业发展与资源环境的和谐统一，持续加强环保投入，通过科学规划、严格管理，对能源、水资源、废气排放和固体废弃物进行管控，减少污染排放，有效控制有害物质排放，最大限度地减少运营过程对环境带来的不利影响。2019—2021 年的三年间，横店集团二氧化硫、氮氧化合物及二氧化碳排放量持续下降。

环保绩效： 2019—2021 年，横店集团共开展环保专项检查 120 次，完成环保风险点整改 105 个，实施完成废气提升整改项 128 个。

四、关爱员工，助力成长

员工是横店集团珍贵的财富和创新的驱动力。横店集团坚持以人为本，保护员工合法权益，搭建成长平台，赋能员工发展，努力让每一位员工获得成就感与幸福感。

（一）保护员工权益

横店集团始终把员工权益放在首要位置，与全体员工都签订有劳动合同，并严格执行劳动法的各项规定，依法缴纳"五险一金"，对劳动合同的执行、社会保险规定的落实等情况定期进行针对性检查，切实保障员工合法权益。

表2　横店集团员工相关责任绩效（2019—2021年）

指标		2019年	2020年	2021年
员工总数（人）		48215	48500	50200
劳动合同签订率（%）		100	100	100
社会保险覆盖率（%）		100	100	100
员工体检覆盖率（%）		100	100	100
残疾人帮扶	招收残疾人就业（名）	735	746	753
	修建残疾人厕所、残疾人房间（个）	225	248	261

注：以上数据对象为横店集团总部及其全部下属子公司。

表3　横店集团员工培训、员工福利绩效（2020—2021年）

指标	2020年	2021年
员工培训覆盖率（%）	100	100
培训投入金额（万元）	4338	4786
员工福利投入（万元）	79666	82207

（二）关怀女性员工

横店集团积极保护女性员工权益，设有专门的妇女权益保护委员会，为女性员工提供便利和维权服务。下属各企业也专门成立女性员工委员会，全面落实女性员工生育保险、女职工三期（孕期、产期、哺乳期）休假关怀等。

截至2021年年底，集团及各子公司共建有120多个哺乳室、卫生室和休息室。

（三）致力人才发展

横店集团制定"用天下人，聚天下资，谋天下利"的人才理念，积极营造公平、公正的组织管理生态和有序高效的人才培育生态，推行人事回避制度和员工职业发展绿色通道机制，不断完善人力资源管理体系，坚持以员工能力建设为核心，努力为员工提供丰富多样的学习和锻炼机会，助力员工实现个人价值。

开辟员工职业发展绿色通道。横店集团总部实行员工职业发展绿色通道机制。对纳入绿色通道的员工在基层锻炼、轮岗培养以及学习培训等方面实施重点管理，在培养周期上加快推进，在职业发展上予以优先考虑，着力构建运行高效的人才培养机制。

举办企业文化沙龙。邀请集团职场精英分享他们的人生经历、职场感悟和经营哲学，传导优秀的集团企业文化，构筑集团管理精英的精神家园，让所有员工一起感受身边的人和事，以榜样的力量激励自己更好成长，实现自我价值。

沙龙活动自 2017 年 4 月举办第一季以来，现已发展出三个系列：面向集团管理层的经典企业文化沙龙，针对不同专业领域的新媒体文化沙龙、人力资源沙龙、销冠说等条线系列，面向应届大学生的横店故事会系列。

案例 7：建设六大培训中心，持续推进人才培养

横店集团建成了横店东磁、普洛药业、得邦照明、南华期货、横店影视城、英洛华等六大培训中心，为企业人才培养提供专业保障。六大培训中心持续健全学习文化，共享学习资源，推行多样化课程体系，积极培育创新人才，实现了员工与企业同进步、共发展。

例如，横店东磁培训中心针对不同层级的学员形成初级、中级、高级三个等级的培训课程，开启"黄埔计划""凤凰计划""雏鹰"管理培训生等项目，为企业的可持续发展培育干部和技能人才。

普洛药业培训中心坚持"管理一把手就是人力资源一把手"的理念，设立创新推进管理部门，形成人才培养体系，建设人才梯队，努力做到育好人才、用好人才、留住人才。

得邦照明培训中心坚持部门培养与公司集训相结合，鼓励员工充分发挥学术专长，努力提升科研水平，将个人事业融入公司发展，为企业创造更多机遇，成就个人更大价值。

（四）关心关爱员工

横店集团切实关爱员工身心健康，关注员工家庭幸福，充分发挥多元化

产业的平台优势，开展形式多样的文体活动和关怀行动，努力为员工营造温馨的企业文化和健康的工作环境，增强他们的幸福感、获得感和安全感。

案例 8：关注员工家庭，温暖员工父母

横店集团倡导孝敬父母、关爱家人的企业文化，现已在旗下各子公司形成以"亲情 1+1""家庭活动日""亲属游横店"为代表的一系列品牌性活动。

以英洛华科技 10 多年如一日推行的"亲情 1+1"活动为例，不仅得到了公司员工的全员参与，更受到了员工及家属、社会、媒体的广泛好评。

该活动按员工工龄分三个等级，以员工与公司每个月各出一笔钱（100 元、140 元或 200 元）邮寄给员工父母的形式，一份代表子女对父母的感恩，一份代表企业对员工家人的感谢。

活动将企业文化与孝文化结合，鼓励员工关爱家属，也让员工家属更加了解企业、支持企业，进一步增强员工的归属感、幸福感。

横店集团坚持将责任理念融入企业的战略体系和日常管理中，与公司运营实践相结合，持续夯实社会责任管理基础，与利益相关方共同推进社会责任的履行，共同创造经济、社会和环境综合价值，有效提升了社会责任管理水平，推动了集团公司社会责任各项工作的实施，促进社会责任与企业战略及文化建设的全面融合。

作为一家大型民营企业，横店集团将始终坚持"共创共富"的价值理念，牢记办好企业带动农村共同富裕的社会责任，以更加务实扎实的"七项行动"助力全省示范区建设。

深入推进"智能制造"行动，以数字化引领高质量发展，让共同富裕基础更加坚固、更为持久；

奋力推进"影视文化硅谷"行动，建设影视艺术大学推动内生式发展，带动更多影视企业与人才创业，形成更具影响的文化传播力；

全力推进"休闲梦幻之都"行动，建设影视旅游特色机场，拓展旅游市场半径，使文旅深度融合带动更多百姓致富；

有力推进"就业创业"行动，扩大投资，到 2035 年带动新增就业五万

人以上；

合力推进"风貌提升"行动，为百姓创造更加优美的人居环境；

积极推进"公益基金"行动，创立教育发展基金和医疗救助基金，助推区域教育现代化，让群众困有所助、难有所扶；

稳步推进"阳光康养"行动，发展医养事业，让百姓享受高品质的老有所医、老有所养。

强企报国，兴一方经济，富一方百姓

——山西天星能源产业集团有限公司

提要：

"十四五"时期是迈进中国特色社会主义新时代，全面进入小康社会，开启社会主义建设新征程的起步期，对于山西省百强民营企业的天星集团，也是企业实施"全面转型，高质量发展"的关键期。新时期，天星集团围绕"政治建设、经济建设、文化建设、社会建设"，将企业社会责任融入企业发展战略，纳入企业组织治理与运营实践，使"强企报国，履责利民"的企业使命落实于行动，用丰富的社会责任实践，助推企业转型升级高质量发展，展示民营企业的时代担当。

企业简介

山西天星能源产业集团有限公司（以下简称"天星集团"或公司）成立于 1998 年，是集能源产业、高新技术、商业贸易、物流运输、房地产开发、现代农业、资本投资七大板块于一体，多元化发展的股份制民营企业。集团旗下拥有 25 个经济实体，员工近 4000 人，产业遍布山西、北京、河北、山东、内蒙古等地。

多年来，天星集团坚持诚信为本、以信立业，企业信用等级、资信等级均为 AAA 级，被评为"全国 AAA 级重服务守信用单位""全国 AAA 级质量服务诚信企业""全国 AAA 级重质量守信用单位""全国 AAA 级诚信经营示范单位""全国 AAA 级重合同守信用企业"。

2021 年，天星集团全年实现营业收入 56.3 亿元，缴纳国家税金 7.2 亿元，连续多年荣列山西省百强民营企业榜单，被评为"全国文明单位""全国诚信企业""国家级双创示范基地""全国敬老文明号""全国最具自主创新能力企业""全国企业管理创新先进单位""山西省高新技术企业""山西省党建教育示范基地"等。

图 1　天星集团历年来部分荣誉展示

多年来，天星集团以"强企报国，履责利民"为企业使命，积极回报社会，主动承担责任，为新农村建设、捐资助学、扶老助困、文化振兴、公益环保、光彩事业和精准扶贫事业等作出了突出贡献。天星集团被授予"社会扶贫先进集体""最具有社会责任感企业"称号；董事长王长青被授予"山西省脱贫攻坚先进个人"荣誉。

企业履责实践与成效

在"强企报国，履责利民"企业使命的引领下，天星集团以"创造绿色财富，建设幸福企业"为目标，以"转型、融合、绿色、共享"为发展原则，切实关注利益相关方需求，致力于把公司打造成为"有利于社会、有利于人民、有利于国家"的新时代民营企业，真正体现出企业的核心价值。

一、以党建为引领，责任体系融入天星治理

多年来，天星集团党委创新党建引领模式，加强党建亮点品牌建设，传承红色基因的政治引领作用，牢固树立"党建先行政治引领的导向作用，坚持抓党建就是促发展，抓党建就是抓生产力、凝聚力和战斗力的发展观"，确立了集团党委在组织体系建设中的政治引领中心作用，形成了党、政、工、团齐抓共管、协调发展的局面。

（一）创建企业党建品牌，打造活力和谐企业

2010 年，天星集团就成立了党委，下属 10 个党支部，党员 161 名，逐渐形成了独具天星特色的党建经验。

集团党委"321"工作法，抓好领导班子、基层党组织、人才队伍三大建设，做好与企业文化、社会责任管理的两个结合，坚持围绕"经济建设"一个中心，使党组织在企业的经营过程中发挥了积极作用；特别是集团下属集广煤业党支部"支部建在井口，学习延伸到班组""共产党员六在前"等先进做法和经验，多次受到了省、市领导赞扬。集团下属力源煤化党支部提出的"一人一面旗，一人红，红一点，大家红，红一片"，成为天星党建特色亮点工作。

集团党委在实施"两优一先"表彰、"学习强国"表彰等六大党建工作重点等软实力建设的同时，又新建了新的党建阵地"党建文化中心"，该工程起点高，内容丰富，是集团党建开创新局面的重要载体。集团党委先后被山西省非公党委评为"山西省党建工作示范点"，被山西省工商联评为"山西省党建教育示范基地"。

集团党委始终坚持党建引领企业履行社会责任，充分发挥党员骨干的示范作用，传承红色基因、打造红色品质，促进集团党建水平再上一个新台阶。天星集团的发展，始终贯穿着一条加强党建的红色主线，"强党建、促发展"已经不只是喊在嘴上的一句口号，而是实实在在成为企业健康、持续、科学，高质量、高速度发展强有力的政治保障。

（二）责任文化血脉融入天星企业治理

"衡量一个企业是否优秀，不仅仅是看企业的盈利能力，更重要的是看

企业为社会做了多少事，帮了多少人，履行了多少社会责任，这是天星集团在长期的经营实践中形成的价值共识。"

——王长青

在天星集团董事长王长青的企业社会责任观引领下，天星集团的经营理念由最初的追求企业利润到追求企业全面进步转变，最终向积极履行社会责任、推动社会建设进步转变。

为此，天星集团确立了"以人为本、有所作为、追求企业发展与人的发展，强企报国、履责利民、勇于担当、推动社会发展"的核心价值体系和文化理念，把"追求创新、创造、转型、跨越"作为推动企业成长的动力机制，建立起一个以追求"精神共同、荣誉共同、利益共同、价值观共同"为核心的先进企业文化，以"为社会创造财富、为人民谋求利益"为己任。

集团通过转型、跨越等重大举措，创造低碳、环保的绿色财富，为社会创造更多的就业机会，为人民、为社会办实事、办善事、办好事，为员工创造更大的幸福，把推动社会进步、和谐发展作为天星集团的最终归宿和价值所在。

天星集团将社会责任管理融入企业生产经营和企业文化建设的方方面面，从思想源头杜绝问题的发生，以责任治理提升企业治理能力，为企业文化建设注入了可持续发展的内涵。

2013年，天星集团率先启动编纂并发布了《天星集团社会责任报告》，成为山西省最早编制发布企业社会责任报告的民营企业之一，此后连续九年组织编写企业社会责任报告。2021年，又借鉴国际通行做法，委托第三方机构独立编制社会责任报告，并邀请专业评价机构对公司社会责任体系建设进行评价认证。

二、创新推动可持续发展，提升产业含金量、含新量、含绿量

多年来，天星集团注重培育发展新动能，强化生态环境保护，发展绿色经济，倡导绿色生活，通过产业生态化建设，倒逼产业转型升级，促进企业绿色可持续发展。

（一）建立完善创新体系，打造优质创新平台

1. 实行三大创新改革

创新是引领发展的第一动力，天星集团把创新作为企业发展的根本，实行了三大创新改革。

其一，改革创新产业、制度和管理模式，打造出了生产、运输、转化、销售一体化的产业链，成立了一大批实体企业，实现了从一元到多元，从传统产业到新型产业，从实业到资本的创新发展。

其二，变革创新束缚企业的不合理因素，建立全新的现代企业制度，实施"两层委托、三权分离"的治理结构，理清产权所有者和经营者的责、权、利关系。

其三，改革创新所有制形式和分配制度，资源配置方式和转换效率，管理组织环境和人文精神。这三个关键要素互为作用，形成了有机的统一体，最终形成了以有限责任为核心的产权制度、以责任主体为核心的现代企业组织制度和以绩效责任为核心的现代企业管理制度，创造了天星特色的 PEC 管理模式，再造了企业新型的管理模块，被中国企业创新成果案例评审委员会评为"全国最具自主创新能力企业"和"中国企业管理创新先进单位"。

三大创新改革为天星集团的发展扫清了路障，激发了动力，奠定了基础。通过三大改革，强化了对人本、成本、资本的再认识，从战略和战术两个层面让"三本"思想贯穿于企业的始终，有效地提升了企业的管理能力和管理水平。

2. 建设创新平台推进科技强企

天星集团推进科技强企战略，积极推动创新平台建设，在企业内部推动产学研深度合作，加速人才、技术等要素集聚。2021 年，集团共获得国家知识产权局授权的实用新型专利 33 项，发明专利一项，培养和引进高级工程师三名，中级工程师 80 余名，各类技术人才 200 余名。

天星管业公司与中北大学合作成立产学研合作基地，成为大学生实习基地、产学研合作基地、研究生联合培养基地，并先后被评为"山西省高新技术企业""山西省专精特新中小企业""山西省名优产品企业""山西省塑料行业优秀战略合作伙伴""晋中市企业技术研发中心""晋中市规范化

管理优秀企业"等。

图 2　天星集团部分证书展示

（二）坚持多元发展，推动企业转型升级

1. 传统产业率先转型提升，实现内涵集约发展

天星集团立足资源禀赋、区位优势和产业基础，率先发力，以"绿色开采、机械化换人、自动化减人、智能化无人"为突破，改造提升传统煤炭产业优势。通过对开采工艺先进性和智能化改造，大力推动智能绿色安全开采，提升产业发展的含金量、含新量、含绿量，实现发展模式由外延粗放向内涵集约转变。

天星集团投入一亿多元，与太原理工大学合作，大力推进柏沟煤业生产技术升级，推动煤矿绿色安全开采，做能源革命先行区的带头人。

一方面，采用充填式开采方法，防止因开采导致土地塌陷以及地下水和环境的污染，保证清洁开采、绿色开采，延长矿井开采使用年限；另一方面，采用沿空留巷方法，既节约了资源，又降低了成本。

同时，集团还投入逾 5000 万元，以集广煤业试点 5G 智能化综掘工作面为突破，加快煤矿智能化改造。试点成功后，下一步将在两矿全面推进智能化综掘、综采改造，通过大数据和人工智能，提升产业基础和创新能力。

2. 新型产业引领转型，实现集群规模发展

确立新型产业转型发展战略。天星集团以集群规模化发展为突破，走出灵石，瞄准晋中市综改区，抓住太忻经济区"一年见效，三年成形，五年成势，十年成城"的发展趋势。同时，聚焦光伏发电、锂电池及储能、新

能源、新材料项目，为天星集团绿色、低碳、创新发展蹚出一条新路。

案例1：建一座商城，带一批产业，兴一方经济，富一方百姓

为解决农民的农产品销售，帮助乡村振兴和农民致富，天星集团在灵石县投资六亿元，建设新型农产品批发市场。该项目占地100多亩，建筑面积12.8万平方米。该市场划分为智慧交易区、电商产业孵化园区、冷链仓储物流配送加工区、综合配套区四大功能区，并具备电子结算、供应链金融服务、检测检验、信息、安防交通指挥、垃圾处理等服务功能。

该项目的建设，将为灵石及周边区域的农副产品销售和展示创造条件，使生产者、加工者、销售者、消费者能把握市场脉搏，及时掌握供求信息，疏通产品销路。同时，充分利用网络渠道和信息，使用电子商务，开展网上交易。

成效：各地产品经批发市场集散交易后，将分销到周边区域及全国各地，构建区域农副产品交易和展示平台，促进灵石核桃、蜂蜜等特色农产品走上产业化发展道路，有效推动灵石农业发展和农产品转型升级。

项目还将带动当地农业产业化发展，打通当地农产品流通环节，将上连当地农业优势产业，下连食品深加工，形成第一、第二、第三产业融合发展的良性局面，提升核心产业竞争辐射力，改善民生，激活消费，带动关联产业发展，促进当地农民增收，造福一方。

图3　天星集团建设新型农产品批发市场方案效果图

走出灵石，上马新型装备制造业。集团利用天星管业公司的技术、市场、管理、人才等基础，与中北大学、太原科技大学等高校开展合作，在晋中市综改区规划 100 多亩地，投资 10 亿多元，高标准、高规格建设一座集高端塑料管材、不锈钢管材、螺旋缝埋弧焊钢管等多种管材于一体的现代化管材制造企业。

建成后，将成为山西省规模最大、技术最先进，且是唯一一家具备生产多种管材能力的企业，改变山西省管材制造业落后的局面。

塑料管材主要生产钢带增强聚乙烯波纹管、双壁波纹管两种产品，重点满足海绵城市改造、美丽乡村改造、城市雨污管网改造的需求。

不锈钢管材主要与太原科技大学合作，研发制造海洋油气输送大口径特种高性能不锈钢焊管等，已被列入全省重点科研计划项目，目前已取得了关键性技术研发突破，即将具备量产条件。

螺旋缝埋弧焊钢管主要用于煤气、天然气、化工、焦化、热力、城市给排水、引水等各类管径的管道输送。山西省是国内最大的煤化工能源省，目前山西省该类管材所需大部分来自天津、河北等地。该管材生产线建成投产后，不仅能填补山西省的空白，还可解决山西省的内需问题。

（三）倡导绿色环保理念，践行绿色发展实际

天星集团持续多年狠抓"安全、质量、环保"三条生命线，坚持绿色发展理念，致力于蓝天、碧水、净土持续改善。集团各重点企业先后都通过了"质量、环境、职业健康安全管理体系"认证，采取切实可行的措施加快推进环保工程建设，加大对污水、危废、扬尘、矸石场等的治理力度，绿色生产取得显著成效，主要污染物做到零排放，环境持续改善，生态环保屏障更加牢固。

大气污染防治

为更高效治理煤尘不落地、地面无粉尘，天星集团于 2018 年新增一套全封闭原煤皮带装车系统，并在全封闭储煤仓内安装喷淋洒水、雾炮洒水装置和瓦斯监控装置，喷淋设备在原煤发运期间间歇喷淋作业。4500 平方米场地的全封闭储煤仓主体用水泥钢筋浇筑，煤棚全部采用钢结构焊接安装。

雾炮喷淋装置

图 4　全封闭储煤仓

废水治理

生活污水、矿井水治理一直是公司主抓的环保工作，废水治理再生利用大大节省了公司用水。2018—2019 年先后对生活污水处理站和矿井水处理站进行提标升级改造，现有处理能力约每小时 15 立方米矿井水处理站 1 座和 10 立方米的生活污水处理站一座，其中矿井水处理站选用两台 NC-30 净水器，采用调节—混凝—沉淀—过滤—消毒处理工艺。处理能力可满足现井下排水量要求。生活污水处理站在原有处理工艺的基础上新增了超滤反渗透工艺。处理后的污水用于煤场降尘、绿化、黄泥灌浆、地面降尘，处置水不外排。

生活污水处理

图 5　废水处理现场

2020 年，天星集团在全县率先完成了旗下铁路专用线站台的全封闭工程，总建筑面积 6 万平方米，总投资 5000 多万元。集团高标准设计，高标准建设，快速度完工，率先达到了铁路站台环保封闭要求。晋中市人大、市环保局、灵石县环保局领导前来考察调研，对工程给予高度的肯定和赞扬。

案例 2："上大关小"焦化技改升级工程

天星煤气化公司是灵石县唯一的城市居民生活供气气源厂，承担着全县城区四万余户居民的生活用气。

为达到"绿色、集聚、智能、高端、节约"发展，以园区化、企业规模化、产业链条化、技术工艺先进化、装置大型化、智能化为方向，努力建设成环保、绿色、高端的现代化企业，促进焦化产业循环低碳绿色发展，2021年，天星煤气化公司开始启动"上大关小"技改升级工程。

工程总投资19.2亿元，主要建设2×50孔JL6050D大型捣固焦炉，焦炉煤气生产七万吨/年LNG项目，富氢气采用PSA提纯氢气技术5000米/时，项目所有的环保设施全部按照超低排放标准建设。其中配套建设的150吨/时干熄焦一开一备（2×25MW高温高压余热发电），不仅可以解决生产过程中所需的蒸汽，而且充分利用了干熄焦余热用于发电。

成效：项目建成后，年产值可达30亿元左右，实现利税五亿元左右，解决人员就业1000余人。

（四）以信息化平台为支撑，推进安全管理创新

1. 率先新建智能化控制中心

天星集团紧盯国家政策导向，实施能源产业的智能化、数字化、信息化建设，率先在煤矿新建智能化控制中心。通过引进现代数字智能技术，对远程集中控制系统、自动排水系统、自动配比系统、远程启停无人值守系统、通风机远程控制系统、防灭火系统、矿井地面水处理系统等实现了实时监测和远程集中控制，实现了对矿井生产主要环节和场所的监视和智能控制，是提高矿井生产效率、促进安全生产的重要保证，是矿井智能化、信息化的直观体现，是矿井由"高危生产"向"本质安全"转变的体现，也是矿井智能化、信息化建设的重要举措。

2. 成立智能调度指挥中心

集团还成立了智能调度指挥中心，安设有瓦斯监控、人员定位、通信联络及视频监视等系统。

成效一：通过瓦斯监控系统，当发生气体浓度超限时，系统智能识别并自动发出声光报警信号，联动井下电气设备停电并闭锁，避免灾害事故发生。

成效二：通过人员定位系统，可对井下作业人员进行实时跟踪，获取井下人员实时位置信息，系统自动存储的人员活动位置和轨迹。

这些信息化管理平台，成为煤矿安全生产、有机组织和调度的根本保障，是煤矿信息处理、正确决策和指挥的基本依据。

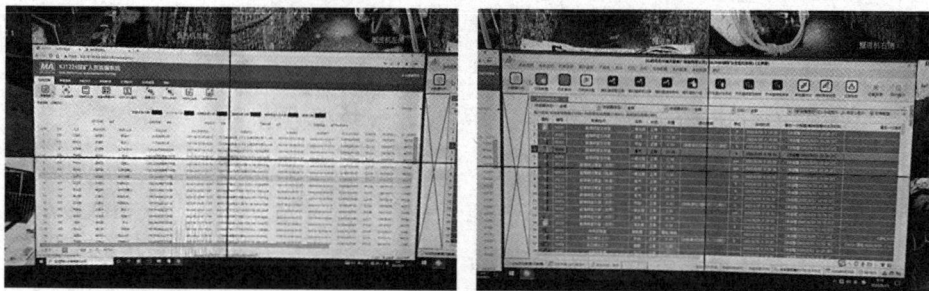

图6 天星集团煤矿智能化检测定位系统

三、关注民生，全方位履行社会责任

天星集团关注民生、热心社会公益在灵石县有口皆碑，迄今已为新农村建设、捐资助学、扶老助困、文化振兴、公益环保、光彩事业和精准扶贫事业累计投入七亿多元。

2020 年，在焦化行业市场低迷、价格下行、公司经营亏损的困境中，天星集团主动承担了灵石县居民供气供热的惠民项目全年合计供气 4595 万立方。为 500 余名员工安排了工作，帮助 56 名贫困残疾人员解决了就业、生活、福利等问题。

2021 年，天星集团 200 余名职工参与了民政部和红十字基金会开展的"援助关爱困境儿童"公益项目，捐赠善款 30 余万元。2021 年国庆期间，面对突如其来的洪涝灾害，集团在做好自救的同时，第一时间组织人力、机具、物资支援受灾严重的乡镇，组成救灾抢险突击队奔赴最危险的汾河沿线，参与积水排疏、加固堤岸和抢修道路，全力帮助受灾群众转移安置，累计支援资金和物资 150 多万元，支援受灾乡镇 10 多个。

图7 2021 年，天星集团参与抗洪捐赠活动

为支持灵石医疗事业，天星集团向灵石县人民医院捐赠150万元。集团关爱老年事业，成立了灵石县老年大学天星分校。天星集团的善举受到了社会的赞誉，并被山西省中小企业发展促进会等评为"山西最具社会责任中小企业"。

案例3：创建国家级双创基地，解决1500余人就业

为解决大学生就业、创业难题，留住灵石当地人才，天星集团于2011年成立了中小企业创业基地，目前已升级为国家级基地。截至2021年年底，天星双创基地已入驻创业实体109家，其中大学生创业企业25家，直接带动就业人数1500余人。

入驻企业主要从事电子商务、IT、文化创意、移动互联网、工程招投标、盒子支付等多个行业领域。基地成功孵化的企业中代表性的有两家：一家是山西小城无忧信息科技有限公司，该公司是最早入驻基地的企业之一，当时只有两名员工，目前该公司从业人员达到140余人，年营业额达到1500万元左右；另一家是天星极速网络科技有限公司，最初员工只有六人，主要从事城区的外卖跑腿业务，目前该公司从业人员达到100人以上，成为全城最大的外卖服务公司，其业务量在当地已经远超美团等公司。

图6　天星中小企业创业基地

（一）创新产业扶贫模式，实现乡村振兴、社区共建

自2009年开始，天星集团累计投入五亿多元，帮助灵石县两渡镇雷家

庄村和静升镇土黄坡村、马家山村村民脱贫致富。

天星集团按"耕者有其田，居者有其屋，能者有其岗，劳者有其酬"的帮扶原则，结合贫困村实际，历时13年，探索出了发展工业反哺农业的扶帮发展路径，实现了1000多户家庭，4000多名村民的致富，切实推动了当地农村社会经济全面进步。

三个村所处环境交通闭塞，依靠传统耕种，缺乏稳定的收入来源。为了让广大村民更多地享受企业发展的红利，从根本上改善村民的生活、生产条件，天星集团统筹安排好"建房、搬迁、就业、配套、保障、退出"六个关键环节，在充分尊重农户个人意愿的基础上，先后对村民进行了整体移民搬迁和新农村改造。

图7　移民搬迁后的村民新居

为使村民在搬迁后有稳定收入，有事可做，天星集团采取了以下措施：

其一，对部分青壮年村民进行技能培训，提升素质，分配到天星集团的下属企业上班；其二，支持煤矿所在地的周边村民组织车队，从事煤炭汽运服务，增加了村民很大一部分收入；其三，对土黄坡村闲置土地进行流转，与当地村民联合打造集种植、养殖、农产品加工、休闲、旅游于一体的农业生态园综合实体。

案例4：土黄坡生态园，开启庄园经济新篇章

图8　天星集团改造后的土黄坡生态园现状

天星集团投资2000万元，成立天星农业公司。土黄坡村较早实施完成了采煤沉陷区治理搬迁工作，与天星农业公司合作，采取集体土地流转入股、农户土地租赁的形式，在村内规划实施了山楂、樱桃、山杏等生态种植养殖项目。数年来，办起了养猪场、花卉园、瓜果基地、蔬菜基地、绿色食品加工基地，在促进产业转型的同时，给土黄坡村村民提供了近百个就业机会。

目前，土黄坡村境内700亩耕地，其中集体非承包耕地160亩、宅基地复垦50亩、农户承包地490亩，全部流转给了天星农业公司。全村113户农户实现了土地出租有租金，集体土地流转有分红，村集体210亩土地已经以20%的股份入股天星农业公司，每年以福利的形式为村民分红约5.1万元。

该项工程不仅成为天星集团由黑色向绿色转型发展的一项重大举措，而且为当地周边村民提供了大量的就业岗位，使村民们在搬迁后仍然能够安居乐业，增加收入，形成了村矿一体、唇齿相依的鱼水关系，成为灵石县村企利益共享、同谋发展的生动事例。

13年间，天星集团统筹解决好道路、饮水、电力、住房、通信、绿化等配套设施和公共服务，让村民们告别了过去的土窑洞，住进了新楼房；结束了面朝黄土背朝天的辛苦劳作，户均年收入可达四万多元，过上了现代化产业工人的新生活。

天星集团通过生产企业与驻地农村互利共赢发展，实施产业扶贫工程，在实践中因地制宜，创新模式，以发展庄园经济带动农民就业、增收的新模式得到了各界的认可。

（二）跨区域跨行业投资，带动内蒙古牧草产业发展，定向消费特色产品，"以买代送"助力欠发达地区乡村振兴

天星集团在内蒙古鄂尔多斯市投资成立了盛世金农农牧业开发公司，专注于优质苜蓿草的种植与深加工产业，是国家重点扶持项目，已发展成为内蒙古自治区和鄂尔多斯市两级政府认定的农业产业化龙头企业。

盛世金农公司在大力发展种植养殖的同时，直接出资和参与推动农牧户设立多家合作社（包括农机服务、种植养殖等），拓宽农牧民致富的途径，提高农牧户的积极性，对农牧区的发展起到巨大的推动作用。联结农牧户4377户，订单数1350户，参与联结的农牧民户均收入2630元。

天星集团实施"以买代送"的战略，从"送钱送物"到"以买代送""激发内生动力"帮助更多的欠发达地区群众增收致富。

天星集团通过企业＋合作社、企业＋农户、企业＋合作社＋农户等模式，订单式定制产品，在满足企业需求的同时，帮助欠发达地区产业起步发展。在榆社县服装车间定制10万元员工工作服装，采购当地富硒小米等五万元；大批量购买大宁县、中阳县等地特色农副产品，通过定向消费拉动当地制造业的起步，促进当地农副产品的销售，增加群众收入。

（三）防控抗疫，保就业稳生产

面对自2020年初突如其来并延续至今的新冠肺炎疫情，天星集团董事长王长青亲自安排部署，集团主要领导挂帅成立七个督导组，积极行动，层层落实，集团公司及下属各企业迅速响应，全面开展新冠疫情排查防控工作。

在全面打响疫情防控阻击战的关键时刻，天星集团在自身防疫用品紧缺的情况下，确保了全集团几千名员工零感染。集团通过晋中市红十字会为平遥两次捐款70万元，并向疫区捐赠价值100多万元的各类防疫物资。天星集团党委号召全体党员共缴纳5.12万元特殊党费，并前往灵石县各个

防疫检测点慰问一线工作人员，为他们送上食品、水、防寒服、口罩、消毒液等爱心慰问品。

与此同时，天星集团制定了复工复产十大防控保障措施，包括在集团内部餐饮和商贸类企业发放100万元购物券，既减轻了员工支出负担，又刺激了内部消费。有序推进集团下属的能源类、物流类等企业复工，提供基本社会民生物资保障，为打赢疫情防控阻击战提供物质基础和重要保障。

（四）以人为本关爱员工

1."人才强企"工程贯穿企业发展始终

天星集团董事长王长青始终把"人才强企"作为企业发展的核心要素。多年来，他把发现人才、引进人才、培养人才摆在首位，强化"经营人才比经营企业更加重要"的意识。

天星集团建立了"人才强企"工程，改革了人才使用机制。以"不拘一格选人才，敞开大门引人才，提供平台练人才，实战当中识人才"为方略，采取人随岗转、薪随岗定，辅之以与绩效、工龄薪酬相挂钩等办法，通过激活人才机制，实现了人才进得来、用得好、留得住。

表1 "3512"人才工程

培养300名精通现代企业管理知识和具有创新执行能力的复合型干部
培养500名懂得现代营销知识，具有丰富实践经验、能征善战的营销骨干
培养100名能克难攻坚的技术骨干
培养2000名技术过硬、竞争力强的操作工

2.健全服务员工体系，做好衣食住行保障

天星集团从衣食住行等方面为员工营造良好的工作环境，提升员工的幸福指数。

衣：每年定期为员工发放夏季、春秋季、冬季工作服，根据不同的工种，为特殊工种岗位员工发放防酸工作服、防静电工作服，配备齐全各类劳保防护用品，保证员工在工作过程中着装安全、舒适、整洁、温暖。

食：不定期举办厨艺大赛，提升厨师厨艺和菜品，改造员工食堂，提升就餐环境，所有在职员工免费就餐。夏季积极开展"夏送清凉"，为全体员

工发放白糖、茶叶、藿香正气水等清凉慰问品，保障高温一线作业人员身体健康。

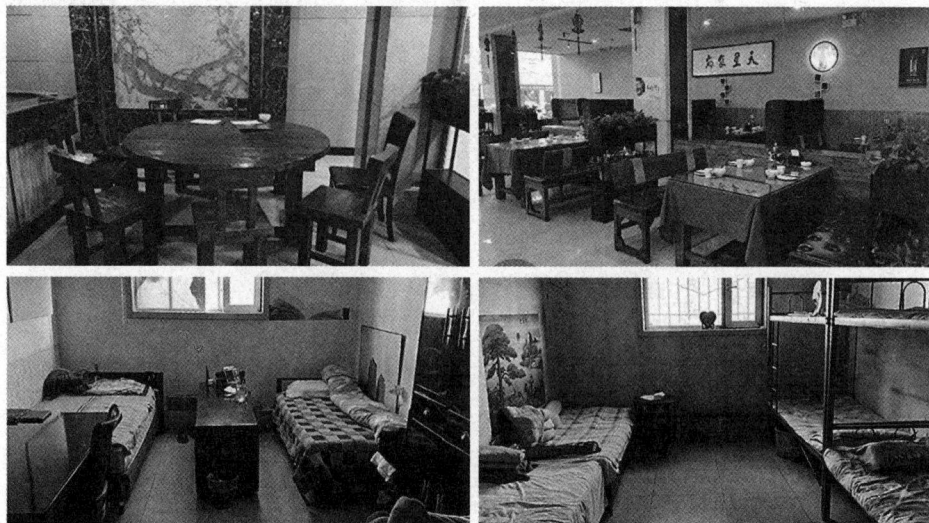

图9　天星集团员工食堂和宿舍

住：设立员工购房补贴基金，初套房的补贴每人不低于10万元；打造员工公寓楼，标准化管理、公寓化服务，空调、热水器、百兆光纤网络一应俱全，让员工住得舒心。

行：建立多条班车路线，保证每一名有需要的员工都可以"安全上班、平安回家"。

天星集团还成立了员工合唱团、员工健身活动中心、艺术馆等，丰富员工业余生活，让员工在紧张的工作之余有所乐。同时，集团真心实意帮助特殊群体和困难员工解决工作和生活难题。

案例5：主动吸纳残疾人就业，挽救了100多个家庭

集团旗下的力源煤化公司自2004年开始就主动吸纳当地残疾人就业，至今共帮助100多名残疾人就业，最高峰时同时安置96名残疾人。所有的残疾人与普通员工同工同酬，享有相同的各种福利待遇。王俊华，女，脊椎侧弯身体严重残疾，她说："说我不幸也不幸，说我幸运也幸运！上班赚钱就和天上掉馅饼一样。"没来天星前，一家四口人挤在一间土窑洞，由于

王俊华身体严重残疾，没有办法正常工作，一直赋闲在家，没有经济来源。2012年听说天星主动安置残疾人，抱着试一试的态度来到力源，没想到被录用。公司根据她的身体情况，安排了合适的工作。现在除了每月固定1000多元的收入，还享有和正常员工一样的福利，过年还有特殊的贫困补助。自从来了天星她便有了稳定的收入，在亲人的帮衬下修了间平房，真正有了属于自己的家。

天星集团在40余年的发展过程中创造了独具特色的企业文化，形成了以"三吃三坚"精神（吃苦、吃亏、吃屈，坚持、坚强、坚韧）为核心的天星文化灵魂；以"三转"理念（转变、转移、转型）为核心的天星发展模式；以"三优"（创造优势环境、培育优势产业、引进优势伙伴）为核心的创新模式；以"四不"（量力而行、不盲目扩张，举债有度、不负债经营，着眼长远、不急功近利，遵纪守法、不违法牟利）为核心的风控模式；以"三本"（资本、成本、人本）治理为核心的制度模式；以"四个共同"（利益共同、荣誉共同、价值共同、精神共同）为核心的文化模式。

集团董事长王长青提出了天星"家文化"的理念，通过家风、家规、家训，让全体员工形成良好的习惯，增强干事创业的凝聚力和战斗力，建立既有约束力又使员工心情舒畅的自由环境。集团制定出天星体制机制运营的《基本法》方案，成为企业发展和员工成长的指路明灯；着力打造的五大文化工程——《今日天星》报、《天星人》歌曲、天星党建文化展厅、《天星专题片》《企业志》，成为天星文化建设活动的有效载体和抓手。

多年来，天星集团不计人力物力，超越地域边界、行业门槛，扶助陌生人群，积极履行社会责任。企业在不断的履责实践中，开阔了视野，增长了能力，实现了经营规模渐进壮大，社会奉献持续积累的良性循环，成为自强发展，造福一方，内外兼修，备受尊重的集团企业。

党建引领谋发展，勇担责任践初心

——福建鸿星尔克体育用品有限公司

提要：

新时代、新使命要有新作为。鸿星尔克作为"晋江经验""晋江精神"的实践者、受益者，在创业兴业的同时，始终坚持党的领导，践行企业社会责任，积极参与社会公益事业，牢固树立家国情怀，以产业报国、实业强国为己任。在爱国、敬业、创新、守法、诚信、贡献和全球视野等方面不断提升，抓住历史机遇，紧扣时代脉搏，努力把握新发展阶段，贯彻新发展理念，力求锻造成为一支助推民营经济高质量发展的生力军。

企业简介

福建鸿星尔克体育用品有限公司（以下简称"鸿星尔克"或公司）创立于 2000 年 6 月，是一家集研发、生产、销售于一体的运动集团公司。公司在全国拥有八个制造基地，6000 多家专卖店，海外有 1000 多个销售网点，年产运动鞋 5000 万双，服装 5500 多万套。

公司拥有业内首家通过国家 CNAS 认证的国家级鞋服实验检测中心，拥有 300 多人组成的科研团队，专注于新材料、新功能、新工艺的创新性产品的研发。通过充分利用极客未来实验室、鞋服检测中心创新产品，同时汇聚全球运动、时尚领域一线设计师智慧，深入挖掘消费者内心需求，不断打造出符合年轻人品位的时尚百搭生活运动新品。公司秉持"专注运动科技"的理念，陆续推出微领 T、羽绒夹克、动能羽绒、微跑鞋、蓄能跑鞋、奇弹、弓弹科技产品等明星科技产品，同时以对文化形态的深入解读及对经典产品的微创新，使富有个性的运动时尚设计与流行文化相互融合，深受消费者认可。

作为民族品牌，长期以来，鸿星尔克将企业的经营发展与社会责任齐头并举，坚持"尚德修行，不断创造社会财富；济贫扶弱，真心回报社会大众"。近10年，累计共向社会捐赠物款超过3.4亿元。

历年来，鸿星尔克先后被评为"全国模范劳动关系和谐企业"、全国工商联抗击新冠肺炎先进民营企业、全国"诚信之星""国家知识产权示范企业""中国出口质量安全示范企业"等，在全球100多个国家拥有商标专有权，拥有300多件专利发明。中国品牌实验室评定鸿星尔克品牌价值为400.65亿元，居同行业前列。

图1 2021年获评全国"诚信之星"称号

鸿星尔克始终致力于产品设计、科技上的新突破，带来更多中国本土运动品牌的产品创新与尝试，通过优质的产品和服务，让世界上每一个人都能够享受优质生活带来的喜悦和满足，进一步丰富人们的物质生活和精神世界，让社会朝着更好更和谐的方向发展。

企业履责实践与成效

作为民族运动品牌知名企业，鸿星尔克深知自身的每一步发展，都离不开党的领导，离不开政府和人民群众的信任与支持，所以必须将社会责任牢牢扛在肩上，并化为企业的具体行动。

一、主抓党建，引领企业高质量发展

推动民营企业党建工作蓬勃发展的过程中，鸿星尔克生动诠释了什么

是"党建强则企业强，党建兴则企业兴"。

公司 2000 年成立党支部，2012 年发展为区域内第一家非公企业党委，从一个党支部发展到六个党支部，拥有党员近 300 人。一步步设立了党员活动室，配套了电教、远程教育，等等，建立健全了各项工作制度，为党员学习活动创造了良好条件。

公司党委始终持围绕企业发展开展工作，把党建工作融入企业发展中，为公司发展领路护航，保证了党组织永远是引领企业健康和谐发展、履行企业社会责任的航标灯和方向盘。公司党委先后被授予"福建省先进基层党组织""全国先进党建工作示范企业"等荣誉称号。

图2　荣获"全国纺织行业先进党建工作示范企业""全省先进基层党组织"称号

多年来，鸿星尔克的党建工作在探索中前进，在创新中提高。党建工作服务和助推企业发展，企业发展带动和反哺党建工作，二者形成相互借力、相辅相成、共生共赢的良性循环。

（一）打造管理型党委，坚持健全党委工作机制与提升企业管理相结合

公司党委积极参与公司各项规章制度的制定，各项内部管理制度的完善，这既使鸿星尔克公司党委找准了党建工作与企业管理的结合点，也帮助企业有效提升了管理水平。公司党委充分发挥公司决策层与管理层党员多的优势，把健全党委工作机制与提升企业管理水平有机结合起来，努力推动企业党建、企业管理同步走上规范化、制度化的轨道。这些举措还包括：

完善党建工作机制。公司党委通过健全完善"三会一课"、创先争优等党内生活制度，规范党委工作程序。建立健全党务公开工作机制，保障党

员职工的知情权、参与权和监督权。设立党员"先锋榜"，接受企业员工对企业管理者及党员干部的有效监督，营造和谐发展氛围。

加强党员管理工作。党委坚持每月点检党员的流动变化情况，并对新员工及时做好身份情况、流入地情况、到位工作情况等方面的调查摸底和登记管理。是党员的，敦促其及时办理组织关系转移和党员登记，并上报街道党工委进行跟踪管理，做到登记、教育、管理三到位。

（二）打造凝聚型党委，坚持发挥党委引领作用与企业文化建设相结合

"党建工作与企业文化建设有机融合，既实现了'让企业文化在员工中产生共鸣，渗透到员工行动中'的目标，又增强了党委的凝聚力，为公司和谐发展、为党委创先争优提供了支撑保障。"

搭建文化平台，增强党委吸引力。公司党委积极为员工搭建各种文化平台，通过举行升旗仪式、厂庆系列活动以及职工篮球等各类丰富多彩的文化活动，既营造健康向上的企业文化氛围，又增强了党委工作的吸引力和活力。

重视人文关怀，增强党委亲和力。公司党委十分注意倾听员工呼声。如举行"创先争优之深度对话"活动，对员工代表所提疑问及困难点进行解答和处理。举办集体生日宴会，组织免费体检，开展"送温暖"帮扶活动，让员工感受到家的温暖。引导公司工会健全劳动关系集体合同、工资集体协商制度，切实维护广大员工的合法利益，等等。

注重文化导向，增强党委引导力。公司党委注重企业文化知识、核心理念、规章制度的教育培训，引导职工了解掌握企业文化。牵头组织品质征文竞赛等活动，配合企业办好厂刊，鼓励党员职工踊跃投稿，畅所欲言，努力营造积极向上、生动活泼的文化氛围。

（三）打造学习型党委，坚持深化党员理论武装与员工业务培训相结合

开辟党务工作图书角，设立"职工书屋"，购置一万余册各类图书、100余种音像制品。公司党委注重加强党员政治理论学习，通过抓好理论学习、

开展业务培训及营造浓厚学习氛围等举措，努力建设学习型党委。

理论学习方面：公司党委坚持以党员活动室为阵地，定期开展党员教育培训活动，针对企业特点，强化党员的基础知识、政策法规、文化科技知识、企业的核心竞争力、企业如何持续发展等五方面的学习教育和培训提高工作，提升党员应对企业发展新情况新问题的能力。

业务培训方面：公司党委通过将所需在岗技术培训与员工学历培训授课相结合，实现企业发展与员工素质提升双赢。倡议创建职工培训基地，定期举办培训班，形成以知识共享为特征、集中学习和自学相结合、学习与实践相结合的团队学习模式。与培训机构联姻，与天津大学合作成立鸿星尔克学历培训班，为员工提供深造的机会。

氛围营造方面：公司党委与泉州华光学院共同成立了鸿鹄学院，以创建学习型党组织带动学习型企业创建活动，有效提高企业竞争力，被授予泉州市"工会大学校示范基地"。党委员工发出打造学习型团队为目标的创建学习型企业倡议，宣传终身学习理念，营造"人人处于学习之中，时时体现学习之风"氛围，鼓励员工争做知识型职工。

（四）打造服务型党委，助力社区服务，激发员工争当先进的热情

公司党委主动帮助解决社区矫正对象就业困难问题，被评定为"鲤城区社区矫正就业安置基地"，成立志愿者队伍，积极参与公益事业。公司党委注重发挥党员先锋模范作用，带动、激发广大员工的工作热情，经常通过多种形式，征集、汇总党员职工对企业经营发展重大问题的意见建议，为企业决策提供参考。注意把握参与决策的方式方法，除了发挥公司决策层中党员的参与作用外，对一些重要的问题，都通过党组织集体讨论，形成一致意见后再向企业决策层提出。

公司党委通过开展党员"三无"（无事故、无次品、无违纪）活动、党员"四个模范"（当完成任务和本职工作的模范，当学习先进技术和管理的模范，当联系群众、关心群众的模范，当遵纪守法的模范）活动等，发动党员立足本职岗位作表率，完成生产经营任务作表率，并通过介绍活动涌现出的优秀党员职工事迹，宣传先进、表扬先进、学习先进、争做先进。

二、坚守初心，践行社会公益事业

（一）坚持多措并举的特色助残扶贫模式

富而思源，富而思进，义利兼顾。鸿星尔克多年来积极投身助学助残、抗疫赈灾、精准扶贫等各项社会公益事业中，不断增强责任担当，以实际行动践行社会主义核心价值观，树立良好社会榜样。

初心不泯，鸿星尔克在承担社会责任的道路上专注、执着、义无反顾。10年来，鸿星尔克累计为各项公益扶贫事业捐款捐物超过三亿元。

1. 扶残助残，捐款捐物逾两亿元

从 2000 年至今，特别是近 10 年，鸿星尔克累计向社会各界捐赠助残物资总价值两亿多元。

在公益慈善领域，鸿星尔克最执着、最坚持与专注的就是"扶残助残"工程。2013 年，鸿星尔克与福建省残疾人福利基金会携手，以中西部贫困地区为主，开始全面的助残行动，捐赠了超过 2500 万元的爱心物资。

案例 1：鸿星尔克长期在扶残助残的公益事迹

2018 年，鸿星尔克启动"鸿星助力·衣路有爱"爱心助残项目，受到了国家残疾人奥林匹克运动会组委会的充分肯定，也得到了中国残疾人福利基金会、国际友人、广大残疾同胞的一致好评。

此次助残捐赠，是鸿星尔克继 2012—2017 年连续助力残疾人事业之后又一个新阶梯，捐赠数额更大且惠及面更广，共捐助善款善物达 6000 万元。

其中，价值 3600 多万元的鞋服定向捐助给河北、湖北、山东、宁夏、甘肃、云南、贵州、福建等八个省份的残疾人福利机构和中国残疾人体育运动管理中心；价值 1300 多万元的物资捐赠给第十届残疾人运动会暨第七届特殊奥林匹克运动会的志愿者、工作人员以及参赛的教练员、残疾人运动员等。另有价值 1000 万元的物资捐赠"一带一路"沿线的埃塞俄比亚、肯尼亚、乌干达、圣多美和普林西比等国家。

2020 年，鸿星尔克在成立 20 周年的庆典上，再次宣布向福建省残疾人福利基金会捐赠一亿元物资用于扶贫助残项目。

图3 向残疾人福利基金会捐赠价值一亿元物资仪式

2. 党建引领，多种方式拓宽扶贫

"兴企为民、回报社会"一直是鸿星尔克坚持的企业社会责任理念。这些年来，鸿星尔克除了专注于"扶残助残"工程的公益事业外，更不忘参与到"救济贫困"等慈善公益活动中，至今累计捐助 2000 余万元。

哪里有需要哪里就有鸿星尔克的足迹，四川甘孜、西藏日喀则、青海玉树、宁夏中卫……

自全国开展"万企帮万村"精准扶贫行动以来，鸿星尔克公司更加积极地投身于扶贫事业，将慈善捐助活动向产业扶贫、教育扶智方向升级，助力全面建设小康社会。

案例2：党建引领，多种方式实施精准扶贫

2016—2017 年，公司分别与泉州永春横口乡、宁德霞浦崇儒村开展结对扶贫工作，通过建立齐抓共管、齐惠双赢的村企合作机制，形成了以教育扶贫、产业扶贫、党企共建共赢为主要特色的鸿星尔克式扶贫模式。为防止村民因病返贫，公司还为崇儒村 100 余户村民购买了意外险和疾病险，保额共计 500 万元。

鸿星尔克充分发挥当地产业特色、产业优势，将产业帮扶作为公司精准扶贫工作的重点内容之一，以赋能、造血的方式解决贫困地区就业问题，带动了当地经济的快速发展。

公司与农户探索建立共赢共享的合作模式，农户种植农产品，公司开展产品宣传和市场开拓，并与当地政府共同开展种植技术培训、销售推广培训、专家指导交流等，同时将采购的农产品作为公司员工的节日慰问品。

公司积极探索依托产业的扩大就业道路，因地制宜，因地施策，与崇儒村探索成立鞋面加工厂，拓宽崇儒乡"芙蓉李"等特色农副产品销售渠道，拓展崇儒村电商业务，完善了村集体与贫困户的利益联结机制。

成效：通过产业扶贫，有效带动村民原地或就近就业，有力激活了乡村经济，拉动了村民增收，推动了留守儿童、空巢老人抚养问题及贫困村空心化问题的逐步解决。

同时，鸿星尔克党委充分挖掘泉州市永春县横口乡革命老区红色资源，探索建立"党企共建、合作共赢"机制，开拓"乡企党建、联合共建"工作思维，以企业党组织和乡党组织共建为交流纽带，摸索出了一条"以企带乡、以企促乡、乡企互动"的党建新路径。

与此同时，公司党委将企业文化建设与文明乡风建设有机结合，通过文化设施共享、文体队伍联建、文艺活动联办等多种形式，实现了先进企业文化与优秀乡村文化的渗透融合、共同提升。

吴荣照董事长牵头部署村民扩大就业工作，公司积极参与横口乡的农民培训和劳动力就地转移就业工作，开展"订单式""定向式"职业技能培训，建立健全稳定、畅通的劳动力资源输送渠道。针对两个贫困帮扶乡，公司每年提供过超 500 个定向就业岗位，有力解决了企业劳动力稳定和贫困村长期就业问题。

3. 助学助教

为大力支持教育事业发展，公司设立了鸿星尔克教育发展基金。基金成立以来，共向贫困山区的儿童、"一带一路"沿线国家哈和教育教育机构捐款捐物超过 1000 万元。捐赠的主要是现金，同时也包括课桌椅、图书、计算机设备等。

2016 年，公司出资资助建档立卡贫困家庭在读学生，资助成绩优异的大学生，解决学费等开支并持续发放助学金至大学毕业。同时，设立 100 万元的资金库，建立贫困助学帮扶机制，逐步扩大捐资助学范围，让贫困家庭优秀学生安心完成学业。

（二）保持企业担当本色，危难时刻显身手

"承担社会责任，履行社会义务，贡献企业力量，鸿星尔克义不容辞。只要万众一心，共克时艰，一定会迎来春暖花开！"

——吴荣照

10年来，鸿星尔克累计在救灾救援方面共向社会捐赠物资超过一亿元，如捐建医院、捐助自然灾害灾区、驰援疫情重灾区，等等。

危难时刻见真情，危急时刻显道义。无论是2020年给力的抗疫作为，还是之前之后的连续捐赠，鸿星尔克都以实际行动彰显了民营企业的社会责任和家国情怀，展现了特殊时刻的硬核担当。

2008年汶川大地震发生时，鸿星尔克刚起步不久，运营资金十分有限，但还是第一时间捐助了600万元现金和物资。

疫情无情人有情。2020年新冠肺炎疫情在湖北地区集中暴发，鸿星尔克第一时间向疫情最为严重的湖北、武汉地区和其他地区捐赠价值1000万元物资。通过紧张的人员调配和物资筹备，确保捐赠物资从福建、江苏、四川、天津等省市的六个大型配送仓出发，连夜加急配送至湖北各地疫情严重地区，为打赢疫情防控阻击战贡献自身力量。

疫情面前，任何个人和企业都无法躲避。鸿星尔克积极响应政府号召，千方百计满足社会需求，紧急建立口罩生产线，捐赠支援防疫一线，同心协力，共克时艰。

图4　2020年向新冠肺炎疫情灾区捐赠1000万元

案例3：万众有心，只因义捐河南、山西一场"濒临倒闭"的善举

自2021年7月20日起，河南省连绵几天的特大暴雨牵动着国人的心，鸿星尔克也正处于最艰难的时期。然而，刻在骨子里的乐善好施像一种"无可救药的毛病"，仍然促使吴荣照做出了第一时间通过郑州慈善总会、壹基金紧急捐赠5000万元物资驰援河南灾区的决定。

让鸿星尔克的干部员工们都没想到的是，在自己余粮都不足的情况下，企业低调如往常一般捐赠出的这一笔物资，竟然会在网上引起那么大的反响。

热心细致的网友们发现了"濒临破产"的鸿星尔克居然在国难民灾的情况下，不顾自身安危，悄悄地做出了如此大的善举。一时间，话题"#鸿星尔克的微博评论好心酸#"登上微博热搜榜榜首，7月22日至25日上午，这个话题阅读量达到9.8亿。

似乎就在一瞬间，鸿星尔克线上线下门店的货品都被自发而来的网民消费者争相购买以支持企业，使得公司货品供应不足，公司负责人还被网友们调侃要去踩缝纫机。并纷纷表示，大家也将如鸿星尔克"一如既往的低调"一般，"一如既往地支持"公司。

这一事件过后，鸿星尔克将线上平台网友们打赏的"代表全国网友向河南博物院捐赠的100万元"款项补足捐赠，全部用于灾后重建工作。

在河南灾情发生两个多月后，山西也遭遇水灾，鸿星尔克也在第一时间驰援了2000万元物资，包括泡面、矿泉水、矿工靴等，一如既往地支持抗灾救援。

2022年3月，福建泉州市发生本土疫情。作为泉州土生土长的一名民营企业家，公司董事长吴荣照十分牵念家乡的疫情防控工作，鸿星尔克第一时间向泉州红十字会捐赠了总价值500万元的款物，用于驰援一线防疫工作人员。

3月17日，鸿星尔克近500套生活设施齐全的全新人才公寓正准备安排给新进员工使用，得知政府需要借用人才公寓作为隔离观察点后，公司当即决定将公寓全部无偿交付政府统筹使用。

提供临时隔离观察点，这在民营企业中并不多见。董事长吴荣照告诉记者，在抗击疫情的关键时刻，这一决策虽然一定程度影响了企业的生产计划，但与疫情防控相比，与人民的健康相比，这算不上什么。身为泉州人，自己理应为家乡站出来，为疫情防控尽份力，即使需要遭受一些损失也是值得的。

三、匠心之心，"以质为本"做出好国货

（一）以质量创新驱动企业转型升级

近年来，鸿星尔克本着做好国货产品，为消费者负责的出发点，从传统"以控制为主导"的质量管理升级为"以创新为主导"。通过质量管理升级、管理思维的转变、技术的变革和人才发展模式的转变，实现由低技术水平、低附加值状态向高技术水平、高附加值状态的转型升级，形成"以品牌为中心"的兼顾质量、技术、人才的多元发展模式。

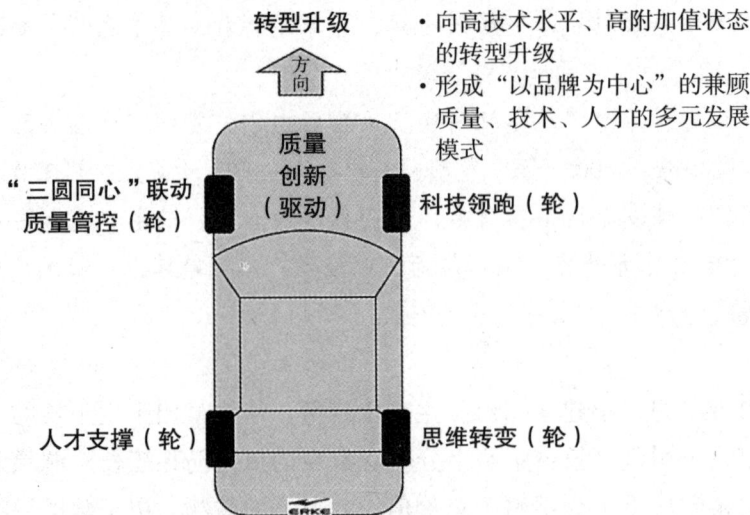

图5　以质量创新驱动企业转型升级模式

鸿星尔克秉持"脚踏实地，演绎非凡"的经营理念，树立"立足用户需求，追求品质卓越，成为行业典范"的质量方针，以"打造全球领先的运动品牌"为使命。在体育产业经历了2008—2010年的短暂增长期，2011—2014年的困境低迷期，2015—2022年的缓慢调整期以及即将迎来的高速深

化发展期，在这样一条充满艰辛曲折而又有无限机遇的体育产业道路上，鸿星尔克实施"以质为本"的经营战略，引领企业不断向前。

作为行业领先的运动品牌，鸿星尔克秉持"诚信、创新、协同、高效"的核心价值观，实施以创新为主导的质量管理。

打破传统思维，公司先从思想意识上转变各部门及生产单位各自为政的固有管理方式，在原来传统的生产模式下，引导生产管理人员增强质量创新意识。

实施"三圆同心"联动质量管控，优化生产和管理上的流程，进一步明确各级员工的职能和职责，在公司年度乃至长期发展方向上统一目标，提高对质量管理的要求和把控，做到卓越的现场力和快速反应力，系统化实现生产管理上的提升。

坚持"质量创新"战略，辅之以提升研发环境及引入高精研发人员等手段增强研发实力、升级公司内部的电子化生产办公管理的水平以提升公司的信息技术；优化人才结构，通过科学的人才制度，构建人才团队的硬实力，确保公司持续发展。

（二）以匠心精神为消费者打造优质产品

多年来，鸿星尔克秉持"务实专注、精益求精、追求完美"的"匠心精神"理念，致力于为消费者打造优质产品。

对鸿星尔克来说，"匠心精神"主要体现在两个方面：一是专注力，二是使命感。在各种利益的驱动下，很多企业都存在盲目多元化、过分资本运作等现象，而对自己的主业、自己的核心产品专注不足，导致在日益激烈的市场竞争中，缺乏核心竞争力而经营不善。鸿星尔克一贯本着脚踏实地的经营理念，全心专注在实业的经营和发展上。坚守实业，也让鸿星尔克的业绩保持稳健良好的发展势头。

鸿星尔克倡导员工要有使命感，真正的热爱才能专注，才能坚守。要追求完美，力争把产品做到最好，把品牌做到最好，把事业做到最好。公司在产品研发、质量创新、品牌营销、终端形象等方面持续投入，不断提升产品性价比与品牌形象。

（三）实行"三圆同心"联动质量管控，实现质量管理升级

"三圆同心"联动质量管控，主要指的是通过生产上对质量管理进行精益生产的流程升级、质量稽查的产品升级、包括现场力和快速反应力的双力精神的质量文化升级，最后实现公司整体质量管理的升级。具体的模式如下：

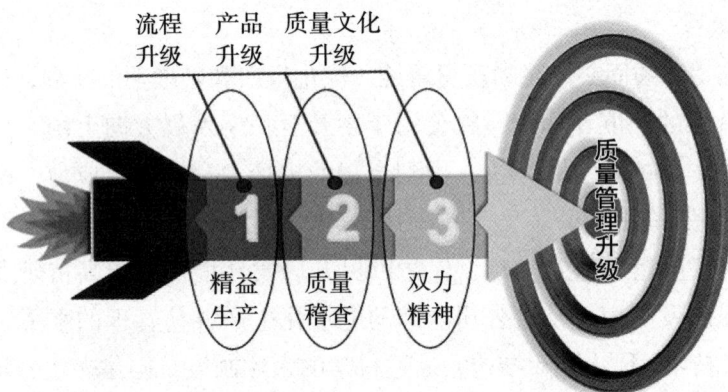

图6 "三圆同心"联动质量管控模式

1. 鸿星尔克化的精益生产

针对生产排程、现场控制、生产工艺管理等主要的生产过程管理，公司制定了一系列的流程制度，实现生产各过程脉络清晰，权责清楚，有效降低过程沟通成本，提高了生产效率。针对现场 IE 上线前必须要做好工序表、流程编排图、流程平衡图、人机排位图，而且要仔细核对好此四个工序的准确性、合理性，方可进行新款上线。

为保证生产有序进行，鸿星尔克对现场 IE 各项工作完成效率、质量进行考核如下：以保证将产品划分成若干工序及先后次序，根据每道工序的难易程度和加工时间，合理地安排每个工序的人力、设备，使每道工序的速度、产量、加工质量等方面都保持均衡，没有忙闲不均的现象，防止出现瓶颈工序。在生产管理中，保证流程均衡，保证流水线顺畅，不影响产品的生产数量和成品质量为工作宗旨。

所有产品都严格按照作业指导书进行生产。作业指导书制定时不仅考虑到强制性国家标准和行业标准，还正确使用标准化的原理和方法，确保作

业指导书在技术上的先进性，在使用上的可行性，在范围上覆盖的全面性。

鸿星尔克公司产品种类繁多，依据国内外先进标准、企业标准等对公司生产过程中的各个环节均制定了合理并严格的检验点与检验标准。做到"三不"原则——不接收不良品、不制造不良品、不流出不良品，及 QCC 管理，确保生产过程井然有序，保证了产品的质量。

2."科技新国货"战略

在国货崛起的时代背景下，中国体育品牌对自身发展提出了更高的要求。品质是品牌的生命力，而科技在助推品质提升中大放异彩。鸿星尔克不断增加研发投入，在提升产品质量上下功夫。

图 7 鸿星尔克正在贯彻"科技新国货"战略

深耕运动领域 22 载，鸿星尔克以"TO BE No.1"的高标准严格要求自己，始终贯彻"科技新国货"战略，通过科技创新、新材料、新工艺打造产品力，不断推动产品的迭代升级，让科技满足国人科学运动需求，向世界展示硬核国货的实力。过去两年，鸿星尔克与国家专业运动机构合作，成立极克未来实验室，在专业产品线上持续加码，将科技创新融入每一件产品细节中，以科技感重塑消费者的品牌认知。

功夫不负有心人，星光不问赶路人。2021 年 10 月，全国工商联和广东省政府联合主办的"2021 粤港澳大湾区民营企业科技创新峰会暨民营企业科技成果对接会"上，鸿星尔克入选"2021 民营企业发明专利 500 家"榜单。

3. 讲好中国故事，传承文化魅力

做中国人自己的品牌，作为传统文化的实物载体，鸿星尔克认为国货品牌首先应当"讲好中国故事"。为此，鸿星尔克在国潮服饰中融入了精美的国风元素，将古老元素与时尚设计有机结合，以运动精神碰撞国风美学，为更多运动产品增添中华文化底色。

在广大网友的热情撮合下，鸿星尔克携手河南博物院、三星堆、中国航天等各行业翘楚，联合《王者荣耀》《一人之下》等优秀国风 IP 共创文化价值。

随着消费者对于生活品质、精神文化的需求不断提高，国货品牌也应该在更好满足消费者需求中开拓新的消费蓝海。鸿星尔克改变以往品牌独创的方式，推出"青年共创计划"，并携手中国服装设计师协会、中国国际时装周共同发起"鸿星尔克青年共创设计大赛"，旨在挖掘有想法的年轻设计师，与品牌共创新产品。

与此同时，全国首批鸿星尔克星创概念店开业，将中华文化传承、"国货当自强"、粉丝共创等理念融入其中，受到消费者一致好评。

图 8　鞋服类研发检测实验中心

"国潮"不仅代表着时尚、个性、有态度的产品，还蕴含着新一代青年群体的民族自豪感和文化认同感。鸿星尔克一直保持与消费者的高频沟通，让用户在品牌、产品、服务等方面都深度参与，让大家真切感受到自己是鸿星尔克的一员，帮助当代年轻人将殷切爱国情，化作对国货创新的强大

支持和行动力。

实际上，无论是鸿星尔克的共创产品还是星创店，都融合了粉丝的不少"金点子"。伴随着品牌沟通持续升级，越来越多的鸿星尔克粉丝自发组织起来，维护品牌形象、分享品牌及行业信息，为鸿星尔克未来发展方向提供全方位的企划建议。

四、绿色智能，推动产业转型升级

（一）数字化改造

鸿星尔克除了持续在新材料、新工艺上面进行创新发力以外，近几年，也在积极进行企业的数字化改造升级。同时，结合节能减排的一些技术的落地应用，为国民打造科技新国货，也为国家的"双碳"目标贡献自己的力量。

鞋服行业产业链长、环节多，数字化升级势在必行。鸿星尔克的数字化大体分为两个阶段：

1. 信息化建设

从 2011 年起，在 SAP 信息系统上逐步嵌入了更多模块的信息化建设。比如智能仓储管理系统 WMS、制造系统 MES 等，打通整个产业链的全链条。同时，经过这 10 来年的摸索，初步打造了属于自己的一个信息化的技术团队，这个团队能够随着业务发展，不断在系统上嵌入更多新的应用，来适应新的运营模式的变化。

2. 数字化升级

鸿星尔克近年来着力打造数字化升级。

（1）在研发设计方面，初步引入数字化的建模设计方式，通过数字化、3D 模拟建模，提升设计研发的效率，以及更好地把设计师一些天马行空的想法落地。

（2）利用大量的销售数据，建立数字化的平台来跟消费者沟通，不断地去了解消费者。

（3）着力打造数字化的中台，来提升决策的效率以及科学性。希望通过全链条的环节协同，最终实现柔性的供应链的高效运营。

（二）智能化升级

在生产线的改造方面，鸿星尔克不断引进新的生产自动化设备，不断提升生产工艺水平，节能减排，在原有试点使用服装吊挂设备和数据采集分析系统的基础上，全国公司都投入使用，全面提升生产效率、标准化程度和产品品质。

物流园全面布置了 AGV 机器人，用机器人代替人工作业，不但有利于提高存货准确性以及出库能力，拣货能效更是提升了三倍，真正达到高效作业的要求。这标志着鸿星尔克在智慧物流领域再下一城，进入智慧物流 2.0 时代。投入使用的 AGV 仓库业务对提高物流和新零售的运营效率有着重大意义，也进一步夯实了鸿星尔克"科技新国货"的品牌战略。

（三）节能环保

在节能环保助力绿色发展方面，鸿星尔克也一直走在行业的前列。董事长吴荣照介绍，早在鸿星尔克还是小型代工厂时，就合作开发了环保水性胶的应用，近年来加大了再生原材料、可降解原材料及咖啡渣、玉米秆、板蓝根等生物型材料的开发应用，刚刚投放到了以回收塑料瓶为原料的纤维融入的面料使用中，也受到了年轻消费者的喜爱。

同时，鸿星尔克加快分布式光伏应用，进一步提升清洁能源在制造工厂中的应用。近期，鸿星尔克漳州工厂 11.98 兆瓦分布式光伏项目成功实现全容量并网发电。项目建成投产后，每年可提供约 1360 万千瓦时绿色清洁电力，节约标煤 4130 吨，减少二氧化碳 11022 吨、二氧化硫 84 吨、氮氧化物 29 吨。

面向未来，随着国家经济实力的提升、国民文化自信和爱国情怀的觉醒，鸿星尔克将以更高的格局和眼界，更大的责任担当，以科技创新为根本，脚踏实地做产品，努力抢占竞争高地，打造更多中国名牌、世界名牌，将更多优质产品和优秀文化推向世界，让这抹亮眼的"中国红"在世界光芒四射。

让科技为创造更美好的生活插上翅膀

——百度时代网络技术（北京）有限公司

提要：

作为全球领先的中文搜索引擎、人工智能（AI）平台型公司，百度始终秉持着"科技为更好"的企业社会责任理念，聚焦社会问题，运用创新技术，不断为人们创造更加美好的生活。自2020年起，百度正式对外发布《环境、社会及管治（ESG）报告》，将ESG理念变成公司的发展基石和出发点，用AI科技助力人才兴国战略、解决社会问题、助推绿色发展，为社会的高质量可持续发展贡献自己的力量。

企业简介

百度时代网络技术（北京）有限公司（以下简称"百度"或公司）是全球领先的中文搜索引擎提供商，也是中国领先的以信息和知识为核心的互联网综合服务公司，更是全球领先的人工智能（AI）平台型公司。

百度创立于2000年1月1日。公司创始人李彦宏拥有"超链分析"技术专利，使中国成为美国、俄罗斯和韩国之外，全球第四个拥有搜索引擎核心技术的国家。百度每天响应来自100余个国家和地区的数十亿次搜索请求，是网民获取中文信息的重要入口。截至2021年12月底，百度共有员工36413人。2021年，不考虑企业所得税退税影响，百度集团纳税总金额为953815.02万元（不包含爱奇艺集团）。

基于搜索引擎，百度演化出语音、图像、知识图谱、自然语言处理等人工智能技术。最近10年，百度在深度学习、对话式人工智能操作系统、自动驾驶、AI芯片等前沿领域投资拓展，成为全球为数不多的提供AI芯片、软件架构和应用程序等全栈 AI 技术的公司之一，被国际评级机构评为全球四大 AI 公司之一。

百度始终践行"科技为更好"的社会责任理念，为创造更加美好的社会生活而不断努力。2021 年，百度获得首都公益慈善联合会颁发的"首都慈善奖"荣誉，获中华全国工商业联合会颁发的"抗击新冠肺炎疫情先进民营企业"荣誉，获工信部颁发"工业和信息化系统抗击新冠肺炎疫情先进集体"荣誉，获 CDP 全球信息研究中心"应对气候变化行动新星"奖，获世界基准联盟（WBA）"2021 数字包容性 150 家最具影响力科技公司排名"中国第一位、全球第十八位，百度云计算（阳泉）中心 1# 模组获工信部新闻宣传中心、中国信息通信研究院及开放数据中心委员会（ODCC）颁发的"碳中和数据中心引领者（5A 级）"认证。

企业履责实践与成效

百度一直秉承着"科技为更好"的社会责任理念，坚持运用创新技术，解决社会问题，履行企业公民的社会责任，为帮助全球用户创造更加美好的生活而不断努力。

一、公司治理与责任体系建立

百度坚信良好的治理架构是企业可持续发展的不竭动力，持续完善公司治理与 ESG 管理体系并拓展 ESG 在公司治理方面的价值。

百度董事会对公司的 ESG 相关事宜拥有最高权力，负有最终责任，负责指导并批准 ESG 总体目标、实施方案、ESG 风险评估以及应对措施的制定。此外，百度成立了"环境、社会及管治委员会"（以下简称 ESG 委员会），为公司董事会提供可持续发展建议，并结合各利益相关方与国际社会所关切的议题，制定 ESG 工作目标以及行动路径。ESG 委员会下设 ESG 工作组，负责 ESG 相关事宜的具体沟通、落地与执行。ESG 委员会成员均设定了可持续发展绩效考核机制，实现高管薪酬与可持续发展绩效挂钩。

针对商业道德、人权、环境、健康和安全、信息安全等具体的 ESG 议题，百度制定了与之相关的 ESG 管理条例和制度，与《百度环境、社会与管治（ESG）制度》共同构建起公司的可持续发展制度保障体系。

二、AI 人才教育，科教强国，助力创新驱动高质量发展

2021 年 9 月 27 日，习近平总书记在中央人才工作会议上强调："深入实施新时代人才强国战略，加快建设世界重要人才中心和创新高地"。科技人才培养在新一轮人工智能科技革命中扮演着至关重要的角色，然而人工智能人才却面临着日益短缺的社会问题。研究报告显示，目前中国 AI 人才的缺口超过 500 万，AI 人才供求比例已达到 1：10，供需失衡推动人才争抢进入白热化阶段，人才培养已经迫在眉睫。未来中国想要在 AI 领域占据国际舞台的重要位置，AI 人才的培养和引入是基础也是关键。

2020 年 6 月，百度正式向社会宣布未来五年为社会培养 500 万 AI 人才的计划，致力于通过各个渠道助力不同年龄阶段、专业背景、社会阶层的人们平等获取 AI 知识，为社会培养综合型 AI 人才，创造新兴 AI 就业岗位。

（一）AI 教师培养：培养 AI 人才，先培养 AI 教师

人工智能是新基建的主要领域。面对当下社会人工智能人才紧缺的现状，百度利用产业优势，积极赋能高校 AI 师资队伍，普及数字科技知识。为向高校教师普及最前沿的 AI 知识，百度编写了《深度学习导论与应用实践》《自动驾驶技术系列丛书》《机器学习实践》《自然语言处理实践》《计算机视觉实践》等人工智能书籍。

同时，百度与高校进行联动，开展了包括百度深度学习师资培训、百度云智教育师资培训、Apollo 师资培训等一系列培训，帮助高校教师提升人工智能教学能力。在课堂上，百度根据各类教师的需求，分享最前沿的企业 AI 技术应用案例，助力高校教师提高人工智能技术的实践能力。

截至 2021 年 12 月 31 日，百度高校深度学习师资培训班累计举办 26 期，为 700 余所高校免费培训 AI 相关专业教师 3000 余人；百度 Apollo 智能网联汽车技术师资培训累计举办 13 期，为 370 余所高校培养教师 1000 余人。

案例 1：清华大学出版社与百度开展深度合作，培养 AI 人才

百度与清华大学出版社于 2021 年 9 月正式签订了战略合作协议，双方以人才培养为核心，现已取得多项成果，不仅携手共创热销书，还一同开展了多期师资培训等活动。

清华大学出版社与百度合作的人工智能专业教材《计算机视觉实践》《自然语言处理实践》《机器学习实践》，得到赵沁平、张尧学、郑纬民三位院士及百度 CTO 王海峰博士作序。发行之初，便获得上百院校高校的老师预订作为新学期教材样书，并且荣登图书销量日榜、周榜、月榜 Top1，及计算机、人工智能等热门书单的推荐。

在教育部高等学校计算机类专业教学指导委员会指导下，基于百度飞桨，清华大学出版社与百度合作，共同举办了多期师资培训活动，即便在疫情期间也达到了每一期平均报名 300 人以上，覆盖至少 100 所院校，遍布 20 多个省份的喜人成果。

据清华大学出版社对 421 所高校院系领导进行的调研，百度 AI Studio 平台已经成为高校课程实践最受欢迎的在线教学平台。清华大学出版社组织的《计算机教育》中文期刊是唯一入选 CCF 推荐期刊列表的教育期刊。从 2021 年开始到 2022 年 5 月，有近 30 篇基于百度飞桨的国内顶级教育论文发表，极大地丰富了国内的教育学术生态。

（二）AI 启蒙教育：从孩子走向未来

AI 人才培养在 AI、VR 等科技产物高速发展的时代，百度致力提供优质的数字教育，尤其是青少年人工智能启蒙教育，培养面向未来的 AI 人才。为此，百度松果学堂结合 K12 人群特点，以培养兴趣为主、竞赛实践为辅，全力推进青少年人工智能普及教育。百度编写了相关中小学课程教材，以挖掘更多的 AI 技术新星。

《大圣陪你学 AI》是百度为青少年编写的第一本教材，配合百度零门槛 AI 开发平台 EasyDL，为广大青少年提供线上 AI 教育平台。2021 年年底，百度编写的《风火少年战 AI》《昆仑子牙练 AI》两本课外读物相继出版，并计划成为中国软件行业协会"青少年 AI 应用与创新能力等级评测"的推荐用书。中小学人工智能课程除线上教育，百度还走进校园，深入青少年群体，开展线下教学活动。2021年，百度联合北京市教委、北京奋斗小学，开设小学人工智能综合素养课程，共65名三至六年级小学生参与本门课程。

此外，百度基金会与联合国开发计划署、北京师范大学、国际文凭组织IB课程专家共同推出AI时代青少年领导力的公益项目——"百度基金会青少年AI教育项目"，旨在提升12~25岁青少年AI知识认知和掌握水平。2021年9月13日，该项目首次在北京上地实验学校落地。

（三）AI竞赛：让优秀的学生脱颖而出

截至2021年，已经有超过30万名学生参加了百度举行的各类技术竞赛。

百度之星：百度之星自2005年开赛至今，已走过16载，是国内唯一一个连续举办了16年的企业级编程赛事，被视为国内程序员"黄埔军校"，与NOI(中国计算机学会主办)、ACM(国际计算机协会)、GCJ(谷歌)、Hackup(Facebook)四大编程赛事共同组成了程序界的大满贯，旨在挖掘顶尖技术人才，推动中国互联网和AI领域人才成长。

2021年1月26日，2021百度之星程序设计大赛全国总决赛通过线上举办，102名来自全国各学校的选手同线竞技，一决高下。百度以及北京大学、清华大学、中山大学、北京邮电大学、北京化工大学等组成的专家评委团在线上全程观赛并为获奖选手颁奖。

为激发更多青少AI人才的学习热情，百度于2021年在百度之星大赛中，面向初中及以下的在校学生增设"小星星奖项"。在复赛与决赛阶段，特别设置了青少年绿色通道，降低了参赛门槛，让更多的青少年得以一展所长。

案例2：绍兴12岁初中生连续两年进入百度之星决赛

陈奕帆是绍兴市第一初级中学学生，从小学四年级开始接触编程。2020年，还在读小学六年级的陈奕帆从一万多名大哥哥大姐姐的"四面夹击"中冲入复赛，成为百度之星大赛举办以来决赛场上最小的选手。

在颁奖典礼现场，陈奕帆从百度CTO王海峰的手中接过大赛特别奖——未来之星奖，以及一本百度飞桨编制的青少年人工智能科普教材《大圣陪你学AI》。这本书成为陈奕帆的"饭后甜点"，课余时间就做AI实验。

2021 年，陈奕帆再次进入百度之星大赛的决赛场，成绩斐然。

图 1　百度之星·星星赛道

百度奖学金计划： 百度于 2013 年设立了百度奖学金计划，即每年在全球范围内选拔 8 ~ 10 名计算机人工智能学科领域最优秀的华人学生，为每人提供 20 万元的丰厚奖学金支持，并为其开展研究工作提供数据、平台和专家指导。

百度希望通过该项计划，发掘、支持和鼓励未来最有可能成为技术领袖的优秀华人学生，去解决当下人工智能学科领域中最有价值的技术问题，助力中国人工智能未来精英技术人才的培养，稳固中国人工智能的世界前沿站位。

中国高校计算机大赛人工智能创意赛： 中国高校计算机大赛人工智能创意赛是面向全国高校各专业在校学生的科技创新类竞赛，由教育部高等学校计算机类专业教学指导委员会、教育部高等学校软件工程专业教学指导委员会、教育部高等学校大学计算机课程教学指导委员会、全国高等学校计算机教育研究会于 2018 年联合创办，在国内外高校产生了广泛影响，并已被列入中国高等教育学会"全国普通高校学科竞赛排行榜内竞赛项目"。

第五届（2022）竞赛由全国高等学校计算机教育研究会主办，浙江大学、百度公司联合承办，探月与航天工程中心、嫦娥奔月航天科技（北京）有限责任公司作为合作单位。竞赛旨在激发学生创新意识，提升人工智能创新实践应用能力，培养团队合作精神，促进校际交流，丰富校园学术气氛，推动"人工智能＋X"知识体系下的人才培养。

（四）行业 AI 人才培养

百度发布国内 AI 领域第一个专业技术人才培养标准。人才的培养需要体系化的人才教育、认证标准作为指导。2018 年 10 月，基于中国软件行业协会发布的国内 AI 领域第一个专业技术人才培养标准——《深度学习工程师能力评估标准》，深度学习技术及应用国家工程实验室、中国软件行业协会、百度公司联合发布了中国 AI 领域第一个深度学习工程师认证考试方案、第一个体系化的深度学习人才培养方案，参考从业人员的专业知识、工程能力、业务理解与实践共三大类九小类评估要素，人才共计被分为三个等级：深度学习高级工程师、中级工程师、初级工程师。

这一认证体系，自 2018 年向社会正式开放并提供学习解决方案。这一标准的制定将使国内 AI 人才培养更有据可循。同时，AI 创业公司没有时间和精力在人事问题上反复试错，该标准的发布让技术基础水准明晰化，认证和培训让人才培养和鉴别有章可循，这对创业公司来说可降低其试错成本，具有重要价值。

百度举办黄埔学院首席 AI 架构师培养计划，由百度联合国家深度学习技术及应用国家工程实验室共同打造，主要通过百度顶级的技术权威、专家学者进行授课，为更多企业核心技术管理者进行课题式教学和培训，为企业 AI 转型快速累积方法、输送知识、培养人才。

百度 AI 开放平台制定在线教学视频，打破时间和空间区隔，让更多人共享专业 AI 课程。经过多年积累，百度沉淀了超过 4000 分钟的在线教学视频，包含 90 分钟飞桨快速上手、AI 核心技术掌握、AI 趣味课堂、Python 基础入门、机器学习应用数学、机器学习理论入门、机器学习模型分类、公开课精彩回顾等 320 种以上课程，覆盖面从深度学习基础知识，到进阶实战应用。仅 2019 年一年，百度 AI 课程播放量就高达 1800 万次。

案例 3：飞桨平台让 AI 人人可及

郭佳慧是一名不懂编程的初一女生，通过百度飞桨直播课程的学习，成功开发出了一款 AI 小程序，用来检测口罩的佩戴是否标准。口罩检测的创意来自生活，郭佳慧看到志愿者在地铁口不断提醒乘客要正确佩戴口罩，决定用 AI 来减轻志愿者的工作量。郭佳慧设计的模型经过训练之后，不仅能轻易识别袖子遮挡面部的作弊行为，还能够有效识别口罩佩戴不标准的行为。

徐老退休之后，在 2019 年获悉了百度飞桨人工智能学习与实训平台，从此养成了每天按时打卡学习的习惯，已经 80 岁的徐老开发了一款 AI 五子棋小游戏，和退休的老友们一起在线下棋，还介绍给孙女用 AI 完成了毕业设计。

飞桨深度学习平台让越来越多的普通人也能从 AI 中受益，相信平台未来能够创造出更多的社会价值。

（五）百度 AI 数据标注员

2018 年，百度在山西建立了百度山西数据标注基地，创造了大量新兴工作岗位，培养了一批 AI 专业技能人才。数据标注工作是为了让人工智能学习和认识自动驾驶车辆在路面上的人、障碍物等，帮助人工智能更好地应用到实际场景中。

截至 2021 年年底，基地累计完成视频、图像、文本等各类标注数据数亿条，AI 训练师作业人员达到 4300 余人，成为全国范围内人员和产值规模最大的单体数据标注产业基地。曾在山西长治煤矿厂工作的郭梅，经过培训，已成功实现了职业转型，现在是百度山西数据标注基地的一名数据标注师。2020 年 7 月，该转型案例得到了 CCTV-1《新闻联播》的报道，2021 年 3 月，郭梅还作为新职业的代表参加了百度港股上市敲钟仪式。

截至目前，百度累计为社会培养了近 200 万名 AI 相关人才，在行业内形成了开放、共享的行业氛围，促进了 AI 技术的发展。

案例 4：一位听障孕妈妈在新职业时代的 AI 就业故事

在 CCTV-13《新闻直播间》"稳就业在行动"主题报道中，百度（山西）人工智能基础数据产业基地现代化的办公楼里，数据标注师袁琳娜正专注在电脑前，熟练地移动着鼠标为一张张激光雷达采集回来的图片画框，用 AI 认识人类世界。在镜头背后的故事里，袁琳娜还是一位有着听力障碍的孕妈妈。

这位来自临汾的 29 岁女性，已经稳定地从事数据标注工作四年之久。在做数据标注之前，她的求学和求职之路并不是坦途。由于五岁时突发的一次高烧，袁琳娜听力受损，英语听力得分低，与理想大学失之交臂。由于沟通不畅，在本专业工作中备受打击，要强的她在本科期间比别人付出更多努力，以求弥补听力上的缺陷。企业看到她的简历很漂亮，专业证书很多，都愿意给她面试机会，但是了解到她有听力障碍后就会将她拒之门外，求职屡屡碰壁。

经过朋友介绍，袁琳娜来到了百度山西数据标注基地。一开始她担心没有相关工作经验，不能适应基地的职场生态。而让她没有想到的是，进入基地之后，在专业技能上，每个人上岗前都会进行系统培训；在工作氛围上，没有任何人因为她的听力缺陷而议论、歧视她。她很快就上手做项目了，还评上了"个人优秀员工"。

数据标注师是数字经济领域的全新职业，百度已经在山西太原、山东济南、重庆奉节、四川达州、甘肃酒泉等全国多个地域建设数据标注基地，为打开区域经济高质量发展新空间提供助力，为更多像袁琳娜一样的普通人打造出一片适合生长新职业的"生态雨林"。

三、技术解决社会问题，帮助人们创造更加美好的生活

百度通过 AI 与公益相结合，聚焦社会热点问题，用创新技术回应社会生活需求，AI 赋能并开展了一系列公益项目，涵盖了扶弱、养老、医疗、教育等多个领域。

（一）AI 眼底筛查一体机：让健康更平等

现代人 80% 以上的信息是通过眼睛获取的，手机和电脑让眼睛超负荷工作，眼睛疾病发生概率也越来越高。这就导致眼科医学影像的需求增长远超于放射科医师数量的增长，眼科影像医生产能负荷过重，人工分析医学影像数据缺乏量化标准，医生容易产生误判和漏诊；患者对于眼部卫生的意识较低，看病排队时间长，在医疗资源匮乏的偏远地区，往往得不到及

时的诊治等问题出现。百度希望用 AI 赋能基层医疗，让更多患者能在基层看病，让基层医院也能共享先进的医疗技术。

为解决上述难题，百度创新推出智慧眼底筛查解决方案，仅 10 秒钟就可以为检查者生成一份筛查报告，快速帮助患者筛查青光眼、黄斑病、糖网等多种眼底疾病。基于多模态权威标注眼底影像数据，融合循证医学基础算法及深度学习高精度算法，打造高鲁棒性、高准确率的眼底影像分析系统，帮助高风险人群提早发现眼疾、避免致盲风险。该解决方案满足全眼底筛查需求、单病种深度分析、多场景应用，准确率接近顶级医生水平。

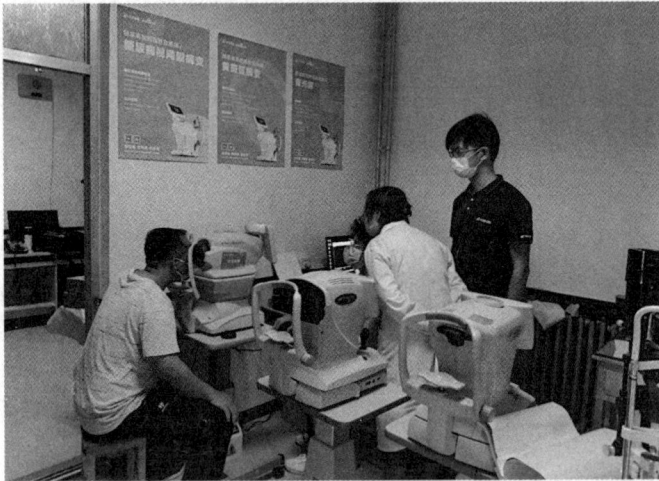

图 2　眼底筛查一体机投入基层医院使用

2018 年 11 月 1 日，百度创始人、董事长兼 CEO 李彦宏在百度世界大会上宣布，基于百度 AI 能力开发的 AI 眼底筛查一体机已正式推出，百度在全国贫困县范围内首选 500 个贫困县医疗点进行机器捐赠，以帮助 5600 万基层的眼病患者尽早发现覆盖糖尿病视网膜病变、黄斑病变、青光眼这三种主要致盲风险，及时就医。目前百度的 AI 眼底筛查一体机可以在 10 秒内识别筛查数种眼疾，如筛查糖网、青光眼、黄斑病变等，准确率可达到 90% 以上，基本接近三甲医院医生能力。

截至 2022 年 3 月，百度公司已向百度基金会捐赠 400 台价值 3985.05 万元的 AI 眼底筛查一体机，先后支持河北、湖北、新疆、四川、内蒙古等贫困地区医疗建设，弥补其医疗资源薄弱、能力不足的现状。目前已落地

27个省（区、市），覆盖300多家医院和超过1500家基层医疗机构，惠及数千万患者。

案例5：AI眼底筛查一体机助力基层医疗

AI眼底筛查一体机在基层医疗中发挥出重要的作用。德庆县人民医院的何主任是第一批体验AI眼底筛查一体机成果的基层医生。百度AI眼底筛查一体机到德庆县人民医院上岗以来，平均每天都要服务几十名前来就诊的眼疾患者。

何主任说："以前看一个病人差不多要半个钟头，因为做眼底检查前，需要起码20分钟的散瞳过程。但百度这台机器不需要散瞳，筛查时间缩短了很多，病人不用等那么久，医生也没那么辛苦了。"他还表示，有了人工智能自动分析眼底影像的技术能力，10秒钟就能自动输出诊断结果，大大提升了医生们的工作效率。

湖北省委宣传部副部长、省委网信办主任姚德新认为："基层医疗机构普遍存在医生数量不足、顶尖专家稀缺、医疗设备短缺的问题，百度公司的捐赠可以说是雪中送炭。"他表示，接受捐赠的10个县（区）要尽早把设备利用起来，最大限度地发挥设备作用，让基层患者得到早筛查、早治疗，共同守护群众健康。

（二）百度AI寻人：帮助上万个失散家庭

为了提升救助寻亲工作的准确度与效率，更好地发挥技术社会价值，百度于2016年推出AI寻人公益平台，运用人脸识别技术助力寻亲工作。百度先后与民政部社会事务司及宝贝回家等权威机构展开合作，接入数万条走失人员数据。对于寻亲者而言，通过百度AI寻人小程序上传家人走失前的照片，即可一键与库内数万名走失人员照片实现实时的跨年龄段比对，快速锁定相似度较高的照片。

2019年1月，百度AI寻人智能小程序上线。截至2020年1月1日，用户在百度AI寻人平台发起的照片比对已超过39万次，百度已经帮助超过1.3万名走失者与家庭重新团聚。2021年9月6日，百度公益参展2021

中国国际数字经济博览会，首次公开展出 48 项用于公益项目 AI 寻人的人脸识别专利技术

2021 年 7 月 16 日，由新周刊杂志社主办的"美好公益大会"在上海成功举办，百度"AI 寻人获誉""2021 年度公益项目"。

（三）百度五福 AI 助老项目：搭建一个老有所依的未来

中国正在逐步进入中度老龄化阶段，老年人口持续增长。科技的迅速发展产生了数字鸿沟，让部分不会使用智能手机的老年人成了弱势群体。当前家庭养老的服务功能逐渐弱化，嵌入社会服务的居家养老逐渐成为选择的主流，但养老服务最后一公里的问题还没有得到解决。对于居家养老的老年人而言，不仅需要必要的饮食起居的照顾，还需要医疗服务和满足精神需求。

百度五福 AI 助老平台以小度智能屏为信息接入端口，能够为社区老人提供休闲娱乐、日常养生、健康管理等服务，借助对老人更加友好的语音交互技术，为老人提供五福长寿、五福健康、五福幸福、五福陪伴、五福社区等服务，为老人提供助餐、护理、运动等全方位的技术支撑。小度智能屏可以定时提醒老年人服药、锻炼身体，并记录下老年人的健康、行为信息，如饮食、睡眠状况以及血压、血糖指标等。百度五福助老平台能够把老年人和社区连接起来，工作人员通过驿站的中枢设备可以触达辖区数百户老人家里。

这一项目内部联动百度健康、灵医智惠等业务线，外部联动北京体育大学、中科院心理研究院等权威机构，为老年人提供科学的养生、健身内容以及心理疏导。百度五福 AI 助老项目累计输出超过 300 期的运动促进健康视频，200 条养生内容，五大心理舒缓解决方案。百度与中国电子技术标准化研究院等单位建立了全国首个智慧养老服务平台，得到了卫健委养老服务司的认可。

百度五福 AI 助老项目首先在北京试点，选取西城区大栅栏、海淀区、清河区、昌平区回天等 16 个社区，结合部分社区已有的养老驿站，将五福助老定制版智能设备捐赠到老人手中。

百度联合清华大学老龄社会研究中心开展实证调研和数据分析，最终

发布《社区智慧健康养老服务研究报告》，显示 AI 智慧适老方案在培养老年人健康生活习惯，提升生活幸福感等方面发挥了重要的作用。

央视新闻 AI 体验官王冰冰也走进北京西城区大栅栏探访四世同堂的百岁老人，体验智慧助老带来的生活上的便利，看到老人多种多样的生活需求动动嘴就能得到满足，王冰冰也感慨："也是我梦寐以求的家庭啊！"后续百度公益将通过科技公益城市行活动，将五福 AI 助老项目推广至全国，覆盖更多家庭，打造智慧养老，老有所依的美好未来。

图 3　央视主持人王冰冰体验"五福幸福"线上订餐功能

（四）AI 助力抗疫，科技为更好

2020 年新冠肺炎疫情初期，百度设立了三亿元（部分现金及物资价值）疫情及公共卫生安全攻坚专项基金，在第一时间向社会提供资金和物资支持，同时还制定了全方位的疫情防控策略，持续抗击疫情，助力疫情防控常态化。百度开源算法支持病毒研究与测序、地图时空大数据支持疫情防控决策，上线以来已累计提供超过 25 亿次服务，AI 测温系统支持公共场所快速测温 2700 万次。

四、开展绿色行动，支持双碳目标，绿色科技赋能转型

作为中国综合性互联网服务公司、中文搜索引擎以及全球领先的人工智能平台公司，百度以"用科技让复杂的世界更简单"为使命，秉承造福社会的初心，坚持可持续发展理念，探索环境保护实践，在用科技创造简

单生活的同时，努力把对环境的影响降到最低，并与全社会携手应对包含全球变暖、空气污染、水资源危机以及垃圾成灾在内的各类环境问题，共同保护地球家园。

2021 年 6 月，百度正式公布在 2030 年实现集团运营层面的碳中和目标，在这个过程中，百度以 2020 年为基准年，计划在已有的绿色实践上，参照《温室气体核算体系》范围一、二类型，在数据中心、办公楼宇、碳抵消、智能交通、智能云、供应链六个方面，全面构建 2030 年碳中和目标的科学实现路径。

（一）绿色智能出行

城市路况瞬息万变，车辆在交通拥堵中的频繁起步停车会消耗大量燃油，排放大量尾气，这就造成了更多温室气体排放，加重了空气污染。据计算，拥堵路况下，车辆怠速三分钟与正常行驶一公里所消耗的燃油量相当。

百度地图通过提供实时路况预测与智能推荐出行方案，不仅可以帮助用户躲避拥堵路线，还可缓解交通压力，达到减轻环境负担的目的。百度地图日均位置服务请求次数突破 1200 亿次，日均轨迹里程 20 亿公里。

此外，百度地图还搭载各色出行服务，保障用户出行便利。例如，智能停车功能与充电桩导航功能，可以为广大车主减少等待时间和不必要的能源消耗。目前，百度地图已覆盖 98% 的现有线下公共充电桩，为用户提供丰富便捷的新能源车出行体验，助力绿色交通发展。

百度地图开展的"绿动计划"，鼓励用户积极参与绿色出行。2020 年，北京市交通委员会、北京市生态环境局携手百度地图，共同发起"MaaS 出行绿动全城"主题行动，推出绿色出行碳普惠激励措施，鼓励用户积极参与绿色出行，促进北京交通效率提升和环境改善。

这是中国首次以碳普惠方式鼓励市民全方式参与绿色出行的行动。用户使用百度地图 APP 为公交、地铁、自行车、步行等绿色出行方式进行路径规划及导航，结束后即可获得对应的碳减排量，而积累的碳减排量可以在百度地图上兑换多种权益或礼品。

百度地图"绿动计划"鼓励用户改变高碳出行方式，倡导绿色出行，北京市民参与热情高涨。截至目前，百度地图"绿动计划"覆盖地图全量北京用户，累计活动访问量超过 195 万，累计产生碳减排量超过 2000 吨，其中单个用户最高已累计产生超过 4 吨碳减排量，绿色出行公里数超过 1 万公里。"绿动计划"在北京的成功开展，为中国推广绿色交通出行积累了丰富的经验，也为个人参与碳交易提供了渠道。

（二）绿色信息通道

百度充分利用自身高效的信息渠道，将丰富的低碳环保信息资源融入百度产品，向用户传递绿色生活理念，普及环境保护知识。此外，百度凭借自身的技术及平台优势，打造全面的线上知识体系，在提高用户学习和获取信息效率的同时，减少纸质资源的使用和浪费。

AI 助力垃圾分类：2020 年 5 月，北京市垃圾分类正式开始实施，中国首批 46 个垃圾分类试点城市也均在 2019 年出台了生活垃圾分类管理相关的实施方案或行动计划。

百度与北京、深圳的城市管理机构合作，接入官方最精准的垃圾分类数据，基于自身的技术能力推出 AI 垃圾分类小程序，通过语音快问快答、语音搜索、文字搜索、视觉搜索等多元化方式，在废弃物管理的长链条中为用户提供多元、精准、科学而快速的源头分类指引，助力垃圾分类顺利开展。

截至目前，小程序已累计使用突破 1.5 亿次，日均使用人次达到 50 万。统计结果显示，用户搜索厨余垃圾频次最高，累计搜索量达到 4400 万次；用户更青睐"语音快问快答"这类 AI 互动式的搜索体验，总搜索量达到 6800 万次，远超过文字输入搜索次数。

野生动植物保护：百度与中国野生动物保护协会、国际爱护动物基金会（IFAW）、世界自然保护联盟（IUCN）等权威机构达成合作，持续引入野生动植物保护优质内容，优化搜索结果，向用户普及科学的野生动植物保护知识，传递正确的野生动植物保护理念。

针对非法野生动植物交易行为，百度也一直积极发挥平台优势，采取各种技术措施，对其进行精准防控和严厉打击。2020 年，百度贴吧清理野生动植物相关有害信息超过 140 万条，拦截野生动植物网络非法贸易信息传播累计约 64 万次，关闭违规账号上千个。

百度搜索通过巡查和策略屏蔽，阻断野生动物有害信息传播 900 万余次，屏蔽有害图片约 8000 张。此外，在人工智能时代背景下，百度与国家林业和草原局、中国野生动物保护协会以及国际爱护动物基金会（IFAW）共同发起倡议，号召企业、用户采取新方式、新工具保护野生动植物，重塑人与自然的关系。

无纸化教育传递：百度推出的百度百科、百度文库、百度知道等知识类产品平台，构成了庞大的知识内容体系和无纸化教育资源。百度百科是服务所有互联网用户的中文知识性百科全书，提供权威科普服务，其词条数超过 2200 万；百度知道通过问答互动，持续为用户解决 5.9 亿个问题，日服务人次 5.2 亿；百度文库分享在线式互动文档，汇集 8.8 亿高价值文档、课程等教育资源。

百度通过电子化的知识共享和文档存储，提高了信息传输的效率，让教育更加简单，同时减少了非必需的纸张使用，节约了自然资源。

（三）绿色云端服务

智能控制系统：百度利用百度智能云天工平台，结合物联网、机器学习等技术，打造百度科技园 K2 智能建筑项目，推动智能控制系统成功实现上线运行。通过百度智能云天工设备画像技术，集成设备功能，根据峰谷电价、区域人员分布、天气温度及其他环境数据实现对建筑设备的整体模式控制，从而提前进行模式切换以降低建筑能耗。与原始运行方式相比，新系统上线后能耗降低 20% 以上。

海淀城市大脑：百度智慧城市参与了海淀城市大脑建设，帮助海淀区发现和提炼城市潜在的运行规律，提供全局协同的决策依据支持管理与服务。

比如，渣土车密封性不佳，在运输过程中存在滴洒漏现象，造成道路路面污染。在渣土车综合治理中，实现对渣土车精准识别，每天处理 100 万张过车数据，高峰时期发现渣土车 9000 多辆，识别准确率 95% 以上；借助深度学习算法，对渣土车行驶轨迹进行预测分析，准确率超过 60%。通过识别渣土掉落并上报环卫部门，全面提升对渣土车的管理能力，有效缓解了渣土环境污染问题，为市民营造良好的生活环境。

智慧港口：云计算数据中心作为百度和河北港口集团合作建设的主体项目，利用云计算、虚拟化、云安全等技术，为用户提供计算资源、大存储空间的高性能物理平台。相较于传统的 IT 设备架构，该云计算数据中心可以节省 20% 的设备投资，提高约 30% 的设备利用率，降低 25% 以上的设备能耗。

（四）百度绿色运营

2020 年，《政府工作报告》提出"加强新型基础设施建设，增加充电桩、换电站等设施，推广新能源汽车，激发新消费需求、助力产业升级；加强污水、垃圾处置设施建设，推进生活垃圾分类"等低碳要求。

百度积极响应政府节能减排号召，配合海淀区政府重点用能单位节能目标工作计划，开展了一系列能效提升项目，通过审查各种设备设施的能源消耗情况，逐步淘汰高耗能设备，采取行之有效的节能举措，积极开辟可再生能源利用途径。

清洁交通：在全球变暖和空气污染的大环境下，百度努力从自身寻求突破点。为减少燃油车带来的二氧化碳排放和空气污染，百度自 2015 年开始启用新能源电动班车作为员工通勤交通工具，并制定了《电动自行车停放及应急充电服务管理制度》和《百度机动车相关管理办法》。

目前，百度通勤班车已实现 100% 转变为电动班车。为了鼓励员工更多地选择新能源交通工具，在百度大厦和科技园办公区设置了新能源汽车充电桩。截至目前，共安装 121 个充电桩，以满足员工的充电需求。

可再生能源：百度科技园办公区安装了 603 组太阳能集热板，为员工提供生活热水。夏季平均每日可节省天然气用量 457.8 立方米，全年可节约天然气约 18 万立方米，相当于 700 多个家庭一年的天然气用量。

资源循环利用：在水资源利用方面，百度科技园办公区安装了三组雨水收集池，共计 1400 立方米，将每年夏季的集中降水收集用于园区绿化灌溉，平均全年雨水收集再利用约 4000 立方米。2020 年降雨量增加，雨水回收再利用相比 2019 年增加 1000 立方米。

雨水收集再利用不仅能有效节约水资源，也是潜在的城市洪涝和干旱的有效预防适应方式。同时，百度对科技园二期冷却塔进行了节水改造，将科技园 IDC 和办公区冷却塔处理后的排污水接入大楼的中水系统，直接作为大楼冲厕用水，既实现冷却塔的零排放，又有效促进了水资源的循环利用，每年可节约用水约一万吨。

污染物管理：百度对废水废气污染物排放进行了严格把控，力求把其对环境造成的负面影响降到最低。

2019年，百度科技园完成了对九台燃气锅炉的降氮减排改造。最新检测结果显示，本单位锅炉二氧化硫排放量小于3毫克/立方米，氮氧化物排放量从120毫克/立方米降至25毫克/立方米，远远低于中国《锅炉大气污染物排放标准》的要求。

此外，日常办公和餐厅产生的所有生活污水都经过化粪池初步处理，化粪池定期进行清淘，并进行四级过滤后排入市政污水井，达到《污水排入城镇下水道水质标准》要求。

垃圾分类：2020年5月1日，随着《北京市生活垃圾管理条例》的正式实施，北京的垃圾分类行动正式拉开序幕。百度在第一时间投入践行垃圾分类的队伍中，积极推动生活垃圾减量化、资源化、无害化。

一方面，百度积极参与所在街道政府组织的各类垃圾分类活动，并向公司内部员工推送垃圾分类宣传文件，确保分类工作顺利进行。另一方面，撤除了2.5万个设置在员工工位旁的个人小垃圾桶；为各个工区新配置1200组分类垃圾桶，每20人放置一组；休息区新配置174组分类垃圾桶，每个茶休区放置一组。同时，还对九处垃圾房进行整体改造，增加降温设备，降低对环境的污染。

目前，部分垃圾房改造已完成，可实现对办公垃圾、生活垃圾及厨余垃圾的干湿分离处理，对可回收物和其他垃圾进行分类处理。

五、公益行动，大灾救助，百度始终在前线

2020年至2021年，百度为各项社会公益扶贫事业捐赠总额逾3.08亿元，其中现金及有价证券捐赠额为2.93亿元，捐赠物资价值1561.4968万元。历年来，百度捐赠总额为5.45亿元。

（一）百度员工公益项目"Hello World"

作为一家负责任的企业，百度在公司内部营造了良好的员工公益氛围。

2021 年，百度员工公益项目"Hello World"在四川省甘孜藏族自治州为少数民族的孩子们修建了一座公益图书馆，取名为"山外云"，并为四川、青海少数民族青少年捐赠了 11478 册图书。

捐赠的图书馆名称是三万余名百度员工集思广益的结果，"山外云"取自百度大厦员工培训教室的名称，百度员工用这种方式寄托了大家对少数民族青少年的祝福，希望他们通过阅读认知世界，探索未来。

图 4 "山外云"图书馆挂牌

（二）百度助力河南、山西抗洪

2021 年，河南、山西等地遭受极端强降雨天气，百度紧急捐赠 9000 万元现金支援河南水灾，捐赠 5000 万元现金支援山西水灾及灾后重建。百度APP 开通河南、山西报道专题，百度健康面向河南、山西全省开展义诊服务，百度地图开启紧急救助通道，百度爱采购紧急成立救援物资专项小组，结合地区物资需求，利用平台大数据快速锁定优质采购供应商，保证更快更精准地将物资送往灾区。

未来，百度将持续秉持着"科技为更好"的企业社会责任理念，响应党和政府的号召，面对企业社会责任这样的宏观命题，面对共同富裕这样的时代责任，百度会持之以恒地践行责任初心，在用技术改变世界，为人民创造更加美好生活的道路上，不断贡献自己的力量。

创新产业扶贫模式，持续助力乡村振兴

——四川铁骑力士实业有限公司

提要：

实施乡村振兴战略，是党的十九大作出的重大决策部署，是新时代做好"三农"工作的总抓手。作为农业产业化国家龙头企业的四川铁骑力士实业有限公司 30 年来，不忘初心、深耕农牧，牢记使命、勇于担当。2022 年 7 月 26 日，公司在成立 30 周年之际，宣布启动新一轮乡村振兴计划。集团董事长雷文勇表示，将深度参与乡村振兴，让有知识的农民留在土地上，用社会网络和产业网络双重嵌入构建乡村振兴新路径，践行产业向优、商业向善。在新一轮的乡村振兴伟大实践中，继续发挥铁骑力士独特的产业优势，持续巩固脱贫攻坚成果，为乡村振兴、产业振兴贡献更大的力量，在社会企业的道路上奋力疾进。

企业简介

四川铁骑力士实业有限公司（以下简称"铁骑力士"或公司）于 1992 年创建于四川绵阳高新区。经过 30 年的淬炼，公司已从单一的饲料加工，发展成为以饲料、牧业、食品、生物工程为主导产业的现代农牧食品企业集团，是农业产业化国家重点龙头企业。铁骑力士以"一核（川渝）三极（大湾区、长三角、东北）"布局全国，形成了产、商、学、研合作等方面的产业循环。

铁骑力士现设农牧（ABG）和消费（CBG）两个事业群，在全国 25 个省市建有 150 家分（子）公司，从业人员万余人。2021 年，集团公司营业收入 140 亿元，纳税 7250 万元，迄今已累计纳税 56852 万元。

铁骑力士技术中心为国家认定企业技术中心、国家认可测试中心，是行业内唯一一家同时承担国家现代生猪、蛋鸡、水禽三大产业技术体系综合实验站的企业；先后荣获国家科技进步二等奖三项、省部级科技进步奖25项，申请专利248项。

图1　铁骑力士技术中心

图2　铁骑力士获农业产业化国家重点龙头企业、国家认定企业技术中心

从饲料生产、畜禽养殖到提供安全美味的食品，铁骑力士以全产业链全程可控的溯源体系构建起强大的食品安全保障。

公司先后获得"全国'万企帮万村'精准扶贫行动先进集体""全国民族团结进步模范集体""四川省脱贫攻坚先进集体"等荣誉称号。铁骑力士旗下的黑龙江青冈长林肉类食品有限公司获得"全国脱贫攻坚先进集体"荣誉。

企业履责实践与成效

自2015年脱贫攻坚战打响后，铁骑力士就充分发挥产业优势，创新产业扶贫模式，构建产业生态网络，先后在六个省、30多个区县、600多个村镇、投入近80亿元、带动了数万户贫困户、10多万名贫困群众实现脱贫。

铁骑力士先后深入秦巴山区、大凉山、武夷山区、乌蒙山区、大兴安岭南麓等国家级贫困山区，有针对性地创新了区域特色的产业扶贫模式，如"1211"模式、喜德模式等，推动了农业生产方式转型升级，真正实现了农民增收、社会增益、企业发展。

一、创新产业扶贫"1211"模式，激发农户内生动力

自2015年起，铁骑力士充分发挥产业（生猪、蛋鸡）优势，围绕产业兴旺、合作共赢发展路径，以生猪代养为特色，产业规模为基础，产业化联合为关键，技术为保障，绿色环保为重点，助农增收为核心，通过创新模式、建立利益分配机制，探索产业链的联合与合作，赋予农民脱贫增收的内涵和活力。

俗话说，"穷不丢书，富靠养殖"。生猪养殖一直是农民赖以脱贫的产业支柱。

2015年2月1日《人民日报》以《四川生猪养殖昭化探索托管养猪：风险两家担，农民稳赚钱》为题，对铁骑力士在四川生猪养殖大县广元市昭化区大力推广的"1211"生猪代养模式（即一栋圈、两个家庭劳动力、年出栏1000头肥猪、利润10万元）进行了专题报道，铁骑力士"1211"这一全新的生猪养殖发展模式由此被更多人认识。

图3　2015年2月1日，《人民日报》刊登文章

"1211"生猪代养模式先后在四川广元和绵阳地区全面复制和推广。其基本模式如下：

其一，铁骑力士建立种猪养殖基地生产优质猪苗；养殖户按铁骑力士代养场标准，建设标准化生猪育肥圈舍，包括完善病猪观察治疗圈、消毒池、粪污处理设施等。

其二，养殖户与公司签订委托养殖合同，公司按照协议价将仔猪提供给养殖户。养殖过程中所需物料（饲料、药品、疫苗）等均由公司以记账方式统一提供，不收取任何费用。

其三，公司提供"七统一"服务（统一设计猪舍、统一提供猪苗、统一提供饲料、统一提供药品疫苗、统一标准化管理、统一合同价回收、统一品牌销售），帮助养殖户做好生产管理。养殖户负责"三落实"（落实圈舍新建或改造、落实家庭劳动力、落实养殖责任），严格按照公司的养殖管理技术规程进行操作。

其四，生猪育肥后，由公司统一收购和对外销售，按合同价与养殖户结算。

成效：该模式充分整合了企业与农户的优势资源，产生聚合效应。对农户来讲，最大限度发挥闲置的土地和圈舍的作用以及粪便再利用，充分调动劳动力的积极性；对企业来讲，发挥科技、管理、资金、品牌、市场优势，提供现代养殖技术和标准化管理，降低养殖成本，提供流动资金保障，发挥品牌效益，控制市场风险。

同时，铁骑力士结合地区产业发展特点，区域经济环境，创造了具有地方特色的生猪、蛋鸡产业扶贫模式。如四川绵阳三台模式、四川凉山喜德模式、云南昭通威信模式、贵州铜仁沿河模式、黑龙江绥化青冈模式等。模式从本质上讲，都是"1211"产业扶贫模式的运用、升级和深化，是"1211"产业扶贫模式在各地的具体推广和发展。

2020年，"1211"升级为：一个养殖农场、存栏2000头肥猪规模、一年代养酬金100万元。

这些模式的共同特点是把地方、企业、金融、村集体、农场主（能人大户）、贫困户等利益相关主体，通过市场机制有机联系起来。在政府引导下，将企业自身的技术、管理、资金及市场等资源优势与农村和环境资源有机结合起来，实现高效循环养殖，推动了农业生产方式现代化转型升级，体现了长效精准造血式扶贫，真正实现了农民增收、社会增益、企业发展。

无论采用上述哪种模式，核心始终不变，让农民加入产业链条，实现稳定增收，实现乡村产业可持续发展，促进乡村可持续振兴。

二、推广创新"1211"模式，助力喜德县彝区产业发展

2016 年 11 月，铁骑力士与四川省凉山彝族自治州人民政府签订了"220万头生猪项目战略合作协议"，就此拉开了铁骑力士到大凉山扶贫的序幕。

图 4　铁骑力士邀请国内知名专家学者召开大凉山产业发展暨乡村振兴研讨会，董事长雷文勇阐述公司在大凉山的发展布局

公司瞄准贫困群众养猪"养怕死""销怕赔""等靠要"等关键问题，创新推进精准扶贫"四大专项"工程，有效破解凉山州喜德县贫困群众"养不上猪、养不来猪、养不好猪、养不起猪"等难题，成功引领深度贫困地区彝族群众散户养猪挣钱，让大家富了"口袋"，喜上眉梢。

（一）创新"喜德模式"，构建"五位一体"利益链接机制

铁骑力士根据喜德县实际需求、自身特点、资源优势，推广和实施"1211"模式，创新了"喜德模式"，构建了企业、金融、村集体（合作社）、能人（大户）、贫困户"五位一体"参与扶贫常态的利益链接机制，按照农

牧食品行业参与产业扶贫的规律，实施"四大专项"工程，全面构建生猪代养扶贫产业体系。

实施**"要素融合"工程**，增强彝区产业发展能力。企业推行"龙头企业＋代养农场"产业扶贫模式，有效构建"企、场"联合、分工合作、抱团发展的代养扶贫共同体，助推生猪产业弯道超车。

实施**"主体培育"工程**，增强彝区产业致富能力。一是实施仔猪繁育能力大提升，填补喜德县无大型仔猪繁育体系的空白；二是实施彝家代养农场职业技能大提升，推行"公司技术员＋彝家养殖员"模式，大规模培育职业养猪人；三是技术帮扶，常年派技术人员下乡指导，精准解决农场主没技术、不会养等难题。

在金融服务方面实施**"供应链垫资"工程**以及**"风险兜底"工程**，增强了彝区生猪产业抗风险能力。

（二）多项帮扶政策措施，取得脱贫攻坚成果

铁骑力士以"猪苗物料垫资"为抓手，出台了多项帮扶政策。

针对传统生猪养殖"资金借贷风险、生猪扑杀风险、猪价下跌风险、亏损背负债务"等"四怕"难题，铁骑力士量身定制多项补短板措施。措施如下：

第一，垫资仔猪、饲料、药品等物料费用，2020 年每头猪平均垫资2000 元左右。

第二，重大疫病扑杀生猪由企业和养殖户共同承担。

第三，肥猪回收价超过保护价的部分，执行"保护价＋提成价＋补贴"利益联结机制，回收价不与肥猪市场亏损价挂钩。

第四，代养酬金依据生猪重量、出栏率、料肉比等养殖实绩与企业结算，实现重大养殖风险"全兜底"。

成效：截至 2020 年 12 月，喜德县 11 个乡镇 49 个点，建设了 83 个规模化生猪代养场，年出栏生猪 30 万头。

通过创新利益联结机制，铁骑力士把贫困户聚在产业链上，推动资金变股金、农民变股民，让企业和贫困农民成为利益共同体。全县共吸纳了约 1155 户贫困户，集中安置受益 1901 户，占全县贫困户比例 50%。

铁骑力士垫资猪苗、物料资金超过六亿余元，新增肉猪产能 25 万头，

代养产值可达 10 亿元以上，代养收益 8000 万元以上，可直接带动 3359 户贫困户户均增收 2000～5000 元。同时，代养场所在村集体经济参与入股分红，喜德县 26 个村集体经济组织年平均分红 2.7 万元。

（三）采取三项有效措施，巩固脱贫攻坚成果

脱贫摘帽不是终点，而是新生活、新奋斗的起点！乡村振兴的前提是巩固脱贫攻坚成果。

自 2021 年 3 月以来，生猪市场产能过剩，生猪收购价大幅下跌，从原来的 10 元 / 斤跌至 6～7 元 / 斤。生猪养殖户收益严重下滑，再加上受非洲猪瘟影响，养殖户失去了积极性，又有了过去那种"养怕死、卖怕赔、等靠要"的心态，返贫在即。

为此，为确保实现脱贫攻坚与乡村振兴有序衔接，铁骑力士果断采取了三项有效措施。

一是构建"三层防疫、三级中转、三次洗消"的"333"结构性防非体系，实现刚性的红线管理与科学的防控方案的双融。

二是加大养殖技术培训，先后开展养殖技术专业培训班 15 期，免费培养 550 名专业养殖户，帮助他们实现了由农民向职业农民的转变。公司技术中心先后还邀请国家生猪产业技术体系岗位科学家亲赴喜德县进行养殖技术培训，提高养殖户的养殖技术，从而提高生猪养殖成活率，降低养殖成本。

图 5　享受国务院政府特殊津贴专家、铁骑力士总裁冯光德博士解读生猪养殖技术

三是主动承担市场风险，坚持兜底收购。仅 2022 年上半年，投入喜德县生猪风险金 3600 万元，确保农户收益。

这一措施的实施，有效地促进了喜德县生猪产业持续良性发展，为喜德县巩固脱贫攻坚成果，实现脱贫攻坚与乡村振兴有效衔接贡献了企业力量。

三、"1211" 扶贫模式成果——蝶变！"贫困村" 变 "亿元村"

凉山彝族自治州喜德县贺波洛乡塔普村位于凉山州中北部，海拔在 2000 米以上，且多山地丘陵。2013 年被列为建档立卡贫困村，建档立卡贫困户 77 户 340 人。

过去，塔普村生产生活环境差，基础设施落后。全村以种植花椒、马铃薯、荞麦、玉米为生，村民人均年收入不到 4000 元，而贫困户人均年收入不到 2000 元。村级集体经济薄弱，缺少发展依托，村里的年轻人出去打工后很少再回来，人口外流严重。

2018 年，喜德县塔普村与铁骑力士签订生猪代养合作协议，由铁骑力士提供猪苗、饲料、技术、管理，走 "公司＋农户" 的生猪代养模式。由此，塔普村依托当地丰富的资源，整合产业扶贫项目和扶贫资金，建成了六个自动化代养猪场。

"我们之所以采取铁骑力士的代养模式，是算过细账的。"塔普村党支部书记阿的伍达说。铁骑力士的这种代养模式收益稳定，因小猪本钱和饲料及防疫药物全由铁骑力士垫资，技术也由铁骑力士提供，养殖户只需按照铁骑力士的要求喂养，减少了养殖风险。阿的伍达介绍，最大的一个代养场占地 50 亩，年出栏育肥猪达 13000 余头，其余五个代养场，平均年出栏育肥猪 5000 头。

阿的伍达介绍说，"我们的养猪场全是按照标准化建设的现代化全自动养猪场，1000 头猪平时只需 1～2 人喂养，保温、通风只需按一下开关，产生的猪粪通过干湿分离后，很快就归储发酵，省力得很。"

生猪产业可以实现村强民富，但必须处理好几万头生猪产生的粪水。因此，塔普村在修建猪场的同时，村集体就同时流转了 2000 多亩地用于种植花椒，实现"生猪＋花椒"种养循环，通过配套建设沼气发电，污水将通过管网布局灌溉约 2000 亩的花椒种植基地。

将发酵后的猪粪和沼渣沼液用于浇灌花椒，不仅环保生态，让资源利用最大化，而且种出的花椒品质更优、更生态。"标准化养猪和花椒产业，不仅壮大了村集体经济，还让村民和脱贫户获得土地流转、就近务工和分红收益。"阿的伍达说。

阿的伍达表示，村民们在一件件实事中看到了变化，看到了真正的致富路，参与生猪代养的热情也在不断高涨。

案例 1："生猪代养模式"大幅提高村民的积极性

塔普村村民阿的阿且，过去是建档立卡贫困户，一年辛苦劳作下来，收入还不到 2000 元。2018 年，他与同村几个人一起合作建了一个生猪代养场，如今每年可以从猪场分红五万余元。

同为塔普村建档立卡贫困户的阿的小木呷，2018 年和几个当地村民一同建成了一个年出栏 4000 头的生猪代养场，现在一年下来，能从中获利四万余元。

"我们赶上了一个好时代。"阿的阿且说，"铁骑力士的生猪代养模式，大大提高了塔普村村民赚钱的积极性，有的老百姓在铁骑力士的代养场内学到了技术，就前往周边村落的猪场，去给别人做技术指导，还能获得额外的收入。"

2020 年，塔普村生猪代养规模达四万余头。生猪代养项目年产值 2.2 亿元，代养收益达 1600 万元（平均每头生猪代养收益 400 元），直接带动 200 户 900 余人，提供就业岗位 140 余个，人均年增收 1.5 万元。

通过"1211"产业扶贫模式在喜德的运用和创新升级的"喜德模式"，取得了突出的产业扶贫效果，成为企地两方共同打造的产业扶贫脱贫攻坚的经典案例，更是铁骑力士在产业扶贫中的特别贡献。

图6　喜德县木古宜莫村铁骑力士生猪代养分红现场

四、"1211"模式再创新和产业延伸——铜仁松桃：农业现代化带来新"鸡"遇

2020年，蛋鸡产业在贵州铜仁落户。铁骑力士与铜仁市人民政府规划共建梵净山国际"蛋谷"。

"蛋谷"建设围绕"依托一产、壮大二产、催生三产"的思路，推动第一、第二、第三产业融合发展，坚持"高端化、集约化、绿色化、规模化、智能化、全球化"的定位，打造"百亿级"禽蛋产业集群，推动农业现代化发展。

可以说，正是铁骑力士此前在四川、云南、贵州等地创新和运用了"1211"产业扶贫模式并取得了良好效果，才为在相关养殖产业中继续创新实践提供了基础。在铜仁的梵净山国际"蛋谷"的建设中，也呈现了"1211"产业扶贫模式的光辉。

图7　铁骑力士与贵州省铜仁市乡村振兴产业投资合作座谈会

铁骑力士采取"政府＋龙头企业＋平台公司＋专业合作社＋农户"合作模式和"统一优良鸡苗供应、统一组织生物防疫、统一提供绿色饲料、统一饲养管理程序、统一产品生产标准、统一品牌销售"的"六统一"产业推广模式，实现龙头企业与集体经济、专业合作社、养殖农场、社会事业等多方共赢。这其中的大部分内容，都与"1211"产业扶贫模式密切相关。

"蛋谷"建设以"五谷"（种业蛋谷、绿色蛋谷、品牌蛋谷、创新蛋谷、共富蛋谷）为目标，实现"五谷丰登"。

"品牌蛋谷"是标志。品牌兴、"蛋谷"兴，品牌强、"蛋谷"强。品牌"蛋谷"的灵魂是品牌文化，品牌文化是市场文化。

"创新蛋谷"是核心。"创新蛋谷"是动力之源，强调持续利用"高新"内核，发挥"领跑"作用。

"共富蛋谷"是目的。通过体制机制创新，充分调动场、企共同富裕产业链上各创新主体的积极性，让产业链参与者在"蛋谷"建设中共享发展成果，保障地方经济在建设中同步发展。

"绿色蛋谷"是统领。"绿色蛋谷"是梵净山国际"蛋谷"建设的生命力所在。全方位全过程推行绿色规划、绿色建设、绿色养殖、绿色加工、绿色流通、三产融合。

图中文字（按示意图内容）：

五谷丰登

- **品牌蛋谷**　"品牌蛋谷"是标志，品牌兴则蛋谷兴，品牌强则蛋谷强，品牌蛋谷的灵魂是品牌文化，品牌文化是市场文化。
- **创新蛋谷**　"创新蛋谷"是核心，创新蛋谷是驱动力之源，充分调动地、企共同调和产业链上各创新主体的积极性，强调持续利用"商新"内核发挥"创新"作用
- **共富蛋谷**　"共富蛋谷"是目的，通过体制机制创新，让企业参与在蛋谷建设中共享发展，保障地方经济在建设中同步发展
- **绿色蛋谷**　"绿色蛋谷"是统领，绿色蛋谷总是国际蛋谷建设的生命力所在，全力在全过程推行绿色规划、绿色建设、绿色养殖、绿色加工、绿色流通
- **种业蛋谷**　"种业蛋谷"是关键，打造蛋鸡种质资源保护利用体系，打造蛋鸡种业商业化育种基地，实现种业科技自立自强，种源自主可控目标

经济效益　年产值100亿元

梵净山国际蛋谷

- 项目周期　五年三期
- 建设规模
  - ①蛋种鸡60万套
  - ②1000万羽高品质蛋鸡及加工产业链体系

饲料生产　有机肥生产　蛋品加工　蛋鸡养殖　供应链

左侧分类：

- **高端化**：一流的品种　一流的设备　一流标准　德国罗曼粉壳种鸡　德国大荷兰人养殖设备　荷兰海兰泰克孵化设备　SDL标准体系
- **集约化**：人才保障　集中资金　提升组织化　政校企联合办学　涉农产业基金　整合绿色产业合金　推行"六统一"的管理模式　银行融资贷款、企业自筹资金等　搭建育才平台
- **绿色化**：绿色饲料　品质溯源　种养循环　无抗饲料　每一枚蛋的安全　取种养结合　与品质质量可追溯　实现种养循环
- **规模化**：良种繁育体系蛋鸡及生产体系加工体系
- **智能化**：技术一体化、设备自动化、服务网络化
- **全球化**：设备国际化、品质国际化、品牌国际化

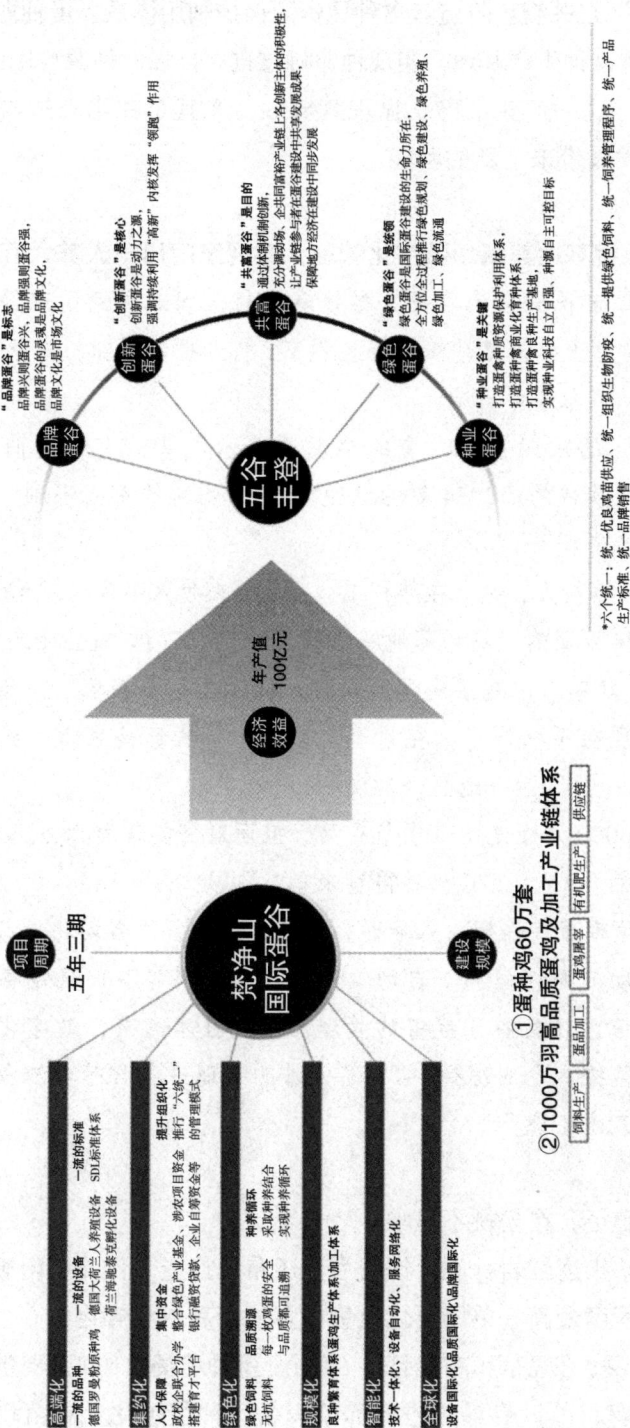

图 8　铁骑力士梵净山国际"蛋谷"产业体系架构

*六个统一：统一优良鸡苗供应、统一组织生物防疫、统一提供绿色饲料、统一同期管理程序、统一产品生产标准、统一品牌销售

"种业蛋谷"是关键。打造蛋禽种质资源保护利用体系、蛋种禽商业化育种体系、蛋种禽良种生产基地，实现种业科技自立自强、种源自主可控目标。

截至目前，这一产业集群正显现其成效，尤其是在惠农扶农方面，给当地农村产业发展带来了新的动能。

案例2：松桃基地养鸡场数字化管理，实现家门口一人养六万只鸡

清晨，铜仁市松桃自治县长兴堡镇麻塘村，饲养员龙丽琼经过严格消毒后，走进铁骑力士松桃基地养鸡场控制室，打开控制按钮，鸡舍里的光照、自动喂食、自动供水随之开启。

在"叽叽"的欢叫声中，有的鸡啄开供水乳头，有的走向供料传送带……看着这些欢快的鸡，34岁的龙丽琼说："原来咋都想不到，我一个人也能看管六万只鸡。"

龙丽琼是麻塘村人，过去在外打工，一年下来收入不到三万元。2020年，铁骑力士存栏24万羽的养鸡场落地麻塘村，为她在家门口就业带来了新机遇。

"以前出去打零工，有活儿了干几天，没活儿了干着急，一年到头也挣不了多少钱。现在不一样了，在村里上班，能挣钱还离家近，我感觉可满足了。"龙丽琼一边干活一边高兴地说。

虽然月薪6000元让龙丽琼很是心动，但面对需要饲养六万只鸡的工作，她还是有些退缩了，"六万只？看得过来吗？"

就在龙丽琼带着些许担心入职时，养殖场里配备的自动化设备很快让她稳下心来。自动光照、恒温、自动饮水、自动投料等现代化设备营造了鸡的最佳成长环境，还配备了优秀的管理团队及技术人员，数字化管理让养殖场实现全程监控。龙丽琼说："有了先进的管理设备和管理流程，养六万只鸡比在外打工还轻松。"

这样的养殖场，在松桃不是唯一。

在该县太平街道红岩社区，铁骑力士还布局打造了目前国内孵化技术最先进、自动化程度最高、单场孵化数量最多的商品蛋鸡孵化中心，年可孵化蛋鸡苗6000万羽；在盘信镇布局打造60万套蛋种鸡场、100万羽蛋鸡场……

养殖场拥有目前世界最先进的养殖设备，种蛋孵化、鸡苗培育、蛋鸡

养殖等环节，均实现了自动化、智能化，同时养殖场还使用智慧养鸡场数字化管理系统，实现了生产全程数据共享、实时监控和产品溯源。

农业现代化带来的新"鸡"遇并不是偶然。"十四五"期间，铜仁市人民政府坚持"高端化、集约化、绿色化、规模化、智能化、全球化"的发展理念，在铜仁市优化产业布局，发挥特色优势，强弱项、补短板，大力推进生态家禽全产业链发展。

成效：通过五年三期建设，梵净山国际"蛋谷"将建成60万套蛋种鸡，1000万羽高品质蛋鸡及加工产业链体系（包括饲料厂、蛋品加工厂、有机肥厂、蛋鸡屠宰厂及物流体系），在该地区已形成较为完善的种禽繁育体系。

所有项目投产后，将实现年产值100亿元以上，同时推动上下游产业如运输、食品加工、餐饮等产业，实现三产融合的快速发展。预计带动村级集体300个，解决劳动就业岗位5000个以上，并长期带动1300户农户养殖蛋鸡，每户年平均增收两万元以上。从而带动区域经济发展，全面促进当地乡村振兴。

五、"1211"模式的再提升和产业变革——推动循环产业，落实"双碳"战略

"种养循环"是铁骑力士在产业发展中一直推行的一种模式。以生猪养殖为例，从"1211"产业发展模式到产业园区集中养殖，都将"养殖—排泄物—种植—养殖"的循环利用和发展，作为一项长期的技术和产业要求贯穿始终，取得了明显的成效。循环经济的实践让企业发展更安全，更充实，更具社会责任。

产业发展的过程中，铁骑力士不断创造"新技术、新装备、新模式"，坚持"资源全循环、污染零排放、副产高价值"的生态目标，走出了一条持续发展的产业生态道路。

案例3："猪沼—粮（经果）"生态循环经济模式

在喜德县冕山生猪扩繁场，通过配套建设沼气发电，污水将通过管网布局灌溉3000亩种植业，形成"猪沼—粮（经果）"生态循环经济模式。

在喜德县沙马拉达乡铁口村代养场，六个料线自动将饲料、水等输送到食槽，粪污通过管网灌溉约3000亩的花椒种植基地，林下套种约200亩魔芋和中药材，带动周边村民种植花椒一万亩以上。

大力推行标准化养殖，实现自动喂料、自动饮水、环境控制等，普及矿物质元素类饲料添加剂减量使用技术，应用节水、节料、节能等清洁养殖工艺和干清粪、微生物发酵等先进技术，推行干湿分离、雨污分流、固液分离等工艺，从源头减排。

根据不同地区的资源条件、不同畜种、不同规模，制定相应的管理方案，普及清洁回用、达标排放、集中处理等经济实用技术，提高养殖场粪污资源化利用水平，打通种养循环通道。

利用粪污高效干湿分离、固体有机废物好氧堆肥、液体粪污厌氧发酵、粪肥深施还田等工艺，推动产业发展由"资源—产品—废弃物"的线性经济向"资源—产品—再生资源—产品"的循环经济转变。

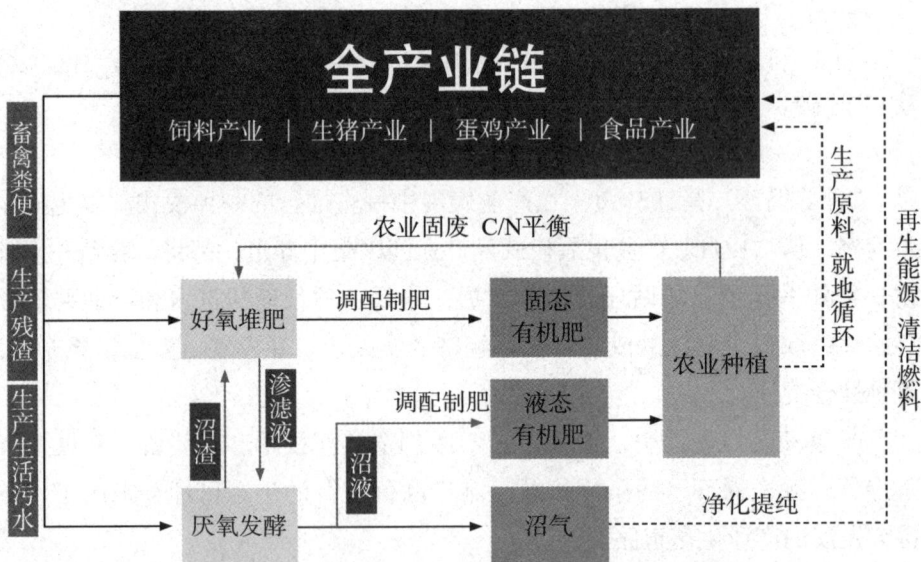

图9 铁骑力士集团废物资源生态大循环示意图

注：根据《农业有机废弃物（畜禽粪便）循环利用项目碳减排量核算指南》核算铁骑力士（2019—2021年）二氧化碳减排量约717.90万吨；氮减排量约172874.68吨；磷减排量约130843.81吨。

在四川省绵阳市三台县芦溪镇铁骑力士枫叶牧场，通过对全过程的种养循环生态模式配套建设，累计改良养殖场周边土壤 20000 余亩，沼液循环利用率达 90% 以上，农业资源利用率提高 30% 左右，农药和化肥施用量减少 50%，实现经济效益 2000 万元。

图 10　四川省绵阳市三台县铁骑力士生猪产业智慧种养循环基地

"1211" 产业扶贫模式在喜德的运用和创新最终形成 "喜德模式" 的过程中，就把环境保护、废弃物资源化和再利用、低排放等产业的循环发展及节能减排的低碳发展融入其中。所以，"1211" 产业扶贫模式不仅为脱贫攻坚助力，也是铁骑力士产业发展的循环经济发展和低碳发展的生动实践。

六、"1211" 模式的再拓展和三产融合——品牌 "树椒" 变 "致富椒"

随着 "1211" 产业扶贫模式发展和运用的深入，铁骑力士还将扶贫攻坚理念和行动融入相关产业的发展中，使之成为运用于全产业链发展的一以贯之的行为，成为企业社会责任践行的自然结果。

近两年，公司食品产业飞速发展，一批新产品深受消费者欢迎。在众多的 "爆款" 产品中，"得荣树椒香肠" 很受大家的青睐。

2020 年 5 月，阿里巴巴联合四川省商务厅在成都宽窄巷子举办 "天猫"

美食"家乡的味道"战略发布会。作为"一城一味"成都站的代表，公司新开发的产品"得荣树椒香肠"首次亮相，并在随后几天的活动中被20余位直播网红、KOL在直播间里"打Call"，一笔笔订单也从全国各地飞进直播间，带动得荣树椒走出大山，首次"破圈"。

2021年7～10月，铁骑力士又牵手著名主持人与网红，为"得荣树椒香肠"带货，实现3000多万人次的"得荣树椒宣传视频"浏览，"得荣树椒香肠"产品浏览达到30万人次，销售额再次"爆棚"。

"树椒"来源于四川甘孜州得荣县。得荣县地处青藏高原东南边缘地带，具有日照充足、大气干燥、降水稀少的气候特点。得荣树椒不仅富含胡萝卜素、硫胺素、核黄素、氨基酸等对人体有益物质，更含有普通辣椒没有的硒，同时含钙量是普通辣椒的20倍。在首届中国成都国际农业博览会上，得荣树椒获得金奖。不仅如此，还成为国家地理标志产品。

把得荣树椒带出大山并非易事。得荣县地处四川偏远山区，距离成都1000多公里，开车需要近20个小时，崎岖、颠簸的山路成为得荣树椒"出山"的最大阻碍，物流成本特别高。

长期以来，这样的好产品无人问津，农户失去了种植的积极性，种植热情也不太高，对地里的树椒也不太上心打理了，亩产量远远低于预期。

"得荣树椒香肠"产品成功占领市场，在"天猫"上的一笔笔订单，很快变成了得荣县村民手中的一张张钞票。

2022年1月，公司联手郎酒集团，推出包含"得荣树椒香肠"在内的三款联名礼盒，在天猫、京东、拼多多以及郎酒集团的各个渠道正式销售。在此推动下，得荣县引入了更多的互联网力量。

树椒需求量大幅提升。当初仅与得荣县毕拥村少数农户合作种树椒，他们带着现金再回到毕拥村给大家兑现货款之时，立刻在村里引起了轰动，大家都表示要专心种树椒。

一年下来，树椒给每户带来了5000元的额外收益，已经真正成为当地农业和农村经济的重要支柱产业之一。贫困地区的特产搭乘电商品牌快车，从西部内陆谷地走向国民餐桌。它让越来越多的得荣人日子越过越红火。

图 11　四川省甘孜州得荣县毕拥村农户树椒大丰收

以上仅仅是铁骑力士众多实践案例中的典型代表。"1211"产业扶贫模式的发展与创新，赋予了铁骑力士持续发力乡村振兴的新动力和新使命。

"万企兴万村"行动是"万企帮万村"的升华和提升，是巩固脱贫攻坚成果、接续推动乡村振兴的有力抓手。铁骑力士将继续发挥产业优势，积极参与"万企兴万村"行动。在践行社会责任，助力乡村振兴的实践中，以看到"农民的微笑"为出发点和终结点。

2017 年，铁骑力士成立了"社会责任研究中心"；2019 年，成立了铁骑力士"乡村振兴实验室"，致力于不同地区模式的研究、实践和创新，使之更具地方特色。2019 年 3 月，铁骑力士以"微笑的力量"为主题，作为一个非上市公司，面向社会公众，发布企业社会责任报告，并每年坚持编制和发布企业社会责任报告，已连续编制四年。

图 12　铁骑力士成立社会责任研究中心和乡村振兴实验室

投身产业扶贫和乡村振兴，是铁骑力士长期奉行"看得见农民的微笑"这一社会责任实践的结果。

"看得见农民的微笑"还直接推动了公司另外两个"微笑"的深化与实践，即"看得见消费者的微笑、看得见员工的微笑"。今天，这"三个微笑"已经成为铁骑力士担纲企业公民的法宝，成为铁骑力士进步发展的密钥。

农牧产业的发展离不开农业领域的深耕，产业的兴旺离不开乡村振兴的实践，企业的发展离不开消费者、农民、员工的"三个微笑"，这正是铁骑力士产业发展的内在逻辑，也是铁骑力士企业成长的理性选择。

寓产业发展于共同富裕之中，寓企业发展于社会进步之中，寓企业的成就于"三个微笑"之中，铁骑力士一定会在共同富裕的道路上做得更多、走得更远。

2022 年 7 月，在铁骑力士成立 30 周年的庆典大会中，集团董事长雷文勇满怀深情地回顾和总结了公司多年来以产业发展参与乡村振兴、以产业扶贫助力脱贫攻坚、以产业扶贫推动各相关产业发展的历程和经验。他信心十足地提出，未来将更深入更专业地投入新一轮的乡村振兴、产业振兴的大潮中，为世界铁骑力士宏伟目标的实现，为更好地践行企业社会责任，为成为一个有远大追求的社会企业而努力奋斗！

强化 ESG 治理，助推企业绿色低碳发展

——荆门市格林美新材料有限公司

提要：

作为中国循环经济领域领军企业，荆门市格林美新材料有限公司牢记习近平总书记嘱托，不断探索绿色可持续发展新路径，以技术创新引领企业发展，以"绿色"理念管控企业生产，在行业内率先建立起"城市矿山＋新能源材料"的绿色循环产业链。荆门格林美还将国家可持续发展政策融入企业发展战略规划中，树立"十四五""双碳"目标，不断深化企业 ESG 发展战略与商业模式的有机融合，建立了完善的社会责任管理体系，在乡村振兴、抗洪救灾、助学扶智、抗击疫情等方面表现突出，在创造商业和环境价值的同时，促进环境和社会共同发展。

企业简介

荆门市格林美新材料有限公司（以下简称"荆门格林美"或公司）位于湖北省荆门市高新技术开发区，是格林美股份有限公司（SZ002340）的全资子公司，主要从事废旧电池、废弃钴镍资源的回收利用，以及钴镍粉体材料、新能源动力电池前驱体材料的循环再造。

目前，公司已建成年产 15 万吨三元前驱体产线、年产 10 万吨电池级高纯硫酸盐晶体产线、年产 2.2 万吨钴材料（碳酸钴、氧化钴、钴粉）产线和年产 APT 8000 吨、电解碳化钨 2000 吨、锌熔碳化钨 500 吨、碳化钨 3000 吨的产能体系，打造一个"废物回收—资源再生—产品再造"的钴镍钨资源循环再生体系。

近 10 年来，格林美累计回收利用镍钴钨等金属资源近 15 万吨，其中

293

回收镍 7.84 万吨，相当于节约 783.66 万吨红土镍矿；回收钴 3.6 万吨，相当于节约 1336 万吨原钴矿；回收钨三万吨以上，相当于节约 2271 万吨原钨矿。

当前，荆门格林美年回收处理的废旧电池（铅酸电池外）占中国报废总量的 10% 以上，循环再生的钴资源是中国原钴开采量的两倍，循环再生的镍资源占中国原镍开采量的 8% 以上，循环再生的钨资源占中国原钨开采量的 5% 以上，循环再造的三元前驱体材料占全球市场 15%，超细钴粉出货量连续五年占据世界市场第一，被国家工信部评为"制造业单项冠军产品"。

2021 年，公司年收入超 191.8 亿元，同比增长 58.30%，缴纳税收 3.94 亿元，连续五年入围"中国民营制造企业 500 强""湖北制造企业 100 强"。

．公司先后攻克三元动力电池原材料制造、废旧动力电池循环利用等行业关键技术，成功解决了中国废旧电池回收技术以及动力电池材料的三元"核"技术等世界技术难题，循环再造的超细钴粉和三元动力电池材料出货量分别占据世界市场的 50% 和 15%，对接客户涵盖 SAMSUNG SDI、ECOPRO、CATL、LGC、ATL、优美科、山特维克、美国肯纳金属、厦门钨业、中国五矿等全球知名客户群体和战略新兴产业优质客户。

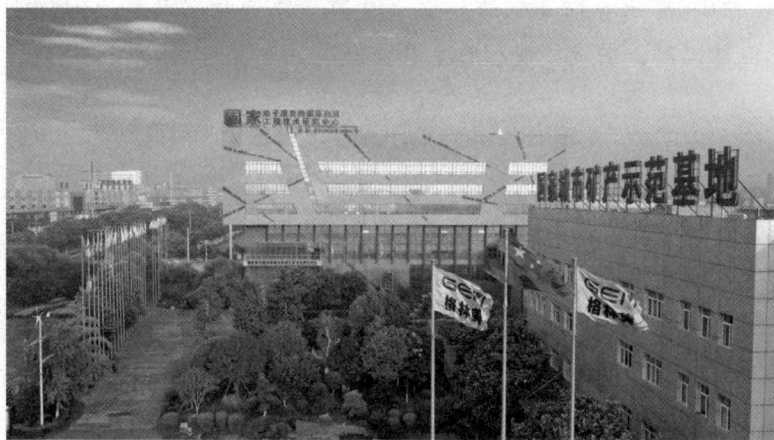

图 1　城市矿产示范基地

荆门格林美公司先后被认定为国家高新技术企业、国家城市矿产示范基地、国家循环经济教育示范基地、国家技术创新示范企业、国家知识产权示范企业、工信部绿色工厂、全国再生资源优秀园区、绿色供应链管理企业、工信部制造业单项冠军产品（超细钴粉）、湖北省高新技术百强企业、第四批省级服务型制造示范企业。

历年来，公司累计申请专利900余项，牵头制定国家及行业标准50余项，先后获得2009年中国有色工业科技进步一等奖、2010年国家科技进步二等奖、2017年中国循环经济协会科技进步一等奖、第十届湖北省专利金奖、2017年湖北省科技进步一等奖和2018年国家科技进步二等奖、2021年湖北省技术发明奖一等奖等多项荣誉奖项，是中国循环经济走向世界的先进代表。

图2　公司部分荣誉资质

公司拥有国家企业技术中心和国家电子废弃物循环利用工程技术研究中心两个国家级创新平台，现有研发人员500余名，其中硕士以上学历研发人才近200名，是国家认可实验室CNAS认证和国家计量检测CMA认证双重资格的公共技术平台，与清华大学、中南大学、北京科技大学、北京工业大学等国内知名高校结合开展长期深入的产学研合作，保证公司国际一流的技术水平与创新能力，夯实公司在全球新能源行业的核心地位。

企业履责实践与成效

一个伟大且受尊敬的企业决不仅是商业上的成功，还包括企业社会责任的担当。荆门格林美在自身发展的历程中积极弘扬绿色产业理念与时代正能量。

为响应联合国可持续发展目标和国家乡村振兴的号召，公司先后帮扶湖南炎陵县、湖南新化县、河南兰考县等全国特困县脱贫奔小康，并在湖北崇阳县、湖北京山市、湖北荆门市掇刀区、江西崇义县等地实施"千企帮千村"精准扶贫战略，大力发展循环产业，以绿色发展模式实施乡村振兴。

2021年，公司在产业帮扶、乡村振兴方面共投入两亿多元；近10年通过参股、产业投资等方式累计投入20.37亿元，为贫困户创造了5000余个就业岗位，走出一条绿色产业发展新路子。

一、积极发展环境治理业务，助力打赢蓝天保卫战

荆门格林美积极发展环境治理业务，持续加大环保投入。通过建设绿色低碳循环工厂，尽可能多地处理废物，变废为宝，化害为利，建成了全球先进的"废物回收—废物转运—废物管理—废物绿色处置"的废物绿色管理链，对废水、废渣、废泥进行完整的绿色处置，并积极推行城乡一体化垃圾分类回收与面源污染治理，遵循"杜绝污染、达标排放、减少排放"的环境方针，守住"不环保、不生产"与杜绝污染事故的环境管理底线，坚决树立严禁偷排与无组织排放、达标排放、不扰民的三个环境管理法则，为打赢蓝天保卫战出力，为美丽中国和乡村振兴国家战略做贡献，成为深度践行 ESG 理念的代表企业之一。

案例1：行业领军，致力于资源回收再利用

作为全国资源循环利用行业领军企业，过去10年，格林美处理废物总量累计达3200万吨以上，按9.6米厢式货车装载15吨计算，可装满213.33万辆车，这些车连起来长约20480公里，可沿绕赤道半圈；累计回收处理报废家电7500余万台（套），约占中国累计处理数量的10%，把公司回收处置的报废家电一个接一个连在一起，可绕地球赤道两圈。

10年来，回收的钴资源总量超过三万吨，是同期中国原钴开采数量的两倍以上；累计回收的镍资源超过六万吨以上，占同期中国镍资源开采数量的6%以上；累计回收的钨资源三万吨以上，占同期中国原钨资源开采数量的5%以上。

过去10年，通过资源循环利用相当于减少碳排放200万吨以上，人工造林174万余亩，节约石油300万桶以上，减少森林砍伐3000公顷，减少土壤污染两万平方公里以上，为打赢污染防治攻坚战与蓝天保卫战作出积极贡献。

废物回收
（废电池 / 电子废弃物 / 报废汽车）
Waste Recycling
Used Batteries/E-waste/Scrapped Vehicles

再使用
Reuse

消除污染，
再造资源时代的绿色使命
Eliminate Pollution and Recreate the
Green Mission of the Resource Era

材料再造
Materials Remanufacturing

绿色产品再造
Green Product
Remanufacturing

零部件再造
Parts Remanufacturing

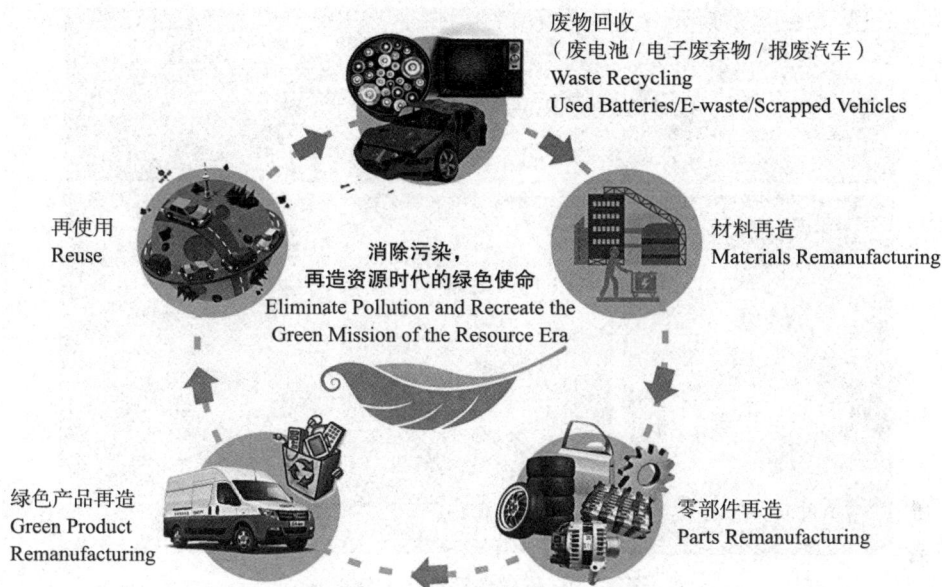

图 3　污染废物绿色管理链

二、讲低碳的话、做低碳的事、行低碳消费

格林美制定了《低碳行动准则》，倡导要"讲低碳的话、做低碳的事、行低碳消费"。该行动准则主要基于"减碳生产""低碳办公""低碳出行""低碳饮食""低碳消费""低碳推广"共六个方面提出要求，全方位探索企业碳减排新路径，致力于"让世界循环起来，为构建人类绿色命运共同体奋斗"。

（一）低碳消费

荆门格林美在集团各园区开设 3R 低碳超市，超市以"资源有限、循环无限"的资源与环境理念，通过低碳产品销售、二手商品寄售与交换、再生资源回收等方式探索中国废旧商品循环消费的新型回收体系。同时，公司开发了"格林美减碳积分智能平台"，发行"美丽中国减碳卡"，通过碳积分兑换商品来鼓励员工践行低碳消费理念。

图4　3R 低碳消费社区连锁超市

（二）低碳文化

为营造浓厚的企业及社会的绿化氛围，为国家"双碳"战略目标作出积极贡献，公司采取了多种措施宣传低碳文化理念，具体活动如下：

种植"中和树"。 公司积极开展"种下一棵中和树，共建格林美万亩中和林"活动，植树区域主要包括荆门市革集河流域乡村振兴基地、园区围墙边以及园区内部绿植区。格林美全体员工积极参与，广邀政府部门、公司客户参与其中，让"低碳种子"在格林美土地上生根发芽，用实际行动践行"讲低碳的话，做低碳的事，行低碳消费"理念，义不容辞履行绿色使命，全面倡导低碳循环。

"我为环保"公众开放日。 每月15日，公司都会邀请当地政府部门领导、市民、环保志愿者、环保社会监督员、媒体、专家学者等社会大众走进格林美学习保护生态环境知识，深入一线体验循环产业，从而营造社会各界共同支持环保、共同参与做环保、共同建设绿色生态的环境友好型社会的良好氛围。

图 5　公众开放日

设立中小学生科普日。在每年全球环境日设置"资源有限、循环无限"——格林美主题生态科普知识宣传活动，主要面向中小学生群体，通过制作宣传手册及宣传标语、播放环境生态教育片、开展入园参观活动等，引导中小学生了解企业循环经济产业链构成、生产工艺流程、资源再利用方式，以灵活多样的手段和方式有效地帮助学生认识循环经济及环境问题，激发学生对环境及可持续发展问题的关注意识。

图 6　中小学生科普日

案例 2：建设城市矿产博物馆，将绿色梦想付诸实践

荆门格林美建设了国家级城市矿产博物馆，它是格林美企业文化与发展历程的缩影，集中展示了公司利用国际先进的资源化再生技术将废弃的城市矿山循环再造为钴镍锂钨新产品、形成五大产业链的全过程，给社会提供了解城市矿山发展趋势的平台。

馆内陈列报废汽车、废旧电池、电子电器等废弃资源，高耸壮观的"电视墙"说明人类工业迅速发展带来的环境压力与亟待回收利用的、数量庞大的废弃资源。"黄金墙"由废旧线路板拼接而成，每一吨线路板含金量至少20克，超过了金矿的开采品位，是真正的"城市金矿"墙，体现了废线路板的开采价值；馆内陈列的钴镍钨粉末、金、电积铜板等金属，再生塑料、塑木型材、环保砖等再生产品，体现了基地心怀习近平总书记"把垃圾资源化，化腐朽为神奇"的嘱托，将绿色梦想付诸实践的实干精神。

每年，城市矿产博物馆接待各界来访群众上万人，包含政府官员、大中小学生、投资者、普通市民等各行各业人员。格林美身体力行，用实践向大家展示了公司发展成为开采城市矿产世界级企业的伟大历程，激励着无数心怀环保梦想的人投身于环保事业，推动国家生态文明建设、促进经济社会发展全面绿色转型。

多途径宣传低碳理念。制作宣传格林美绿色产业理念的纸质媒介，如《循环经济画册》《大道循环》《社会责任报告》《格林美简报》等，面向来公司参观的政府领导、企业家、环保团体、社会公众、公司员工传阅，同时还通过小程序、公众号、微信平台等线上途径宣传格林美低碳循环理念。

废物艺术品点亮园区。创造废物主题艺术，吸引八方来客，宣传低碳循环理念，践行习近平总书记"把垃圾资源化，化腐朽为神奇"的嘱托。

图7　废物艺术品"点亮"园区

三、相互守望，共同抗疫

从 2020 年起，在新冠肺炎疫情的大考中，格林美积极主动驰援社会，第一时间向武汉、荆门、荆州等湖北疫区累计捐款捐物 650 万元以上，同时对内严防死守，全员无一感染，为国内抗疫斗争贡献了积极力量。

全球疫情暴发后，荆门格林美紧急向韩国政府、印尼政府、德国政府、三星、比利时优美科等海外合作伙伴捐赠紧急防控物资达 350 万元以上，帮助全球供应链的朋友抗击疫情。韩国浦项政府以"江淮熙风暖，汉江繁花开"致谢公司，印尼、德国相关政府发来感谢信，体现了中国企业在全球疫情防控中的国际担当。

图 8　疫情期间格林美驰援湖北及客户

2021 年 7 月 20 日，极端强降雨天气突袭河南郑州等地，特大暴雨引发严重的洪水险情和内涝灾害。7 月 22 日，公司通过河南省慈善总会，向河南防汛救灾捐款 100 万元，并向河南捐赠了 84 消毒液等物资，用于加强灾后卫生防疫，累计向河南捐款捐物超过 200 万元。

同时，公司秉承着不让任何一名员工成为"孤岛"的态度，始终保持与员工心连心。灾情发生后，公司党委、工会第一时间向全公司内河南籍员工予以关怀，对受到影响的 29 名河南籍员工家庭予以帮扶，共计发放资助 6.7 万元。

图 9　河南加油——格林美支援河南抗洪救灾

四、产业扶贫，扎实推进脱贫攻坚战

2011 年，荆门格林美怀揣环保梦想向中原大地挺进，踏上以循环经济构建绿色扶贫产业的征程。吹响了"投资兰考，弘扬焦裕禄精神"的号角，在 2500 家上市公司中率先挺进兰考，投资五亿多元建成世界先进的电子废弃物综合利用与报废汽车循环利用基地。2017 年，在河南纳税 3000 万元以上，为兰考脱贫致富作出了上市公司的积极贡献。

图 10　格林美挺进河南兰考，以循环产业助力兰考脱贫致富

2021 年，为推动黄河流域生态保护和高质量发展，公司再次升级规划了格林美（兰考）循环经济产业园，以建设"黄河大保护金属废物综合利用项目"为主导，提档升级兰考的循环产业规模与水平，立足建成兰考循环经济的丰碑，为兰考奔向小康之路作出贡献。2016 年，格林美投资 5500万元建设湖南格林美映宏循环产业园，为新化县的脱贫致富提供资金、市场、技术等多方面支持。

2016 年，公司投资 1.05 亿元，通过股权收购与增资，参股数控刀具精密制造领域的优势企业——株洲欧科亿数控精密刀具股份有限公司，成为欧科亿的第二股东，积极打造有核心竞争力的"材料—硬质合金—数控工具"产业链，推动炎陵脱贫致富，以高技术产业实施扶贫目标。

2020 年，欧科亿（688308）成功登录科创板，成为全国贫困县第一家登录科创板的高新技术企业，再一次展示了公司利用积极的资本市场实施精准扶贫的成功之道。

案例3：学习焦裕禄精神，助兰考脱贫致富

焦裕禄精神之乡兰考，工业化程度低、资源贫乏，经济落后。作为一名共产党员，许开华教授将格林美"资源有限、循环无限"的绿色发展理念洒在了兰考大地上，弘扬和实践焦裕禄精神。格林美产业在当地生根发芽不仅带动当地经济发展，更是作为企业典范不断吸引优秀企业入驻当地。

2011年，格林美怀揣环保梦想向中原大地挺进，踏上以循环经济构建绿色扶贫产业的征程，吹响了"投资兰考，弘扬焦裕禄精神"的号角，所投资建设的格林美兰考园区一期投资两亿余元，占地200亩，是世界一流的电子废弃物处理中心。

2015年，河南格林美实现工业产值三亿余元，带动就业500余人，其中家庭贫困职工60余人，河南格林美成为兰考招商引资的典范企业，格林美兰考园区已经成为中原最好的循环经济园区，成为兰考工业发展的一张名片。

2016年，河南格林美在完成一期建设的基础上，再次签约投资五亿元，投资报废汽车综合利用中心与废轮胎绿色处理等项目，掀起兰考循环产业大发展新高潮，并积极创建兰考国家循环经济产业园区，着力打造兰考发展的支柱产业。

2016年12月，为最大限度吸收社会资本，扩大资本实力，做大做强以河南格林美为主体的兰考循环经济产业，为兰考打造可持续发展的支柱产业，推动兰考脱贫致富奔小康，实现经济效益与社会责任的统一。

格林美河南园区进行了股权转让，引进了七家实力强劲的企业，共同推动循环产业业务在中原大地迅速成为兰考脱贫致富中的主导产业，良好实现格林美为兰考脱贫致富作出突出贡献的初心，体现了格林美以循环产业弘扬焦裕禄精神的社会责任。同时，为了弘扬焦裕禄精神，将格林美河南园区更名为河南沐桐环保产业有限公司。

2021年，格林美再次升级规划了格林美（兰考）循环经济产业园，推动建设黄河大保护金属废物综合利用项目，在格林美河南园区建设50万吨金属废物与报废汽车循环利用绿色处置基地，达产年产值25.19亿元，包括回收利用10万吨新能源报废汽车、20万吨废钢、1.5万吨含铜废物、3.5万

吨含铝废物、五万吨不锈钢废料、五万吨废旧动力电池、五万吨冷链与信息产品，打造世界先进的报废汽车绿色循环展示中心、环境教育基地和低碳资源化基地，积极对接国家发改委循环经济"十四五"发展规划。

发展至今，格林美河南园区已成为废弃电器电子产品基金指定处理企业、废钢铁加工行业准入企业、河南省高新技术企业，先后被授予全国中小学环境教育实践基地、河南省再生资源协会副会长单位、河南省循环经济试点单位、河南省"城市矿产"示范试点企业、河南省"绿色企业"、兰考县环境保护工作先进企业、兰考县安全工作先进企业、兰考县扶贫企业联合会副会长单位、兰考县慈善总会常任理事单位等荣誉。先后开发完成了再生资源综合利用的多项开发任务，发表 50 余项专利、授权28 件。

在格林美的不懈努力下，兰考已成为公司发展中原循环经济的首要阵地。未来，格林美继续致力于将格林美兰考循环产业基地发展，将其打造为中原经济圈环保产业的领头品牌，兑现习近平总书记的嘱托，完成焦裕禄同志发展兰考的伟大心愿，履行上市公司的社会责任！

五、助力乡村振兴战略，扶智助学

为配合实施湖北省"三乡工程"建设，公司在湖北省荆门市重点投资建设了革集河流域乡村振兴示范项目。公司联合荆门市政府、华中农业大学编制完成荆门革集河流域乡村振兴与综合治理规划，以种好田、栽好树、治好污、养好水产、建好美丽乡村"五好"为抓手，积极履行社会责任，通过工业反哺农业，精准帮扶与整体帮扶相结合，全方位治理修复农业灌溉沟渠、泵站、水库等农村水利设施。

公司沿革集河流域对九个村庄进行土地流转共计 41370.38 亩，每年支付流转费 2468 万元，带动农村务工就业共计 1080 人次，并在革集河流域累计植树造林 5170 亩，共计 37.57 万棵。

公司与荆楚理工大学共建植物教学基地、新技术推广示范基地及植物种子工厂，推动产学研融合发展，助力乡村振兴。

图 11　格林美乡村振兴公司与荆楚理工学院共建龙井村苗圃实习基地

公司针对郧西县涧池乡下营村进行精准扶贫，承包郧西县涧池乡上营村娘娘山的 300 亩茶园。截至 2021 年年底，格林美共采购半手工红茶 1666 斤，价值近 130 万元，占合作社全年总销售额的 20%，带动当地 31 家农户人均增收 9520 元，格林美在乡村振兴之路上又添"七夕红"茶产业振兴新篇章。

六、助学扶智，大爱无边

授人以鱼不如授人以渔，扶困必扶智，荆门格林美始终坚持把开展助学扶智作为一项重要的企业社会责任。

2018 年，公司在中南大学设立了"格林美创新实践奖"奖学金，每年评选 80 位创新个人和 10 个创新团队，给予 100 万元奖励，连续资助 20 年，旨在奖励在创新实践方面有突出成绩的莘莘学子，鼓励广大学生积极进行创新实践活动，服务于创新型国家建设与核心竞争力提升。

2019 年，公司与中南大学联合印度尼西亚海洋事务统筹部开办印度尼西亚冶金工程硕士班，为印尼培养冶金与矿业工程技术人才，开创了企业、高校及外国政府在冶金领域合作培养人才的新模式，加强了中印冶金工程技术的合作交流，为印尼丰富矿产资源的开发利用提供了人才支撑。

2019 年，荆门格林美向清华大学钱易环境教育基金捐赠 30 万元，旨在激励全国积极践行环境公益、脚踏实地开展创新研究的优秀学生，激励青年一代投身环境保护事业，为国家可持续发展与生态文明建设努力奋斗。2020 年，又向清华大学捐赠 100 万元，支持百年清华的建设与发展。

截至目前，荆门格林美已向各地政府、慈善机构、清华大学、中南大学等高校以及自强学子等捐赠奖学金、助学金、教育基金、基础教育设施等共计1700余万元，让阳光照亮莘莘学子前进的道路。

此外，公司多次开展格林美金秋助学行动，发放助学金帮助困难员工子女安心入学。2021年，突如其来的新冠肺炎疫情让荆门晚报第十五届"助自强学子圆大学梦暨金凤工程"活动被迫中断。公司心系困难学子，对荆门市28名自强学子提供助学支持，为每人每年提供助学金5000元，一次性资助四年，总资助金额达56万元。格林美面向公司员工开展的一年一度的金秋助学活动也圆满完成，助学金已悉数发放至考取全日制高等院校的格林美困难职工子女手中。

七、绿色"一带一路"，建设 ESG 示范园区

2018年9月28日，荆门格林美同青山实业、邦普循环（CATL控股）、印尼八星集团、日本阪和兴业在宁德市青山园区签署了《关于建设印尼红土镍矿生产电池级镍化学品（硫酸镍晶体）（5万吨镍/年）项目的合资协议》，"把红土镍矿投进去，把三元材料炼出来，把电池造出来"，一个震撼全球的镍资源新能源材料全产业链横空出世。

2019年1月11日，印尼青美邦镍资源项目盛大开工，开启印尼工业走向新能源时代。印尼海洋事务统筹部部长卢胡特出席开工仪式并表示："这个工厂的投资将是印尼工业发展的重要里程碑，将建成印尼电动汽车发展的先驱。"

图 12　印尼海洋事务统筹部部长卢胡特（左三）出席印尼青美邦镍资源项目开工仪式

公司高度重视青美邦镍资源项目 ESG 建设布局，以绿色环保、安全智慧、人文责任、科技进步、共同抗疫五方面为抓手，打造"绿色+生态+智能"的 ESG 示范园区。

图 13　青美邦：从绿色生态到绿色工业文明

（一）践行绿色生态理念，打造绿色生态园区

荆门格林美秉承循环利用、源头治理、安全处置的绿色生态理念，对印尼青美邦镍资源项目实施 360 度绿色设计与清洁生产，建立了完善的"三废"处置系统，建设了绿色生态园区，实现全产业链无害化、绿色化。

（二）以人为本，打造安全智慧示范园区

在安全治理方面，奉行"以人为本，安全高于一切"的安全理念，建立以总经理为核心的"安全管理组织架构"，落实"安全负责人全权责任制"，建立健全青美邦安全管理制度。在智慧化建设方面，规划了从红土镍矿制备高纯电池级原料的自动化生产线，全面实现生产自动化与智能化。

图 14　车间安全培训与安全知识宣传

（三）履行人文责任，致力文化友好交流

在青美邦镍资源项目建设期内，公司为印尼方人员提供工作岗位 1500 个以上，投产后预计可在为印尼方人员提供工作岗位约 800 个，将有效缓解印尼大 K 岛周边地区就业压力，带动当地经济发展。同时，公司尊重印尼当地的宗教习俗，因时制宜、因地制宜，建立了完善的薪酬保障体系和职工带薪休假制度，不断改善员工生活、娱乐条件，提高餐饮服务水平，体现中国公司海外建设的责任担当。

（四）共同抗疫，共克时艰

面对新冠肺炎疫情蔓延全球，公司与印度尼西亚海洋事务与投资统筹部（简称"印尼海统部"）守望相助，共同抗疫，保障员工生命健康安全，相关工作得到了印尼海统部的表扬。

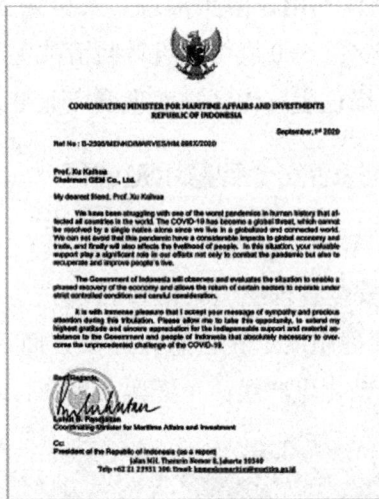

图 15 印尼海洋事务与投资统筹部部长卢胡特先生向格林美致感谢信

（五）跨国助学，批量培养印尼冶金人才

2019 年 10 月，公司与中南大学及印尼政府联合开设印度尼西亚冶金工程硕士班，为印尼联合培养冶金与矿业工程技术人才。

2021 年，公司投资 1.5 亿元，在大 K 岛成功建成印尼镍资源工程实验室。

该实验室拥有 400 平方米小试实验室及 1200 平方米的红土镍矿湿法冶炼中试车间，承担了印尼—格林美—中南大学首个冶金矿业工程硕士班的研究课题培养任务，成功将印尼留学生的教学安排在项目最前线，稳步推进留学生教育培训工作，获得了印度尼西亚海统部特别顾问 Satryo 教授的肯定与好评，演绎了中印尼友谊佳话。

循环 20 载，低碳创未来。未来，荆门格林美将继续坚守"城市矿山＋新能源材料"的双轨驱动战略，通过开采城市矿山与发展新能源材料来服务碳达峰碳中和战略，创建世界绿色低碳发展的领袖级企业。公司将高举绿色经营、开放合作、全球 ESG 的低碳大旗，坚守循环初心，牢记绿色使命，做绿色发展的担当者、低碳时代的领航者、新能源产业的核心者，为格拉斯哥气候协议，作出中国企业的绿色贡献！

立足自身践行社会责任，助力多方协作发展共赢

——农夫山泉股份有限公司

提要：

多年来，农夫山泉在企业社会责任体系构建方面进行了一系列有益的探索，对内完善社会责任管理体系，制定可持续发展公共政策，夯实社会责任工作基础；对外坚持立足自身企业特点，开展有特色的社会责任实践。作为行业龙头企业，农夫山泉通过品质升级、科技创新、助力"三农"产业引领行业发展；作为"大自然的搬运工"，农夫山泉坚持兴工建业、人才返乡、绿色运营、科普教育等方式反哺水源地及原料产地；作为企业公民，农夫山泉通过抗疫救灾、扶老助幼、关爱员工、教育扶贫等方式积极回馈社会，坚持走可持续发展之路，助力多方协作共赢。

企业简介

农夫山泉股份有限公司（以下简称"农夫山泉"或公司）成立于1996年，是香港联交所上市企业、中国饮料10强之一，农业产业化国家重点龙头企业，在中国包装饮用水市场连续多年保持占有率第一，茶饮料、功能饮料及果汁饮料均居中国市场前三位。除"农夫山泉"包装饮用水外，旗下创立"尖叫""维他命水""东方树叶""茶 π""100%NFC""17.5°橙"等知名产品，均受到消费者广泛认同。

农夫山泉长期坚持"天然、健康"的品牌理念，在全国前瞻性地布局了11大水源地和两大农业种植基地，为包装饮用水和果汁产品提供天然原料，奠定了为消费者提供天然健康产品的基础，也带动水源地、原料产地所在区域快速发展。2021年，农夫山泉实现营业收入296.96亿元，净利润

71.62亿元，全国各地就业员工两万余人，为食品饮料行业的高质量发展作出了积极贡献。

近年来，凭借企业的快速发展和优异的产品品质，农夫山泉连续获得"农业产业化国家重点龙头企业""中国制造业企业500强""中国民营企业500强""全国食品饮料行业质量领先品牌""全国质量检验稳定合格产品""全国产品和服务质量诚信示范企业"等称号。

企业履责实践与成效

作为国内食品饮料行业的领军企业，农夫山泉从创立至今，跟随国内快速发展的步伐，获得了经济成长和社会进步带来的发展机遇。在获得巨大成功的同时，农夫山泉在产业链上下连接经销商、供应商、零售商，建立发展共同体，实现食品行业健康发展良性循环。

在企业自身获得进步的同时，农夫山泉始终将承担社会责任作为立身之本，坚持立足自身企业特点，充分发挥自身优势，以企业带动行业、水源地和产地以及社会的共同发展。

一、夯实基础，创建履行社会责任特色样本

农夫山泉高度重视社会责任组织和管理体系建设，为使企业社会责任工作系统化落实到位，公司于2020年设立了直属董事会管理的公共政策与可持续发展办公室，负责统筹规划和推进公司社会责任工作。同时，通过运营过程中对环境、社会、管治等方面社会责任工作的探索，农夫山泉形成由董事会把握方向，公共政策与可持续发展办公室牵头，各职能部门与附属公司深度参与执行的三级企业社会责任管理模式，并取得良好的成效。

在集团整体政策引领方面，农夫山泉依据香港联交所及国内外主流社会责任工作相关标准，结合企业实际，设立了相关的社会责任核心主题，制定并在公司官网公开了以《可持续发展政策》为统领的一系列可持续发展公共政策。

在环境议题方面，农夫山泉制定了《环境气候变化政策》与《包装材

料可持续发展政策》，明确公司在环境及生物多样性、排放物、气候变化、资源使用，以及包装材料的创新、减量、优化和循环利用等方面的工作原则。

在社会议题方面，农夫山泉发布了有关员工聘用、员工发展、职业健康与安全、供货商健康安全与环境影响、产品责任以及社区投资的政策。

在管治方面，农夫山泉制定和发布了《反贪污政策》和《举报政策》，保障公司的合规运行与廉洁管理。

这一系列举措为引导和推动农夫山泉的可持续发展提供了保障，也同时向价值链内合作伙伴提供了借鉴与参考。

截至 2022 年，农夫山泉已连续两年发布可持续发展报告，向社会展现公司可持续发展相关成果，总结并推广良好的社会责任实践。重点披露农夫山泉在"稳健治理""健康保障""可持续生态""成长助力""价值传递"等方面的信息，积极与各利益相关方持续沟通，取得了良好的传播效果，得到利益相关方、投资者和各评级机构的高度认可。

二、引领行业，推动食品饮料领域可持续发展

食品饮料行业是关系人民群众切身需求与经济社会和谐稳定的民生行业，也是"十四五"规划中，双循环产业格局的拉动和支柱产业。

作为饮料行业的龙头企业，农夫山泉始终坚持以技术升级带领行业品质提升，打造科技创新驱动产业升级的新模式，为消费者提供"天然、健康"的产品。与此同时，农夫山泉始终坚持拓展健康产品的研发，创新技术的拓展和使用，为食品饮料行业科技反哺"三农"产业，积极履行社会责任提供了范本。

（一）引领品质升级，以技术提升将饮料带入科技赛道

茶是地地道道的中国国饮，但在十几年前，茶饮料在中国市场上远不如可乐、咖啡等舶来品，市面上存在的也是添加了糖分和添加剂的含糖茶饮料，掩盖了茶汤本身的味道。除了市场不成熟，其最主要的原因是瓶装茶饮要想保留原本风味，对原料和工艺的要求极高，当时的茶饮以含糖茶的方式出现，也是因为可以用甜味覆盖口味上的缺陷。

农夫山泉看到了这一发展难点和痛点，为了做好传统中国茶，保证无糖茶味道的纯正，农夫山泉研发团队曾经多次前往日本调研，并在日本饮料技术的基础上做了进一步革新，引进建设了国内首条 Log6 级别的无菌生产线，其标准严苛至生产 100 万瓶饮料不能有一瓶被微生物污染。为了避免高温状态下茶饮料风味的丧失，农夫山泉采用了无菌冷灌技术，通过料液、环境、包装三道高标准无菌生产，使得茶饮料无须热灌灭菌，极大程度保留了茶汤的口感和营养。

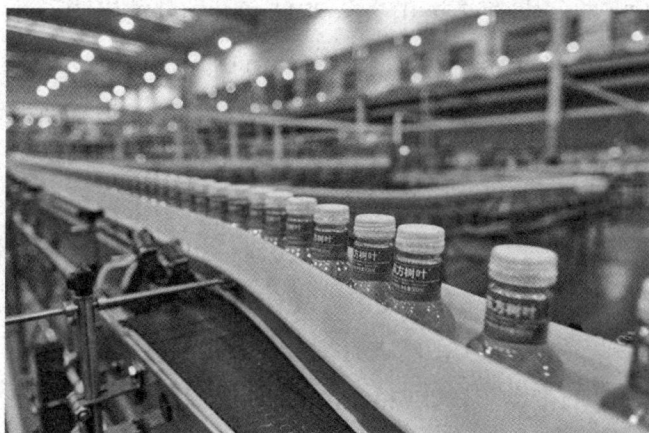

图 1　东方树叶生产采用 Log6 级别的无菌生产线

案例 1：技术创新引领品质升级，打造饮料生产无菌时代

农夫山泉致力于不断提高生产线的自动化水平，并引进世界领先的生产设备，引领行业品质升级。截至 2020 年年底，农夫山泉已有 145 条自动化生产线投入使用，其中包括 113 条饮用水生产线及 32 条饮料生产线。饮用水生产线中有 18 条能够达到每小时 8.1 万瓶的灌装速度。饮料生产线中有 14 条能够达到 Log6 的无菌标准。

Log6 指在进行无菌验证（微生物挑战实验）时，无菌线灭菌工艺所能降低无菌舱及容器内外面（瓶和盖）微生物数量的对数表达，是无菌线灭菌能力的体现，数值越高，代表灭菌能力越强。目前，行业内无菌线最高标准为 Log6。

无菌生产线的应用，大大提升了产品的风味和品质，也改变了以往业界普遍使用防腐剂或热灌装损失风味的处理方法，更好地满足消费者对"天然、健康"的需求，同时发展了一批高水平的无菌灌装技术人才和高标准的无菌生产工艺，引领行业快速发展。

在技术创新的基础上，农夫山泉推出了"东方树叶"系列无糖茶产品。东方树叶在不添加防腐剂、稳定剂、色素和香精的前提下，茶汤能够存放数月而不改变原有品质，开创了"0糖、0脂、0卡、0香精、0防腐剂"的"5个0"茶饮新标准。同时，农夫山泉从2011年开始陆续申请了近30件与"无菌技术"相关的专利，保有量和价值远高于行业平均水平。

因为高品质的产品和农夫山泉的长期坚持，越来越多的消费者认识到了无糖茶的价值，演变出了独特的茶文化。东方树叶的销量也于近年来开始高速增长，逐步成为年轻人的时尚饮品，也带动了整个无糖茶饮料市场的飞速扩大。据弗若斯特沙利文统计，2014—2019年茶饮料市场年均复合增长率3.5%，但其中无糖茶品类年均复合增长率为32.6%，东方树叶更是近年来始终保持无糖茶品类市场占有率第一，引领品类快速发展。

在农夫山泉的带动下，饮料行业也纷纷开启技术升级，将无菌生产线应用于行业产品中，为消费者提供更好口感、更少防腐剂的饮料产品，提升行业品质。农夫山泉也将无菌工艺应用于旗下大量果汁饮料、功能饮料、咖啡饮料等产品上，对于行业应用高质量的生产加工装备起到了引领和示范作用，进一步提高了对消费者提供高品质产品的标准。

（二）科技创新，提升赣南脐橙产业附加值

我国江西赣南脐橙是世界范围内优质的鲜食橙品种，但由于因为脐橙里含有大量的柠檬苦素前体物质，加工时会转化成柠檬苦素，其苦味大多数消费者无法接受，导致脐橙榨汁常年以来难以实现。这一难题已经困扰业界50多年，也导致赣南脐橙始终难以作为榨汁橙品种。每年赣南脐橙集中上市时，产品主要以鲜食为主，产业附加值较低，且消耗不掉的脐橙被大量扔掉或烂在果园里，严重制约了我国脐橙产业向品质化发展。

与此同时，国内果汁饮料多数以进口巴西、美国的浓缩甜橙汁为主，经浓缩果汁运输到国内加水复原而成，不仅营养价值经浓缩还原过程大大降

低，橙汁的风味也难以保留。

一方面是赣南脐橙只能鲜食，另一方面是消费者喝不到好的橙汁，这一局面成为制约我国赣南脐橙产业发展的难题。

面对这一难题，农夫山泉经过多年反复研究，研发团队多次赴西班牙、巴西、美国等地学习考察，终于在 2014 年攻克了脐橙榨汁的世界难题，开发了以"榨汁装备与压榨技术"在内的七大核心工艺，可去除绝大多数脐橙中的柠檬苦素。通过 10 年时间，一步步自主形成 100%NFC 果汁鲜果冷压榨技术。

2016 年，农夫山泉推出了世界第一款脐橙橙汁——17.5° 100% 鲜果冷压榨果汁。这是一款以赣南脐橙为原料的非浓缩还原（NFC）果汁，不加水、不加糖、不加任何添加剂，保留了脐橙鲜食的良好风味，上市后广受消费者欢迎。

此后，农夫山泉继续在 100%NFC 果汁常温储运领域实现了创新突破，推出国内第一款脐橙常温 NFC 产品，无菌灌装后，常温储存条件下得以实现 120 天的长保质期，大大提升了运输的便利性与消费者的可及性，带领非浓缩还原果汁品类迅速增长。

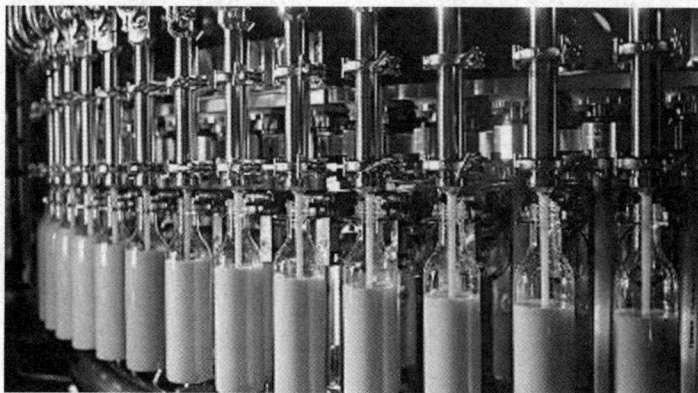

图 2　农夫山泉 100%NFC 生产技术解决榨汁苦味难题

农夫山泉从自身做起，不断创新技术推广，带领脐橙产业转型，共取得国家发明专利、实用新型专利共两项，省级新产品试制项目一项；主导建立江西省地方标准 DB 36/T 1221—2019《100% 非浓缩还原（NFC）橙汁生产技术规范》、农村农业部行业标准 NY/T 3907—2021《非浓缩还原果蔬汁用原料》、NY/T 3909—2021《非浓缩还原果蔬汁加工技术规程》等一系列标准，以标准化、规范化促使产业转型。

农夫山泉在果汁产业的长期投入，改变了国内脐橙过去只能鲜食的局面，使国内脐橙产业实现了从简单初级农产品向高附加值果蔬汁深加工领域发展的转变，通过科技创新使得国内脐橙果汁快速发展，为消费者提供更加天然健康的果汁产品。

（三）助力"三农"产业，以产业发展推动绿色精准扶贫

农夫山泉在赣南多年种橙，助力"三农"产业，指导农户科学种植，打破原有种植"低、小、散"为主的局面，打造集约化、品牌化、标准化的脐橙产业。推动当地脐橙种植绿色转型，以绿色发展为目标，助力赣南乡村振兴和精准扶贫。

在过去，脐橙收购往往是果农种什么，果贩就收什么，果农的收入与当年的脐橙品质、供求需要有很大关系，收入很不确定，常常面临"增产不增收"的局面。

农夫山泉进入赣南以来，形成了产业园＋农户＋企业新型现代化农业模式，做大做强产业链和品牌，多方助力农民增产增收。对当地产业园进行示范与指导，当地农户在专家的指导下进行专业种植；农夫山泉与合作果园签订合同，果园接受统一专业管理，按质按量收购，使得果农积极性大大提高，脐橙的产量和质量都得到了质的提升，合作果园的规模逐年扩大。

农夫山泉还依托脐橙产业，在江西信丰打造了中国赣南脐橙产业园。该项目囊括高标准脐橙种植示范园、脐橙文化博览馆、玻璃温室种植园和网室种植园等。公司与赣南师范大学在产业园建立了脐橙研究博士后工作站、中美联合柑橘黄龙病防控实验室等科研基地，创立国家脐橙工程技术研究中心，为当地脐橙提供果蔬培养、育种育苗、技术示范、虫害防治等研究服务。

中国赣南脐橙产业园被评为首批国家现代农业产业园、国家 4A 级旅游风景区、江西省省级工业旅游示范基地，形成了脐橙种植、加工、销售、旅游的全产业链的产业集群，有效带动了当地脐橙产业的整体发展和居民就业。

图 3 农夫山泉赣南脐橙产业园

案例 2：产学研合作，攻坚脐橙培育世界难题

黄龙病是柑橘类的恶性病害，是全世界柑橘产业共同面临的挑战。2014年，一场黄龙病让赣南脐橙严重减产，使得果农遭受了严重的损失。农夫山泉积极与各大机构、院校合作，建立脐橙研究博士后工作站和中美联合柑橘黄龙病防控实验室，推动解决黄龙病等脐橙种植世界难题，解决赣南脐橙发展的障碍。

成效：农夫山泉带头探索非化学、非转基因的绿色防治方法，目前研究的"遮盖法""加热法"都已处于试验攻坚阶段，已经累计投入约 3600 万元。同时，农夫山泉还计划以赣南脐橙产业基地为建设主体，建设柑橘无病毒苗木采穗圃，建成后预计每年可产出 20 万个高质量接穗，迅速提高赣南地区苗木质量。

除了赣南，农夫山泉还大力开拓产业助力精准扶贫的模式，在东北有大米产业，在新疆有苹果产业……不仅将农夫山泉产品从单一品类向多品类丰富拓展，也为全国各地的农产品种植加工绿色产业转型升级，打造绿色产业全产业链贡献了企业的力量，让各地农户实实在在增加了收入，推动生态绿色产业促进乡村振兴和精准扶贫。

三、饮水思源，以社会责任回馈水源地

作为"大自然的搬运工"，农夫山泉在让广大消费者享受到天然健康饮用水饮料产品的同时，始终不忘初心，牢记自身使命，坚持以自身力量回馈水源地及原料产地，通过兴工建业、人才返乡、绿色运营及水源地保护和科普教育等方式助力当地经济社会发展。

（一）兴工建业，为水源地及原料产地发展注入活力

从杭州千岛湖起步，到全国各地全面开花，农夫山泉至今在全国布局了11大水源地和两大种植基地，将天然好水和优质果蔬带给全国消费者的同时，也通过兴建工厂、培育供应链、吸纳就业等方式，为当地经济注入活力。

饮用水及饮料产业是具有长期稳定发展的民生产业，也是环境负担较小，吸纳就业人口较多的优质产业。农夫山泉依照"天然、健康"的产品理念，在自然环境优美，工业开发相对较少的各大水源地和原料产地布局产业，可快速将当地优质自然资源转化为经济发展动力，同时培育一批高质量的产业工人，促进水源地和产地发展。

农夫山泉注重以自身产业为核心，带动当地制造业、旅游业快速发展。农夫山泉各大生产基地拥有现代化花园式生产厂区，多个基地被评为工业旅游示范基地，国家4A级、3A级旅游风景区，还承担文化、旅游、科研、科普、技术示范等职能，对健康水知识、节水护水宣传、食品营养知识的推广起到重要作用，每年可吸引大量游客前来参观，成为当地旅游发展的重要景点。

图4　农夫山泉峨眉山工厂，国家4A级风景区

在产业上下游，农夫山泉在保证质量的前提下，尽量就近开发国内供货商，以帮扶本地企业，坚持与供应商合作共赢，同时抵抗运输和供货周期风险。

案例 3：培育本地供应商，产业上下游共同发展

农夫山泉一家位于湖北省的本地供货商，其主要负责人是一位残疾人。在合作过程中，农夫山泉积极给予对方产品质量管理方面的指导，该企业规模也随着双方的合作逐步壮大。

成效： 随着合作的不断深入，农夫山泉的业务已占该供货商销售额的90% 左右，其每年业绩从合作之初的不足百万元，到现在提高了几十倍。

（二）人才返乡，打造校企联合培养典范

培育人才、留住人才、吸引人才是地方发展的重要原动力，农夫山泉除了在自身工厂培育一批产业技术专家之外，也和院校协作，打造联合培养人才，学成后返乡就业的育人新模式，吸引人才回乡带动当地发展。

自 2014 年开始，农夫山泉向全国水源地学子抛出助学"橄榄枝"，每年提供近百个名额，与湖北轻工职业技术学院共办"农夫山泉班"，推行农夫山泉工厂水源地招生招工一体化形式，即从工厂水源地招生，毕业后直接分配至家乡农夫山泉工厂入职，体现出"毕业即就业，就业在家乡"的人才培养特色。

这种招生、培养和就业模式，既扩大了"农夫山泉班"的社会影响力，又打造了学校、学生、家庭和企业四方受益的长效合作机制，践行"育人双主体，人才本地化"的培养目标。

除了就业保障之外，农夫山泉不仅在学生就学期间提供奖学金，学生毕业回到当地农夫山泉工作满一定年限后，还可以报销学费。学生在校期间不仅可以学习食品及饮料生产相关课程，还可以进入工厂实习，通过企业师傅"传教帮带"，徒弟"摸听问看"的形式，加深实践操作与理论衔接，在培养过程中与岗位需求无缝对接，使自己成为全面发展的技术人才。

图5 "农夫山泉班"同学进行理论知识考核现场

截至2022年，"农夫山泉班"已培养出六届毕业生，近500名同学已奔赴北起吉林长白山，南至广东万绿湖的各大水源地就业，不仅为农夫山泉提供了一大批极具潜力的技术骨干和专业人才，也为这些同学的家乡提供了发展前进的原动力。

（三）和谐自然，积极推进水源地绿色运营

20余年来对水源和森林的探索，让农夫山泉保持了对大自然的敬畏。每一座农夫山泉工厂在设计时都充分考虑与周边环境的和谐，各个工厂的整体设计和建造过程都力图减小对周边环境的影响，并将自然环境有机融入设计之中。

在公司运营中，农夫山泉特别注重加强对取水、用水、污染物和温室气体排放等各个环节的管理、监控，致力于实现业务运营与自然生态相和谐。截至目前，农夫山泉及其下属所有生产性工厂已全部获取ISO14001环境管理体系审核认证。

在可持续用水方面，农夫山泉在整个生产价值链中开展水资源管理以支持水资源可持续利用，尊重自然并保护自然，投入实际行动以降低对自然生态的影响，持续对水源地附近生态环境、水源质量进行监控，将运营对生态的影响降至最低。

农夫山泉积极通过方案设计，并实施循环利用水资源，在生产过程中开展冷凝水回收、水资源三级利用和中水回用等项目，减少了生产用水量，在企业发展的同时促进水资源的生态利用。

在低碳节能方面，农夫山泉各工厂在运营时充分考虑节能低碳，在加热、冷却工艺过程设计有余热利用、预冷却等工艺，降低蒸汽和冰水消耗。

此外，农夫山泉各工厂也因地制宜采用低碳的用能方式和节能的储运方式。在浙江千岛湖、吉林长白山、湖北丹江口水源地利用当地铁路优势，产品生产下线即运送至铁路车厢中，相比公路运输减少仓储和运输的能耗及温室气体排放。

案例4：因地制宜，使用绿色清洁能源

农夫山泉河源工厂根据广东当地日照强度高、天数多的特点，在厂房安装光伏发电系统，年发电量可达272万千瓦时，大幅降低碳排放。同时，农夫山泉位于东北的工厂，积极利用当地自然资源优势，使用生物质燃料产生热能以供两个工厂的生活供暖及生产，年消耗生物质燃料2000余吨，大幅减少温室气体排放。

图6　农夫山泉广东河源工厂有效利用太阳能资源

在资源循环利用方面，农夫山泉积极开展废弃物循环利用行动，探索终端包材回收机制，参与推进塑料废弃物回收利用和处置，培育有利于规范回收和循环利用的新业态、新模式。

农夫山泉建立了 PC（聚碳酸酯）类塑料包装材料回收处理机制，形成 PC 大桶水包装"工厂—水站—消费者"的闭环回收链条。将过程中淘汰的废 PC 桶料提供给合作方加工再利用，重新制成电脑配件、汽车部件、日用箱包等塑料制品，实现废物资源的高值化再利用。2021 年共循环再生了近 200 万个 19 升 PC 桶。

图 7　农夫山泉打造 PC 桶绿色循环回收样板

（四）心系水源，坚持水源地保护与水情教育

为推广水文化，普及节水护水知识，向中小学生和消费者普及水源地保护理念，农夫山泉自 2014 年来积极投入研发水文化研学课程，结合自身企业优势，将自然资源与现代工业有机结合，在全国水源地工厂开展有深度的水源地研学和水情教育活动。

农夫山泉在全国建有水文化科普教育基地、国家水情教育基地共计 13 座。各个教育基地以农夫山泉天然水和饮料生产线为基础，以公司的理念"天然、健康"为方向，将食品工业生产参观与水源地保护体验相结合，培养来访者对饮水健康知识、水源地保护的科学认知，提高保护水源地，珍惜水源的意识。

截至 2020 年年底，农夫山泉各大教育基地已累计接待 300 余万人次，全国约有 100 万名学生体验了"寻源水文化研学课程"，为水情教育以及饮水健康理念的传播作出贡献。

农夫山泉各大基地除接待参观人群外，科普教育团队还主动走出工厂，开展"进社区、进展会、进校园"宣传活动，将水源地保护、科学饮水、食品安全等知识搬运至中老年人与青少年儿童中，2021 年在全国义务进行了超过三万场教育活动。多次开展"水营养健康文化"进校园的知识讲座，累计服务院校上万所，参与人数达百万人，将健康的生活观念传递给社会，实现"健康中国"的目标。

图 8　农夫山泉广泛开展饮水健康知识科普活动

案例 5："寻源水文化研学课程"，入选联合国可持续发展精品课程项目

农夫山泉积极回应联合国可持续发展目标，参与联合国可持续发展教育中心组织汇编的《培育地球公民——可持续发展目标精品课程（线路）》项目。开发的"寻源水文化研学课程"作为可持续发展目标"负责任消费和生产"的代表精品课程，与浙江大学、海宁中学等学校开发的多项其他议题研学课程共同入选。

农夫山泉开发的"寻源水文化研学课程"详细阐释了如何通过追根溯源的方式，引导学生从日常生活出发，探索饮用水和水源地、水源地和水文化、人类活动和生态环境之间的关系，从而增强学生的环保意识，激发学生的创新能力，培养学生的传承精神，起到了良好的教育效果。

培育地球公民
EDUCATING GLOBAL CITIZENS

可持续发展目标精品
课程（线路）汇编
A Collection of Curriculums
Implementing the Sustainable
Development Goals

CASE
农夫山泉寻源水文化研学课程

开发者单位：农夫山泉股份有限公司
课程适用年级：小学高年级/初中/高中

▶[课程目标]

寻源水文化研学课程以水情教育为目标，通过追根溯源的方式，引导学生从日常生活出发，探索饮用水和水源地、水源地和水文化、人类活动和生态环境之间的关系；增强学生的环保意识、激发学生的创新能力，培养学生的传承精神；学生们做知水、爱水、护水、节水的使者，从而形成全社会共同参与的良好风尚。

农夫山泉入选联合国《培养地球公民》可持续发展教育课程

四、做好"企业公民"，以公益回馈消费者和社会

秉承"创利、育人、兼济天下"的理念，农夫山泉长期积极践行企业社会责任，致力于实现企业与社会的协同发展。通过集团层面《社区投资政策》鼓励各工厂和经营大区积极与当地社区组织或公益团体合作，因地制宜开展公益项目，以抗疫救灾、扶老助幼、关爱员工、教育扶贫等方式回馈社会。2021年，农夫山泉在各项公益事业、扶贫领域捐资捐物逾500万元，全公司员工开展志愿者公益活动时长超过八万小时。

（一）抗疫救灾，维系民生物资运输线

农夫山泉作为消费者触及率较高的食品饮料企业，积极承担防控疫情、自然灾害等紧急情况下的民生物资保障责任，维持持续提供充足物资的渠道和运输线路，尽力降低紧急情况发生时对社区居民生活的影响。

面对突如其来的新冠肺炎疫情，农夫山泉积极履行社会责任，直接或支持经销商向多地抗疫一线人员送去"战"疫物资，与大家同呼吸，共抗疫，展现出作为中国饮料龙头企业的担当。

疫情之初，农夫山泉迅速向各地抗疫机构支援130余万瓶饮用水及果汁等产品，以及价值约200万元的防护服物资；疫情期间，农夫山泉在武汉地区第一时间无条件开放了600余万瓶全部饮用水库存，保证应急饮用水供应，直到疫情缓解。

案例 6：保障物资配送生命线，全力支持社区抗疫

各地受疫情影响期间，农夫山泉坚持物资配送，采取严格且有效的管控措施，为疫情期间保障民生用水供给 5L、12L 大桶水，沟通交通运输部门，打通绿色运输通道，将民生保障用水及时送达，使得一线工作人员的使用需求得到满足，尽全力保证了老百姓日常生活用品的及时供应。同时，农夫山泉以"自贩机""自提点"落地社区的优势，以无人售货供应民生用水，大大减少了人与人面对面的接触，为社区疫情管控带来了便利。

图 9　农夫山泉非接触式便民售卖服务站为社区提供必需生活物资

面对各地突发的自然灾害，从 2016 年安徽、江苏、湖南等地的洪涝灾害，到 2018 年山东寿光水灾、2019 年台风"利奇马"引发的温岭、永嘉泥石流和洪涝灾害，再到 2020 年青岛小珠山发生山火灾害，农夫山泉都在第一时间驰援，向一线救灾人员送去关怀，缓解灾区群众饮水难的问题。

2021 年，河南遭受特大洪灾，农夫山泉河南大区第一时间在郑州及受灾严重的周边县市设立免费赈灾取水点超过 100 个。此外，河南大区各办事处员工以及经销商奔赴一线，给各个安置点、福利院、红十字会、救援指挥部等免费送水。累计捐赠两万余箱小瓶水、一万余箱大瓶水，惠及 20 余万受灾群众。

（二）扶老助幼，关爱特殊群体需要

农夫山泉长期以来一直秉承"奉献、有爱"的公益服务精神，积极投身于社会爱心公益活动中，营造和谐温暖的社会氛围。扶老助幼志愿服务是农夫山泉多年来积极结合行业优势和支持的实际特点，开展社会公益活动的重要途径。

秉承"尊老、敬老"的优良传统，自2014年以来，农夫山泉工厂连续多年在节日开展"和谐农夫，关怀老人"送温暖活动，为老人们科普饮水健康知识，带领老人们开展文娱活动，送去温暖慰问品。

农夫山泉长期坚持关爱特殊儿童，通过走访了解到贵州省铜仁市许多特殊儿童家庭因病致贫，难以坚持患儿的长期康复训练，错失治疗的黄金时期造成终生遗憾。

为此，农夫山泉设立了"关爱儿童，帮助需要帮助的人"援助项目，通过资助困难家庭，帮助他们树立信心克服困难，坚持小朋友的康复治疗。2020年，农夫山泉向贵州铜仁康复医院捐赠15万元，用于特殊儿童的"爱心三餐"。2021年儿童节当天，农夫山泉在铜仁康复医院建立了小小图书馆，丰富了患儿的知识，开阔了患儿的眼界。同时，公司每年给在贵州铜仁治疗中心的百余名生活困难儿童家庭每家发放3000元补助，鼓励儿童和家长坚持治疗恢复。

每年高考期间，夏日炎炎，农夫山泉都会开展"免费赠水，助力高考"活动，至今已经坚持了10年。公司在考场外设立送水点，员工在瓶签背后手写祝福，祝愿考生们旗开得胜、金榜题名。2021年，农夫山泉在全国范围内开展了1774场高考赠水活动，为考生送出近15万余箱"农夫山泉"饮用水。

（三）关爱员工，企业与员工共同成长

作为饮用水及饮料的龙头企业，农夫山泉在全国各地直接吸纳两万余名员工就业，同时也带动了供应商、经销商、零售商等诸多工作岗位，切实履行促进就业的企业社会责任。

农夫山泉以"人才是公司持续发展原动力"为理念，致力于为员工提供公平公正的职业发展机会、内部晋升途径和资源丰富的能力提升平台。建立了完善的员工福利关爱保障体系和职业健康与安全制度，在为员工提供安全健康工作环境的基础上，通过福利与关爱增强员工工作积极性，提升工作认同感和归属感。

农夫山泉致力于打造以人为本的优良工作环境，倡导工作与生活平衡，

希望员工从工作中找到乐趣，共同推动企业文化建设。

为了帮助公司职工解决子女暑期无人看护的难题，公司创立了"棒棒堂"员工子女关爱计划。公司总部为暑假单独在家的职工子女提供了安全、健康的教育活动场所，并聘请专业团队对小朋友进行暑期教育，讲解健康营养知识，体验父母日常工作。

图 10　农夫山泉"棒棒堂"活动帮助解决暑期员工子女看护问题

同时，农夫山泉为公司员工和家属推出"大病医疗救助、慰问计划"，当公司员工及直系家属发生重大疾病时，农夫山泉公司将给予医疗救助金或家属关爱慰问金。农夫山泉坚持与员工持续努力，从点滴做起、坚定利他之心，共同建设更有温度的文化氛围。

（四）心系教育，助力山区教育扶贫

农夫山泉在让消费者享受到天然健康饮用水的同时，始终关心贫困山区的青少年儿童，助力贫困山区少年接受教育和保障支持。

2017 年，农夫山泉发起了"戴上红鼻子，快乐做公益"活动，农夫山泉为天然水饮用戴上一个个"红鼻子"，赠送给购买饮用水的消费者，希望传递快乐公益的理念。农夫山泉为整个项目向红鼻子公益基金会采购了 30 万个红鼻子，而红鼻子公益基金会将善款扣除材料成本后，定向用于"免费午餐"公益项目，整个活动一共捐献了 25 万份免费午餐给山区儿童。

2020 年，农夫山泉携手中国银联，推出超过一亿瓶诗歌瓶，向山外传递大山孩子所写的诗歌。扫描瓶身，既可以听山里的孩子读诗，也可以对孩子进行助力捐赠。其中凝聚着山里孩子对自然万物充满想象力的洞察，有留守孩子对于长年在外奔波的父母的思念，还有孩子纯真质朴的善意。通过这样的方式，农夫山泉引发了社会对乡村留守儿童语文诗歌教育的关注和思考。

2021 年，农夫山泉新发起了乡村学校净水工程，工程启动于云南北斗村九年制学校饮水改善项目。通过安装三台可保留水中矿物质的超滤直饮机设备、提供水安全教育课堂等方式，为当地学生提供健康安全的饮用水，并普及了科学饮水观念。

积极承担社会责任，是一家企业从优秀迈向卓越的必经之路。农夫山泉将继续把社会责任融入企业的发展使命之中，依托自身优势，结合社会力量，形成有特色、有社会影响力、有实践成效的社会责任发展之路。

未来，农夫山泉将进一步投身时代赋予的发展使命，通过科技创新助力行业品质升级、积极推广大众科普教育、实现绿色运营可持续发展、关爱员工促进稳定就业、持续助力产业扶贫攻坚、投身社会事业促进社区发展，为助力可持续发展再发新力，再立新功。

发挥产业优势，助力乡村振兴

——洽洽食品股份有限公司

提要：

洽洽食品股份有限公司是国内坚果行业的领军企业，自成立以来一直不忘承担企业社会责任，秉承"利益来源于社会，要回报给社会"的理念，以农副产品为主业，结合自身产业优势，以市场为导向，牢牢抓住消费拉动带动振兴农业，努力实现乡村振兴的更大作为，帮助农民致富。同时，大力推进绿色"质造"，打造循环经济，积极投身抗击疫情、抗洪救灾、教育助学等各项公益活动。

企业简介

洽洽食品股份有限公司（以下简称"洽洽食品""洽洽"或公司）成立于 2001 年，并于 2011 年上市，公司位于安徽省合肥市，主要生产坚果炒货类、焙烤食品类休闲食品。公司在全球拥有 10 大工厂，产品不仅畅销全国各省市，更远销至东南亚、欧美等近 50 多个国家和地区。

图 1　洽洽食品股份有限公司

经过20多年的发展，洽洽已成长为中国坚果行业标志性品牌，通过产品创新、技术创新将民族传统食品制造发展成集规模化、产业化、信息化于一体的现代化食品工业。

截至2021年6月，洽洽累计获得国家级荣誉28项，专利217项，主持和参与制修订标准33项，是行业内唯一通过透明工厂管理体系、两化融合管理体系、食品质量管理体系、食品安全管理体系等12大认证体系的企业，带动中国坚果炒货行业技术发展。

20多年来，洽洽食品始终坚信：高品质坚果的背后，需要全产业链的支撑，把握源头才能创造美味！洽洽在新疆、内蒙古、甘肃、广西等地打造了100多万亩原料种植基地，并以严格的原材料保鲜技术确保源头新鲜。凭借全产业链和信息化系统为支撑，实现产品品质全程可追溯。随着洽洽全球化战略的发展，洽洽的原材料基地也从中国延伸到了澳洲、美洲等世界坚果优质产区。优质的原料选择，带来了稳定的产品品质。在此基础上，洽洽以"质造"为核心，倡导新鲜战略。以精进的工艺和创新的技术，将新鲜理念贯穿于坚果"质造"的每一个环节，并不断通过设备升级，提升效能，从而为世界创造更多美味。公司在行业内首家引入TPM管理体系，打造有产品思维和品质理念的生产服务团队，在全球10大工厂，以严苛统一的标准质造流程，确保每一颗坚果都是洽洽"新鲜"的味道！30万平方米洽洽产业园、36条自动化生产线、6000万级专业进口设备、国家级研发中心等都在为洽洽"质造"保驾护航。2018年，洽洽荣获"国家坚果加工技术研发专业中心"称号。2022年公司获得国家工信部认定，成为坚果行业首个国家级绿色工厂。

凭借美味的食品、优质的服务、精准的市场定位和不懈的创新发展，洽洽食品在市场上获得了良好的声誉。2021年，洽洽品牌价值达262.91亿元，实现营业收入59.85亿元，纳税3.89亿元。纳税总额累计约为44.25亿元。

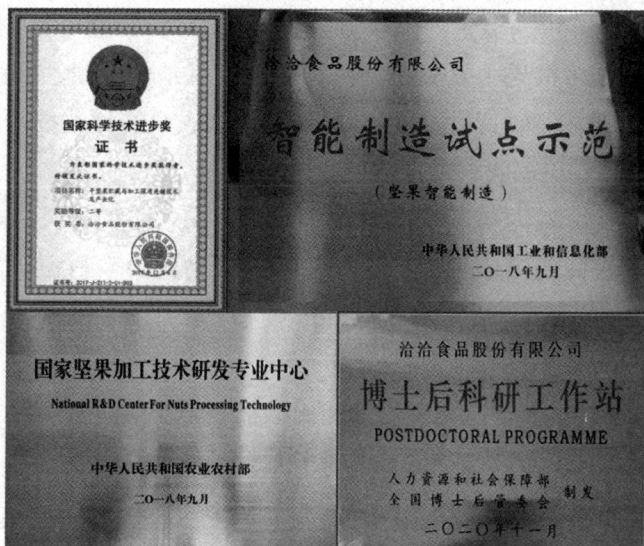

图 2　公司获得的部分荣誉资质

企业履责实践与成效

多年来，洽洽秉承"利益来源于社会，要回报给社会"的理念，积极响应国家号召，充分发挥企业独特优势，助力乡村振兴，依据"造血"与"输血"同步、治本与治标并举的原则，从产业、教育、公益等方面着手，努力实现乡村振兴的更大作为。

一、结合自身特色，走产业振兴乡村道路

洽洽食品是一家以传统炒货、坚果为主营业务，集自主研发、规模生产、市场营销于一体的大型现代化休闲食品企业。公司结合自身产业特色，在偏远地区布局建设原料种植基地，走产业振兴乡村道路，帮助当地农民脱贫致富，致力于农业产业化发展。

（一）因地制宜，走"造血式"乡村振兴之路

从 2014 年以来，洽洽食品先后在合肥市长丰县岗集镇、池州市、合肥

市肥西县高刘镇、广西百色等地，流转土地 1.6 万亩，投资 1.4 亿元用于建设薄壳山核桃、碧根果、夏威夷果基地。通过基地的建设，积极引导当地农户调整种植结构；通过种植技术的输出，培训农户的种植技术，解决当地用工问题，保障坚果回收，增加农民收入。

洽洽在种植区域内通过"造血式"乡村振兴之路为村民分红并提供就业岗位，拓宽农民的增收渠道，让产业特色成为助力乡村振兴的亮色。以两个项目为例：

案例 1：长丰基地美国薄壳山核桃栽培产业扶贫项目

2018 年到 2021 年，洽洽在合肥市长丰县开展美国薄壳山核桃栽培产业扶贫项目，总投资 5676.97 万元，土地流转面积共计 6738.55 亩。

成效：项目能够优化当地农业油料作物种植结构，直接为青峰岭贫困村带来经济收入，带动农民致富，推动美丽乡村建设，每年可为当地农民带来直接土地租金 420 万元；同时提供就业岗位 130 个，带动农民增收 130 万元，贫困户人均月收入增长超过 830 元。

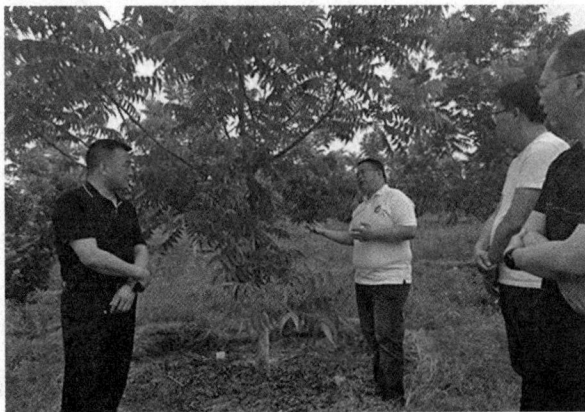

图 3　长丰县山核桃种植基地专家在作技术指导

案例 2：池州"公司＋农户"碧根果种植基地项目

洽洽通过"公司＋农户"订单种植项目，计划总投资 2123.9 万元，自筹资金 2000 万元，争取政府扶贫资金 123.9 万元，2000 亩种植基地将带动200 多个贫困户就业，实现农民脱贫。

丰产后，预计亩产 200 公斤，按现市场价格 40 元 / 公斤计算，2000 亩每年销售金额为 1600 万元，从而起到了持续脱贫的作用。

图 4　池州碧根果种植基地

未来 5 年，洽洽食品将通过技术服务进行示范推广，带动周边农户种植 25 万亩，丰产后年产坚果五万吨。农场将吸收就业人员 1000 人，通过示范推广，带动 5000 户以上农民致富。洽洽还将打造更多农业基地，持续走产业化乡村振兴之路，帮助边远乡村农民致富，也使中国的坚果走向世界。

（二）以市场为导向，牢牢抓住产业振兴、消费振兴

自 2011 年开始，洽洽食品就先后在新疆、甘肃、内蒙古巴彦淖尔、赤峰、东北等地拥有近百万亩的葵花种植基地，并将订单农业模式由最初的"公司 + 农户"，逐步改进优化为"公司 + 育种机构 + 推广合作人 + 种植户"的网络式订单农业体系。

1. 食葵订单，助力两万农户致富

在互利共赢的关系下，洽洽食品通过引入合作社、种业公司、农资、兵团农场等中介组织，将小农户组织起来抱团签约。洽洽加快引入推广新品种，优化全产业链条；强化在品种、品质、品牌助力葵花产业发展建设，实现全过程风险控制，提升农户生产的质量和效益，推动产业转型升级、提质增效，形成小农户、多主体、大群体的特色农业产业集群和专业分工体系。

图5　葵花籽料种植基地

洽洽食品每年订单葵花推广种植面积在 60 万亩左右，其稳定的原料回收保障和种植过程中专业指导，为合作种植户每亩增产、增收约 1000 元左右，帮助两万户农户实现致富。

"要想葵花籽卖得好，洽洽食葵订单少不了。"洽洽食品在葵花籽产区已形成良好口碑。巴彦淖尔市临河区乌兰图克镇新民村委会还专门送来"洽洽订单，丰收保障"的锦旗以表达感激之情。

同时，洽洽食葵订单在产业端与种业公司合作，围绕消费终端用户对葵花籽好吃、好看、新鲜的需求，不断地对源头种子研发方向、品种改良等方面提出建议，促使食葵产业链良性循环。

通过洽洽食品对农业引导和行业的推动，中国食用向日葵在世界上创造了五项第一：种植面积世界第一，年种植面积在 700 万～900 万亩；产量世界第一，年产量在 120 万～150 万吨；种子的科技含量世界第一；出口全球世界第一，年出口量在 40 万吨左右；行业从业人数世界第一，年从业人数 200 万人以上。

2. 携手京东，开展平石头村核桃收购专项消费扶贫公益项目

河北阜平县龙泉关镇的平石头村位于太行山深处，村域面积 3.65 万亩，耕地面积却只有 703 亩。虽然该村水源优质、空气纯净，自然资源优异，并且拥有 100 多年的核桃种植历史，盛产纯天然新鲜的原生态铁核桃。

"依靠自然生长的铁核桃营养价值高，含有的不饱和脂肪酸、维生素、

类黄酮等营养成分普遍优于普通核桃的天然优势。"中国林业科学院林业研究所经济林室副主任、中国核桃产业国家创新联盟专家委员会主任裴东博士对平石头村铁核桃产品给予了高度评价。但由于地处偏远山区交通不便，铁核桃即使丰收了，也只能就近低价销售，导致乡村经济发展潜力严重受限。

得知这一情况，洽洽食品携手京东集团对平石头村铁核桃进行了实地专项考察，并决定对平石头村开展核桃收购专项消费扶贫公益项目。根据核桃品种的特点优势给出了收购及扶持合作方案，通过资源整合、技术创新、产品创新、营销助力等推动产业转型升级，探索出一条"绿水青山"向"金山银山"的有效转化路径。打造出消费扶贫项目下的一款坚果特色产品——"平石头村铁核桃，好吃得用榔头砸"。

平石头村铁核桃产品目前已众筹上线，每卖出一份，洽洽将捐赠一定金额给平石头村，帮助村民改善贫穷的生活环境。通过平石头村核桃收购专项扶贫项目，洽洽积极探索推进消费扶贫新产业、新路径、新模式，将平石头村铁核桃通过消费扶贫公益项目推向全国，让他们的核桃走出大山。

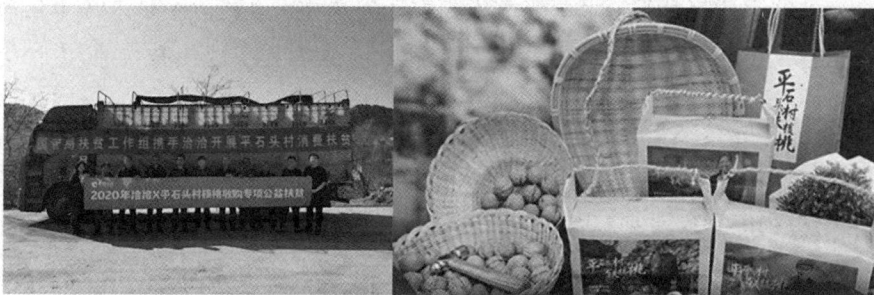

图6 洽洽平石头村核桃致富项目

2020年5月，洽洽食品联合多家企业设立"全国大学生新媒体运营实战大赛助农扶贫公益基金"，助力贫困学子学习深造以及开展助农扶贫相关活动，在教育领域为"脱贫攻坚"贡献了一份力量。

2020年7月，洽洽在中国核桃之乡——阿克苏市库木巴什乡，创建"国家级优质核桃基地"，为阿克苏市核桃产业的蓬勃发展拓宽渠道，推动当地核桃走向全国乃至国际市场，带动当地农户经济发展。

此外，洽洽食品还加大从其他贫困地区的原料采购力度，助力贫困群众脱贫。每年约从新疆采购一万吨核桃，采购金额近 1.8 亿元，带动当地约 2500 户核桃种植户脱贫致富。

（三）乡村要振兴，教育当先行

乡村振兴不仅是乡村和乡村产业的振兴，也是乡村教育与人才的振兴。洽洽食品深知教育与人才振兴是全面推进乡村振兴工作的根本之策，通过多维度、多方式对乡村学子进行帮扶，从教育资源到人文关怀，从学习到生活，努力为乡村学子提供更好的学习生活环境。

迄今，洽洽食品已累计捐赠 1720 万元，用于设立各项教育基金、希望小学、爱心厨房、营养早餐计划，为莘莘学子的成长保驾护航。

案例3：捐款 800 万元设立"江南大学华泰教育基金"

2008 年 6 月，洽洽食品与江南大学共同签订了《设立江南大学华泰教育基金的协议》，捐款 800 万元设立"江南大学华泰教育基金"，此项基金全部用于设立"洽洽快乐奖学金""洽洽大学生创新创业基金""江南大学——洽洽食品联合研究所"项目，帮助优秀学子完成学业，鼓励年轻人勇于创新，促进江南大学教育事业的发展，为国家和社会培养更多的优秀人才。

图 7 "洽洽快乐奖学金"颁奖仪式

除设立教育基金外，洽洽食品还相继在合肥五中、六安一中、合肥三十八中、安徽财经大学、安徽大学等多所学校设立"洽洽快乐奖学金"。

捐建七所希望小学。孩子的未来就是民族的希望。在 2003 年至 2009 年这七年间，洽洽食品共捐款建立舒城县梅岭希望小学、舒城县转水湾希望小学、歙县汪龙坑小学等七所希望小学，解决了农村孩子没学上、上学远、上学难等问题。

洽洽爱心厨房。2016 年 9 月，洽洽食品捐出 30 万元，联合励志阳光助学基金推出"洽洽爱心厨房"，关爱孩子健康，为偏远地区的孩子提供安全、健康、卫生的午餐。

一共立项六个爱心厨房：陕西省紫阳县麻柳镇百利阳光希望小学、江西省吉安市吉州区曲濑镇阳光之星希望小学、四川省会理县果园乡心星阳光希望小学、河南省方城县广阳镇艺康阳光希望小学、江西省信丰县小河镇犹太奇迹阳光希望小学、江西省会昌县西江镇上东阳光希望小学。

发起免费营养早餐计划。2021 年 4 月，洽洽食品联合首都营养学会发起"营养早餐·健康中国——洽洽免费营养早餐计划"公益活动，分别走进 31 个城市、84 所学校开展了 100 多场坚果营养科普课堂，帮助学生养成健康的饮食习惯，培养青少年养成吃早餐、吃坚果的好习惯，助力中国下一代健康成长。

二、绿色制造，打造循环经济

（一）绿色供应链打造

建立绿色原料种植基地。公司积极打造绿色供应链，公司通过建立绿色原料供应基地，创建成品物流多式联运项目，定期对供应商开展审核和回访，以促使供应商创建完善的认证体系等，进行公司绿色供应链体系的打造，获得了中国质量认证中心颁发的可追溯体系认证证书，保证原料质量安全的可追溯。

洽洽食品为实现生态种植，重塑安徽省长丰县、池州市、肥西县，广西壮族自治区百色市等基地的农业产业形态，打造绿水青山，新增果林面积 30 万亩，合计两万公顷。果林每天可吸收二氧化碳两万吨，释放氧气每天达到 1.5 万吨，为实现绿水蓝天作出应有的贡献。

图 8　洽洽坚果种植基地

储藏及运输绿色技术保障。洽洽公司通过原料预干燥及筒仓智能贮存技术、原料氧化指标精准化监测技术，精准监控减低霉变，降低产品氧化度，保障原料新鲜度。通过技术的运用，洽洽食品形成了两项坚果炒货行业标准技术。

图 9　预干燥及筒仓智能贮存技术

案例4：洽洽每日坚果六大新鲜标准

洽洽的坚果原料当季采摘后，坚持冷链运输、冷藏保鲜，核桃坚果原料坚持现剥现用，保障产品绿色、健康、新鲜。

每日坚果小黄袋六大新鲜标准为：

标准一：生产制造方面——坚果全产业链自主生产，拒绝代工；

标准二：原料种植方面——原料只选用100%当季采摘坚果；

标准三：物流运输方面——全程22℃低温冷链运输；

标准四：加工制造方面——低温慢烤、减少果仁营养流失；

标准五：包装保存方面——奶粉级保鲜包装，包装袋内含氧量不得超过1%；

标准六：食品添加剂方面——洽洽坚果不添加任何添加剂，0香精、0色素、0防腐剂。

（二）绿色加工

1. 关注环保节能降耗，致力于"绿色生产"

在环保的原则下，为实现绿色生产，洽洽通过多维度实现节能减排。在能源管理方面，洽洽制定了多项能源管理制度，并通过节能技术改造、除尘改造、蒸汽余热回收和冷凝水再利用等方式降低碳排放。

在资源管理方面，洽洽建立节水管理制度，引入先进的水循环设备，使得每吨产品的耗水量大大减少，实现了经济价值与社会价值的双赢。

洽洽食品通过技术改造，引进新设备和新工艺，采用完善的工艺控制系统和先进的控制程序，提高机械化、自动化水平，达到了降低劳动强度、改善劳动环境、节能减排的目标。

成效一： 引进布勒干燥线，使用了清洁能源天然气，干燥产能提升了50%，有效降低了粉尘颗粒的排放量。

成效二： 水资源重复利用，利用回水冲洗山核桃瓜子和焦糖瓜子干燥线网带，单位水耗由7.82吨左右下降至0.953吨，同步降低污水处理量。

成效三： 环保处理设施改进，引进先进工业废气处理设备，使臭气的排放浓度降低至229（无量纲），远低于GB 14554《恶臭污染物排放标准》中规定的2000的标准值。

成效四：包材改进开发，开发出新替代性新材料（PA–PE 非对称），使用改进材质替代现材质，包材由四层变成三层，洽洽工厂将传统纸箱换成可回收环保箱，降低了碳排放，推动了"绿色包装"。

成效五：设备改进，引进先进的四台布勒窝眼机和八台布勒比重机，并对窝眼机进行工艺优化组合。产线产能提高了 400%，产品质量同步提升，同时，节约了燃料消耗量。通过设备负压生产，杜绝了灰尘外泄，降低了设备噪音，改善了环境。

图 10　洽洽采用的节能降耗设备

2. 加工过程中关注产品生态设计，助力绿色加工

为实现产品的生态设计，洽洽食品根据企业产品特性，对易出现氧化哈败的产品，通过精确充氮进行保鲜。该项目已获得一项实用新型专利。公司在香瓜子中加入中药材为主要成分的辛香料，中药材与瓜子一起煮制，既起到了替代添加剂的效果，又达到了与中国养生药食同源的效果。

（三）绿色基础设施建设

洽洽食品厂房、仓库等建筑新建、改建和扩建时，均严格遵守国家"固定资产投资项目节能评估审查制度""三同时制度""工业项目建设用地控制指标"等产业政策和有关要求，选用蕴能低、高性能、高耐久性的本地建材。通过钢结构、砌体结构和木结构进行构建，在保障符合标准的同时减少建材在全生命周期中的能源消耗，降低建筑的资源消耗及对环境的影响。

室内醛、苯、氨、氡等有害物质严格遵守国家和地方法律、标准要求，保障所生产产品的质量及安全。

洽洽工厂厂区及各房间或场所的照明尽量利用自然光，确需使用人工光源的，针对不同的场所对照明进行分级设计，减少能源消耗。此外，公司对厂区原有的传统照明均进行改造，目前公司区域节能灯具的占比已达到89.2%，后期还将持续优化照明，关注绿色生产，降低能耗。

（四）绿色管理体系保障

洽洽食品已建有完善的管理体系，编制有公司各体系《管理手册》《程序文件》，已获得了质量管理体系证书、环境管理体系证书、职业健康管理体系证书及能源管理体系证书。

同时，公司还获得两化融合管理体系证书、食品安全管理体系认证证书、食品安全全球标准证书以及危害分析和关键控制点认证证书。洽洽食品已实现在实际运行中，管理体系全面覆盖产品形成的各个过程，为公司绿色质造提供了完善的体系保障。

洽洽致力于绿色质造，公司相继获得"国家级绿色工厂""安徽省绿色工厂""安徽省节能先进企业"等称号。未来，公司将继续致力于用"绿色质造"生产"绿色食品"，打造循环经济。

三、捐款捐物，支持公益事业

洽洽食品在不断努力实现自身健康发展的同时，始终不忘自身的社会责任，捐款捐物支持公益事业。无论是2008年的汶川地震，还是2013年的雅安地震、2017年的九寨沟地震，以及近年来的洪灾与新冠肺炎疫情，洽洽总是不忘肩头的责任，第一时间捐款捐物，为灾区同胞送去温暖。

（一）心系灾情，情达地震灾区

汶川地震。 2008 年 5 月 13 日，洽洽通过合肥市慈善协会向四川省汶川县地震灾区捐赠人民币 50 万元及价值 10 万元的洽洽早餐支援灾区人民；2008 年 5 月 23 日，洽洽食品在安徽电视台大型慈善赈灾晚会现场，通过安徽省红十字会向四川灾区捐款 200 万元；5 月 26 日，公司再次向地震灾区捐款 50 万元，用于灾后重建。

雅安地震。 2013 年 4 月 20 日，四川雅安发生了 7.0 级地震，地震灾区的情况随时牵动着洽洽食品全体员工的心，洽洽食品通过责任中国公益基金向雅安赈灾专项基金捐助 100 万元现金，以及价值 100 万元的洽洽公司产品火速驰援灾区。

九寨沟地震。 2017 年 8 月 8 日，在四川阿坝州九寨沟县发生 7.0 级地震。获悉地震消息后，洽洽食品立即启动应急机制，第一时间与九寨沟县政府取得联系，连夜将首批物资发往地震灾区。此次一共捐助 1000 多箱手撕面包、早餐蛋糕等应急物资。

图 11　洽洽地震捐赠

（二）齐心抗疫，温暖同行

自 2020 年起，面对新型冠状病毒性肺炎疫情的不断升级，武汉抗疫一线医用物资紧缺，洽洽食品从 1 月 24 日起，持续向疫区援助三批"战"疫物资，累计价值近 1000 万元。其中包括从海外泰国工厂调配的近 20 万只 N95 医用口罩（是合肥地区首批境外捐赠物资），近 800 万元的每日坚果。

2021年7月，南京疫情暴发，一场与病毒赛跑的战役紧张打响，广大医护工作者不分昼夜，始终坚守在抗疫一线。在南京抗击疫情的关键时期，洽洽紧急成立南京疫情援助小组，联络新冠肺炎定点治疗医院进行物资捐助，筹措4000盒洽洽小黄袋每日坚果屋顶盒，7000包洽洽早餐每日坚果燕麦片等营养物资，向八所新冠肺炎定点治疗医院进行定向捐赠，用实际行动表达了对一线医护工作人员的敬意与关怀。

2021年12月，西安疫情反扑，洽洽食品第一时间准备了1.5万份洽洽坚果礼盒，作为政府援助物资发放到居家隔离的西安人民手里，用人民真真切切需要的生活物资来支持疫情的防控。

2022年3～4月，上海疫情形势紧急，前线物资不断告急。洽洽持续关注疫情动态，继3月25日首次为瑞金医院捐助物资后，迅速开展第二次援沪抗疫捐赠，加紧筹措物资。

4月7日，一辆辆装载洽洽坚果营养物资的货车再次奔赴上海抗疫第一线，运抵宝山医院及徐汇区多个封控小区，为医护人员和市民送去食品等。洽洽在特殊时刻持续为上海抗疫贡献力量，一起温暖守"沪"。

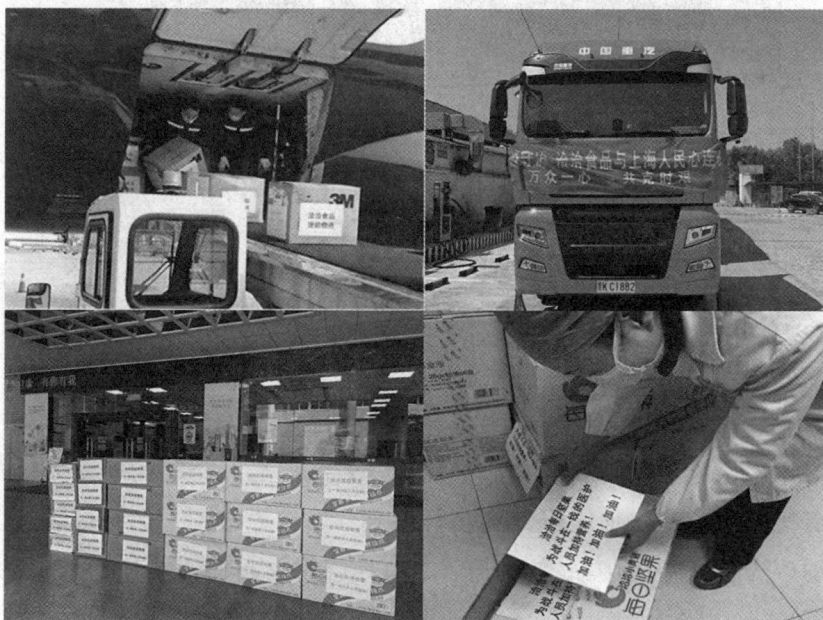

图12　洽洽抗疫捐赠

（三）洪水无情，洽洽有爱

2020 年 7 月，受强降雨影响，安徽多地遭遇特大洪水袭击，汛情告急。7 月 20 日，洽洽食品向无为姚沟镇和铜陵枞阳县灾区捐赠包括手撕面包、洽洽小黄袋每日坚果等在内的救援物资共计 1020 箱。7 月 24 日，洽洽食品再次前往庐江县盛桥镇神墩村参与抗洪赈灾，捐赠洽洽小黄袋每日坚果、手撕面包、咔吱脆等救援物资共计 300 余箱。

2021 年 7 月，河南省郑州市连遭暴雨，导致水灾严重，洽洽食品第一时间联系郑州慈善总会了解灾区需求，全力协助防汛救灾行动。公司向郑州慈善总会捐款 300 万元，并组织捐赠了 200 万元的应急食品（坚果）火线驰援灾区。

图 13　洽洽抗洪救灾捐赠

作为民营企业，洽洽食品一直以"客户价值、绩效为要、奋斗卓越"为立业之本，始终秉持"利益来源于社会，要回报给社会"的理念，从希望小学到光彩事业，从地震捐款到乡村振兴，累计捐赠达一亿元。洽洽以实际行动帮扶老少边穷地区的振兴开发，并始终将公益奉献视为企业的使命。

创新促进互联网企业社会责任高质量发展

——达疆网络科技（上海）有限公司

提要：

作为数字新基建、在线新经济的代表性企业，达疆网络科技（上海）有限公司在飞速成长的同时，一直致力于企业社会责任建设，努力回馈社会，积极推动和开展企业社会责任工作，体现了一个优秀民营企业应有的责任与担当。在履行社会责任实践过程中，公司坚持党建引领、夯实顶层设计、发挥优势能力，创新思路、模式与方法，努力推动社会福利增值、价值链条共赢，助力社会清风正气。

企业简介

2014年，达疆网络科技（上海）有限公司（达疆网络及其分公司、子公司、关联公司，统称"达达集团"）在上海成立，以"万千好物，即时可得"为愿景，致力于引领中国零售业步入新时代。公司拥有达达快送和京东到家两大核心业务，二者保持独立开放的运营模式，同时协同相融，形成了"即时零售＋即时物流"独特的协同发展模式。2020年6月，达达集团在纳斯达克挂牌上市。

2021年10月，达达集团和京东联手打造的"京东小时购"正式发布。作为京东即时零售业务面向消费者的统一品牌，"京东小时购"整合了双方的优势资源和能力，对应"线上下单、门店发货、小时级乃至分钟级送达"的零售模式，由达达集团全面承接，全力服务好京东主站的数亿用户。

2021年3月3日，达达集团作为上海在线新经济头部企业之一，受邀参加上海市委书记李强主持召开的在线新经济发展座谈会。2021年7月，入选国家工信部新型信息消费示范项目。达达集团扎根上海、服务全国，2021年营收68.7亿元，纳税3.6亿元；创业以来，累计纳税11亿多元，带动产业上下游灵活就业人数超250万人（骑士、拣货员等群体）。

作为在新领域快速发展的成长型企业，达达集团一直以来秉承着务实、主动的价值观念，致力于打造与时俱进、开放、创新的企业文化，并将企业社会责任逐渐融入公司经营管理与决策的理念中。

达达集团创始人蒯佳祺表示："我们坚守'不设边界'的工作态度，在面向用户优化自身服务质量的同时，不断开发新产品赋能价值链伙伴，推动行业的整体发展。我们关注社会需求，践行环境责任，深耕公益事业，结合自身业务优势不断创造社会价值。"

企业履责实践与成效

在飞速成长的同时，作为数字新基建、在线新经济的代表性企业，达达集团一直致力于企业社会责任建设，努力回馈社会，积极推动和开展企业社会责任工作，充分体现了一个优秀企业应有的责任与担当。

一、夯实顶层设计，构建筑牢体系制度

达达集团认为，要履行好企业社会责任，首先要强根基、强组织、强体系。

组织架构和实施机制方面，近年来，达达集团启动推出了集团层面的统筹项目"达公益"，由集团党支部、团支部和公共事务部牵头，各职能、业务团队积极参与，统筹推进各项社会责任和慈善公益计划，持续为爱发声、助力环境社会。与此同时，公司协同PR、IR团队，对外传播达达集团在企业社会责任，特别是慈善公益方面的做法、经验和成果。

目标愿景方面，达达集团致力于更有社会福利增值的推动，更有生态环境友好的实践，更有价值链条共赢的做法。

践行成果方面，2021年年底，达达集团入选上海市第十届"慈善之星"，是入选的唯一互联网及在线新经济企业。该奖项的获得，是达达集团多年

来深耕慈善公益、践行社会责任，在抗疫保供、电商扶贫、骑士关爱、跨越数字鸿沟等多领域持续努力的体现。

图1　上海市第十届"慈善之星"荣誉证书

二、发挥优势能力，助力社会福利增值

达达快送是达达集团旗下中国领先的本地即时配送平台，在社会化同城配送的市场份额中位居第一。

截至目前，该业务已覆盖全国2700多个县区市，日单量峰值超千万单，为数十万名骑士创造了灵活工作机会。达达快送以众包为核心运力模式，搭建起由即时配、落地配、个人配构成的全场景服务体系，服务于沃尔玛、永旺、步步高、真功夫、泉源堂、京东物流等各行业知名企业、中小企业与个人用户。

经过长期的模式创新和技术迭代，达达快送可为商家提供全渠道订单一体化履约服务，在保障履约效率的同时大幅降低成本。同时，"达达快送"推出达达无人配送开放平台，携手京东物流等无人车公司，共同打造在商超即时消费场景下的无人配送生态。达达优拣为超市提供众包拣货员、数字化拣货流程管理等服务，帮助门店降低拣货成本。达达智配SaaS系统开放达达快送技术能力，帮助有自配送团队的品牌或者服务商提升配送效率与骑士人效。

京东到家是达达集团旗下中国领先的本地即时零售平台，在商超 O2O 平台的市场份额中位居第一。

截至目前，该业务已覆盖全国超 1700 个县区市，年活跃用户数超 6700 万。沃尔玛、永辉超市、华润万家等超过 15 万家线下门店已入驻京东到家平台。涵盖超市便利、生鲜果蔬、医药健康、3C 家电、鲜花绿植、蛋糕美食、服饰运动、家居时尚、个护美妆等零售业态，为消费者提供海量商品约一小时配送到家的即时消费服务体验。

京东到家为零售商构建了全渠道履约和运营解决方案，并打造了丰富的数字化产品。依托达达海博中台，助力零售商实现履约、商品、用户、营销等领域的全渠道一体化管理。京东到家致力于为品牌商打造全面的数字化营销解决方案，助力伊利、蒙牛、宝洁、联合利华、玛氏箭牌、雀巢等品牌实现对全链路营销的数字化追踪与管理。

（一）抗疫保供

新冠肺炎疫情期间，达达快送和京东到家双平台持续提供无接触配送服务，在保护消费者、骑士、零售商等合作方员工健康的同时，积极支持生活必需品的供应和配送，身体力行地支持了国家的抗疫行动。

2020 年 6 月 18 日，国家商务部致信感谢达达集团为抗疫保供作出的突出贡献。2020 年 6 月 17 日，国家工信部通报表彰全国 79 家科技抗疫 AI 企业，达达集团名列其中。2021 年，达达集团收到河北省商务厅、广东省商务厅等地政府抗疫保供感谢信。

2022 年 6 月 9 日，上海市疫情防控指挥部生活物资保障专班、上海市商务委员会致达达集团感谢信，积极评价并感谢了达达集团在发挥自身优势能力，助力打赢"大上海保卫战"过程中的重要贡献。

2020 年 2 月至 4 月，达达集团积极响应上海市杨浦区委、区政府号召，携手合作伙伴，为援鄂医务人员家庭每周提供一次爱心蔬菜包，解除抗疫一线医务人员后顾之忧。

案例 1：突出优势能力，助力打赢"大上海保卫战"

2022 年 6 月 9 日，上海市疫情防控指挥部生活物资保障专班、上海市商务委员会致达达集团感谢信，积极评价并感谢了达达集团在发挥自身优势能力，助力打赢"大上海保卫战"过程中的重要贡献。

作为上海市商务委认定的首批重点保供企业，在上海市发布相关防疫政策后，达达集团联合沃尔玛、华润万家、家乐福、永辉超市、上海联华等众多零售商家，积极响应、坚守保供，重点保障疫情管控区域门店稳定营业，确保当地民生物资供应充足及运营稳定。

运力保障方面，达达快送平台在政府指导下，与各区、各街道沟通，积极提升本地运力释放，并从外地调配骑士力量增援上海。联动合作伙伴，开展无人配送助力保供，在上海永辉超市安亭店，无人车通过达达无人开放平台，接单、装载、调度，并自动行驶至附近居民配送点，全程隔绝人员接触，降低潜在感染风险；无人车还入驻上海市杨浦区部分街道，为社区提供"最后100米"公益配送。同时，平台推出众包骑士的招募推文，在市总工会、市人社局指导和支持下开展推广。

物资保障方面，京东到家平台重点协调商家门店，大力增加粮油副食、生鲜蔬果、日化家清、日配冷藏等市民日常各种生活必需物资供给，价格稳定、保证质量、丰富选择，尽最大努力满足民众多样化的采购，让市民足不出户，放心购买。

为适应疫情场景下保供需要，京东到家还推出"社区拼团""集采集配"新业务，为多个社区提供团购服务，并配合完成静安区政府集采项目，为静安人民送去居家物资包。

防疫安全上，线下门店同步升级防疫机制，对店内环境、设备、配送包装等严格消毒，达达快送骑士也会采用无接触取货、无接触配送的方式进行配送，降低感染风险。

公益助力上，达达集团还积极联动合作伙伴，疫情期间开展公益项目、履行社会责任。达达集团、朝云集团、立白集团共同向上海市杨浦区红十字会捐赠防疫物资，400箱消毒液及80箱除菌喷雾等防疫物资从外省直运抵沪，该批物资用于上海市杨浦区中小学校复课前校园环境的消杀。

京东到家连接了京东健康的"全民就医关爱行动专区"，提供24小时免费线上健康咨询服务，帮助更多有需求的上海市民，疫情期间及时获得医生的专业建议指导。

荣获政府部门表彰肯定

| 国家商务部感谢信 | 国家工信部表彰 | 武汉市疫情防控指挥部表彰 | 河北省商务厅感谢信 | 上海市疫情防控指挥部感谢信 |

图 2　达达集团荣获国家部委及各地政府抗疫保供殊荣肯定

案例 2：组建保供联盟，助力河北人民抗击疫情

2021 年 2 月 9 日，达达集团收到来自河北省电子商务工作协调领导小组办公室、河北省商务厅的感谢信，充分肯定并感谢了达达集团在有效防控疫情、保障群众正常生活中发挥的至关重要的作用。此前，石家庄市商务局也于 2 月 3 日向参加石家庄市抗疫的商贸和重点保供企业发出感谢信，达达集团同样榜上有名。

作为河北省首批保供企业，达达集团在疫情发生后一直奋战在抗疫前线，充分发挥双平台优势，通过旗下京东到家、达达快送双平台稳商品供给、保民生配送，全力保障市民在疫情期间的生活物资供给与配送。

达达集团旗下京东到家平台，积极沟通本地商品供给能力强的商家，成立保供联盟，快速补充调配门店拣货人员，利用大数据安排门店级备货，优先保障生鲜蔬菜、肉禽蛋奶、米面粮油、方便食品等民生必需品的供给售卖。

京东到家和达达快送在"战"疫中保供给、稳配送，赢得了众多用户认可和信任。许多市民纷纷点赞，表示在特殊时期，京东到家全力保障日常所需的各类民生物资供应，让他们可以安心宅家。

（二）电商扶贫

除抗疫保供之外，达达集团在扶贫方面亦有突出表现。2019 年至 2020 年，达达集团推进"共推联动、电商赋能——'赋能式扶贫'新模式"，共推联动，构建和形成了政府牵头、国企发力、民企共推的良性扶贫机制。在电商赋能模式助推下，2019 年、2020 年两年，平台共计销售扶贫大礼包约 1.8

万份，总金额近 600 万元。2019 年，该项目入选"上海电商扶贫优秀案例"。2020 年 12 月，上海市委网信办致信达达集团，感谢集团在网络扶贫方面作出的贡献。

案例 3：运用电商手段，助力对口支援消费扶贫

2019 年、2020 年，达达集团充分发挥互联网平台企业的电商和配送优势，将合作伙伴的"扶贫馆"快速上线至京东到家平台上开展在线售卖，给予费用全免和流量支持；设计了印有"扶贫馆"跳转二维码的兑换券，方便区内机关企事业单位及上海热心市民购买；并由达达快送提供物流配送公益支持，将"杨浦对口帮扶地区消费扶贫大礼包"即时配送到家。

此种新型的电商消费扶贫模式，扩大了帮扶工作的受众面、吸引力和影响力，获得了杨浦区内各单位及上海热心市民的交口称赞，真正实现"便利扶贫、快捷扶贫、即时扶贫"。其间，平台共计销售扶贫大礼包约 1.8 万份，总金额近 600 万元。

图 3　电商扶贫大礼包捐赠仪式

（三）绿色环保

气候变化是全球面临的重要挑战之一，达达集团积极响应国家"双碳"目标，将应对气候变化纳入绿色管理的重要组成部分。同时，达达集团坚持绿色低碳的发展理念，在运营及配送过程中均致力于减轻对环境的负面影响，用实际行动践行企业对环境保护的责任与担当。

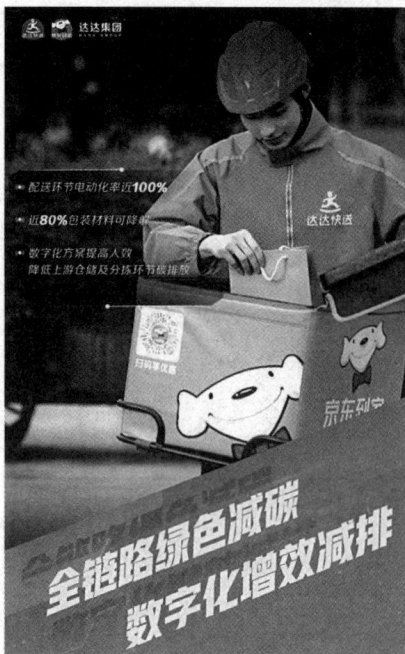

图 4　达达集团在绿色环保方面的举措情况

在运营过程中，达达集团坚持绿色办公理念，在访客登记、申领办公用品等工作过程中推行无纸化办公，减少资源浪费，保护生态环境。从 2021 年 6 月开始，达达集团开展了午间关灯 1 小时活动，以进一步面向员工普及低碳理念。活动期间，办公区域耗电量比 2020 年同期降低了 4% 以上。

在包装过程中，京东到家将订单使用的包装袋升级为可降解包装袋，并持续优化质量和提高利用率，提前 1 个月完成首批限塑令城市的降解包装全覆盖。其间，达达集团使用的包装材料共计约 8190 吨，其中近 80% 的包装材料为可降解材料，覆盖京东到家超 70% 的订单量。

在履约过程中，达达集团在仓储及分拣、包装、配送的业务全流程实施碳减排举措，不断寻求业务效率与低碳属性的正向循环，通过数字化赋能与技术的应用助力"双碳"目标的顺利达成。在达达快送即时配和落地配服务中，电动交通工具占比近 100%。

三、创新平台模式，助力价值链路共赢

受疫情冲击影响，经济增长压力明显加大，市场主体活力也受到抑制，做好"六稳"工作、落实"六保"任务至关重要。达达集团利用自身的业务优势，发挥独特能力，助力落实"六稳六保"，实现整个价值链全链路的共赢共生、共同繁荣。2020 年被评选为上海供应链创新与应用示范企业、上海市"2020 年度贸易型总部"。2021 年入选国家工信部新型信息消费示范项目。

（一）保民生

疫情期间，达达集团积极践行"六稳六保"中的"保基本民生"，发挥本地即时零售和配送优势，联动全国范围超 15 万家门店，持续保障全国各地的超市、生鲜、医药等民生必需品供给，依据国家防疫政策，用心用情用力保障群众居家生活。

2020 年，集团旗下京东到家平台，联合沃尔玛、永辉、绿地优选等 50 余家连锁商超，近 30 家社区生鲜连锁以及上千家菜市场，上线"到家新鲜菜场"，重点保障全国的生鲜物资供给，是上海、安徽、陕西、湖南等多地疫情期间的重点保供企业。

2021 年和 2022 年，达达集团持续保障疫情下的民生需求，被各级政府列入保供名单之内：河北省首批市场保供企业、石家庄市首批线上保供企业、廊坊市首批线上保供单位、广州市荔湾区首批保供企业、佛山市首批保供企业、南京市保供企业、陕西省保供企业、西安市保供企业、深圳市首批保供企业、上海市首批保供企业、北京市保供企业、安徽省保供企业等。

（二）促增长

疫情期间，达达集团积极践行"六稳六保"中的"保市场主体""保产业链供应链稳定"，充分发挥旗下平台"只赋能、不碰货"的独特优势定位，助力实体经济保持动力和增长，广受各级政府好评。

达达集团的赋能模式，帮助零售商、品牌商在疫情期间继续保持增长，2020 年抗击疫情期间（1 月 27 日～2 月 13 日），在全国范围内，京东到家平台总体销售额同比增长 450%。其中，粮油副食品同比增长 540%，肉品同比增长 1080%，休闲食品同比增长 420%，蔬菜同比增长 800%，水果同比增长 350%，医药产品同比增长 430%。

（三）稳就业

2020 年疫情期间，达达集团积极践行"六稳六保"中的"稳就业""保居民就业"，充分发挥旗下平台灵活用工方面的独特模式优势，联手合作伙伴京东集团，宣布采取灵活多样的用工形式，面向全社会提供超过 3.5 万个就业岗位。

近年来，达达快送面向全国超过 2700 个县区市招募达达骑士，新增招募数十万名；京东到家平台，积极帮助零售商家招募拣货员等人才。

图 5　2022 年上海疫情期间，联动政府、工会部门招募骑士稳就业

四、拓新思路方法，助力社会慈善公益

（一）党建引领、多点联动，助力骑士群体关爱工作

作为以众包为主要运力组织模式的即时配送平台，在创造大量灵活就业机会的同时，达达集团致力于全面维护和确保骑士群体的劳动权益保障，积极参与新就业形态就业人员职业伤害保障政策讨论和制定工作，并成为第一批试点平台企业。

达达集团始终坚持"安全第一"理念，高度重视骑士安全管理，通过《骑士安全管理制度》《达达管理说明》《服务分规则》等一系列管理政策，对骑士配送过程中的车辆资质、交通安全、物品违规等问题做出了明确规定，确保配送安全。此外，公司安全生产委员会不仅负责落实员工的安全管理，也持续推动骑士安全意识的普及。

与此同时，达达集团开展了一系列内容多样、形式丰富的骑士关爱活动。例如，以关爱一线骑士为出发点，选取重大节日节点，组织"暖冬暖心、支部在行动"活动，听建议、聚人心；在杨浦区退役军人事务局、区投资促进办公室等指导下，主办退役军人骑士八一座谈会，分享昔日军营故事、探讨日常配送工作；在杨浦区妇联、区民政局等指导下，开展"爱守护·达公益"骑士子女教育帮扶计划，对工作努力、成绩优异且家庭条件困难的骑士子女提供公益帮扶，给予每个家庭助学金及学习用品，等等。

2021年3月，达达集团党支部、团支部联合上海市杨浦区妇联，面向女骑士举办健康公益活动。活动邀请国际芳疗师，向达达快送女骑士传授健康知识，通过学习肩颈调理的方式和方法，更轻松地缓解肩颈不适，调整好状态轻松面对工作和生活。

案例4：多措并举齐出，系统开展骑士群体关爱工作

"爱守护·达公益"骑士子女教育帮扶计划每年都在延续。2021年六一前夕，达达集团公共事务部协同相关团队联合举办六一儿童节"我心中的骑士英雄"童画大赛活动，并赠送骑士家庭健康体检卡20份。

达达集团非常重视党团引领的作用。2021年1月15日，达达集团上海城市站和集团党支部联合举办"达达快送骑士新春年会暨党支部新春慰问大会"，表彰2020年不畏艰难、勇往直前的骑士们，也传递了达达集团党支部对骑士们的关心和问候。大会为骑士们准备了现金奖、蓝牙耳机、新款冲锋衣、头盔、蓝牙音箱、电水壶、保温壶等奖品，以及人手一份大米和食用油，骑士们开开心心满载而归。

2021年2月8日，达达集团团支部携手共青团上海市杨浦区委、工商银行杨浦支行，共同慰问留沪过年的骑士。

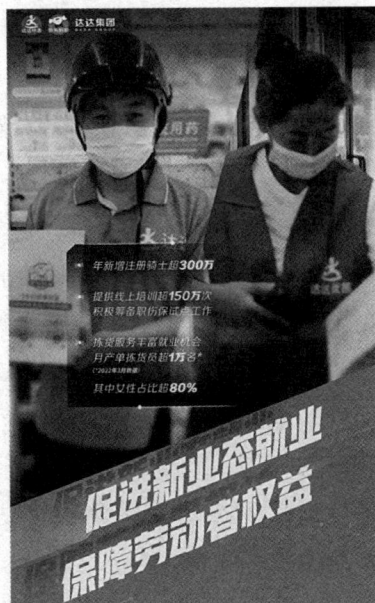

图6 达达集团致力于新业态就业劳动者权益保障

（二）产品改造、志愿服务，助力消弭长辈数字鸿沟

达达集团聚焦重点方向、统筹研发资源，全力推进 APP 适老化改造项目，入选国家工信部首批 APP 适老化改造名单。

1.成立项目小组，研发 APP 适老化改造

集团上下高度重视 APP 适老化改造，成立了由到家研发部、到家产品部、公共事务部等相关部门组成的项目小组，聚焦重点资源，全力推进本项目。其中，无障碍改造工作早在入选名单前集团已自主启动。目前，随着版本迭代不断进行改进更新，已完成了对原生购物流程、Flutter 跨平台、部分自定义组件等多方面适配。

适老化改造，达达集团对 APP 页面设计、流程设置等功能进行重新规划和优化升级。推出"长辈版"模式，提供大字体、极简功能选项，让页面浏览更清晰简洁，让老年用户快速找到所需商品信息，购药买菜更加便捷。并设置可一键切换回标准版。

2022 年 1 月，京东到家 APP 适老化及无障碍改造项目顺利通过国家工信部测评验收，且入选中国信通院《信息无障碍白皮书（2022）》典型案例。2022 年 1～5 月，京东到家长辈版月均打开次数约 20 万，总订单量超过 12 万，持续扩大数字包容性。

2.大力宣传，帮助长辈跨越数字鸿沟

达达集团党支部会同团支部、公共事务部、人力资源部等，多部门联动组织"达达火焰青年志愿服务队"，结合 APP 适老化改造进度，推进线下青年志愿服务，聚焦老年人日常生活涉及的就医、购物、消费、文娱等事项，帮助长辈跨越数字鸿沟、融入智慧城市。

2021 年 2 月 8 日，达达集团党支部和公共事务部在集团内部联合发出倡导，鼓励员工们在春节七天长假内，教导家中长辈学习使用智能手机。2021 年 3 月 1 日，达达集团举行团组织成立大会，同期成立"达达火焰青年志愿服务队"，将结合 APP 适老化改造项目，推进社会公益建设，帮助长辈跨越数字鸿沟。

4 月 14 日，达达集团党支部、团支部和公共事务部牵头，作为支持单位，参加由上海市委老干部局、市文明办、市卫健委、市经信委、市通信管理局、

市科协等联合主办的"乐龄申城·G生活"志愿服务活动，聚焦老年人日常生活涉及的出行、就医、消费、文娱、办事等事项，帮助老年人跨越数字鸿沟、融入智慧城市。作为活动支持单位，达达集团相关负责人还为上海离退休干部志愿者代表颁发"数字体验官"聘书。

案例5：入选官方教材，线上线下结合消弭数字鸿沟

2021年7月21日，上海召开"跨越数字鸿沟：互联网应用适老化和无障碍改造推进会"。达达集团作为仅有的两家企业代表，会上介绍了集团旗下京东到家APP无障碍改造的开发及应用情况。京东到家积极推进APP适老化和无障碍改造，被编入官方适老化教材，助力老年人、残障人士等群体跨越数字鸿沟，更方便地享受到"万千好物，即时可得"的即时消费服务。

推进会上，由上海市城市数字化转型工作领导小组办公室、上海市老年教育工作小组办公室指导，上海智慧城市发展研究院、上海老年大学、蓝马甲主编的"数字伙伴计划·如何使用智能手机"（1.0版）学习手册正式印制，帮助使用智能手机有困难但想学能学的老年人跨越数字鸿沟。该学习手册，已于7月23日在上海市政府官方微信号"上海发布"上发布并提供电子版，供市民免费下载学习。目前，上海全市银行网点、运营商营业厅等场所布局首批共计153个"微站点"可以领取手册单页。

图7 京东到家APP使用教程，入选上海官方适老化教材

（三）响应号召、联动支持，助力文明主题宣传活动

2021年11月，陕西省委文明办发布2021年9～10月"陕西好人榜"，达达快送骑士汪勇入选"助人为乐"表彰单元。2021年年初，汪勇在配送药品时，主动关心一位突发心脏病的用户，并与民警接力救援，最终成功帮助用户脱离生命危险，用行动诠释了达达快送骑士的正能量精神。

2020年9月12日，由上海市、区文明办等部门指导举办，达达集团等单位协办的"节俭进门，文明到家——光盘行动"进社区主题宣传活动启动。活动期间，达达集团不仅通过京东到家、达达快送、达达骑士版等官方APP进行线上宣传，还密切联动品牌商家、配送骑士等进行线下宣传。号召平台骑士化身"光盘行动"宣传员，将活动宣传海报张贴在骑士车辆和配送箱上，同时将反浪费宣传单页送达用户手中，增强市民的节约意识。

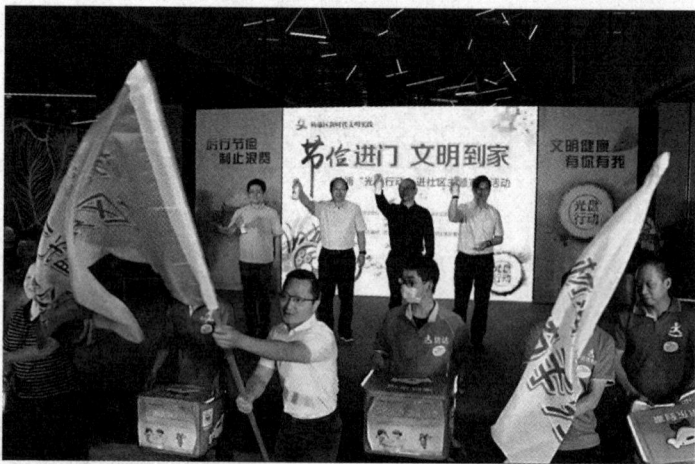

图8 "节俭进门，文明到家——光盘行动"进社区主题宣传活动启动现场

（四）警企合作，助力"反诈进万家"宣传

近年来，达达集团与上海、西安、昆明等多地反诈骗中心签署警企战略合作协议，开启"反诈进万家，达达在行动"主题宣传活动。

达达集团通过旗下京东到家合作广泛的商家门店、达达快送的数十万名骑士，展开线下反诈骗宣传物料的张贴和发放。达达集团还通过达达快送、京东到家、达达骑士版等官方APP，向用户推送反诈骗知识和安全预警，

让广大消费者和骑士在日常使用产品和服务的同时，也能及时了解和掌握反诈骗知识，树立反诈骗意识。

活动期间，达达快送骑士化身"反诈骗宣传员"，在配送货品时送上反诈骗宣传单，完成订单配送的同时也提醒用户"关注反诈宣传、谨防受骗"。

（五）爱心漂流、配送支持，助力各类特色公益项目

2020年6～12月，达达集团携手上海市杨浦区妇联、融媒体中心等伙伴，共同发起"爱·陪伴——童绘杨浦绘本漂流公益项目"，绘本配送由达达集团旗下达达快送平台提供免费的公益支持。

案例6：联动各方资源，公益与宣传结合推进

2021年11～12月，集团旗下达达快送平台携手杨浦区青年志愿者协会、沪上文化咖啡馆THE PRESS联合发起并实施公益图书募捐活动"等一本好书·松鼠计划"，旨在以图书为桥梁，向云南丽江山区的孩子们传递爱与希望。

"松鼠计划"期间，达达快送为上海地区的捐助者提供免费的图书同城帮取帮送服务，从而打通便利的赠书渠道。活动募集的所有书籍统一寄送给云南省丽江团市委，根据当地的实际需求分发给山区的孩子们。在"松鼠计划"中，捐赠者每捐出一本书，THE PRESS都会捐出一本书，达达快送也将捐出一个泡泡机，作为孩子们2022年的新年礼物。

五、坚持党建引领，助力社会清风正气

（一）凝心聚力，办好主题党日活动

2021年7月27日，达达集团举行庆祝建党100周年主题党日活动。活动现场，达达集团党支部与中共上海市杨浦区投资服务发展中心五分中心支部委员会、中共杨浦区退役军人事务局机关党支部分别签署党建联建合作协议。下一步，各方将推动党建从"单聊"向"群聊""朋友圈"

发展，助力杨浦"三区一基地"建设，为区域创新发展提供坚强的政治和组织保障。

上海市委组织部、杨浦区投资促进办公室领导共同为达达集团党支部授书，勉励党员群众学党史、悟思想、开新局、立新功。最后，上海市、区部门与会领导共同登台，启动达达集团"灵活就业党建实践项目"，将本次活动推向高潮。达达集团党支部将在上级指导下，携手属地单位及合作伙伴，以多种多样的灵活方式，把党的关爱拓展覆盖到灵活就业群体，让达达快送骑士们更有幸福感、得到感、价值感。

图 9　达达集团庆祝建党 100 周年主题党日活动

（二）追求卓越，荣获"五一劳动奖状"

2021 年 10 月，达达集团获评"上海市五一劳动奖状"，该奖项体现了集团多年来经营发展、科技创新的卓越成果，以及集团工会工作的突出业绩。

在日常工作中，公司借助工会渠道资源，做好骑士群体关爱。自2021年9月27日起，全国500多座城市线上线下联合启动骑士节活动。活动现场，达达骑士参与现场骑士专属活动，拍照打卡、领取金典友情赞助的有机奶等骑士暖心礼品。"927骑士节"上海总会场活动，在上海市杨浦区总工会支持下，于上海市杨浦区平凉路街道职工服务中心隆重举行。

图10 "927骑士节"上海总会场活动

（三）固本筑基，打造青年工作抓手

2021年3月1日，达达集团举行成立团支部大会，召开第一次团员大会。团组织的成立，为公司后续青年工作提供了坚强抓手，引导支部青年积极响应政策号召，为发力在线新经济、促进在线新消费作出贡献。

今后，集团团支部将引导支部青年积极响应政策号召，发力在线新经济、促进在线新消费，聚焦助力实体商业数字化转型、线上线下深度融合打通，围绕助力城市数字化转型，在新业态、新模式、新技术开发上持续创新。

图 11　达达集团团支部成立大会现场

在新时代背景下，企业不仅要追求商业价值，更重要的是实现社会价值，因此，达达集团始终怀着强烈的敬畏心和使命感去创造、去发展，响应时代发展赋予的责任与担当。践行企业社会责任，是达达集团的重要价值选择，是公司在新的历史时期，打造核心竞争力，培育公司优秀企业文化和担当精神的实践路径，已成为集团上下的首要共识。

"心怀火焰，使命必达"，是流淌在"达家人"血液中的企业文化。达达集团将秉持使命，持续提升企业社会责任践行水平，关注社会需求、践行社会责任、深耕公益事业，结合自身优势能力，不断创造社会价值，实现"万千好物，即时可得"的远大目标。

在助推革命老区振兴发展实践中彰显担当

——江西佳兴投资有限公司

提要:

作为一家在赣南革命老区创立、成长、壮大起来的民营企业,江西佳兴投资有限公司始终秉承"诚信塑品牌,匠心铸百年"的战略愿景,坚持"义利兼顾,以义为先",在企业稳健发展的同时,全面履行社会责任,在抗击新冠肺炎疫情、对接融入粤港澳大湾区建设、巩固脱贫攻坚成果与推动乡村振兴有效衔接、助力南康现代家居产业转型升级和慈善公益等方面,作出了积极贡献,彰显了民营企业的深明大义和家国情怀。

企业简介

江西佳兴投资有限公司(以下简称"佳兴集团"或公司)创立于1998年,总部位于赣州市南康区金融中心,是一家在赣南革命老区创立、成长、壮大起来的集地产开发、市场运营、电商物流、智慧服务、文旅康养等多领域业务于一体的综合性集团公司,拥有员工270人,迄今累计纳税超50亿元。

秉承"正德厚道,至诚至善"的价值观和"诚信塑品牌,匠心铸百年"的战略愿景,公司围绕"产业地产引领者"和"花园生活创享者"的企业使命,先后成功开

发了中国·南康国际家居博览中心等六个大型产业链商贸平台，打造出"花园系""云府系""原著系""滨江系"等12个经典系列住宅产品，总开发面积约600万平方米。以优质的产品和服务赢得了政府、社会和业内同行的信任和赞誉，先后获得"赣州房地产最具影响力企业""赣州慈善明星企业"、江西省"千企帮千村"精准扶贫行动先进民营企业、"防控新冠疫情突出贡献企业"《江西民营企业社会责任报告（2020）》优秀案例、江西省"千企帮千村"先进民营企业、"2021年江西民营企业社会责任领先指数"榜单第八名等200余项荣誉。

沐浴党和国家支持革命老区振兴发展政策的浩荡春风，佳兴集团始终坚持以优秀企业公民的标准严格要求自身的发展，自觉承担起社会责任，持续关注民生，回馈社会。慈善义举遍及文教、敬老、基建、扶贫、乡村振兴、抗疫等多个领域，累计捐赠款物价值达3.3亿元。

为加快赣南等原中央苏区经济、社会发展，尽快改变其贫困落后面貌，确保与全国同步实现全面建设小康社会目标，2012年，国务院出台了《关于支持赣南等原中央苏区振兴发展的若干意见》，赣南等原中央苏区迈进了振兴和跨越式发展的快车道，经济社会发展迎来了关键期。立足新发展阶段，2021年国务院又印发了《关于新时代支持革命老区振兴发展的意见》，对革命老区2025年和2035年发展目标作出了明确规定，进一步巩固赣南等革命老区的振兴发展在全局工作中的重要战略地位，为新时代革命老区更高质量发展指明了方向。

在各级党委和政府的推动下，赣州市全面落实国家、江西省重大战略决策部署，抢抓机遇，主动对接、全面融入粤港澳大湾区，大力推动基础设施互联互通、产业互补、市场融合、资源共享，着力打造对接融入粤港澳大湾区桥头堡，以现代家居、有色金属、电子信息、纺织服装、新能源及新能源汽车、医药食品等"1+5+N"主导产业，加大产业协作力度，增强振兴造血功能，努力树立"湾区＋老区"跨省区域合作典范，取得了较好成效。乘着政策东风，南康区抢抓新一轮科技革命和产业转型升级机遇，依托千亿元家具产业集群的雄厚基础，加快产业集聚，推进城乡区域协调发展，走出了一条具有南康特色的转型升级之路。

作为一家在南康本土创立、成长、壮大起来的民营企业，佳兴集团的发展离不开党和国家的好政策，离不开各级政府创造的好环境，更应积极作为，创新担当，在企业转型发展的同时，更应主动承担起社会责任，深度融入城市的经济和社会发展中来，为社会经济繁荣发展贡献新的更多的佳兴力量。

企业履责实践与成效

乘老区振兴高质量发展的浩荡东风，佳兴集团深耕南康城市更新，全面对接融入粤港澳大湾区桥头堡建设，助力现代家居产业转型升级，努力将经济责任和社会责任融为一体，积极投身抗击新冠肺炎疫情、巩固脱贫攻坚成果与推动乡村振兴有效衔接，主动参与文教、敬老、基建等公益慈善，全面融入新时代革命老区振兴发展的实践中，充分彰显民营企业的深明大义和家国情怀。

一、示范带头，树立齐心抗疫旗帜

自 2020 年新冠肺炎疫情暴发以来，佳兴集团始终保持与地方党委政府的同频共振，努力做到"响应号召能带头，持久战中善坚守"，树立起一面齐心协力抗疫的旗帜。

（一）捐款、捐赠抗疫物资

抗疫初期，面对防疫物资紧缺的情况，为支援武汉疫区和当地防控一线，佳兴集团积极配合政府及有关部门进行疫情防控宣传，并充分发挥人脉资源优势，迅速从全国各地及海外筹集了一大批抗疫物资，带头率先捐赠了医用口罩、消毒液、防护服、护目镜等总价值 120 万元的物资及 100 万元的现金。

抗疫物资不仅免费发往佳兴花园城、家居建材广场、佳兴公园、中心市场等地的工作人员和业主，也陆续捐赠至区委办、政府办、区公安局、交警及东山、南水各村，有效保障一线疫情防控干部的安全。佳兴集团此举，示范引领了当地社会各界尤其是民营企业，在 2020 年第一季度掀起了捐钱捐物、共同抗疫的热潮。

图1　疫情期间，王家新董事长走访慰问抗疫一线人员

（二）为商户减免租金3200万元

针对疫情对实体经济的冲击影响，为缓解商户压力，减少商户损失，集团带头响应省、市、区工商联关于非国有经营性资产开展减免租金行动的倡议，按照"能减即减、能免则免"原则，主动在自身经营的园区厂房、专业市场中实行租金减免三个月，累计为商户减免租金3200万元，与商户一起共度时艰，为全区复工复产、复商复市注入了强劲信心。

图2　减免租金，共度时艰，商户为佳兴集团送上锦旗

2021年，抗疫斗争进入"内防反弹、外防输入"常态化疫情防控阶段以来，为更好地履行企业社会责任，集团又专门投入500万元作为抗疫经费，根据当地疫情防控工作需求，广泛开展了核酸采样等防疫物资捐赠、"为爱加油，护航城市美好"系列慰问一线抗疫人员等活动，持续画好抗疫同心圆。

（三）定点捐赠核酸采样亭

2021年冬，新冠肺炎疫情进入防控关键阶段，高速路口是疫情防控的重要关口和关键环节，是防控输入性疫情的第一关。疫情防控工作开始以来，奋战在南康区高速一线的医务工作人员，一直坚守在自己的岗位上，以强烈的责任感和使命感，全力以赴守护人民群众的身体健康和安全。他们"舍小家、为大家、顾大局"的奉献精神时时刻刻感染着大家。

佳兴集团连同锦润置业在南康区各高速路口、各医疗机构等点位捐赠10个NCS-IS核酸采样亭，确保出入南康人群实现"应检尽检、愿检尽检"。同时，2.5平方米的核酸采样亭，将医护人员与被采样群众隔离开来，医护人员不再需要穿着防护服，最大限度减轻了医护人员的身体负担，亭子内部安装有冷暖空调和新风正压过滤系统，紫外线定时消杀，不仅双重防护，医护人员工作环境更加舒适，而且提高了工作效率，最大限度地避免了人员聚集和交叉感染，筑牢南康疫情防控安全防线。

自2月24日正式投入使用以来，核酸采样亭每天采样100余人，使用以来已采样超两万人次。

图3　在核酸采样亭捐赠现场，南康区红十字会授予佳兴集团"爱心企业"称号

3月25日，佳兴集团连同锦润置业来到南康南和南康各高速路口，并通过区红十字会向区疫情防控应急指挥部捐赠了价值30万元的方便面、纯净水、牛奶、一次性医用外科口罩等物资，慰问坚守在疫情防控一线的工作人员，用实际行动助力疫情防控。佳兴集团副总裁王齐明感怀防疫一线人员的无私奉献精神，更是自掏腰包，个人捐赠20万元现金，分发至南康东、龙回、唐江、横市等区域高速路口。

当地电视台记者采访时问道："佳兴捐款捐物又减租金，为什么？"佳兴集团董事长王家新回应说："这是在特殊时代背景下我们民营企业作出的本能反应，当国家需要的时候，我们应该当之无愧站出来，积极响应党委政府号召，而且要坚持不懈，在防控疫情工作中带好头、作表率。"

二、牵线搭桥引格力入驻，彰显对接湾区担当

把赣州建设成为对接融入粤港澳大湾区的桥头堡，是建设江西内陆开放型经济试验区的重要内容。2020年6月，江西省政府出台了《关于支持赣州打造对接融入粤港澳大湾区桥头堡的若干政策措施》，赣州市坚持主动对接、全面融入，取得了阶段性明显成效。

推动粤港澳大湾区建设成为新时期江西加快高质量发展的重大机遇，地处江西南部的赣南革命老区因为地缘优势，是江西对接融入大湾区的最前沿，也是大湾区联动内陆发展的直接腹地，更是迎来重大发展契机。作为市政协常委和市工商联副主席的佳兴集团董事长王家新，主动扛起政治担当，成为民营企业助力地方政府以商招商、促进南下融湾发展的领头羊。

多年来，佳兴集团董事长王家新一直积极向世界500强企业格力电器董事长董明珠推介、宣传赣南革命老区的发展变化，尤其是在国务院出台了《关于支持赣南等原中央苏区振兴发展的若干意见》后赣州发生的翻天覆地的变化。

2020年年初，作为全国人大代表的董明珠随全国人大视察赣南老区后，感慨老区人民革命理想高于天的精神和为中国革命事业所作出的巨大贡献，萌生了为革命老区发展做点实事，尽一份力的想法。为此，王家新多次专门赶赴珠海，与董明珠进行了坦诚深入交流，董明珠于2020年4月26日首次考察南康，并迅速达成投资意向。

为尽快实现项目落地，佳兴集团主动作为，积极配合支持"新长征·再出发"格力电器全国巡回第一站赣州直播活动，先后投入 7000 万元资金用于直播、补贴老区消费者，助力当天直播销售额达 50.8 亿元。佳兴集团的诚意不断感动着董明珠，不到 100 天，格力电器就与南康区政府于 2020 年 7 月签订了 100 亿元的投资协议，并主动提出不要税收减免，支持老区发展，南康区正式成为格力在全球布局的第 15 个大生产基地。

格力的落户，加快推动了南康家具"单核时代"向"家电＋家具"融合发展的"双核时代"迈进，对于加快补齐赣州乃至江西先进制造业的短板，提升赣南苏区先进制造业水平，助力南康高质量跨越式发展注入强劲动能，为赣南苏区决胜全面小康、决战脱贫攻坚奠定了更加坚实的基础，也标志着赣州对接融入粤港澳大湾区取得重大进展成效，迈出了建设江西内陆开放型经济试验区的重要一步。

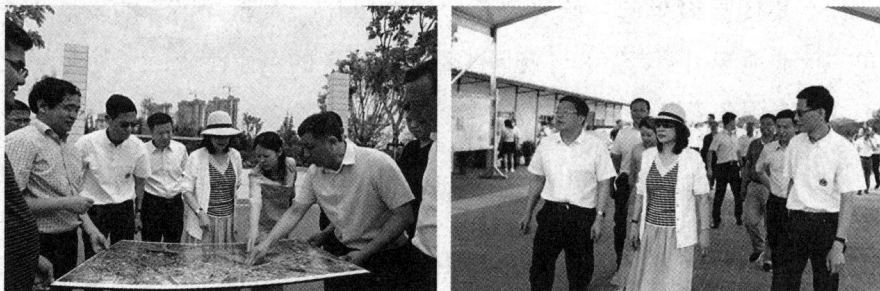

图 4　格力电器董事长董明珠在南康考察调研

在谈到格力落户南康时，董明珠感慨而言："南康的诚意让人无法拒绝，尤其是佳兴集团董事长王家新发挥了不可替代的作用。"佳兴集团在引进格力电器方面作出的重大贡献，也得到了省、市、区各级党委政府的赞许。

2021 年，左右家私、万恒通、城市之窗、家和家居、世纪文旅等一大批标志性、引领性的大湾区优质项目竞相落户南康，形成了"引进一个、带来一批、拉长链条"的联动效应。格力在 2020 年落户南康一期投资 100 亿元的基础上，2022 年又增加二期投资 100 亿元，带来了巨大的社会效应。

三、筑链强链，搭建产业升级平台

南康具有深厚的商业传统和创业氛围，特别是近年来，《国务院关于支持赣南等原中央苏区振兴发展的若干意见》鼓励发展特色产业，家具产业成为全国重点打造的工业产业集群之一。南康人凭着敢想敢干的创新精神，在无林木资源、无市场条件、无交通优势的情况下，南康家具产业从铁板斧式的"草根经济"发展到千亿产业集群，创造了"无中生有"的产业发展新奇迹，已经成为南康的首位产业、富民产业。

2021年，江西省第十五次党代会提出把南康打造成为具有全球影响力的家居制造之都，为南康产业转型升级发展指明了方向。南康区委、区政府紧紧围绕5000亿甚至万亿产值发展目标，解放发展思路，创新发展举措，着力推动南康家具产业高质量发展，产业整体呈现"破茧成蝶"的跃变发展态势。如何提升家具产业链供应链的稳定性和竞争力成为新的产业课题。

佳兴集团自诞生起，始终秉承"佳礼以仁，大业方兴"的发展理念，肩负"产业地产引领者"和"花园生活创享者"的企业使命，致力成为"健康美好城市服务商"。

（一）斥资百亿元打造六个大型市场

在产业地产领域，佳兴集团紧随南康家具产业发展步伐，坚持"建设一个市场、培育一个市场、做旺一个市场、助推一个产业、带动一方经济、富裕一方百姓"的市场开发运营理念，深耕产业地产开发运营，主动作为勇当先锋，先后斥资百亿元打造了六个大型市场：中国·南康国际家具城中心市场，是国内一流的家具市场，是知名品牌进入南康和中部市场的形象窗口，是江西首个"层层首层"的现代立体家具城；中国·南康国际家居博览中心，是南康首个全国一流家具卖场，标志着"南康家具"正式进入全国一流市场；中国·南康国际家具配套市场，标志着南康现代家居全产业链平台问世；佳兴·材料城是中部经营面积最大、功能最全的家具材料供应集散地；软体材料中心填补了南康软体市场空白，为南康现代家居产业总产值实现5000亿元率先赋能发力；佳兴·家居建材广场成为赣南首个"全国诚信示范市场"。

图5 赣南首个"全国诚信示范市场"佳兴·家居建材广场产业平台

六个大型家具全产业链平台，在南康家具产业发展20多年的进程中都留下了佳兴集团的足迹，有力助推了南康家具产业向"泛家居"产业转型升级，为南康经济社会发展作出了积极的贡献，也为南康打造具有全球影响力的家居建造之都打下了坚实的基础。

（二）承办赣州家博会分场，推动家具行业转型发展

在打造六个大型家居产业链平台的同时，佳兴集团还持续主动为历届家具博览会提供无私赞助，连续多年成功承办了中国赣州家博会南康分会场，提供了近两万个就业岗位，带来了上百亿元的销售额，助推家具产业集群产值从2012年的100亿元，到2016年1000亿元，再到2020年超2000亿元，有力地推动南康成了中国实木之都、家具之都、家居之都。

图6 家博会上，家具博览中心室内展厅浓厚的商业氛围

2022年，佳兴集团出资收藏了"样式雷古"建筑技艺传承人段齐臣主创团队纯手工打造的天坛祈年殿、故宫太和殿和八境台等木结构建筑微缩模型作品。作为中国木结构建筑的最高水平，"样式雷"天坛祈年殿木结构模型作品曾亮相今年的北京冬奥会，向全世界展示了中国古建筑文化的独特魅力。为积极推动南康家具产业工艺再上新台阶，佳兴集团于今年6月在第九届家博会上无偿捐展该模型，为支持南康家具产业转型发展增光添彩。

（三）创新"互联网+"模式，赋能南康家具产业链平台，持续助推家具产业向"泛家居"产业发展

南康家具产业再次腾飞发展、二次创业重大历史时刻，佳兴集团坚持贯彻习近平总书记提出的"我将无我，不负人民"精神，提出了"单个企业难以完成的项目建设，交由佳兴集团来做"的响亮口号，积极响应地方政府加快产业垂直分工一体化步伐的号召，顺应产业发展潮流，连接大产业，与格力电器合力打造"泛家居"产业链新平台，为促进家电与家具的有机融合发展提供基础保障。

在家具电商迅猛发展的大形势下，消费行为从以前的"线下到线上"转变为现在的"线上与线下"双向互通，"泛家居"电商面临历史性机遇，而线上线下更加融合则是"泛家居产业"电商亟须完成的事情。家具行业一方面背负转型升级发展的重任，一方面在电商的世界里不断摸索，"泛家居产业"把握好"互联网+"的机遇，就意味着锁定更多目标客户、拓展更多市场空间。南康区提出立足产业优势、平台优势，不断延伸产业链、打通创新链，促进"家具+家电+家装"融合发展新格局，推动南康现代家居产业高质量跨越式发展。

2019年，佳兴集团以国家"一带一路"为发展契机，依托"赣州港"，借助阿里巴巴、菜鸟、京东等平台，在南康金融中心、南康区赣州港布局电商和智慧物流项目，致力打造南康家具产业生态链新平台，与互联网的政策、技术、平台和服务发展齐头并进，不断创新"互联网+"的模式，赋能南康家具产业链平台，持续助推家具产业向"泛家居"产业发展。

自2021年以来，佳兴集团以打造家具全产业链平台为抓手，再次投入60亿元资金，先后创新推出佳兴家居精品馆、佳兴木工机械中心、佳兴家居

建材中心、佳兴软体材料中心等家具全产业链专业平台，涵盖家居展销、建材配套、木工机械等产业链细分市场各个领域，搭建起系列崭新的产业平台。

新产业平台的投入使用，不仅每年能提供近五万个就业岗位、可拉动超800亿元产值，更进一步提升了家居产业资源配置效率与生产效率，促进了家具产业垂直一体化分工，有力助推南康现代家居产业集群加速迈向5000亿元产值，为壮大产业根基作出了应有贡献。

四、精准帮扶，扛起振兴乡村责任

消除贫困、改善民生、逐步实现共同富裕，是社会主义的本质要求。赣南作为原中央苏区，与沿海地区相比，经济发展相对落后。为打赢脱贫攻坚战，省、市、区各级领导尽锐出战，坚决落实产业就业和综合保障等措施，把脱贫攻坚作为头等大事和第一民生工程推进。多年来，佳兴集团积极响应政府号召，充分运用企业自身优势，以精准帮扶助力脱贫摘帽，努力将脱贫攻坚与企业发展有机统一起来，探索形成了具有佳兴特色的精准产业扶贫长效机制，走出了一条民企特色扶贫之路。

自2015年全国"万企帮万村"精准扶贫行动开展以来，佳兴集团积极响应南康区民营企业"百企帮百村"行动号召，强化精准对接，勇当助力脱贫攻坚排头兵，率先与"十三五"贫困村南康区横市镇大陂村签订结对帮扶协议。

发展产业是实现脱贫的根本之策，是推动脱贫攻坚的根本出路，佳兴集团创新帮扶模式，坚持变"输血"为"造血"，累计投入350多万元帮助该村"产业致富、精准扶贫"。2020年，大陂村高产油茶林亩产油量均达40公斤，户均年增收两万元，成功实现脱贫。

2021年，佳兴集团积极投入当地"千企兴百村、六个一"活动，以感恩的心态与南康区东山街道坨圳村、龙回镇石滩村、横市镇大陂村结对帮扶。集团专门成立乡村振兴领导小组，常态化开展走访慰问，了解村情民意、村庄规划、产业发展、社会治理以及巩固脱贫攻坚成果与乡村振兴有效衔接的节点难点问题，先后送去价值200万元的慰问物资，有效巩固脱贫攻坚成果。

图 7　佳兴集团积极投入"千企兴百村、六个一"活动

加快乡村振兴，"产业 + 农户"成为重要抓手。2021 年赣州市和南康区深入推动全面乡村振兴行动以来，佳兴集团自筹资金 1.5 亿元，在东山街道桐梓村新上项目"南山园艺苗圃展示区"，打造了一个集休闲娱乐于一体的新乡村旅游度假园。通过特色产业的培育发展为乡村带来更多的发展机会和就业岗位，增加居民的收入，为当地居民营造良好的生活环境氛围，推动乡村文化的继承弘扬，使美丽乡村更具内涵和底蕴。

此外，佳兴集团正出台相关捐赠方案，深度参与乡村振兴人才战略，为"再造 10 万南康木匠"贡献更多企业力量。

五、热心公益，彰显致富思源情怀

创新担当、全方位践行社会责任，是一个优秀企业光荣的使命，更是一个优秀企业家义不容辞的责任。集团董事长王家新身兼数个社会职务，对自己从事的事业时刻保持着强烈的责任感、使命感，将企业的经营发展融入社会进步、国家兴盛的进程中来，带领旗下公司致富不忘回报社会，把践行社会责任当作一生无悔的追求。

作为一家扎根赣南 20 多年的本土民营企业，佳兴集团始终保持"义利兼顾，以义为先"的家国情怀，坚持企业稳步增长与社会公益同步，持续开展系列爱心送温暖活动。

在文教领域，投入约 800 万元用于设立"佳兴奖教助学金"、兴建"佳兴楼"、为希望学校捐赠家具、成立"王氏助学基金会"、乡村教师"领头雁"项目、教师节慰问等。

图 8　由佳兴集团捐建的南康区第六小学"佳兴楼"顺利落成

在孝善敬老方面，向全区村（居）养老食堂建设累计捐赠近 200 万元，成立"王氏敬老、尊老基金会"，每年投入 100 万元以上，同时设立"佳兴专项帮扶基金"，已捐赠 150 万元用于帮扶和养老事业发展等。

为更好地丰富南康家具产业深厚的文化内涵，佳兴集团无偿捐赠投资两亿元打造的"中国南康红木展览馆"，助力南康打造家具产业对外展示形象的靓丽窗口。

截至 2021 年年底，佳兴集团慈善义举遍及文教、敬老、基建、扶贫、抗疫等多个领域，累计捐助价值达 3.3 亿元。

回首过去，佳兴集团和全国其他优秀民营企业一样，把企业家的理想信念和豪情壮志融入"中国梦""振兴梦"的伟大实践中。所当乘者势也，不可失者时也。展望未来，佳兴集团将立足第二个百年目标的新起点，深入贯彻落实以习近平同志为核心的党中央决策部署，在省、市、区各级政府的正确领导和具体指导下，统筹企业经济发展与社会责任落实，栉风沐雨、迎难而上，进一步坚定信心，主动践行使命担当，全面履行社会责任，同时也将以此为鞭策的动力，开启下一段更具挑战的全新旅程，努力为建设赣南革命老区高质量发展示范区贡献新的更大力量！

以人为本，建设绿色低碳美好企业

——北京建龙重工集团有限公司

提要：

进入 21 世纪，经济全球化迅猛发展。履行社会责任、促进社会和谐发展已经成为各国企业的共识。建龙集团作为一家以钢铁为主业的大型企业集团，秉承"企业利益与员工利益相和谐，企业发展与员工发展相和谐，企业进步与社会责任相和谐"的理念，强化公司治理，以科技创新为引领，坚持绿色低碳发展，不断提升企业价值创造能力，坚持以人为本，善尽企业公民责任，不断推动企业与社会、与利益相关方共同可持续发展。

企业简介

北京建龙重工集团有限公司（以下简称"建龙集团""建龙"或集团）是一家集资源、钢铁等产业于一体的大型企业集团。集团经营的产业涵盖多种资源勘探、开采、选矿、冶炼、加工、产品制造等，拥有较完整的产业链，目前具备 4430 万吨矿石（铁、铜、钼、钒、磷矿等）的开采和选矿能力、4200 万吨以上粗钢冶炼和轧材能力、150 万载重吨造船能力、1.5 万吨五氧化二钒的冶炼能力、458 万吨焦炭生产能力，以及 8000 万套轴承生产能力和 350MW 常规电站锅炉、600MW 以上高压加热器、大型化工容器、不锈钢容器的设计制造能力。

集团自成立以来，秉承"只争第一，点滴做起"的企业精神和"诚信、规则、团队、卓越、共赢"的核心价值观，坚持客户至上，精细管控，以自主研发技术改造，带动规模扩大和产品结构优化升级；注重利人惠己，永续经营，通过企业购并重组和行业拓展，实现了企业裂变式发展。

目前，建龙集团钢铁产业规模位列全球第 8 位、中国钢企第 5 位。2022 年，建龙集团位列世界 500 强第 363 位，2021 中国企业 500 强第 119 位、中国民营企业 500 强第 30 位。2021 年，集团钢产量 3671 万吨，铁精粉产量 448 万吨，交船五艘。2021 年实现主营业务收入 2474.12 亿元，实现利润总额 83.2 亿元，上缴税金 60.55 亿元，集团总资产规模达 1680 亿元。企业在职员工超过 6.2 万人。

建龙集团及下属子公司先后荣获全国"抗击新冠肺炎疫情先进民营企业"、全国"五一劳动奖状"、全国"模范职工之家"、全国"工人先锋号"、全国"脱贫攻坚先进集体"、全国"五四红旗团委"等荣誉称号。

企业履责实践与成效

高质量发展理念和战略是建龙履行社会责任的引领。基于全球化背景的社会责任理念，建龙集团秉承建设美好企业的宗旨，聚焦价值创造与价值分享，不断打造延伸价值创造链、科技创新链、绿色制造链与和谐共赢链。

在价值创造链上，建龙集团注重为客户、员工和股东创造价值，同时兼顾政府、供应商、银行、社区等相关方的利益。积极响应国家产业政策，通过提升产业集中度和管理升级，构建以钢铁产业为依托的经济发展平台，持续提升产业链和区域的价值创造能力。

在科技创新链上，建龙集团逐步完善科技创新体系，加强科技创新人才队伍建设，不断加大创新研发投入，广泛搭建协同创新科研合作平台，聚焦创新能力建设，积极推进绿色低碳、智能制造等重点科研项目，力争用三年时间，将建龙集团打造成科技创新能力跻身行业前列的创新型企业。

在绿色制造链上，建龙集团坚持绿色低碳发展理念，注重保护生态环境，积极探索绿色低碳发展路径，推进钢铁产业链的绿色制造，致力于成为全球绿色低碳产品和服务的一流供应商和全球绿色低碳冶金技术的提供者和引领者。

建龙集团秉承绿色、协调、可持续的产城融合发展理念，综合利用工业余热、余气、工业废弃物和城市废弃物，助力城市绿色低碳发展，用尽可能低的消耗和排放制造低碳产品，为社会提供质量可靠、绿色环保的产品，探索工业与自然和谐共处的发展方式，促进全行业和全社会的可持续发展。在具体实践中，建龙集团制定绿色低碳发展路线，积极推行各项环保措施，争取更好的环境绩效。

在和谐共赢链上，建龙集团注重上下游客户、员工、社区等利益相关方的福祉，推动企业与相关方和谐发展、共荣共生。建龙集团构建了完善的组织体系，并对安全、健康、风险、环保、文化和社区、客户服务进行综合管理。

保障员工职业健康和周边社区健康的生活环境是企业的责任。建龙集团追求零伤害、零事故的安全管理目标和零职业病的健康管理目标，通过制度建设、流程优化、风险预防、安全健康培训、工作条件改善等多种途径，确保生产运营全过程的安全和全体员工的职业健康。

员工是建龙集团最宝贵的财富。建龙集团注重员工的本土化、平等机会以及多元化和包容性，唯才是举，唯德是用，积极搭建员工成长平台和晋升通道，为所有员工提供发展机会。同时建龙集团把为社区带来更多的机遇与福祉作为重要责任，大力推进社区共建，开展精准扶贫和教育投资，促进社区发展。

一、把价值创造作为企业履责的基石

党的十九大报告指出，我国经济已由高速增长阶段转向高质量发展阶段，正处在转变发展方式、优化经济结构、转换增长动力的攻关期。推进高质量发展是新时代的要求，也是建龙集团更好地履行社会责任的基础。建龙集团以习近平新时代中国特色社会主义思想为指引，厚植价值创造根基，努力建设具有全球竞争力的一流钢铁企业。

（一）积极推进新项目建设为企业发展注入新动力

建龙集团依法依规有计划地实施新项目建设，在推动企业发展的同时，带动地方经济和社会就业。2021年，建龙集团续建、新建项目725项，累计完成投资 213.76 亿元，2021 年度完成投资 117.22 亿元。5000 万元以上重点工程项目 85 项，25 个重大项目顺利投产。

案例 1：填补区域空白，内蒙古建龙 H500 型钢项目投产

2021 年 11 月 15 日，内蒙古建龙一期年产 150 万吨 H500 型钢项目投产。该项目的投产填补了内蒙古西部、陕甘宁地区型钢产品空白。H500 型钢项目是建龙集团积极践行"向建筑业综合服务商转型"这一战略的重要举措之一。项目年产能 150 万吨，其设备与工艺均达到国内领先水平。内蒙古建龙 H500 型钢项目主要产品可覆盖型钢市场 73% 以上的品类。产品将立足内蒙古，辐射西北、西南地区，为更好地满足客户需求，推动区域经济发展提供了强有力的支撑。

图 1　内蒙古建龙 H500 型钢项目

（二）支持国家建设打造价值创造新高地

建龙集团一直致力于通过卓越的产品与服务全力以赴支持国家重大工程建设。2021 年，建龙集团的轴承产品成为中国航天火箭配套轴承产品；优特钢产品、锅炉产品、精品建材成功应用于牡佳高铁、第十四届全运会场馆等多项国家重点建设项目。同时，建龙集团依托自身优势，助力黑龙江地方产业园区建设，深耕"一带一路"建设项目，实现海外马来西亚东钢项目向好发展。

案例2：建龙集团哈轴产品助力中国航天

2021年4月29日，长征五号B遥二火箭将空间站天和核心舱精准送入预定轨道。在此次航天发射任务中，建龙集团哈尔滨轴承制造有限公司为运载天和核心舱的长征五号B遥二火箭配套生产了两种超载精密轴承。

2021年5月，中国航天集团长征五号运载火箭型号办公室在感谢信中表

图2　中国航天集团长征五号运载火箭型号办公室发来的感谢信

示："贵单位为火箭配套生产的轴承产品性能稳定、质量可靠，经过火箭飞行试验验证，满足飞行使用要求，长征五号B遥二火箭的成功发射凝聚着你们的智慧与奉献。"

伴随着祖国航天事业的发展，哈尔滨轴承制造有限公司曾为长征系列运载火箭、神舟系列、嫦娥系列等航天装备配套生产了多类轴承，2003年为神舟五号飞船提供九种配套轴承2005年为神舟六号载人飞船提供配套轴承；2007年为我国第一颗月球探测卫星嫦娥一号提供配套轴承。

案例3：建龙集团钢材助力我国最东端高铁

2021年12月6日，位于我国最东部的高铁线路——牡（丹江）佳（木斯）高铁正式开通运营。该工程自2016年11月正式开工以来，建龙集团子公司黑龙江建龙、建龙西钢共计向项目建设单位供应螺纹钢70余万吨，覆盖高铁全线的路基、桥梁、隧道等建设，在大力推进龙江经济全面振兴的关键时刻，为连通东部高寒地区经济发展桥梁贡献了力量。

牡佳高铁全线大部分处于极寒地区，黑龙江建龙、建龙西钢结合极寒地区特点，按照国家重点工程要求，定制化生产具有抗严寒、耐腐蚀、产品韧性好、易焊接等特点的优质螺纹钢产品，满足了工程建设要求。

图3　牡佳高铁

（三）积极响应"一带一路"倡议，马来西亚东钢项目发展良好

建龙集团积极践行"一带一路"倡议，2019年实施"走出去"战略，深耕马来西亚东钢项目，三年来，企业呈现出良好的发展态势。2021年，建龙集团马来西亚东钢集团有限公司（以下简称"东钢"）圆满完成了各项任务，铁产量76.82万吨、焦炭产量7.75万吨，自发电量达到2.29亿度，自发电率94.08%，企业现金流增加3.03亿林吉特（折合人民币约4.61亿元），多项指标实现突破。销售收入实现24.2亿林吉特（折合人民币约36.87亿元），利润总额实现2.25亿林吉特（折合人民币约3.43亿元）。企业发展呈现良好的态势。

图4　建龙集团马来西亚东钢产品发运现场

二、科技创新为企业履责赋予新动能

建龙集团把科技创新作为企业履行社会责任的不竭动力，秉持"科技引领、创新驱动"发展战略，致力于用科技的力量推动行业进步、社会发展和改善生态环境。

2021 年，建龙集团聚焦重点、难点及共性问题开展科技攻关，推进 190 项科研课题攻关，参加制修订标准 30 项，其中国标五项、团标 15 项、行标 10 项；申报专利 280 项，其中发明专利 56 项；授权专利 271 项，其中发明专利 12 项。

案例 4：承德建龙两项科技成果荣获冶金科学技术奖

2021 年，承德建龙《含碲高端特殊钢冶金工艺技术的开发和应用》项目荣获中国钢铁工业学会、中国金属学会冶金科学技术奖一等奖，《高品质连铸大圆坯生产关键技术及高端产品研发》项目荣获三等奖。

成效：《含碲高端特殊钢冶金工艺技术的开发和应用》由承德建龙联合上海大学、南钢、宝钢、韶钢等单位共同研发。项目推动了碲冶金技术在我国高品质特殊钢领域的产业化应用，成果达到世界先进水平。

《高品质连铸大圆坯生产关键技术及高端产品研发》由承德建龙联合东北大学共同研发。项目攻克了利用高磷、硫的半钢水冶炼高洁净钢液的技术难题，解决了连铸大圆坯洁净度、碳偏析等核心问题。项目成果总体达到国际先进水平。

建龙集团注重信息化和工业化的深度融合，深化智能装备、大数据和工业互联网应用，降低人员在生产中的劳动强度，减少岗位操作风险。

案例 5：建龙集团子公司抚顺新钢铁迈入工业 5G 时代

抚顺新钢铁落实"智能制造的先行者"发展战略，依托精细化管理平台推动基于"5G+ 冶金全流程"的数字化智慧化转型升级。

2021 年，抚顺新钢铁 5G 宏站及 CPE 设备正式上线，标志该公司"5G+

工业互联网"应用迈入了一个崭新的阶段。企业结合数智化转型需求，利用 5G 网络结合 MEC 专网、切片等技术，助推企业"智能制造"蓝图落地。同时集成应用了数据中台、图像识别、知识图谱、数字孪生、3D、WinCCOA、OT 等先进技术，大幅提升了生产智能化水平。

图 5　2021 年 1 月，抚顺新钢铁智造中心项目正式投用，
该项目是面向工业园区 5G 基础网络和 5G 云基站室分覆盖技术的应用案例

2021 年，建龙集团积极开展协同创新，与一大批国内顶级科研院所、高等院校建立了战略合作关系，在绿色、低碳、高效、安全和数字智能等领域开展全方位合作，多项科研成果达到国际先进水平。

案例 6：抚顺新钢铁，东北大学联创中心科研结硕果

2021 年 12 月，抚顺新钢铁与东北大学联合组建的绿色智能化钢铁技术联合创新中心（简称"联创中心"）13 项科研课题通过评审正式结题。其中，《智能化高炉控制因素及各因素逻辑关系的构建》课题，年产效益 2016 万元。随着成果的推广，该公司将实现年综合效益 1.2 亿元。《复杂冶金废弃物机械法冷态分离技术》实现高炉布袋灰完成铁、碳、锌有价元素的分离，生产出来的产品碳粉和铁粉进行回收再利用，替代部分高炉煤粉和烧结矿粉进行消耗使用，而锌泥直接进行外卖处置。变固废为有价，经济效益巨大。

图6　联创中心首席科学家、中国工程院院士王国栋在评审会上讲话

三、坚持绿色低碳发展，为美好企业增光添彩

多年来，建龙集团坚持绿色低碳发展理念，综合利用工业和城市废弃物，分享节能环保技术和管理经验，探索工业与自然、城市和谐共处的发展方式，倡导全行业和全社会的可持续发展。

集团制定了《碳达峰碳中和发展战略规划》，推动先进节能减排技术研发应用，开发利用清洁能源，逐步实现碳排放强度降低。建龙集团依托技术创新发展革命性低碳项目，集团"非高炉氢基熔融还原项目"（CISP工艺），通过三代技术更迭，实现等离子氢熔融还原，达到"城市清洁＋低碳炼铁"的完美融合。

案例7：建龙集团"非高炉氢基熔融还原项目"（CISP工艺）获得成功

2021年4月13日，建龙集团子公司内蒙古赛思普科技有限公司（简称"赛思普"）氢基熔融还原法高纯铸造生铁项目投产，标志着世界领先的氢基熔融还原冶炼技术成功落地转化。

赛思普工艺取消了烧结工艺和焦化等工序，可实现二氧化硫和氮氧化物排放量减少38%，粉尘排放量减少89%，无二噁英和酚氰废水排放，该项目年减少二氧化碳排放量11.2万吨。

图 7　赛思普氢基熔融还原法高纯铸造生铁项目

发"**绿电**"，**减排降能耗**。建龙集团结合企业周边风能光能资源，加大风电和光电等"绿电"的优先消纳力度，将企业清洁能源发电与厂区余热余能发电耦合，利用储能技术将高炉煤气、转炉煤气、焦炉煤气的存储与峰谷平错峰发电进行科学调度，组建清洁能源发电与化石能源发电微电网，降低化石能源消耗。

2021 年 11 月 5 日，宁夏建龙 5.99MW 分布式光伏发电项目顺利并网，成功发出第一度"绿电"，这是建龙集团首个投产的分布式光伏发电项目，预计年均发电量 800 万千瓦时。

图 8　宁夏建龙 5.99MW 分布式光伏发电项目顺利并网

建龙西钢 80MW 余气余热综合利用自备发电项目二期一次性并网发电

成功。该项目每年可减少颗粒物排放 9.6 吨、减少二氧化硫排放 85.59 吨、减少二氧化氮排放 163.73 吨。

案例8：建龙西钢钢渣有压热闷固废环保处理项目投入使用

建龙西钢钢渣有压热闷固废环保处理项目投资 1.7 亿元，全面采用人工智能技术，可实现现场无人值守集中控制，节约人力 40% 以上。投产后，可实现钢渣金属回收率 98%、尾渣利用率 100%、钢渣零排放。

图 9　钢渣有压热闷固废环保处理项目

余热回收利用。建龙集团积极开展钢铁流程低品位余热回收和利用，推进产城融合。余能余压余热向发电转换取得显著成效，钢铁板块余热余能余压发电量 808899 万 kWh。利用冲渣水、炉窑烟气余热为城市供暖。

2021 年 7 月 17 日，吕梁建龙 2×65MW 煤气综合利用发电项目首台机组正式并网投运。该项目设计利用高炉煤气和转炉煤气发电，实现煤气零排放，预计年发电量 10.4 亿度。

案例9：黑龙江建龙新型立式热回收焦炉顺利投产

2021 年 3 月 18 日，黑龙江建龙"新型立式热回收焦炉"项目顺利投产。

该焦炉是一种新型节能环保型焦炉，粗苯分离水等有害物质大幅减少，该装置在炼焦生产中回收负压式热气，通过余热锅炉进行热交换，使产生的蒸汽以汽轮发电机来实现焦、电联产，具有良好的社会经济效益，为国内焦化行业新型焦炉推广起到重要的示范作用。

图 10　黑龙江建龙新型立式热回收焦炉

污水回收利用。建龙集团实施生产、生活污水深度处理回用，建成日处理生产、生活废水处理系统，实现生产废水循环使用，集团钢铁子公司工业污水的回收率达到 100%。

案例 10：内蒙古建龙新建污水处理系统顺利投运

2021 年 1 月 4 日，内蒙古建龙 20000 立方米 / 天污水处理站顺利投运，处理后水浊度由原来的 ≤20NTU（浊度单位）降低到 ≤1NTU。中水代替了原补新水的烧结、炼钢、轧钢等用户浊环系统，每日减少外购新水 4000 立方米，年节水量达 146 万立方米。污水经过深度处理后，水的总硬度 ≤30 毫克 / 升，达到软水水质指标，可代替原树脂罐自制水，供制氧、炼钢结晶器、炼铁净环水系统使用。

图 11　内蒙古建龙 20000 立方米 / 天污水处理站

生态环境保护。建龙集团坚持矿业经济发展与环境保护并重，落实开采方式科学化、资源利用高效化、企业管理规范化、生产工艺环保化、生产现场清洁化、矿山环境生态化，实现生态效益、经济效益、社会效益三者有机协调统一。

图 12　滦平建龙生态矿山高山公园

2019 年 12 月，滦平建龙矿业有限公司吉夫采区入选国家绿色矿山名录。2021 年，该公司以建设生态矿山为目标，打造高山公园。高山公园占地面积 48 亩，原为选矿废石堆积场，经过覆土绿化，修建凉亭和人工湖等景观，成为当地的一道风景线。

四、以人为本，构建以"共创共赢共享"的美好企业

建龙集团坚持构建以"共创共赢共享"为内核的美好企业，尊重员工权益，构建和谐稳定的劳动关系，提供培训平台和多通道职业发展路径，帮助员工实现自我价值，落实员工关爱，积极参与社会公益事业，促进社区和谐发展。

（一）搭建员工成长平台，促进员工发展

建龙集团坚持"企业发展与员工发展相和谐"的理念，聚焦员工能力建设，实现员工和公司共同发展。2021 年集团开展员工培训 9550 次，员工参加培训 43.08 万人次，员工培训投入 1636 万元。举办员工技能大赛 161 次，参加技能大赛的员工 12140 人次，参加省市技能大赛的员工 62 人次。

案例 11：建龙北满特钢王兴华荣获 2020 年"国务院政府特殊津贴"

建龙北满特钢连铸工长王兴华为解决连铸炉次过少、生产效率较低的问题，制定了《连铸基础规程》《连铸管理制度汇编》《连铸工装管理规定》《连铸可视标准化操作》等操作制度，发明了《连铸重启程序》《保护浇注程序》《大包、中包串渣线程序》《连铸中包快换（飞包）程序》等规程，使连浇炉次由过去的 3 炉提升至 16 炉。他发明的"吊装式快换连接件"，使公司成为国内第一家实施大圆坯（≥φ500）规格铸坯"快换"的企业；他发明的"整体式开浇件"，使开浇成功率由行业内的

图 13　建龙北满特钢王兴华

平均水平 95% 提升至 99.98%。2016 年至今，王兴华对 269 个品种的连铸工艺进行优化，使建龙北满特钢的品种结构与质量达到行业领先水平。

图 14　集团子公司吉林恒联举行 2021 年度员工技能比武竞赛表彰会暨 2022 年员工技能提升动员会。2021 年度员工岗位技能比武竞赛参赛人数达 780 人

（二）开展员工关爱，让企业充满温暖

建龙集团建立了长效的帮扶机制，通过设立"爱心基金"，帮助家庭生活困难和家庭出现临时困难的员工，定期开展走访慰问。

2021 年，集团走访慰问员工家庭 2836 户，走访慰问支出费用 196 万元，爱心基金支出 116.2 万元。

建龙集团把员工子女助学作为建设美好企业的一项内容，各子公司通过举办"金秋助学""升学贺金"等活动，传递企业大家庭的温暖与爱心。2021 年，建龙集团"金秋助学"，帮助员工子女 838 人，投入 142.6 万元，节日送祝福投入 1487.47 万元。

图 15　建龙集团开展"金秋助学"活动

（三）建设员工住宅小区，让员工安居乐业

为解除员工后顾之忧，建龙集团在山西运城市投资建设建龙·龙祥苑员工住宅小区，在承德市建设龙祥蓝湾员工住宅小区。其中建龙·龙祥苑员工住宅小区项目共规划 16 栋高层住宅、两栋庭院式组合商业、一条法式风格商业内街、一栋独立商业综合体及人才公寓。项目设计 1470 套住宅。

图 16　山西建龙·龙祥苑员工住宅小区

（四）强化安全管理，保障员工生命健康

建龙集团积极构建本质安全型企业，保护员工生命健康。2021年，集团安全生产投入24215万元，排查各类隐患193635项，隐患排查整改投入11315万元，职业病防护投入3544万元，签订安全生产承诺书36921份，签订安全生产责任状15128份，开展安全技能比武84场，安全应急演练1575次，参加安全应急演练19967人次。

1. 建设智能安防系统，保障员工安全作业

2021年，建龙建设智能安防系统平台。该平台可实现厂区全景安全风险集控、人员车辆定位跟踪及异常实时报警、煤气报警、消防系统的集中实时报警，监控生产装置工艺参数，实现异常工况预警，并可远程干预。智能安防平台还可以实现危险作业远程审批、应急管理联动、职业健康异常分析等功能。

2. 加强职业病防治，保障员工职业健康

建龙集团定期开展工作场所的职业病因素检测，对接触职业病危害因素的岗位人员开展职业卫生防治知识培训和职业健康检查，杜绝职业禁忌人员上岗作业。

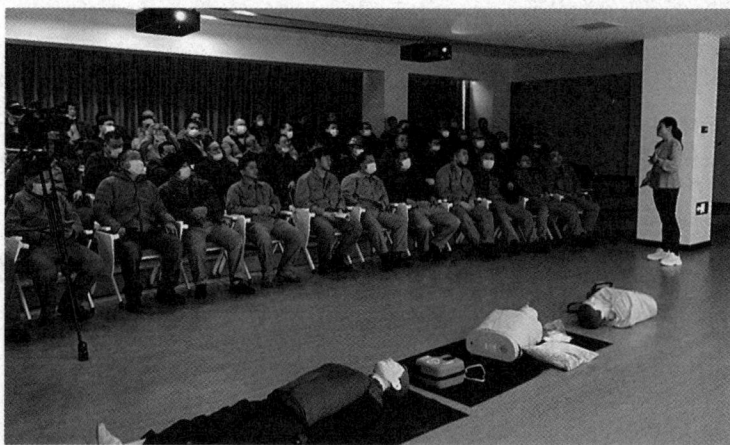

图17　抚顺新钢铁特邀红十字会专业讲师为员工进行心肺复苏与AED应急救护专题培训

五、积极参与社会公益事业，让城市更美好

建龙集团积极参与社会公益事业，在抚顺市设立"抚顺新钢铁共同富

裕基金"，在铁力市设立专项扶贫基金，在东北大学连续多年设立专项教育基金"建龙基金"。2020 年，在抗击新冠肺炎疫情中建龙集团定向捐赠一亿元，助力地方政府防疫抗疫。

2021 年，建龙集团积极贯彻党中央、国务院关于巩固脱贫成果和乡村振兴战略要求，各子公司结合当地实际开展消费帮扶和结对帮扶工作，努力帮助企业周边社区百姓致富，迈向美好新生活。2021 年，集团子公司建龙西钢、山西建龙获得"全国脱贫攻坚先进集体"称号。自 1999 年企业成立以来，集团公益捐赠累计超过 3.9 亿元，2021 年社会公益捐赠 2565 万元。

（一）助力铁力市打赢脱贫攻坚战

黑龙江省伊春市铁力市（县级市）是黑龙江省的贫困县。该市有建档立卡贫困户 2565 户共 4572 人，贫困村 12 个。2018 年，该市贫困发生率为 3.29%，占伊春市贫困人口的 70% 以上，在全省贫困县中排名第二位，脱贫攻坚压力很大。

建龙集团董事长、总裁张志祥到伊春考察时了解到铁力市的脱贫难题后，认为建龙西钢作为伊春市最大的企业，有责任、有义务，也有能力帮助解决政府难题，让伊春市的老百姓脱贫致富。

2020 年 1 月 5 日，建龙集团支持铁力市扶贫事业签约捐赠仪式在伊春市举行。集团董事长、总裁张志祥代表集团向铁力市捐赠 5000 万元，用于支持铁力市开展扶贫事业。

该项资金主要用于实施工农乡新华村水稻育秧及大棚项目、工农乡北星村旅游项目、铁力市信用联社合作资产收益项目、铁力市畜牧养殖及屠宰项目等四个脱贫项目，并设置扶贫济困公益岗 500 个，资助 1215 名铁力市城乡贫困学生，助力铁力市全面打赢脱贫攻坚战。项目实施后，预期年收益 1000 万元，带动 2017 户贫困群众脱贫，户均增收近 5000 元。

2021 年，在铁力市工农乡，扶贫项目在建设施已初具规模。铁力市工农乡乡长孟维东说："这个就是我们利用建龙集团捐赠的扶贫资金，打造我们北星村民宿旅游的项目，这个项目为我们工农乡北星村扶贫工作发挥了重要作用，并且为下一步的乡村振兴打下了硬件基础。"

工农乡新华村水稻育秧项目占地面积 800 平方米，44 栋育秧大棚整齐排列。据工作人员介绍，采用智能程控水稻浸种催芽技术每亩可增产40公斤~50公斤。按年处理种子100吨计算，可覆盖水田两万亩，增产水稻800吨~1000吨，年增加经济效益200万~250万元。在农民增产增收的同时，村集体还获得租赁收入两万元，带动了新华村17户贫困户30人脱贫。

两年来，建龙捐赠的精准扶贫产业项目在铁力市脱贫攻坚过程中发挥了巨大作用，不仅帮助铁力市贫困人口全部脱贫，还推动伊春市提前两年实现19个贫困村全部出列，提前一年实现建档立卡3571户、6411人贫困人口全部脱贫，全面打赢了全市脱贫攻坚战。

2021年，作为精准扶贫项目的落实单位——建龙西钢获评"全国脱贫攻坚先进集体"荣誉称号。

（二）多渠道履责，助力乡村振兴

消费扶贫。 2020年，受疫情影响，山西省闻喜县石门乡香菇等农产品严重滞销，在集团的部署下，子公司山西建龙先后共投入33万元订购了七万余斤香菇，实施消费帮扶，投入53万元采购山西省扶贫开发协会的扶贫主推产品新维康杂粮，解决贫困地区产品销售难题；2021年6月，山西建龙投入26万元，采购阳隅镇农村合作社12万斤因疫情滞销的苹果，帮助果农渡过难关。

改善乡村基础设施。 建龙集团以"山西建龙爱心基金"为依托，持续加大对企业属地农村、农民的帮扶力度。2021年，投入508万元用于关爱周边村60岁以上的老人和环境整治，与周边乡镇及各村合作规划，建设群众文化活动中心、全民健身广场，实施道路硬化、墙体美化等项目建设。

教育医疗帮扶。 2018年，山西建龙启动"金秋助学"活动，四年来累计投入54.6万元，对考入大学的周边村民子女及公司员工子女共350人发放助学金，并通过开展大学生暑期实践、座谈会、团建等内容实施教育帮扶。在扶危济困方面，先后投入143万元为公司周边村2000余名贫困村民缴纳农村合作医疗保险。

抗洪救灾。 2021年7月，河南多地普降特大暴雨，集团以山西建龙为主体向安阳市、鹤壁市、新乡市等重点受灾地区捐款捐物达513万元。2021年10月，山西省晋南地区发生百年一遇的洪灾，山西建龙代表集团向运城市红十字会捐赠防汛救灾款 500 万元，支援灾区人民重建家园，防止灾区群众因灾致贫、因灾返贫。

积极组织开展志愿者活动。2008 年，汶川地震，唐山建龙抗震救灾志愿者奔赴灾区参加抢险救灾；2012 年，松花江发生特大洪水，吉林建龙志愿者积极参加抗洪抢险；2013 年，承德建龙志愿者配合消防部门成功扑灭山火；2020 年，建龙各子公司志愿者面对新冠肺炎疫情不退缩，冲在城市抗疫和企业防疫保产第一线；2021 年，建龙集团志愿者活动次数 623 次，志愿者活动人次 3162 人次。

图 18　山西建龙志愿者参加以"凝聚青春能量，建设美好企业"为主题的植树活动

积极推进产城融合，为百姓生活送温暖。建龙积极推进产城融合项目，助力城市低碳绿色发展。截至 2021 年，建龙余热供暖累计投资六亿元，累计供暖面积达到 1681 万平方米，供暖户数 172240 户。建龙产城融合项目为千家万户送去了温暖。余热供暖项目年折合节约标煤 22.11 万吨，年减少二氧化碳排放 59.7 万吨，年减少二氧化硫排放 4900 吨。年消纳处置城市中水 386 万立方米。

面向未来，实现可持续发展是全社会的共同任务。建龙将深入贯彻新发展理念，聚焦国内国际双循环，全方位发掘和释放发展潜力，加快推进科技创新和转型升级，全力打好低碳发展、协调发展攻坚战，推动中国经济的高质量发展和社会的和谐进步。

坚持党建引领，新赶考路上新作为

——常州华利达服装集团有限公司

提要：

从成立之初的一家服装小厂，成长为横跨服装制造、汽车安全气囊两大产业、在全球拥有两万余名员工的企业集团，华利达在30多年的发展历程中，始终坚持党建引领，恪守诚信，筑牢质量安全生产防线，积极探索传统产业转型升级新路径，在新时代的赶考路上砥砺前行，致力于让"工匠精神"成就中国制造之美。华利达通过持续创新的优质绿色产品满足人们对美好生活的需求，立志做广受社会信赖、有责任心的"企业公民"，让传统行业不传统，平凡企业不平凡。

企业简介

常州华利达服装集团有限公司（以下简称"华利达集团"或公司）成立于1989年，经过30多年的发展，现已成为集研发、生产、加工、销售于一体，兼有服装制造、汽车安全气囊两个产业的企业集团。公司连续20多年位居全国服装行业双百强，是全国首家"国家出口免验企业""中国质量诚信企业""中国出口质量安全示范企业""海关AEO高级认证企业"。公司品牌"王子甲""华利达"是中国驰名商标。

华利达集团先后被评为"全国模范职工之家""全国五一劳动奖状""全国就业先进企业""国家级绿色工厂""江苏省智能制造示范工厂""江苏省开放型经济先进企业""江苏省产教融合试点企业""江苏省管理创新示范企业""江苏省服务型制造示范企业""江苏省信用示范管理企业""江苏省社会责任典范企业"，连续10年保持常州市工业五星级企业。

企业履责实践与成效

多年来，在"创造新价值，为社会作贡献，旨在成为优秀企业"的愿景下，华利达集团秉承"党建强，企业强，做广受社会信赖的、有责任心的企业公民"的理念，持续依法经营，稳健发展，积极履行社会责任，关注利益相关方需求，致力于把公司打造成为国内最具竞争力的服装制造企业，全心全意为客户提供优质产品和服务，积极回应各利益相关方的期待。

一、坚持党建引领，凝聚高质量发展"红色力量"

华利达 1989 年成立，1990 年即成立了党支部，2006 年升级为集团党委。在企业的发展过程中，一路上始终有党组织的支持，红色是企业最鲜明的底色。

集团党委将"平凡人党建"作为公司党建主题，让"致平凡，至不凡"成为所有职工的共同信念。坚持以"听党话、感党恩、跟党走"为工作指引，促进党建工作与企业生产经营相结合，持续推动党组织深入一线、服务员工，发挥党员先锋模范作用。

集团党委提出"组织建到车间，党员就在身边"的工作模式，由党员骨干组成的"红色动力小组"覆盖到每个车间，每个班组。党员与员工想在一起，干在一起，让党组织和党员形象在一线可见、可感、可学。

通过党员先锋岗、党员责任生产线、现场党建园地、红色工场认定等活动，一大批党员迅速成长为公司骨干，营造出干事创业的良好氛围。在党组织的引领下，党员带头攻坚克难，实施了多项技改项目和专利研发，持续推动企业提质增效。

集团党委提出"信仰最重要""梦想最闪亮""劳动最光荣""创新最美丽""奋斗最幸福"五大理念，对全体党员、全体员工展开思想教育，让党建的正能量成为助推企业稳步发展的不竭动力。

华利达集团重视每一名党员和员工的发展，把"为平凡者点赞，为奋斗者赋能"作为工作理念，给每一个普通员工成长舞台、发展平台。从学历提升到出国研修，费用全部由公司承担，鼓励员工参与技能大赛、升职竞聘、创新选拔，从制度上推进了公平的发展路径，让每一名员工都相信，付出必有回报。

2021年建党100周年之际，公司党委组织开展"两优一先"评选活动，依托常州市"两新"组织红领学院的实训基地（华利达党群服务之家），牵头举办"学党史、悟思想、办实事、开新局"各类党史学习教育，引导广大干部员工知党爱党，着力营造健康向上的良好氛围。

华利达集团以党建引领企业文化建设工作深入推进，齐心协力推动公司良性发展。2021年9月1日，常州市"两新"组织有形有效覆盖现场推进会在红领学院召开，为推动"两新"事业蓬勃发展添动力、增活力。

实践证明，党建工作做实了，企业发展就有引领力；党建工作做强了，企业发展就有竞争力；党建工作做细了，企业发展就有凝聚力。2021年5月，华利达《平凡人党建——传统行业不传统，平凡企业不平凡》特色做法荣获全国非公企业党组织发挥实质作用"最佳实践"，鼓励和鞭策着华利达强化党建引领，以党建文化促进实体经济的发展。

图1　2021年，华利达《平凡人党建——传统行业不传统，平凡企业不平凡》
特色做法荣获全国非公企业党组织发挥实质作用"最佳实践"

二、恪守诚信质量，持续创造安心的产品和服务

华利达从创立伊始就确立了"诚信为先、质量为要"的办厂方针，注

重对新老员工进行全员培训，提高职工技术素质；注重对客户、市场负责，产品为全量检品。从小订单开始，无论是交期、品质和价格都让客户百分之百满意，让每一件产品都体现出华利达的诚信。华利达用诚信和品质在市场上站稳了脚跟，打开了最为挑剔的日本市场，赢得了越来越多国内外客户的信赖，开启了与优衣库、丰田等战略客户长达20多年的长期合作。

（一）全国纺织服装行业首家"国家出口免验企业"

伴随着企业的发展，华利达制定了"累积点滴改进，迈向完美品质"的质量方针，并不断完善和提升。

2001年，国家恢复出口免验制度。2003年，基于华利达在出口市场的良好口碑，经过层层选拔和审核，成为全国第一家纺织服装出口免验企业，是国家给予出口企业的最高信任，极大地助推了企业的健康发展。

图2　2003年，国家质检总局为华利达颁发出口免验证书

同年，日本丰田汽车安全气囊产能转移，华利达因为对质量的坚持和对诚信的坚守成功获得订单。公司确定的"用心制造汽车安全的心脏"和"制造完美产品，创造道路交通安全的幸福"质量方针，至今被丰田公司高度认可，两次获得丰田公司颁发的"全球贡献奖"。

（二）践行诚信诺言，用诚信擦亮"华利达"品牌

华利达高层倡导诚信、践行诚信，并且率先垂范，为公司上下营造了

一个诚信守法、崇尚道德、和谐高效的运营环境。

对员工诚信，答应员工的事一定做到。公司每月按时发工资，从不拖延，让员工有安心感；高层领导单独签署个人承诺书，并"严格履行、带头执行"；同时，建立华利达法制学校，引导员工学法守法，增强全员法治意识。2020年，公司被授予江苏省"七五"普法先进企业。

对客户诚信，持续为客户提供安心的产品和服务，成为客户最值得信赖的合作伙伴。在客户碰到困难时，华利达宁可自己承担损失也要保证客户的利益，与客户共渡难关。客户因此非常感动，公司也得到了回报。在当前服装行业形势严峻的情况下，客户仍然优先保证华利达的订单，公司与客户也建立了优质客户与优质供应商信赖合作的共赢关系。

对政府诚信，始终坚持诚信纳税，促进就业，为地方经济发展作贡献。华利达已经连续10年成为常州市五星级企业，每年纳税超亿元，华利达也被推选为常州市A级纳税人协会的会长，获评"A级纳税信用等级"企业。

（三）响应"一带一路"倡议，积极开拓海外市场

华利达与国家经济结构转型需求同频共振，积极响应"一带一路"倡议，深度融入全球产业链，建立全球制造新优势。

2016年，华利达集团与香港天虹纺织集团共同在越南成立华利达（越南）服装责任有限公司。2018年年底，华利达在越南启动二期工厂建设，同时规划三期工厂，打造纺纱、织布、染整、服装设计制造的垂直产业链，为客户提供"一站式"服务，量身开发各种名特新优产品，延伸了"创造真正优质的服装"的企业使命。

目前华利达越南工厂的转移订单、产品结构以及市场仍然是转在自己工厂，增加了国内和国外生产的回旋余地。海外的发展除了保市场，也是为了支撑国内高质量的发展，发展的盈利也会反哺国内"智改数转"的提升，增加国内工厂的竞争力。

华利达海外建厂六年，在国内无论是税收、出口、就业都仍然保持正增长，没有降低贡献。未来总部经济建设会更加明确，与客户实现战略分工，在为客户创造价值的同时，充分发挥出本部经济的价值。

图3　2019年，华利达（越南）公司员工祝福新中国成立70周年

三、创新推动可持续发展，绿色制造助力低碳经济

经过30多年的发展，华利达迈入了高质量发展的快车道，也站在了"三十而立、二次创业"的全新发展起点，华利达唯有加快变革，创新创造未来。在公司职代会上，公司党委书记、董事长张文昌代表经营者向全体员工宣布了华利达的"十四五规划"：在党建引领下，通过开发创新，实现由传统制造转向智能制造、由出口制造转向双循环制造、由工厂制造转向产业链协同制造的全新发展方向，上下一心，全力实现华利达百亿发展目标。

（一）智改数转赋能，探索行业转型升级新路径

智能制造是传统服装行业转型升级的必由之路。近年来，华利达通过智改数转，不断提升企业智能制造水平。

一方面，引入智能化、自动化设备。在生产过程中努力打造各种自动化单元，例如自动拖布、自动裁剪、自动缝制、自动充绒、自动吊挂、自动整烫、RFID整箱扫描捆包等，尽可能提升自动化、省人化、绩效化的程度。

另一方面，通过信息化，实现与市场、生产现场、供应链的高效协同；通过企业内部信息化系统直接与客户的全球系统直连，实现市场与现场信息共享，逐步达成以销定产，降低库存的目标。

通过纺织服装工业互联网标识解析二级节点，逐步打造行业工业互联

网应用平台，目前已有 700 多家供应链企业接入；通过华利达混合云平台提供带码供货、产品溯源、防伪防窜等数据服务，推动供应链数字化改造。目前华利达交货周期缩短至 14 天，部分实现 10 天。

2022 年，华利达获评"江苏省智能制造示范工厂"，成为全国纺织服装行业第一批国家两化融合体系 AAA 级认证企业。

案例 1：智改数转，为纺织服装行业转型升级赋能

2020 年 8 月，华利达集团积极响应国家工业互联网标识解析建设发展规划，启动了纺织服装行业标识解析二级节点建设工作。同年 11 月，得到了省工信厅同意建设的批复。

2021 年 3 月 31 日，全省首家纺织服装行业二级节点——华利达二级节点正式上线。通过建设纺织服装行业工业互联网标识解析二级节点平台，有效促进工业互联网标识解析及各种应用场景，实现包括质量控制、产品追溯、采购优化等一系列覆盖服装行业各领域各个环节的创新应用。

下一步，华利达集团将围绕二级节点建设，积极推动产业链上下游企业共同参与标识产业生态建设，为纺织服装行业转型升级赋能。

华利达坚持以科技改变服装，设计出轻便、保暖、防风、防水的功能性服装，一直受到市场的欢迎。2021 年国家登山队队服，北京冬奥会的媒体记者服及一些国家的队服都在华利达定制。

图 4　华利达羽绒服守护登山队攀登珠峰

（二）倡导绿色环保理念，助力实现"双碳"目标

公司响应国家"节约能源、创节约型社会"的政策号召，坚持走可持续发展道路，加快绿色技术研发创新，构建绿色生产、环保清洁、节能低碳、安全高效的绿色制造发展体系。目前，已取得质量体系、环境体系、职业健康与安全管理体系、温室气体核查陈述以及产品绿色足迹评价等证书。

华利达通过太阳能路灯及热水器建设、智慧能耗在线监控平台建设等一系列绿色改造项目，有效提高了绿色发展水平。

案例 2：资源循环利用，探索可持续发展方式

2020 年 7 月，华利达与优衣库开展环保羽绒合作项目，由日方收集优衣库的旧羽绒服，在当地经成衣拆解、羽绒分离、高温杀菌清洗、专业检测后，再将回收加工的羽绒运到中国，加工成环保羽绒、夹克成衣后出口日本销售。

2021 年，华利达出口的可循环利用羽绒、夹克成衣超过 10 万件，在行业内率先走出了资源循环利用规模化发展的新路子。

2021 年，公司获评"国家绿色工厂"。未来，华利达将继续围绕绿色发展理念，以智改数转赋能传统制造，为企业高质量发展涂上绿色化、数字化、智能化的浓厚底色。

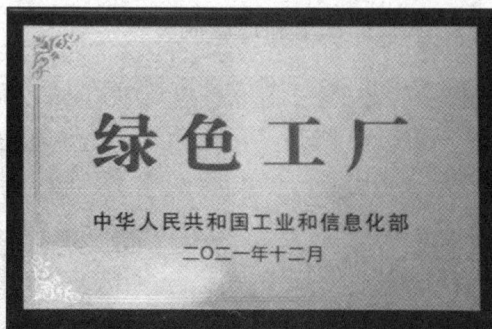

图 5　2021 年，华利达获"国家绿色工厂"

案例 3：绿色技改研发，推动企业降本增效

华利达先后实施了路灯光伏发电、煤改气锅炉等项目，并按照国内外

行业高标准对现场进行技术改造，引入大批节能降耗的智能化设备替换原有的高能耗设备，不仅有效降低了单位产品的能耗，而且为公司节约成本1000多万元。

新智能车间的打造，通过提高原料的利用程度，减少原料（羽绒）在生产过程损耗与散落，使得生产现场的环境更加整洁，有效实现清洁化生产，并减少了人工的操作，2021年公司全年节约3000万元人工成本。

四、注重安全生产，打造高素质产业工人队伍

（一）筑牢安全防线，营造良好的安全生产环境

安全生产事关人民福祉，事关经济社会发展大局。华利达压紧压实各项安全生产责任，坚决落实"疫情要防住、经济要稳住、发展要安全"的重大要求，以安全稳定环境迎接党的二十大胜利召开。

2021年，华利达重点围绕"安全生产执法年"主题，结合企业实际，强化基础管理，落实安全生产责任，通过一系列安全有效的管理机制，全年无重大安全事故，保障了企业生产工作平稳有序运行。2022年，华利达获得安全生产标准化二级企业。

强化组织，形成安全管理框架。在"安全第一、预防为主、综合治理"方针的引导下，华利达健全领导和组织机制，以对员工负责的责任感，成立了由各部门一把手组成的安全生产领导机构，董事长、总经理作为公司安全生产第一责任人，与各部门一把手签订安全生产责任书，层层分解落实。同时，成立了安全生产管理委员会，安全教育、职业健康、消防设施、特种设备管理等具体工作被纳入QES管理体系。

常态实施，夯实安全基础管理。华利达将安全工作实施常态化管理，安委会开展每月例行推门检查、每个假期安全大检查，对发现的安全隐患及时通报相关部门，并提出整改意见和建议，监督整改到位，做到有排查、有整改、有公示。同时，每年组织两次消防知识培训、疏散演练、灭火演练，每年组织一次义务急救知识培训，做到有计划、有投入、有落实、有总结，

全方面夯实安全基础管理。

加大宣传，激发全员安全意识。服装行业属劳动密集型，在日常 7S 管理中，公司将全员树立安全意识、掌握相关安全技能作为目标，通过系统培训、橱窗展示、广播宣讲、微信公众号推送等多种形式，将安全生产法律法规、企业规章制度、危险源辨识、重点岗位防范、交通安全、灾害天气应对等安全知识及时传达给员工，形成了"人人讲安全，时时讲安全，事事讲安全"的良好氛围。

（二）员工至上，人才是企业最宝贵的财富

华利达认为，好员工比固定资产更重要。公司一直坚守实业，心无旁骛专注制造业，而人才是企业的核心竞争力，是企业最宝贵的财富。

华利达全集团已经拥有两万余名员工。在华利达，管理团队的责任就是帮员工创造更好的工作环境，制定公平合理的制度，为员工排忧解难，提升业务能力，增强员工对企业的归属感。

员工和企业是命运共同体。2020 年疫情暴发，华利达最困难的时期也没有改变初心和承诺：不裁员、保岗位，不降薪、保收入。不仅如此，公司还新招聘员工 1200 人，保证了生产稳定、员工稳定，也为"六稳六保"作出了贡献。

尊才爱才重才。尊才，员工才有获得感。各级管理人员不能轻易批评员工，问题发生了，管理者首先要反思。企业针对"90 后"员工，要求全体管理人员实施"三少三多"工作法，即少用权力，多用魅力；少命令，多沟通：少教训，多教练。

爱才，员工才有安全感。华利达每年投入 200 万元于"员工关爱基金"，帮助遇到困难的职工。

重才，员工才有幸福感。越南开设的工厂实行"双薪制"，五年来累计派出 100 多人的管理团队，培养了一批有国际视野的人才。

用爱心构建"家的文化"。公司坚持"以人为本"，用爱心构建"家的文化"。为员工提供稳定薪酬之外，公司还配备健身房、图书室、员工超市、

医务室等，为员工建构一个和谐而舒适的环境。

集团党委为了更好地服务党员群众，依托华利达党群服务之家，创建"华智分享会""华蕴书香苑""华跃运动营""华光放映厅"四个阵地，深入开展"成长汇、安康汇、文体汇、爱心汇"四汇活动。

通过员工文艺汇演、趣味文体节、演讲比赛等一系列活动，从中发现人才，陶冶员工情操，打造华利达"和和睦睦大家庭，凝心聚力谋发展"的幸福家园。企业与员工形成了相互信任、双向感恩、共同发展的良好氛围。

搭建成长成才阶梯，畅通职业发展渠道。公司围绕"千名人才计划"，成立员工教育发展中心，组建内训师队伍，帮助员工做好职业规划，努力把华利达建成人才辈出的企业。公司鼓励员工勇于逐梦，敢于担当；倡导"工匠精神"，开展各类活动，让技术工人的价值得到足够的尊重。

员工入职后，按照技术和管理两条线进行培养，使每个人都有机会成为优秀的管理人员和专业的技术人员。员工技能大赛、"基层管理干部培训班""华利达年度十佳先进""星级员工""优秀班组"等评选活动，为员工脱颖而出搭建了多元化的平台。

案例4：小裁缝也能干出"大事业"

蔡干忠，初中毕业后跟着裁缝师傅学手艺，2006年入职华利达。从裁缝学徒到全国优秀农民工，再到高职院校服装制版老师，他用20多年的奋斗经历诠释了"行行出状元"。以他名字命名的"拉链加放规律"成为企业操作样品的技术指南。

作为高职校老师，蔡干忠已帮助近30名学生走上岗位。2019年，蔡干忠代表集团参加长三角四省市纺织行业职工技能竞赛，凭借扎实功底，最终取得制版和制作大赛总成绩第一名，并被授予"长三角地区纺织行业技术能手"荣誉称号。他先后获江苏省"五一劳动奖章"、江苏省纺织行业十大工匠和全国优秀农民工等称号。2022年，蔡干忠荣获全国"五一劳动奖章"。

图 6 2022 年，蔡干忠获全国"五一劳动奖章"

鼓励技改创新创效。公司注重发挥劳模创新工作室的头雁效应，在职工中常态化开展"小发明、小创造、小革新、小设计、小建议"等群众性创新创效活动，鼓励员工完成多项新产品开发、设备内制等项目，成功申请专利 50 余项，一年创造经济效益 2000 多万元。每年开展缝纫工职业技能等级认定，营造"比、学、赶、帮、超"的浓厚氛围，既稳定了员工队伍，又带动了公司产能、效益的整体提升。

校企合作探路"双元育人"。2015 年，华利达与常州纺织服装职业技术学院启动"现代学徒制"人才培养项目，将学校学历教育与企业岗位培训紧密结合，为培养适应企业岗位需求的技术技能人才作出了有益的探索和实践。该项目获评"中国纺织服装产业校企合作优秀十佳案例"。

2020 年，公司联合对口高校，启动员工学历提升项目，为全体员工提供专业学习和学历提升通道，华利达成功入围江苏省首批产教融合型试点企业。同时，积极推进常纺丝路学院（华利达越南中心）项目合作向更深层次延伸，为"一带一路"走出去企业的发展提供技术和人才支撑。

案例 5：探索校企合作新模式，推进产学研深度融合

自 2015 年开始，华利达集团与常州纺织服装职业技术学院深入推进产教融合，建立了"现代学徒制学习平台""常纺——华利达现代学徒制订单班"等合作项目。为进一步提升学校教学质量和学生实操技能，还开设了总占地 530 平方米的模拟流水线及理论培训基地。

通过这些合作项目，每年能解决 150 余名高职学生的就业问题。公司将学校学历教育与企业岗位培训紧密结合，一岗双责，双元育人，为培养适应企业岗位需求的技术技能人才作出了有益的探索和实践。

图 7　华利达与常州纺织服装职业技术学院开展校企合作

"十四五"期间，华利达将持续促进员工工作稳定、收入稳定；在社会保险之外增加包括大病医疗在内的商业补充保险；按照"第二现场"的标准建设好华利达人才公寓，改善员工住宿条件；帮助员工完成上大学的梦想；帮助员工实现技能提升，中高级技能人才占比提升至 30%；强化技能培养，实现高素质产业工人队伍岗位建功。

五、积极回馈社会，做有责任心的"企业公民"

华利达积极承担社会责任，努力奉献回馈社会。多年来，公司将教育、光彩事业作为公司的公益项目支持重点，通过设立光彩基金、扶危济困、青少年教育等多种形式开展慈善活动。

截至 2021 年年底，公司已累计向汶川地震、日本地震、儿童福利院、省运会、红十字会、慈善总会、美德基金会、光彩教育事业以及贫困地区等捐资超 5000 万元人民币。

（一）志愿帮扶，构建和谐社会

公司坚持用爱心打造华利达的"家"文化，建立免费晚餐制、生日蛋糕制和现场管理奖励制。公司设立困难员工帮扶基金，无论红白喜事、大小困难，总有企业的问候与帮助。每年组织包车送外来员工春节返乡探亲。

华利达热心公益事业，公司员工自发成立志愿者服务队伍和学雷锋小组，积极参与"工厂文明行、拍客在行动""上街维持交通""牛奶暴走行动""植树志愿者""千人健步走"等一系列公益活动，还多次无偿献血，走进社区帮助孤寡老人等。

（二）光彩助学，助力人才培养

华利达在自身发展的同时，重视未成年人身心健康，为教育事业献出爱心。公司常年资助常州市儿童福利院，关心残障小朋友的身心健康，力所能及提供物质支援，为小朋友带去欢声笑语。

案例6：捐资助学，传递温暖

2019年9月5日，华利达集团随常州市天宁区委统战部、区工商联及其他企业代表，赴旬阳县开展扶贫助学活动。

天宁区通过"华利达教育光彩基金"，专门针对旬阳县14名今年考入江苏省的贫困大学生，捐赠助学金共计13.4万元。同时，向旬阳县城关二中捐赠20台电脑，为该校中学生信息课程学习提供帮助。

图8　华利达教育光彩基金认捐仪式

（三）技术帮扶，推动行业发展

华利达是江苏省纺织工业联合会副会长单位，也是常州服装协会会长单位、常州市工商联会长单位。历年来，公司持续支持行业发展，推动产业转型升级。

公司对协会、商会给予人力、物力、财力支持，推动协会加强企业间的联系交流与合作，提供实时行内动态和形式分析，促进业内信息共享。同时，公司也是街道商会成员，与区域其他龙头企业互相交流与合作，了解经济动态和政策，为当地经济发展作出应有的贡献。

案例7：送技术送文化，为新疆纺织业提供人才支持

2018年，由中国财贸轻纺烟草工会联合新疆维吾尔自治区纺织服装产业工会共同举办的"送技术、提素质、送文化、促和谐"主题活动，在新疆伊宁县纺织服装产业园区正式启动。活动旨在为新疆加快培养一批掌握精湛技艺和高超技能的高素质员工，为提升企业核心竞争力，推动纺织行业又好又快发展提供重要的智力支持和人才保证。

华利达集团亿灵伟业厂区设备部副经理陈跃龙，与其他来自全国各地的六位技术能手代表一起，赶赴新疆维吾尔自治区的伊宁县、霍城县、察布查尔县、巩留县、霍尔果斯等市，为当地的七家企业进行了现场技术指导。

图9　华利达集团"心系拉萨"扶贫攻坚、爱心捐赠仪式

（四）疫情大考，交出合格答卷

新冠肺炎疫情突如其来，绵延近三年。华利达人争分夺秒，以企业公民的高度自觉，迎接一场史无前例的抗疫"大考"。

2020年，面对疫情防控的严峻形势和防疫物资极度紧缺的状况，公司第一时间增加专业设备，改造流水线转产一级防护服支援抗疫前线。在一线员工紧缺的情况下，公司党委号召全体党员及青年骨干发挥先锋模范作用，踊跃支援一线紧缺岗位，全力保障生产有序运营，确保防疫物资有效供给。

疫情持续期间，公司组织生产了五万件防护隔离服，全部捐赠给江苏省、常州市、天宁区三级政府调配。同时，公司第一时间向湖北省13家医院捐赠了保暖物资和防护服，保障抗击疫情一线人员的防护安全。公司积极联络湖北各大医院及各大医疗团队，捐献了价值397万元的防护保暖用品。

图10 华利达向常州市天宁区红十字会捐赠第一批防护服

特殊时期，华利达党委派出近20辆大巴去往江苏省北部、安徽省、河南省等城市，接回300多名老员工回"家"。为减少员工外出，降低风险，公司食堂每天配备三道荤菜、一道点心、两种蔬菜，打包好供员工选择，方便下班直接领取回家。暖心措施实施以来，受到员工及家属的广泛好评。

岂曰无衣，与子同袍！华利达党委团结全体员工坚守初心、众志成城，在大考中交出了合格答卷。

善待员工就是善待企业。多年来，公司员工队伍持续保持稳定，无论是新冠肺炎疫情的冲击、金融危机，还是国内外市场波动，公司始终坚持保岗位、保收入，员工的收入只增不减。

华利达在疫情大考中的表现得到了社会认可，被常州市红十字会授予"为国分忧，慷慨捐赠"的荣誉。在全球疫情日趋严峻的情况下，作为日本江苏工商总会副会长单位，华利达与日本丰田联系，向驻名古屋总领馆捐赠五万只医用外科口罩支援日本医院。华利达作为"常州慈善事业突出贡献单位"延伸了通过创造新价值，为社会作贡献，成为优秀企业的文化理念。

征程万里风正劲，奋楫扬帆再出发。新的赶考路上，华利达将坚定信心跟党走，永葆埋头苦干、勇毅前行的精神状态，心无旁骛做实业，脚踏实地谋发展；恪尽社会责任，真诚回报社会，成为客户信任、政府支持、员工满意、社会尊重、有责任心的"企业公民"，让传统行业不传统，平凡企业不平凡，让工匠精神成就中国制造之美。

实业报国，惠泽万家

——重庆望变电气（集团）股份有限公司

提要：

作为西南地区输配电行业龙头企业，望变电气自成立以来便坚持"望变电气、惠泽万家"的初心使命，在全面抓好企业经营发展、不断推进"输配电及控制设备、取向硅钢"两大领域的开拓与协同发展的同时，率先将企业社会责任融入企业经营管理，不断完善社会责任组织治理和管理体系，提升企业社会责任绩效水平。怀揣把光明和温暖洒向万里山河的梦想，用脚步丈量土地，用汗水点燃光芒，以实际行动诠释了民营上市企业的社会责任担当。

企业简介

重庆望变电气（集团）股份有限公司（以下简称"望变电气"或公司）源起巴渝大地，由杨泽民先生、秦惠兰女士于1994年8月在重庆市长寿区设立。注册资本3.33亿元，拥有员工1250人，下辖重庆惠泽电器有限公司、黔南望江变压器有限公司，参股重庆能投长寿经开区售电有限公司，于2022年4月28日在上海证券交易所主板挂牌上市，成为重庆市2022年主板上市"第一股"，长寿区本土民营企业主板上市"第一股"。

公司发展近30年来，始终坚守"望变电气、惠泽万家"的初心和使命，专一、专心、专注于输配电产品及上游原料、下游服务的研发、生产与销售，用心、用力、用情续写着望变人服务客户、服务发展、服务社会的质朴理想。

围绕"输配电及控制设备、取向硅钢"两大领域，望变电气构建起产品优势明显、上下游联动发展、多业态互补促进的产业生态圈，已形成"从取向硅钢到变压器到箱式变电站、成套电气设备再到下游检修、运维、安装服务"的一体化产业链。打造出电力变压器、箱式变电站、成套电气设备、一般取向硅钢（CGO）和高磁感取向硅钢（HiB）等拳头产品。

得益于近30年的积累和自主生产输配电产品上游关键原材料，公司输配电产品形成了良好的品牌优势、技术优势和市场优势，广泛应用于海上风电、轨道交通、IDC数据中心、充电桩、节能环保等领域。高磁感取向硅钢被誉为皇冠上的"明珠"、冶金产品的"工艺品"。公司通过自主研发掌握了高磁感取向硅钢研发制造核心技术，生产基地于2017年投产，目前产量排名全国第三、民营企业第一。产品具有高磁感、低铁损、表面优良等特性，性能经中国金属学会评审认为国内领先，填补了西南地区取向硅钢的生产空白，成为助力国家实现碳达峰、碳中和目标的重要力量。

公司充分发扬千山万水、千辛万苦、千方百计、千言万语的"四千"服务精神，用奋力拼搏的本色和用钢铁般的意志实现企业多年持续稳定发展，形成了"立足西南、辐射全国、走向海外"的业务布局。重庆、四川、贵州、云南等地区业务持续巩固，华中、华南、西北地区业务快速增长，产品出口加拿大、墨西哥、新加坡、印度、马来西亚、土耳其等10余个国家。

坚持依靠科技竞争、人才竞争优势，望变电气着力构建集产、学、研、科、工、贸于一体的新型科技平台，聚集了一批海内外科研工作者，建成独立的惠泽研究院及博士后科研工作站，每年投入近亿元用于前沿技术攻关和新产品开发，掌握了"双分裂整流变压器""消弧接地成套装置""硅钢片缝合装置"等110余项核心专利技术；产品通过两化融合管理体系、ISO9001/14001/45001、国家节能产品等认证，产品质量获得用户的广泛好评。

公司先后被评为国家级专精特新"小巨人"企业，重庆市中小企业"专精特新"企业、国家知识产权优势企业、重庆市技术创新示范企业、重庆市高新技术企业。荣获重庆市中小企业隐形冠军、重庆市认定企业技术中心等多项殊荣。

望变电气坚持有爱、有情、有家，把来自五湖四海的员工"焊接"在一起，上下一心、团结协作、彼此尊重，为共同的事业奉献自己的力量。公司始终关注公益事业，站在震后支援、灾后复苏、抗击疫情、精准扶贫和乡村振兴的第一线，以小爱成就大爱，用实际行动践行着一个优秀企业公民的社会责任和担当。

图 1　望变电气研发大楼

企业履责实践与成效

成立 28 年来，望变电气始终坚守"惠泽万家"的初心和使命，在关爱员工促进稳定就业、支持光彩事业和公益慈善事业、投身社会事业促进社区发展、积极参与"一带一路"建设，主动投身"万企兴万村"行动，助力巩固拓展脱贫攻坚成果同乡村振兴有效衔接等方面积极履行社会责任，坚持用创新发展、协调发展、绿色发展、开放发展、共享发展成果来回应社会各方的期待和关切。

一、强化治理，健全社会责任管理体系

望变电气建立了以股东大会、董事会、监事会和高级管理层为主体的公司治理架构，董事会下设战略委员会、审计委员会、薪酬与考核委员会、提名委员会等决策与运营管理机构。公司下设行政中心、财务中心、技术中心、制造中心、物流中心等管理平台，各平台职能清晰、流程顺畅、运行高效，公司管理基本实现从"管控"向"赋能"转变。

公司建立了党支部和工会组织。党支部从 2014 年创立之初的三名党员，

发展到现在的 48 名党员，旨在通过发挥党员先锋模范作用和党组织的战斗堡垒作用，支持企业发展；工会会员从 2014 年创立之初的 300 名发展到现在的 1200 余名。同时，公司注重加强组织和教育员工依法行使民主权利，发挥主人翁作用，维护员工合法权益，发动和组织员工完成生产任务和工作任务。

为切实抓好企业社会责任的履行，公司建立了以"党支部 + 工会 + 行政中心"为牵头单位，各单位全力配合的社会责任工作组织和运行体系。与企业各利益相关方保持紧密联系，共同推进构建互惠、互利、共享、共赢的生态价值体系，跟踪学习国内外可持续发展优秀案例和最佳实践，分析研究提供有关成果，辅助领导层决策，按照中国证监会和上交所的有关要求披露 ESG 信息。

二、砥砺前行，推动企业高质量发展

（一）十年如一日，用行动点亮"万家灯火"

望变电气前身为重庆望江变压器厂，于 1994 年 8 月 16 日注册成立。成立之初，公司依靠租赁民房、聘请临工开展生产经营。通过 28 年的艰苦奋斗，励精图治，望变电气实现了"凤凰涅槃"，员工从最初的七人发展到目前的 1250 人；产品从原来的变压器维修发展成集取向硅钢、变压器、箱式变电站、成套电气设备、下游检修、运维、安装服务于一体的产业链；规模从一家作坊式企业，发展成为年产值超 25 亿元、纳税超 2.5 亿元的中大型企业。

发展期间，望变人不惧挑战、不畏艰辛，足迹遍布巴山蜀水，帮助重庆、四川、贵州、云南等省的诸多区县乡村实现电力供应从无到有，电力设备从差到优，助力国家完成农网改造、三峡移民、城镇化建设等重要规划，真正用自己的实际行动点亮了"万家灯火"。

（二）整合发展，助力国家实现"双碳"目标

"取向硅钢"产品有铁损低、磁感高的特点，是制作高效、大容量电机、节能变压器的首选材料，并在电力工业节能降耗中发挥着重要作用，系国

家实现"双碳"目标的关键原材料之一。

为打通公司产业链的上游瓶颈——变压器产品原材料供应，助力国家实现"双碳"目标，2016年公司启动10万吨高磁感取向硅钢项目建设，2017年完成一期五万吨项目投产，2020年完成二期五万吨项目投产，填补了西南地区取向硅钢产品研发制造的空白。

2022年，公司启动了取向硅钢三期项目建设，目标产品为八万吨高牌号取向硅钢，预计2023年6月试生产。

案例1：望变电气取向硅钢产品如何助力实现"双碳"目标

高性能电工钢有铁损低、磁感高的特点，正是制作高效、大容量电机、节能变压器的首选材料，并在电力工业节能降耗中发挥着重要作用。

据研究表明：以取向电工钢牌号提升1个等级的影响评估，按15年的运行寿命周期来算，每吨取向电工钢降低碳排放等效值为17吨。

此前有报道称，最高等级的取向电工钢（B18R060）如替代高耗能变压器应用到目前国家1级能效的变压器上，每年将节电约900亿千瓦时，相当于三峡电站年发电量的90%。宝钢股份无取向电工钢产品结构优化项目是目前全球唯一面向新能源汽车行业的高等级无取向电工钢专业生产线。该项目建成投产后，每年可为400万辆新能源汽车提供高等级用材，减少碳排放360万吨，相当于33万公顷森林的吸收量。

成效：2021年，望变电气共计产出取向硅钢11万吨，约占全国产量的6%，产量仅次于宝钢、首钢，排名全国第三，性能全国领先，成为国内首家打通输配电上游原料供应、中游输配电产品生产、下游安装运维服务，提供全流程的企业，将有力助推"双碳"目标达成。

（三）创新驱动，打造高质量发展"核动力"

习近平总书记提出"科技是国之利器，国家赖之以强，企业赖之以赢，人民生活赖之以好。"望变电气将其作为创新发展的总纲，着力构建协同创新平台，有效集成信息、技术、资本、人才等各种创新资源和要素，提升自主创新能力和科技创新整体效能，推进科技创新驱动发展。

望变电气注重产、学、研、用相结合，坚持每年将销售收入的 3% 左右用于科技研发，年研发投入近亿元，现已拥有国内外专利、技术秘密等 110 余项，建成院士工作站、博士后科研工作站等，成为产、学、研用相结合的开放式创新平台。

公司与中国钢研院、重庆大学、华菱涟钢等国内外院校和科研单位建立了长期友好的协同创新关系，促进科技成果产业化。建成独立研发机构惠泽研究院，引进国内外研发人才 160 余名，聚国际国内之智打造新技术高地，实现了从原来的购买技术、消化技术、吸收技术，到现在形成自主知识产权、核心专利技术的自主化，公司高质量发展动力进一步增强。

图 2　博士后科研工作站　　　　图 3　院士专家工作站

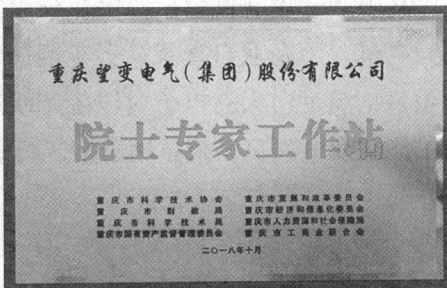

（四）防治结合，筑牢企业发展"绿色"本底

望变电气高度关注产品全生命周期，将绿色环保理念贯穿于研发、采购、生产、物流等生产运营各环节，全面推行 ISO14001 环境管理体系建设，减少环境危害和资源消耗，减少碳排放，致力于打造资源节约型和环境友好型企业。

研发环节，加大环保产品研发力度。公司成功研发环保气体开关柜、植物油变压器等系列产品。在供应商的引入评估阶段，要求供应商通过 ISO9000 和 ISO14000 认证，部分重点行业供应商须通过 OHSAS18000 的认证。

生产环节，大力推进绿色智能制造。新上铁芯车间、变压器智能化改造项目统一要求按"数字化"工厂标准进行建设，不断推进智能化、绿色化、集约化制造。

物流环节，大力推行拼车发货、简包出行、随行带货等措施，节能减耗。

废物处理环节，推行废物再利用技术，采取将氢气燃烧余热回用于含油危废处理、将废水进行净化处理后再利用等措施，构建废物循环利用链，降低企业对外环境的影响。

（五）率先垂范，打造绿色能源使用"标杆"

作为输配电行业领先企业，望变电气不但积极响应"双碳"政策及新能源发展政策要求，为社会提供高效、节能的产品原料及输配电产品，同时也率先在自身产业园使用集光伏、充电桩、储能、交直流转换于一体的新能源使用系统，打造绿色能源使用标杆。

其中，已建项目屋顶及停车场遮阴篷全部采用光伏发电，在停车场建设充电桩，为企业自身及社会车辆提供充电服务。在新材料事业部建设储能项目，满足白天高电价时段生产线用电需求。取向硅钢三期项目建设分布式能源发电项目，余热用于生产线蒸汽锅炉加热。全面建成后，公司1/3的能源将通过光充储系统提供。

案例2：望变电气携手华能、华电，建设绿色光伏发电项目

成套地块屋顶光伏项目。与国家电投集团重庆狮子滩发电有限公司合作建设C地块屋顶光伏发电项目，于2022年6月完成签约，项目设计装机容量为9MW，该项目已完成发改委备案、长寿供电公司备案，正在进行设计、评审。计划于2022年9月进场施工，12月完成项目建设。

新材料地块屋顶光伏项目。与华能重庆能源销售有限责任公司合作建设光伏发电项目，于2022年5月完成签约，项目设计装机容量为5MW。该项目正在申请备案、设计前期工作。计划于2022年10月启动建设，2023年1月完成项目建设。

停车场综合能源利用项目。与重庆长寿经开区能投售电公司合资建设C地块公用停车场新能源项目，于2022年7月完成签约，建设内容包括充电桩、储能、交直流转换等，目前正在进行设备招标，计划2022年9月1日前进场，年内完工。

成效：C地块减少市电使用近1/3，打造集光、充、储、交直流转换于一体的绿色能源使用标杆。

图 4　成套车间及停车场光伏发电项目效果图

（六）党建驱动，夯实持续发展"堡垒"

牢固树立党建也是生产力的理念，充分发挥党组织在企业职工群众中的政治核心作用、在企业发展中的政治引领作用，增强企业独特竞争优势，打牢健康持续发展的坚实基础。

在企业决策、管理、生产经营各个层面，望变电气全面推行支部领导和高管"双向进入、交叉任职"，从体制机制上保证党组织有效参与决策和管理，使党建工作与经营管理有机融合、同频共振。建立双向互动考核机制，把实现企业绩效目标作为检验党建工作成效的重要标准，通过签订年度计划书、月度计划表、岗位责任书等，把常态化、制度化开展党建工作转化为推动企业发展的实际需求。

党支部紧紧围绕做这个关键，促进党员先锋模范作用有效发挥，组织和激励党员在工作中勇挑重担，使党员真正成为推动企业发展的生力军。结合企业生产经营，实行党员挂牌上岗，在安全生产、营销以及重点市场、重大工程一线等重点领域设立党员示范岗、党员责任区以及党员攻关项目等活动，做到每一个关键部门都设有党员岗，每一个技术攻关项目都有党员领衔参与。

2021 年，公司为突破解决企业上市工作中出现的急难问题，专门成立"党员突击队"，打造"党员示范岗"，30 余名党员携手同心，经过近三个月的不眠不休，解决了内控、财务、研发等方面的问题，充分展现了党员的先锋模范作用。

图5　公司党支部与川维小学共同开展主题党日活动

三、主动作为，彰显民营企业社会担当

（一）全体行动，驰援 2008 年救灾现场

一方有难，八方支援。2008 年春节，冰灾席卷南方多个省份，对电力系统造成毁灭性的打击，望变电气全体干部员工使命在肩、奋勇担当，奔波在救灾第一线，通过危险排查、技术帮扶、援助受灾村居等多种途径和形式，全力支持灾后恢复重建工作。当时，不少电力产品供应企业伺机涨价。望变电气秉承做良心企业、卖良心价的原则，为灾区电力系统恢复提供源源不断的合理价格产品。

5·12 汶川地震发生次日，望变电气负责人带领员工不畏艰险，驱车 10 余个小时前往汶川支援救灾。当望变人肩扛手提救灾物资到达汶川灾害现场时，国家救灾队伍也刚刚进入。公司还组织了救灾捐赠活动，全体员工进行了捐赠。为了保证灾区迅速恢复电力供应，公司夜以继日地进行变压器、开关柜生产，尽最大努力保障汶川灾后恢复输配电产品供应。

图6　望变电气驰援 2008 年南方冰灾　　图7　望变电气驰援 2008 年汶川地震

（二）积极主动，加入新冠肺炎抗疫大军

2020年新冠肺炎疫情暴发初始，望变电气即迅速加入抗疫大军，率先为长寿区捐赠现金50万元，捐赠口罩、消毒液等若干；组织公司车队及驾驶员，运送重庆长寿当地水果血橙、大头菜等物资前往湖北，帮助疫区解决新鲜蔬果短缺难题；主动为政府提供场地、设置疫苗接种点，为周边企业提供接种服务。

一手抓防疫、一手抓生产、还要保就业。公司的取向硅钢生产线不间断生产，电气产品生产线大年初十恢复生产。坚持不减员、不裁员，甚至积极招录服务行业失业人员近200人，为地方经济建设及稳定发展作出了应有的贡献。

此外，自新冠肺炎疫情暴发以来，望变电气利用公司各种资源渠道，积极寻购医用口罩、防护服及护目镜等防疫物资，第一时间将筹集到的防疫物资捐赠给各地的医疗机构、一线抗疫人员。

图8　望变电气捐资助力新冠肺炎疫情防控

（三）饮水思源，助力乡村振兴

作为上市公司，望变电气认真履行企业社会责任，积极响应并投身"万企兴万村"行动，主动参与乡村振兴，助力巩固拓展脱贫攻坚成果。近年来，望变电气在各地赈灾救济、社会公益、捐资助学、扶贫帮困、基础建设等方面投入超过2000万元，其中在重庆地区通过包村定点、精准扶贫、社会扶贫等方式，累计捐赠款项、物资超500万元。

案例3：壮产业强基础，对口支援丰都县包鸾镇白果园村

白果园村是丰都县深度贫困村之一，该村位于包鸾镇东南部，距包鸾镇21公里，海拔230米至1450米，由于落差较大，自然环境恶劣，村民生活十分贫困。为改变这一现状，望变电气对口帮扶白果园村，帮助村民大力发展养蜂产业，拓宽农民增收渠道。

"今年，我养的蜜蜂已经有50箱了，按照正常产量的话，年底可以采两三百斤蜂蜜，有三万块钱左右的净收入，这个收入对于我们来说是非常可观的。"白果园村村民汪克恒这样说。随着村里大力发展养蜂产业，村民们在望变电气的对口帮扶下，养殖蜜蜂的规模越做越大，生活也越来越好。

据白果园村驻村工作队队长兼第一书记蒋自富介绍，该村常态化组织群众性技能培训，目前已累计开展种植养殖业培训120余人次，并组织蜜蜂养殖大户到外地实地学习，切实提高了群众的养蜂技术和生产技能。

2019年至2021年，望变电气对口帮扶丰都县白果园村，共计投入帮扶资金93万元，帮助白果园村新建了便民服务中心 、水源饮水工程等项目。在改善白果园村的办公环境的同时，带动发展凤凰李产业1500亩，世纪黄桃产业200亩，壮大了村集体经济，提高了村民的收入。

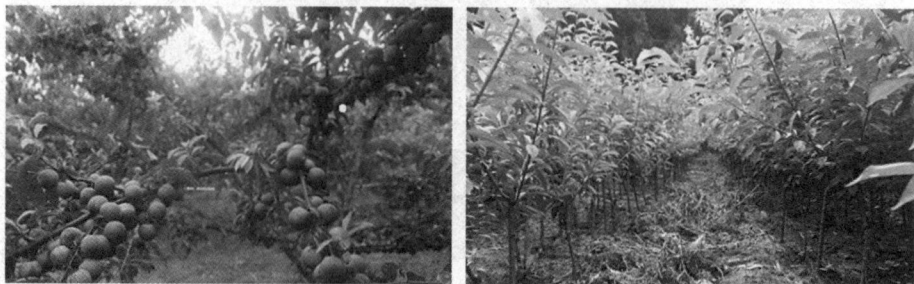

图9 丰都县白果园村凤凰李产业园

扶贫先扶志。望变电气陆续投入教育基金，累计资助贫困学生超百人，从2020年起，以公司或私人名义对口资助城口县鸡鸣乡10余名贫困大学生，每年提供经费12万元供贫困大学生完成学业。

2021年，望变电气党支部牵头联合社区医院，赴各社区开展党日共建并开展义诊活动，为村民送健康、送智力、送温暖、送爱心。公司工会组织

开展"精准扶贫助力行"爱心物资捐赠活动五次，捐赠衣物、书籍等 2000 余件。

2022 年上半年，公司定点捐助长寿区葛兰镇 80 万元，长寿区石堰镇干坝村义和村 20 万元，用于教育、福利设施改善及公共设施建设。

四、共建共享，实现政企民"美美与共"

（一）响应号召，积极支持"稳就业"

新冠肺炎疫情的持续暴发，对社会经济主体带来较大冲击，稳就业保民生是当前要务。望变电气始终坚持不减员、不裁员，积极加入送春风、保就业行动，进一步加大生产规模，全力吸纳失业人员再就业。

2020 年至今，望变电气正式员工从 900 人增加至 1250 人。公司采取多种途径吸纳失业人员再就业。启动校园招聘，促进大学生就业，单批招生超 40 人，在岗率超 95%。

公司加强与高等院校的人才培养、就业合作，长期作为重庆邮电大学毕业生实训基地，每年培训学生 50 人以上；与重庆大学签订学生实践基地协议，定期开展教师进企业兼职、学生进企业培训、员工进高校交流，有效推进知识流动、人才流动；与重庆化工职大合作开展定制班，定向培养技能员工，帮助高职院校学生就业，年吸纳高职院校学生 50 人以上。

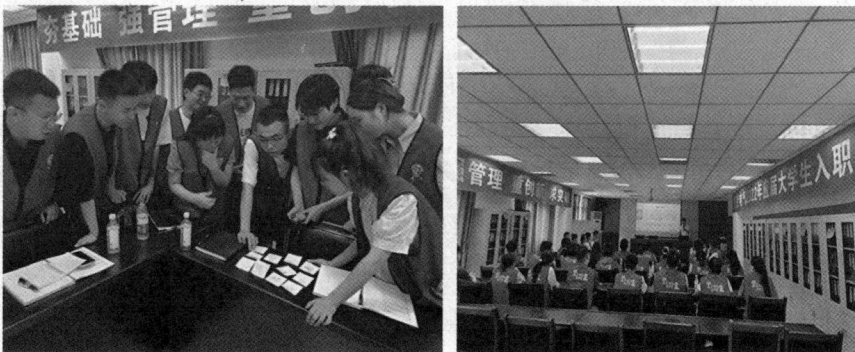

图 10 2022 届毕业大学生入职培训

与此同时，望变电气还主动帮助残疾人、零就业家庭、下岗人员再就业，

2022年吸纳残疾人两人、零就业家庭人员20余名、下岗再就业人员超100人，近三年累计留岗人员超300名。

（二）关爱员工，传递望变"家文化"

望变电气每年投入超500万元用于员工培训，助力员工整体素质提升。公司每年有计划、分批次地选拔经营管理骨干或优秀专业技术骨干，到高校、省外培训机构进修深造，不断提升骨干人才的专业能力，加强新鲜血液的涌入。

同时，公司还不定期邀请实践经验丰富的专家来项目部举办专题技术讲座，主要围绕岗位业务和操作技能，有针对性进行培训，加快知识库的更新，切实为公司打造了一批高素质的业务骨干。

望变电气建立了由党支部、工会牵头，各单位配合的员工帮助关怀工作机制。员工家庭出现重大灾难或疾病死亡等事件时，公司都主动给予必要的帮助。例如，2022年新材料事业部职工杨某因骑摩托车出车祸身亡，董事长当晚亲自前往其家中了解情况，主动提出帮助解决家庭适龄人员就业，同时给予员工家庭一定的资金补助。

每年春节，公司都要请退休员工回公司看看，顺带送上节日问候和节日红包。同时，安排工会人员前往慰问困难员工家中慰问，为他们送上必要的援助。

（三）社区关怀，企地共建"齐发展"

望变电气积极加入长寿经开区责任关怀行动，与周边企业、社区建立沟通帮扶机制，打造群众支持企业、企业反哺群众的良好发展局面。

送培训进社区。公司每年安排专人送培训进社区，培训内容包括企业基本情况、安全环保工作情况、就业信息传递等，让群众了解企业、支持企业。

定期开展送温暖活动。针对孤寡老人、退役军人、优秀党员、困难群众，公司积极帮助他们解决生活、就业难题。

开展企业与社区共建。公司为晏家街道十字村、石堰镇干坝村义和村资助超30万元，用于教育、福利设施改善及公共设施建设。

同时，公司积极与社区开展结对共建、党员进企业等活动，搭建沟通桥梁，推动企地齐发展、共进退。落实精准扶贫，真正用心、用情、用力。从公司领导到广大员工，从扶贫一线到扶贫后方，望变电气着力于"扶智"和"扶志"，做到真扶贫、扶真贫、真脱贫。

图11　公司与行业协会联合帮扶贫困学生

（四）走出去，积极参与"一带一路"

积极响应国家"一带一路"倡议，望变电气经历了从贴牌生产、自营出口、提供系统集成技术解决方案，到带动中国电力、取向硅钢材料标准技术输出的转变，成为中国民营企业"走出去"的缩影。

望变电气取向硅钢及电气产品远销新加坡、印度、马来西亚、土耳其等"一带一路"沿线国家，每年实现外汇收入超三亿元人民币，产品满足了沿线国家节能变压器、大型电机硅钢原材料需求，促进了当地经济发展。

在"走出去"的过程中，望变电气坚持先予后取、多予少取，合理利用资源，保护生态环境，积极融入当地社会，做了很多增益中国和"一带一路"沿线国家人民友谊的实事、好事。2020年，印度新冠肺炎疫情全面暴发，口罩、呼吸机等医疗产品紧缺，望变电气及时伸出援手，累计向印度捐赠呼吸机120余台，口罩10万只。

社会责任管理与实践，是望变电气"打造百亿企业、跻身百强行列、建设百年望变"的重大战略选择，是公司在新的历史时期，打造企业未来核心竞争力、培育公司优秀企业文化和担当精神的最佳实践路径，业已成为望变电气上下的共识和行为准则。

望变电气以"忠诚、责任、创新、高效"为核心价值观，专注于"取向硅钢、输配电及控制设备"两大领域的开拓与协同发展。未来，望变电气将坚定科技研发、创新驱动、人才聚集与品牌发展，力争将公司打造成国际一流的电工钢材料和智能电气设备研发、生产、销售一体化的企业，坚定走好以实业报国、造福社会的新征程。

生态旅游就业，创新黎苗乡村振兴

——海南呀诺达圆融旅业股份有限公司

提要：

　　旅游扶贫是促进贫困地区群众增收就业、实现脱贫致富的一种手段和途径。作为海南森林生态绿色旅游的拥护者、实践者，海南呀诺达圆融旅业股份有限公司从无到有、从小到大，始终不忘初心，在快速发展的同时，主动担当社会责任，坚持呀诺达景区"生态是基础、老乡是关键、旅游为抓手"的和谐发展理念，积极探索旅游扶贫与推动景区发展有机融合的新途径、新方式，打造景区扶贫新模式，通过提供就业岗位、产业分红等多种方式，带动和促进周边群众脱贫致富，使生态、老乡、企业形成了命运共同体，探索出了一条生态旅游富民奔小康的和谐发展之路，逐步实现了景区和周边村民的良性互动，实现了双赢的初心。

图 1　呀诺达景区入口

企业简介

海南呀诺达圆融旅业股份有限公司（以下简称"呀诺达"或公司）位于海南省保亭黎族苗族自治县三道镇，注册资金1.2亿元，投资运营的呀诺达雨林文化旅游区计划投资100亿元，打造大型国际化热带雨林观光体验、养生度假景区。

景区2006年开工建设，2008年2月预约接待，目前已建成雨林谷、梦幻谷、三道谷三大景区，配套文化体验项目有"踏瀑戏水""高空滑索""哇哎噜玻璃观海平台"等。2016年至2019年，游客年入园量稳定在200万人次，营业收入三亿多元，连续多年成为保亭县纳税大户，成为当地经济发展的引擎。

图 2　呀诺达门区广场

2020年新冠肺炎疫情暴发以来，景区经营受到严重影响，在各级政府及职能部门的大力支持和帮助下，利用政策支持，通过跨界组合、旅游＋等方式，创新旅游产品和业态，快速实现了复工复产，逐步迈入恢复发展的良性轨道。

近两年虽因疫情反复影响，未能完成经营预期，但入园人数、营业收入已经恢复至正常年份的40%左右。景区先后获得"国家5A级旅游景区""国家文化产业示范基地""全国科普教育基地""国家林业重点龙头企业""全国生态文化示范基地""全国文明单位""国家水情教育基地""保亭县脱贫攻坚突出贡献集体"等多项荣誉。

截至2021年年底，呀诺达在职员工共有762人，其中黎族员工271人，苗族员工11人，其他少数民族员工49人，残疾员工6人，保亭籍员工390人（占比51%）。公司通过景区发展扩大就业机会，多渠道、广角度增加当地农民收入，带领农民不离乡、不离地，就近就地就业脱贫，取得了良好的社会效益和生态效益。

随着经济社会的发展进步，旅游已经成为现代社会人们生活方式中不可或缺的一环，成为人民日益增长的美好生活需要的重要内容。而贫困地区经济落后，但生态良好、旅游资源相对富集，往往具有"山好水好风光好"的一面，受到了旅游景区企业的青睐。

实践证明，旅游业综合性强、关联度高、拉动作用突出。因此，把旅游与扶贫、乡村振兴有效结合，以旅游业带动经济发展和群众增收致富，不仅是社会对旅游企业的期望，也是企业实现高质量可持续发展的内在要求。

图3　呀诺达湿地景观

2003年，海南呀诺达圆融旅业股份有限公司成立之初，就注重改变"景区繁荣，周边贫困"的发展模式，积极探索绿色发展、实现双赢的新路，并贯穿到了景区建设发展的始终。

2013 年，习近平总书记在海南考察时讲了一句意味深长的话：小康不小康，关键看老乡。总书记的话，让一直坚持和谐发展的景区管理团队找到了指引方向。公司制定了"生态是基础、老乡是关键、旅游为抓手"的发展理念，生态、老乡、企业形成了命运共同体，探索出一条生态旅游富民奔小康的和谐发展之路。

企业履责实践与成效

一、森林生态旅游的践行者、推动者、引领者

（一）开海南森林生态旅游先河，实现人与自然的和谐发展

呀诺达景区建设之前，海南旅游主要集中于东部沿海地区，产品类型多是阳光、大海和沙滩为主的"蓝色旅游"。约占海南岛陆地面积 20% 的热带雨林资源，尚未形成有效的旅游产品。

呀诺达景区所在地保亭黎族苗族自治县是国家级贫困县，坐落地三道镇的三道峡谷更完全是深山野谷。从 2000 年起，公司派出先遣人员进驻三道谷考察，用了六年时间对景区进行论证规划。自 2006 年下半年开始，呀诺达景区一期工程正式开工动土兴建，并于 2008 年 2 月预约接待。

图 4　呀诺达三道谷景观

"呀诺达"是海南本土方言"123"的意思，景区用"呀诺达"命名并

打造成独具特色的景区文化，意在弘扬根植于海南岛热土之中的本土文化，以及孕育本土文化源远流长、博大精深的中华民族传统文化。

随着景区在保护、利用、开发和建设的进程中，"呀诺达"又被赋予新的含义："呀"表示创新、"诺"表示承诺、"达"表示践行，从而体现出呀诺达建设者对形成山海互动、蓝绿互补的热带雨林旅游的破题，让海南旅游以更加饱满的色彩走向世界舞台的创新、承诺和践行。

（二）在森林生态保护和项目建设、管理方面的成功探索

1. 景区建设以生态保护为原则

公司在项目建设之初，就树立了"先保护后开发，在保护中开发、在开发中保护"的原则，始终秉持"大生态、大文化、大教育、大旅游"的发展理念，把"生态保护"作为呀诺达一贯秉承的发展理念，景区内除了少量的、必需的服务设施、观光道路外，基本以生态恢复与生态保护为主。

景区用了六年时间对项目进行规划规划再规划，成为海南省首个"先环评、后规划"的旅游景区。开发建设10多年来，景区几乎没有砍过树，还投入巨资先后补种花木总量达40多万株，建成了长达18公里的生态木栈道。建设过程中路为树让道，对于胸径两厘米以上的树木一律进行保护。

图5 景区生态木栈道

2. 体验项目以保护生态、融入雨林文化为原则

呀诺达景区注重生态保护，融入雨林文化。如"踏瀑戏水"项目利用河道的落差，组织游客溯溪而上进行户外拓展、观赏两岸景色；空中滑索项目在两山之间利用自然落差修建 600 米的滑索，让游客空中滑行观赏热带雨林的美景。

3. 日常工作以贯彻生态环保理念为原则

在注重生态项目建设的同时，呀诺达景区还把生态环保理念渗透进日常各项工作，如景区照明系统采用风光互补的 LED 路灯。景区还投入 1000 多万元自建污水处理厂两座，日处理污水能力达 1500 立方米。污水处理后，全部回用于景区内的绿化浇灌，实现污水零排放，取得了生态与经济的双效益。

（三）坚持森林生态旅游，促进可持续发展

呀诺达景区自建设以来，始终坚持以生态为本，热带雨林资源为基，雨林文化为魂，深度挖掘海南本土文化、民俗文化，成功地运用海南元素"呀诺达"，向社会、向游客传递绿色生态旅游理念，通过"善行旅游"项目、开放式呀诺达生态博物馆等项目的建设和开展，实现了生态、文化与旅游的融合。

1. 创意雨林文化旅游产品

呀诺达挖掘雨林文化，创意设计了雨林旺蛙、雨林纪念币，融合"四大南药"设计了槟榔妹、益智娃、巴戟哥、砂仁爷、达达兔雨林精灵等文创旅游产品，不仅丰富了旅游产品，也成了呀诺达品牌和企业文化的组成部分。

2. "善行旅游"项目

遵循自然和谐和环境保护原则，2011 年 12 月，呀诺达与联合国教科文组织合作发起了"善行旅游"项目，编写了简单易懂且朗朗上口的善行旅游三字经。如今，游客宣读善行游"三字经"，也成为呀诺达景区特有的文化现象，也更好地诠释着"呀诺达现象"。

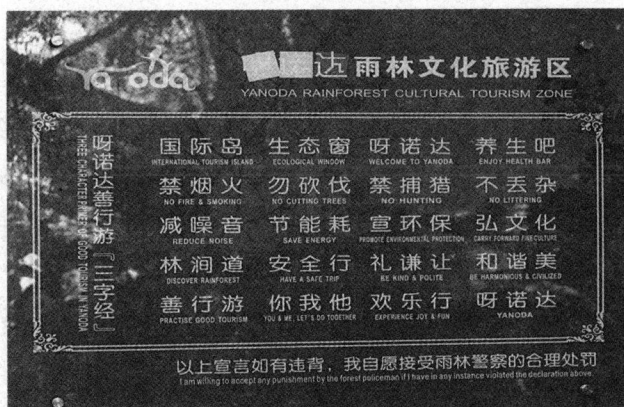

图6　雨林"善行旅游""三字经"

3. 争创国家水土保持科技示范园区

呀诺达景区与海南省水务厅、海南省水文水资源勘测局通过封禁治理、人工湿地、谷坊群等水土保持工程，面向社会广泛宣传和展示海南水土保持技术及成果。2016年9月，呀诺达景区成功申报了国家水土保持科技示范园区，2021年1月入选"国家水情教育基地"。

（四）以准军事化管理为基础的管理模式创新，引领景区快速发展

旅游是文化和产业的高度融合，"大文化"理念成就了景区独特的管理文化，形成了以准军事化管理为基础的管理模式，创新"呀诺达"Ｖ字礼，让中国旅游园区里第一次有了问候吉祥语和手势。

通过军事化训练、晨跑、晨会、旬例会等，成功打造了"呀诺达"模式，成为旅游景区争相学习的服务标杆。2013年《呀诺达管理模式》由经济出版社出版，成为旅游高校研究生教材。独特的管理文化，也引领了景区的快速发展，新冠肺炎疫情发生之前，游客年入园量稳定在200万人左右，年收入三亿多元，成为来岛游客必游景点之一。

（五）呀诺达秉承"圆融文化、快乐管理"的理念

圆融理念。 2003年8月20日，公司注册成立，开始正规化运作，呀诺达的规划设计及现场工作正式全面展开。和其他景区有所不同的是，呀诺

达是先做景区环境影响评价报告，后做旅游总体规划。

整个过程，始终秉承着呀诺达组织文化的圆融理念。正是有了"先保护评价，后总体规划"的圆融理念，才有了景区这样的奇特景观：休息长廊沿着一株树做成了弧形、栈道因为一株小树开了个小孔、小树四周加了围网保护、石头偶尔也在栈道上露出头来，就连景区内的树名牌也做成了树叶的形状……

文化理念。以"学习、创新、执行、快乐"八字原则为核心的企业文化是呀诺达的灵魂。为适应国际旅游岛建设，景区长期坚持旅游精品人才开发战略，以准军事化管理模式为基础，贯彻 ISO9001 和 ISO14001 质量和环境整合管理体系，建立了游客满意系统。

为打造精品热带雨林景区，在实施呀诺达核心企业文化培训过程中，景区每年投入大量的人力、物力、财力致力于公司员工培训。

呀诺达的每个导游，都会随身携带一个竹背篓，用来随手捡拾景区垃圾，保证景区环境卫生。导游主动自觉维护景区卫生的举措，让许多游客非常感动，竹背篓深深地印刻在游客的心中，化身为环保的代言人。呀诺达的每一个员工，都以顾客为导向，展现正能量的企业文化。

快乐管理。呀诺达的管理团队充分意识到快乐工作的重要性，建设初始，就为快乐管理的成功实现设计了一套理念体系：执行军事化管理，同时，要把优良的军营文化和圆融文化有机结合，打造"令行禁止、快速反应""超越游客满意"的快乐服务管理团队，并融入"以身作则、共启愿景、挑战自我、使众人行、激励人心"快乐领导力五要素，以人为本，通过"发现、培养、反馈、激励、考核、评价"的人力资源开发与合理利用，建立科学用人、快乐管理发展观，以企业持续发展为方向，个人进步发展为目标，铸造一支精诚合作、精兵强将的旅游管理精英团队。

通过"五满意"实现呀诺达利益相关者的意见最小化和利益最大化。

一是游客满意。企业利润增加了，上缴的税费也会随之增加，同时也能更好地带动其他产业的发展，促进地区经济增长，使政府更加满意。

二是企业满意。景区自开园以来，经过全体员工的艰苦奋斗，在经营管理上取得了较好的成绩，景区接待游客量逐年增长，经营收入大幅提高，多项经济指标年年创新高，扩大了影响力，做到了"名利双收"。

三是员工满意。景区把每一个员工都视为大家族中宝贵的一分子，致力于让他们通过学习、创新、执行来更加快乐地工作。

四是政府满意。呀诺达作为新兴景区，通过自身一流的服务和管理，上缴税费节节攀升，品牌效益突显。越来越多的游客走进热带雨林，使三道地区从一个默默无闻的农业小镇，一跃成为保亭旅游强镇、全国有名的文化名镇，有效推动了周边地区经济社会发展。

五是社区满意。呀诺达鼓励周边社区居民参与到旅游工作中来，主动为他们提供各种工作技能的学习和培训。同时，呀诺达时刻不忘关爱、关心周边特殊群体的生产和生活，为孤寡老幼病残提供不同形式的补助；节假日走进周边社区，了解农户生产生活情况，为农户解决实际困难。通过这些举措，景区希望能让社区居民过上更加幸福的生活。

二、发挥旅游辐射带动作用，促进乡村振兴

（一）爱心帮扶，取得双赢基础

呀诺达景区始终把周边特殊群体的生产和生活放在心上、做到实处，并形成了工作惯例长期坚守。

自 2007 年起，呀诺达将周边什根村、田头村、毛民村 60 岁以上的老人以及残疾人、孤儿等困难人群的生产和生活纳入公司财政预算，实行每人每月补助 300 元，以提高他们的生活质量。10 多年来，累计补助 400 多人次，140 多万元。

多年来，景区还通过物资和现金捐赠，帮扶贫困村民合作医疗保险、贫困家庭大学生。节假日向村民赠送慰问品、补助金，通过组织周边村民外出考察旅游，帮助他们开阔视野等方式提高他们的经济收入和生活条件，并形成了工作惯例长期坚守。以爱心换真心，景区的建设得到了周边村民的支持，为双赢和谐发展奠定了基础。

图7　呀诺达六一慰问

（二）就业帮扶，用工向周边村民倾斜

呀诺达景区属劳动密集型产业，就业门槛相对较低，用工数量大，劳动转岗适应快，具有安置当地居民就业的天然优势。景区一直坚持新增用工优先向周边村民倾斜的原则，让村民变员工，增加他们的工资性收入，使他们真正分享景区发展带来的实惠。

景区优越的用工环境，使很多员工以在景区工作为荣，不仅吸引了周边的村民，也促使很多外出务工村民返乡就业。而以黎族苗族为主的周边村民员工的加入，也增强了景区的民族特色，提高了景区的差异化建设，为景区的可持续发展注入了动力。如竹竿舞、黎族八音、小竹篓等民族特色体验，极大地满足了游客对旅游产品的差异化需求，提高了景区的满意度和美誉度。

呀诺达景区自2008年开业以来，已累计培训就业人数1.1万多人，其中海南籍近8000人，保亭籍4000多人，为保亭旅游业的发展提供了人力支撑。不仅实现了"就业一人，脱贫一户"的目的，也提升了村民对景区的满意度和支持率，实现了景区、村民的和谐双赢。

在景区发展过程中，带动周边少数民族人口就业，有效地解决了当地劳动力就业压力。员工的年平均工资从2008年的7200元，提高到2020年疫情前的1.2万元。不得不说，这些成绩的背后，凝聚着景区的汗水和心血，呀诺达为保亭旅游业的持续、健康、快速发展作出了积极贡献。

"景区的建设为当地老百姓创造就业机会、发展机会，带动老百姓脱贫致富，要充分考虑并保证旅游能为当地老百姓带来长久的利益。"海南省旅游委巡视员陈耀说。呀诺达的成功之处，就是把景区客源带来的消费能力向周边村庄辐射和扩散。

景区所在地三道镇也发生了翻天覆地的变化，从默默无闻、人均收入较低的乡镇，跨入了保亭经济强镇。2015 年，获全国文明村镇称号；2016 年，被列为第三批国家新型城镇化综合试点。

（三）创新产业分红模式，助推脱贫攻坚

2018 年，呀诺达景区充分发挥资金、技术、管理等优势，在三道镇政府的大力支持和指导下，积极探索创新"公司＋贫困户"农旅结合的精准扶贫方式，建立了精准扶贫产业项目示范点，提供黄金地段五间商铺进行农特产品经营。同时，呀诺达每年为三道镇建档立卡贫困户 197 户 792 人，发放分红近 40 万元，真正做到了精准扶贫、稳定脱贫。截至目前，公司已发放分红款三次。

2020 年，为扩大"贫困户＋景区"这一扶贫模式的优势，公司又先后与三道镇、新政镇等四个乡镇签订了资金托管协议。截至目前，该项目资金已达 1000 多万元，将为周边村民接续乡村振兴增添新动力。

图 8　呀诺达精准扶贫产业项目示范点

（四）扶贫先扶智，助力景区人才储备

呀诺达景区的发展既富裕了周边村民的口袋，也改变了村民的脑袋。每年 200 多万名游客的涌入带来了很多新信息和新知识，让成为景区员工的周边村民，接受了景区现代化的管理培训后，自身素质得到了较大提高，也影响着他们的家人和周围村民，促进了村民观念的迅速转变，增强了致富内生动力。

景区每年还坚持通过六一慰问、"金秋助学"等方式鼓励、资助贫困学生完成学业，增强他们就业、创业的本领，也为景区吸引、储备人才打下良好基础。

（五）加大项目开发，促进经济发展

周边地区贫困户要致富，最强劲的动力始终来自呀诺达景区旅游发展的带动。景区根据自身发展方向和战略，克服疫情不利影响，加大对旅游资源的投资开发，对标海南国际旅游消费中心建设，引入了美国 Discovery 公司，建设呀诺达国际雨林小镇，计划把雨林小镇、景区融为一体，打造新型核心吸引物，形成具有国际竞争力的新产品、新产业。

图 9　呀诺达 Discovery 探索谷开工建设

项目建成后，预计可新增就业人数约 1500 人，新增税收约 4500 万元，也将为当地村民带来多种就业和可持续发展机会，不仅可以带动更多贫困人口脱贫致富，也将为三道镇申报建设省级旅游产业园提供助力。

三、多措并举，助力实现美好生活

提供就业，解决最大的民生问题。借助国家 5A 级旅游景区这块"金招牌"和"呀诺达"品牌效应，发挥景区用工数量大、劳动转岗适应快等天然优势最大程度安置了当地居民就业。

农旅结合，解决扶贫产业销路问题。扶贫产业，特别是涉农产业，最难的不是扶什么、产什么，而是市场销售问题。主要因为产业扶贫中存在一种趋势——啥火就上啥，贫困户完全依靠外力推动。然而，扶贫项目一旦不对症，产品便会陷入滞销，而这可能使贫困户面临市场风险，失去脱贫信心。

每年 200 多万名游客的涌入，使呀诺达景区和周边农户拥有了独一无二的特有市场，通过景区＋农户、景区＋合作社＋农户等方式，组织周边村民生产和销售，为贫困户发展产业吃下定心丸。

就业培训，解决脱贫内生动力不足的难题。景区通过就业培训，让农户获取劳务、薪金、租金、股金等收入，既富裕了周边村民的口袋，也改变了村民的脑袋。每年大量游客的涌入带来了很多新信息和新知识，而成为景区员工的周边村民，在接受了景区现代化的管理培训后，自身素质得到了较大提高，也影响着他们的家人和周边村民，促进了村民观念的迅速转变，更是提升了贫困村民的内生动力和脱贫能力。

疫情之下，景区打好"防疫战""复工战""振兴战"。

2020 年年初，一场突如其来的新冠肺炎疫情，给景区的正常经营带来了严重影响。为了重振旅游市场，与企业共渡难关，各级政府及职能部门也采取多种措施，给予了呀诺达大力支持。

就旅游景区而言，此次疫情影响尤其严重。但是，呀诺达景区一直向员工传递着"战"疫必胜的决心和旅游业恢复重振的信心，统筹协调各部门一起借疫情的"空窗期"全面复盘梳理，苦练内功，产品完善升级，同时借助新技术、新媒体等手段保持旅游景区在缓慢复工期间的市场温度。

如呀诺达在疫情期间和恢复开园后，除了对景区内的设施设备进行了保养和更新外，还完善了亲子游、研学游、森林康养等旅游产品，更是搭建了华为云平台软件，并与英盛网签订了培训协议，引导员工练好内功，为景区恢复振兴储能蓄势。

受疫情影响，呀诺达景区经营也遭遇了瓶颈，在企业停工停产的情况下，公司仍然按每月最低工资标准给员工发放工资，以解决员工的温饱问题。同时，景区在防疫抗疫中也开展了一系列工作。

其一，积极推动倡议致敬最美逆行者活动，成为最早一批倡导针对全国医务人员实行免票，并拓宽到医务人员家属的旅游景区；

其二，2020年2月24日，为助力保亭县疫情防控工作，公司向保亭县红十字会捐赠现金76万元，展现了企业回报社会的责任担当；

其三，呀诺达充分发挥企业党支部的堡垒作用，引导党员骨干主动参与疫情防控工作，迎难而上，自觉践行初心和使命。

2020年6月，呀诺达党支部被授予"海南省疫情防控工作先进基层党组织"。2020年12月，被海南省旅游协会授予"抗疫突出贡献奖"。

呀诺达通过把握人们对于美好旅游生活需要的变化和升级，以"旅游+""+旅游"和第一、第二、第三产业融合发展的思路，带动周边农业转型和旅游产业升级。以旅游"+文创""+电商""+养生""+养老""+体育""+健康""+研学"等多方面的融合发展，培育多样化、个性化的旅游新业态。在增加景区旅游有效供给的同时，提升旅游景区发展的生态效益、经济效益和社会效益，带动更多脱贫农户走向富裕，为满足人民对美好生活的向往和追求作出了重要贡献。

强化企业社会责任治理，为员工创造美好生活

——金沙河集团有限公司

提要：

作为中国挂面食品行业领军企业，金沙河集团在发展经营过程中，时刻围绕农业产业化供给侧结构性改革，持续推动第一、第二、第三产业融合发展。在推动企业发展的同时，不断承担更多社会责任，帮助农民增收致富，创新土地流转承包模式，并以河北金沙河公司为起点，将创新发展模式复制到安徽、山东、陕西等多个省份。以三产融合方式带动区域农业农村经济高质量发展，助力乡村振兴的同时不断彰显更多的社会责任。

企业简介

金沙河集团有限公司（以下简称"金沙河"或公司）成立于1996年，公司总部位于河北省邢台市，现拥有员工6000余名。地处冀鲁豫三省中心地带，地理位置优越，自然环境得天独厚，是国家优质小麦生产基地，为公司提供了优质的粮源，确保了产品品质。

公司属于食品制造业，主要以小麦粉、挂面、其他粮食加工品加工为主，主要产品包括发酵空心挂面、哈麦面、葱油拌面等1600多种单品。经过多年发展，金沙河产品已进入全国大中小型商超、便利店、农贸市场等渠道销售。2021年公司资产总额为42.11亿元，2021年销售收入119亿元，纳税3940万元。

金沙河是一家第一、第二、第三产业融合发展的大型民营企业，拥有国内外先进的生产设备和工艺，目前设备自动化、智能化、先进化程度处于世界一流水平，共12个制粉生产车间，日处理小麦两万吨；100条挂面生产线，日生产挂面5000吨。根据中国粮食行业协会历年来发布的《中国

挂面加工企业十强》榜单显示，挂面产销量连续多年位列全国第一。

金沙河集团下设 13 家子公司，覆盖河北、陕西、安徽、新疆、山东、重庆六个省市，相继通过 ISO9001 质量管理体系认证、ISO14001 环境管理体系认证、HACCP 食品安全管理体系认证、"绿色食品""有机食品"认证。2010 年被农业部评定为"农业产业化国家重点龙头企业"，2020 年被中华全国工商业联合会评为"中国制造业民营企业 500 强"。根据中国粮食行业协会发布专项调查结果显示，金沙河集团有限公司被评为 2020 年挂面加工企业 10 强、小麦粉加工企业 50 强。2021 年入选中国制造业企业 500 强。

金沙河始终坚持"为员工创造福利、为客户创造价值、为大众创造健康、为社会创造和谐"的理念和使命，通过 20 余年的努力，公司已拥有 5000 余名优秀的经销商，产品畅销全国各地，进入了沃尔玛、家乐福、大润发、华润万家、乐购等国际卖场，并远销欧洲、美洲、大洋洲、非洲的 70 多个国家和地区。

金沙河积极履行社会责任，十分重视与各利益相关方沟通，对顾客、对员工、对供方、对合作方等负责，营造了良好的外部环境，提高了企业的凝聚力和竞争力，从而在实现企业健康发展的同时，为国家经济发展和社会进步作出应有的贡献。

作为企业公民，金沙河把履行社会责任看作企业核心竞争力的重要组成部分，在履行社会责任方面做了大量行之有效的工作，不仅积极投身于社会公益事业，也特别重视合法经营、照章纳税、爱护资源、保护环境、重视安全、关爱员工、创造条件扩大就业等。丰富的社会责任实践为公司赢得诸多荣誉和广泛好评，先后获得"捐资助教先进企业""赤壁市抗击新冠疫情突出贡献单位""湖北咸宁市抗击新冠疫情突出贡献单位""精准扶贫示范企业""抗疫保供应企业"等荣誉称号。

图1　公司获得的部分社会责任荣誉证明

金沙河的主要产品面粉、挂面是消费者餐桌上不可或缺的主粮，与生活密不可分，如何保证产品的生产质量安全，是金沙河的基本责任。随着金沙河企业规模和影响力的不断扩大，企业的发展过程也是企业以实际行动回馈社会，不断造福一方的过程。因此，履行社会责任不仅是社会对食品行业的期望，也是企业实现长远可持续发展的内在要求。

站在新的历史起点上，企业要想高质量发展必须在日常经营外承担更多社会责任，彰显与利益相关方合作共赢的决心。金沙河集团坚持走三产融合发展，推动乡村振兴为发展转型思路，主动承担更多的社会责任，将承担社会责任作为提升企业竞争力的发展战略之一。

企业履责实践与成效

在"建幸福企业，创绿色财富，打造百年金沙河"的企业愿景下，金沙河集团秉承"通过走产业融合、创新发展道路，为合作伙伴提供高质量、低成本、有竞争力的产品。通过不断承担并积极履行更多社会责任，致力将金沙河集团打造为受人尊重的百年老字号企业"的社会责任战略理念，坚持走融合发展道路，向相关利益群体提供优质产品和满意服务回应各利益相关方的期待。

一、公司治理与责任体系建立

为深入贯彻并推动社会责任管理和实践工作，金沙河集团于 2017 年成立社会责任工作委员会，集团公司董事长魏海金亲自抓总，主管层为具体负责人，目标是达成公司的社会责任发展战略，统筹推进公司社会责任工作的开展。

（一）公司管理融入社会责任治理

金沙河集团社会责任委员会根据公司实际，结合行业特点，对标 ISO26000《社会责任指南》国际标准，围绕组织治理、人权、劳工实践、环境、公平运营、消费者问题、社区参与和发展等七项社会责任核心主题，全面识别金沙河企业社会责任的利益相关方及其期望，确定了多项议题和具体指标，开启了由董事会指导，总经理和高管层部署，相关职能部门落实，各公司和部门共同实施，业务运行与企业社会责任管理联动，整体推进企业社会责任工作。

2018 年 6 月 15 日，金沙河正式发布企业社会责任手册，将社会责任管理和实践作为公司的战略定位及可持续发展的基本路径。

2018 年 9 月，公司企业文化建设组在集团级新闻发布平台开设社会责任管理板块，用于收集和发布社会责任知识和案例。并通过参加各部门会议宣讲，集团全员领导与职工参与热情高涨，共发布 23 篇相关文章，营造出了浓厚的学习履行社会责任氛围，全员对履行社会责任工作进一步达成共识。

2020 年 9 月 1 日，公司通过抖音、钉钉群组等线上方式举办金沙河集团社会责任履行成果发布会，发布了公司在助力脱贫攻坚、推进乡村振兴和保障粮食安全等方面的社会责任履责情况。通过白庄村的免费集装箱商铺、合作社职业农民增收土地增产、疫情防控献爱心等实际案例，向社会披露金沙河近年来履行社会责任情况。

（二）责任治理相关措施

金沙河集团坚持面粉、挂面生产作为主要产业。公司认真贯彻国家《环境保护法》《水污染防治法》《安全生产法》《消防法》等相关法律法规，确立减少排放污染的环保工作目标，按照规范环境管理、满足法规要求、排放达标受控。

食品质量安全控制。通过对环境因素和危险源的辨识、风险评价，公司落实了环境因素识别与评价控制程序、环境运行控制程序、环境监测与测量控制程序，危险源辨识与风险评价控制程序、运行控制程序、监视和测量控制程序等，实现安全环保目标。通过实施 HACCP 危害分析与关键控制点体系，进一步确保了食品质量安全。

安全生产现场控制。金沙河制定了安全生产现场管理制度，执行"安全第一、预防为主"的方针，落实安全"三同时"、安全事故"四不放过"的目标控制，各部门、车间正职领导签订安全管理目标责任状；建立安全预警机制和安全事故应急处理机制，定期开展消防演练活动，实现安全生产目标；公司持续开展环境教育示范基地创建工作，开展全员清洁生产培训活动，对生产车间提质改造，打造无尘车间。

绿色工厂环境控制。为确保公司环保治理工作进一步提升，2020年，金沙河投入500余万元进行烟气深度治理，污染物排放达到每天30公斤，远低于国家排放标准。投入近200万元，对公司的墙面、路面以及绿化工作进一步提升，栽种银杏、柿子等树木，并搭建植物长廊，全面打造花园式工厂。

二、坚守初心，发展过程不忘企业理念

董事长魏海金多次在金沙河集团公司全员会议上明确指出："如果金沙河的发展不能让跟随公司多年的客户、供应商和员工受到尊重，那么企业发展再大也将毫无意义。"

（一）员工福利待遇好，企业效益提升快

走入金沙河集团任何一个公司，首先映入眼帘的除了干净整洁的街道外，还有醒目的理念牌"为员工创造福利，为客户创造价值，为大众创造健康，为社会创造和谐"。金沙河不只是把员工、客户和社会大众的利益放在牌子上，更做出了很多实实在在的普惠员工、客户、供应商的实事。

图2　金沙河公司理念牌

董事长主动、连续13年上调员工工资。董事长魏海金认为，优秀的员工是金沙河最宝贵的财富，要用高工资聘用好员工。自2008年9月开始，金沙河公司董事长已连续13年主动提出为员工上涨工资，无论当年企业是否盈利。

截至 2022 年 6 月，金沙河员工人均月工资达到 6600 元，为当地同行业最高。每月 3～5 日发放上月工资，年底提前预支。公司自建厂至今从未拖欠员工一分钱。董事长魏海金要求每个月除正常给员工发放的工资以外，还要给员工的父母或爱人发放员工当月工资的 10%，以此感谢员工家属对员工工作的支持。

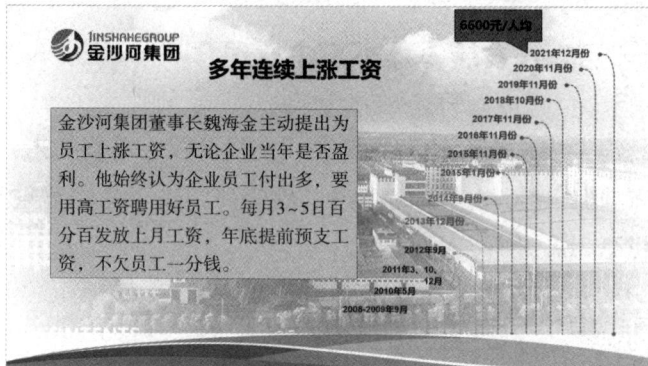

图3　金沙河公司连续上涨工资情况

免费供应一日四餐。魏海金董事长认为，"如果员工吃饭需要出钱，就可能造成家庭条件不同的员工吃不同的饭菜，给员工心理上及个人体力上带来影响"。为此，公司食堂自建厂至今从不对外承包，一天四顿饭（除早、中、晚三顿饭以外，另为上夜班员工准备后夜饭），每顿饭三菜两汤，为所有员工免去餐饮费用。后厨大师傅坚持吃自己做的饭，全体领导职工同在食堂就餐，无差别对待。

注重培训，不断提升员工技能和管理水平。为不断提升员工技能，开阔员工眼界，2019 年公司成立金沙河学堂，定期邀请专家学者、公司技术人员和高管为员工讲授相关知识，传授技能。同时为打造不断学习和进步的平台，董事长魏海金带领基层优秀员工和管理骨干赴清华大学、日本丰田等高校名企学习先进管理经验，打造出公平的金沙河学习平台，让每个人都有提升的机会。

着力解决员工住房问题。金沙河不仅免费为员工提供冬有暖气、夏有空调的宿舍，更是不断帮助员工提供实现城市梦。金沙河员工多是怀揣梦想、想通过自己努力一步步从农村走向城市的拼搏青年。公司管理层深知买房是很多员工的梦想，为最大限度地帮助员工买房，公司先后采取员工买房公司交利息、自购土地建小区以成本价向员工出售、团购住宅小区向员工出售等方式，助力实现员工的城市梦。

同时，金沙河还成立了装修公司，以最优的品质和最合适的价格为员工免去了家装的烦恼，让员工安心工作的同时节省了开支。

图4　公司自购土地建设的金沙河小区

评优评先。企业文化对员工的深远影响，良好的风尚可以带动和影响更多的人。每年，金沙河都会定期开展"先进工作者""劳动模范""优秀员工"等评选和走访慰问活动。获评部门级、公司级荣誉的员工，除发放500～2000元现金和公司米面油等产品以外，还会在公司大会上予以表彰，以激励更多的员工向他们学习。

图5　公司表扬劳动模范和先进工作者

以孝道治企，做事先做人。董事长魏海金高度重视员工素质提升的文化教育，自金沙河成立以来，他坚持每月开1～2次全体员工大会，教员工为人处世的道理和懂得做事先做人的哲理。如今，公司所在地的社会群众都知道金沙河员工孝敬父母、主动在公交车上让座等好做法。

自2008年以来，金沙河定期召开"家长会"，邀请员工家属来公司参观。让家属了解员工的工作和生活环境，搭建员工和家属沟通的平台，让员工懂得父母的不容易。不仅为员工家属报销往返路费，还将公司产品和夏凉被作为伴手礼赠送给家属。

全方位提供各种福利。集团有近200种不同岗位，根据工作需要，为员工定制不同款式的工装，无论是白背心、迷彩背心、迷彩服，还是西装、冲锋衣，全部免费发放。

每年公司在佛照山和合作社种植基地的瓜果成熟后，年收成可达30余万斤，每年无一售卖，全部赠送给拉挂面的大车司机、送小麦的司机和送到食堂让员工免费享用。

为节省员工的日常开支，各公司均设有面积不等的职工超市，商品琳琅满目、应有尽有，所有商品进价销售。不赚员工钱，只为员工生活更方便。

金沙河采购部门定期组织员工手机、洗衣机等家用电器团购，保品质的同时更能为员工省钱；公司内部设立各种奖券（蔬菜券、水券、体检卡、佛照山或红薯岭就餐券）发放制度，激励员工只要干好工作，完成对应考核就能挣得更多奖券，引导员工多付出才有多收获。

除此之外，金沙河集团对员工还有以下福利：

员工家有红白事，主管领导都会根据情况需要安排人员帮忙；员工结婚之日，公司送太空被。

每天20：00公司安排看病车，免费带生病的员工外出看病；为员工联系当地最低价格的出租车，出门岗即可上车；外地员工回家，公司报销往返路费。

疫情期间，隔离人员每天补助150元。回家员工每人可以领一箱酸辣粉和两包纯净水；炎炎夏日，公司为员工爱人和双方父母发放夏凉被；给离职员工送米面一家亲礼盒……

每一项福利待遇的背后，都蕴藏着金沙河"我们是一家人"的温暖。魏海金坦言："只要把金沙河公司办成一个大家庭，公司领导能把员工当家人，员工就一定会把公司当成家，把领导当家长。任何企业对员工的关心、支持、帮助、爱护的投资，得到的回报绝对是超出想象的。"

（二）杜绝商业贿赂，打造公平运营新型客商关系

自金沙河成立之初，魏海金就把"不搞以权谋私"作为公司"高压线"之一，列为经营红线管控。各分公司都有采购管理群组，每当有外界人员向公司采购、销售等岗位员工表达出或进行商业贿赂举动时，金沙河人不仅不会接受，还会按规定第一时间发送群组共享。

三、实干兴邦，产业融合发展惠农，助力乡村振兴

（一）合作社以一产为发力点，创新土地流转模式

2012 年，金沙河面业集团以农作物种植专业合作社为平台，以农业增效、农民增收为出发点，强势推进粮食第一、第二、第三产业融合发展，走出了一条产出高效、产品安全、资源节约的粮食生产现代化道路，实现了农业种植、农产品加工、销售全产业链的健康稳定发展。

合作社经过九年的发展，种植规模已从最初的 3766 亩扩展到近三万亩，涉及南和六个乡镇 30 个行政村 6696 个土地承包农户。

合作社地处我国小麦核心产区，主要种植优质冬小麦、玉米两大主粮，小麦亩均产量 1100 斤、玉米亩均产量 1300 斤，粮食年产量 3.3 万吨。2018 年被评为"省级农民合作社示范社"，2019 年被评为"国家农民合作社示范社"。

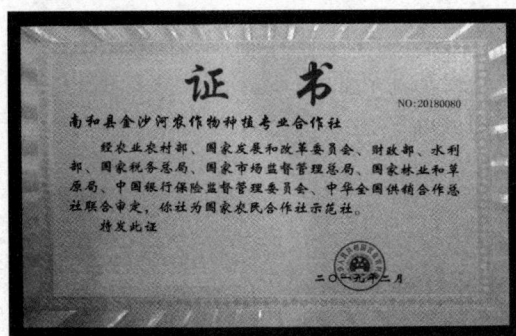

图 6　金沙河合作社获国家级合作社荣誉

2019 年 6 月，作为 24 例全国农民合作社典型案例之一，受到农业农村部推介。

1. 优势资源互补，多元合作共赢

作为华北地区规模化粮食种植的专业合作社，金沙河合作社涉及利益群体庞大，成员数量众多，组织架构多元。

创新推行股权联盟模式。金沙河面业集团以货币入股，作为家庭农场主的高素质职业农民以技术入股，股权农户以土地经营权入股。在利益分配上，高素质农民以种植地块面积为核算单位，摊股入亩按比例进行利润分配。股权农户采用"固定地租 + 二次分红"，灾年时保证其固定地租收益，丰年时再进行二次分配。除去股权农户固定地租后所得利润由高素质农民、金沙河面业集团、股权农户按照 5∶3∶2 进行分配，充分保障了农民利益。

探索完善风险保障机制。在区财政统一为农作物缴纳农业保险、合作社自行购买商业保险的双重保障基础上，企业从自己的分红中拿出一部分，建立风险保障金，为弥补自然灾害造成的经营性亏损，给予受灾社员补贴。资本、技术、土地三种生产要素优化配置，实现合作共赢发展。

2. 创新民主管理，全程实时公开

合作社始终坚持"规定动作不走样，创新动作有特色"，推行科学民主管理模式，不断挖掘合作发展潜力。

规章制度持续完善。合作社健全组织结构，完善学习培训、档案管理、财务公开、安全生产等规章制度。每月召开理事会和监事会，每年召开成员代表大会。理事会在前台抓管理，监事会在后台抓监督，社员大会居中抓落实，充分发挥"三会"作用，为合作社的持续、健康发展奠定坚实的基础。

高素质农民助推民主管理。合作社社员众多，单个社员的权益比例很小，尤其是股权农户户均流转面积 4.74 亩，多数股权农户对合作社种植经营决策缺乏专业识别判断能力，直接参与合作社民主监督管理的相对成本较高，参与意愿和动力不足。金沙河合作社采用由高素质农民为社员代表的民主管理办法，股权农户的零散土地集中交由高素质农民统一种植经营。

高素质农民作为合作社成员，不仅参与合作社日常种植管理全过程，而且对种植成本、收益核算情况更为了解，与股权农户在收益分配等方面的利益完全一致，决策时实行一人一票制，有效解决了多数股权农户参与意愿和动力不足的问题。

科技手段助力精准监督。合作社组织研发手机应用软件"农事宝"，所有物资采购、销售收入等信息均可在线查询、实时共享、事事监督。高素质农民可以随时了解自己的各项物料领取、农机使用等情况，查阅自己历史年份及当季种植的各项开支、收入明细及利润分配情况；了解农田种植的作业标准，记录各项作业的工时、人力等细项指标，对作业质量进行评判打分。

所有合作社成员特别是股权农户通过软件，能够对合作社账目实时监督查询，做到"社员人人手中有本账"，大幅降低了财务监督的成本和地域局限性，民主管理更加智能化、科技化、公开化、透明化。

3. 统一规模经营，实现节本增效

合作社实行**"六统一"**管理模式，充分挖掘合作经济新动能。

统一种植优质品种。合作社先后同国家小麦产业技术体系、中国农科院等科研团体合作，打造了近三万亩的高标准优质强筋小麦种植基地、3000余亩小麦新品种试验区，从种源上提升粮食品质。

统一采购生产物资。化肥农药从厂家直接采购，减少中间环节，亩均节本 130 余元。

统一进行科学管理。应用现代农业新技术，每亩减少化肥使用量 40 公斤（增加有机肥用量 100 公斤），亩均减少农药使用量 0.7 千克，亩均节水 100 立方米；通过平整土地，每亩增加 0.02 亩有效土地。通过科学管理，共计节本增收 140 元左右。

统一进行技能培训。成立新型职业农民培训学校，省市专家亲临授课，目前已培育高素质农民 120 余名，为规模化经营提供了强有力的技术支持和人才保障。

统一进行粮食存储。从田间地头直接对接下游粮食加工企业，减少中间环节，每斤节省运费 0.04 元，每亩增收 96 元左右。

统一销售粮食产品。优质粮食被企业直接收购，每斤高出市场价格 0.1 元。

通过上述"六统一"管理模式，节本增收的生产优势不断彰显。

4. 完善利益联结机制，助力乡村振兴

金沙河合作社卓有成效的探索，有效地提升了农业生产效益，助推产业发展，实现了民富村强。

股权农户实现增收致富。股权农户在亩均收益不低于 1000 元 / 年的基础上，利用空余时间从事副业工作，年均增收两万余元。通过保底分红，亩均较普通农户增收 70 余元。

新型农民持续增收。合作社每亩种植利润（扣除土地租金后）平均为660 元，新型农民年亩均分红 330 元左右，年收入 10 万元左右，最高达到30 万元。

集体收入稳步增长。基层党支部（村委会）为合作社土地流转提供综合性服务，合作社支付村集体每年每亩 50 元服务费。助推村集体经济收入实现由无到有、由少到多的重大转变，直接带动六个省级贫困村、181 名贫困人口稳定增收。

企业利益得到保障。合作社为企业提供优质原粮，大幅提升了产品市场竞争力，金沙河挂面产销量连续多年位居行业前列，实现了三产融合发展。

图 7　金沙河合作社无人机喷洒农药

（二）村企共建佛照山荒山开发，切实改善村民生活环境

2008 年，金沙河集团按照村企共建的要求，与白庄村村委确定共同开发佛照山生态经济观光园。截至 2021 年 8 月，已经累计投资近 3000 万元。

金沙河集团在承包了白庄村佛照山以后，贯彻落实退耕还林的政策，两年内将土地全部植树绿化。为保证山林更好地恢复，集团将村民放养的山羊全部买了下来，防止植被破坏。集团投资 57 万元为村里打了三口井，解决了村民靠天吃水的问题；另外出资 15 万元，为白庄村搭建了一个大舞台，改善村民的生活、文娱环境。

通过金沙河佛照山的开发建设，为白庄村及周边村庄提供了更多的就业机会和挣钱的途径，村民收入增加，生活水平明显提升。

金沙河将流转来的土地开辟成果园，再承包给村民种植管理。目前白庄村承包种植果园农户 10 余户，每户承包 30～40 亩不等，收获的水果或者蔬菜只需向佛照山公司上交 50%，剩余 50% 公司按照市场价回收，果树的种植成本由佛照山承担。

2021 年，果园 11 户承包户中有七户的年收入超过 10 万元，其余四户年收入均过六万元，最低收入 67709 元。

随着佛照山景区开发成为人气旅游景点以后，对雇工的需求量大为增加，最多时日工超过 100 人，平均每天工资 80 元。除了就业外，每年旅游旺季时从停车场到景区三公里的道路上，公司为村民搭建了特色产品售卖点，村民将自家种植的水果蔬菜和特色农产品进行售卖，日收入可以超百元。

截至 2021 年，金沙河集团已经投入超过 600 万元在佛照山修缮河道、平整土地、砌墙垒坝，增加果树种植面积。在秋季还会陆续为村民建设售卖商品的商铺，以改善村民经营环境；公司将景区内原有的水泥路翻修成柏油路面，增设路灯、护栏、厕所、指示牌等基础设施，利用工业旅游和休闲旅游相结合的方式拉动当地第三产业发展，创造新的社会效益和经济效益。

当地村民对金沙河集团的佛照山治理成果明确表示："通过金沙河集团对佛照山十几年的治理，如今我们在家门口就可实现就业创业，再也不用过背井离乡的日子了。"

图 8　荒山开发后金沙河佛照山全景

（三）企业牵头治理采煤塌陷区，打造 3A 级旅游景区

金沙河红薯岭项目位于河北省沙河市西部丘陵地带十里亭镇，该镇属于半丘陵地貌，因长年开采煤铁矿引起土地的地裂变形，大片耕地变为高低不平的塌陷区。塌陷区农户纷纷弃耕外出务工，承包土地大量闲置撂荒。

2018 年，在沙河市政府力邀之下，金沙河集团在沙河市成立河北红薯岭农业开发有限公司、沙河市金沙河红薯种植专业合作社，主要探索红薯、油菜、油葵等特色农产品种植、加工、旅游第一、第二、第三产业融合发展模式。

红薯岭项目目前已流转土地万余亩，主要涉及大油村、东葛泉、西葛泉、水涧、小油村、曹章村、王岗等八个村委、2000 余户农民，按照每年每亩700 元流转费与农民签订流转合同，释放当地劳动力。每年还将支付村委每亩 50 元的服务费，用于美丽乡村建设。

金沙河红薯岭每年除给农民 700 元 / 亩土地流转费和村委 50 元 / 亩的美丽乡村建设费外，还在种植过程中和旅游旺季返聘当地农民到金沙河红薯岭工作，以 70 元 / 天结算工资，每年用工量约为四万人次，付出薪酬约280 万元。

图 9　金沙河红薯岭油菜花田全景

金沙河红薯岭带动沙河市西部丘陵地区近万亩土地的增收增产，通过农户、合作社种植油菜、油葵、红薯，金沙河红薯岭免费提供技术指导，农作物依托金沙河红薯岭示范中心进行加工、销售。带动周边农民增收致富，为沙河市美丽乡村、环境治理贡献一份力量。

2020 年 10 月，金沙河集团红薯岭作为邢台市旅游发展大会点位之一高标准迎接了省内游客的参观。金沙河集团也通过此次盛会向社会展示出积极承担社会生态责任的又一面。次年 6 月，金沙河红薯岭被评为 3A 级旅游景区。

（四）主动担当作为，助力防疫、防汛和公益发展

自 2020 年新冠肺炎疫情发生以来，金沙河集团高度重视、迅速响应，坚决贯彻落实国家和地方疫情防控工作的部署和要求，统筹疫情防控安排和生产经营工作，把员工群众生命安全和身体健康放在首位。

同时，作为民生保障企业，金沙河承担着疫情期间各地面粉、挂面生活物资的供应工作。为确保公司疫情防控和物资保障工作，全公司上下坚定信心，主动担当作为，齐心聚力防控。集团全员坚守岗位，全力确保金沙河在疫情防控、原料采购、稳定生产、物流运输等各环节的工作有序进行，打好疫情防控阻击战，挑起物资供应民生保障重任。

魏海金率领金沙河疫情防控工作领导小组全力跟进各车间原料储备、生产情况、环境消毒、货物运输等方面工作。各车间、各班组全员在岗，上下联动，确保生产设备运行效果，为物资生产保驾护航。

新冠肺炎疫情发生以来，金沙河集团在保证面粉、挂面等民生日常必需物资的正常生产和供应的同时，还向武汉市、咸宁市和邢台多个县市捐赠面粉 94 吨、挂面 77.2 吨、现金 120 万元和瓶装纯净水等急需物资，全力支援抗击疫情。并于 2021 年捐赠 10 万元，用于希望小学和希望工程建设。

1996 年建厂初期，金沙河还是村里的一家小磨坊，为了方便（员工）夜间上班路上安全，公司出资让整个村各个街道的路灯一年 365 天晚上都亮着。2008 年，因村里的工厂设备陈旧停产，员工全部转移到南和县新工厂工作。公司依然继续出资，保证村里街道的照明，以感谢街坊邻居对金沙河的支持和帮助。

2008 年汶川大地震，金沙河员工连夜生产爱心挂面运往灾区，并且在车辆的红条幅上每名员工都写下了对灾区人民的安慰和祈祷。

2016 年秋天，邢台市部分地区突降暴雨，群众受困，村庄被淹，道路中断。在大灾大难面前，金沙河人立刻行动，洪水面前，勇往直前，借着

灯光，赶时间装沙袋。为了支援灾区的父老乡亲，金沙河爱心面粉和挂面在行动，一车车的货品送到灾区人民暂居地。食堂大师傅加班加点蒸馒头、包子。爱心馒头、包子等都装满送往受灾群众家中。

金沙河积极支持公益活动，在全国各地开展献爱心活动。2017年6月，给65岁以上的老人和辛勤工作在一线的环卫工人献上一份爱心，感恩父母为家庭的付出，感谢环卫工人为维护整洁、优美的城市环境作出了无私的奉献。8月1日，在全国各地给退休的党员赠送金沙河产品。9月10日，在全国各地给人民教师赠送金沙河产品。2021年7月20日，郑州突降暴雨，金沙河为支援灾区人民生活，捐赠30余吨物资。

图10 2021年7月，金沙河捐赠河南救灾物资

2019年，新疆金沙河组织开展养老院公益支持活动，集团总经理到阿拉山口市多个养老院进行看望，捐赠面粉、挂面。2020年，金沙河各个分公司向当地消防官兵、高考学子捐赠挂面、纯净水等物品。

展望未来，金沙河集团将继续坚持以党的号召为发展方向，紧紧围绕国家农业供给侧结构性改革，以小麦产业链为主线，在第一、第二、第三产业深度融合持续发力，在保障国家粮食安全上从优良种子培育、土地综合利用等要素上下大功夫。持续保障基本民生产品在市场主体的稳价保供，增强企业自身实力，承担更多社会责任，帮助农民增收致富，促进农村经济发展，为助力乡村振兴不懈奋斗。以实际行动履行更多社会责任，为实现产业兴、生态美、人民富贡献更多金沙河力量。

坚守文化，勇担责任，助力实现文化强国梦

——重庆五洲世纪文化产业投资集团有限公司

提要：

企业不仅是股东的企业，也是用户的企业、员工的企业，更是社会的企业、国家的企业。五洲世纪集团始终坚持"产业报国、文化兴邦"使命，秉承"诚信、关爱、拼搏、进取"价值观，积极承担社会责任，致力于优秀文化传播，以及文化事业的传承与发扬，做负责任的企业公民楷模，走出了一条独具特色的产业发展和责任践行之路。

企业简介

重庆五洲世纪文化产业投资集团有限公司（以下简称"五洲世纪集团"或集团）成立于 2014 年 12 月。公司以文化产业为核心，以创新驱动、资本赋能为抓手，大力实施深耕产业、细作市场、做优品牌三大举措，聚焦出版发行、智能阅读、艺术生活、文化商业等，打造"文化＋教育""文化＋科技""文化＋艺术""文化＋书店"四大核心业务体系，已发展成为全国知名文化产业集团，是重庆文化产业走向全国的先进代表之一。

"文化＋教育"板块，五洲世纪集团扎根教育服务，将文化情怀融入产品，用现代科技赋能教育出版。始终坚持"文化为本、教育为魂、科技为先、内容为王"的发展理念，专业领航，呵护成长。专门成立有公益性五洲教育研究院，会集众多教育名家，坚持策划出版立得住、传得开、留得下的精品力作。策划发行的《五洲彩虹名著》《五洲作文》《国学经典》《智慧鹰幼教》等品牌图书，深受读者喜爱，育少年智，助中国强。

"文化＋科技"板块，五洲世纪集团坚持创新驱动发展，在教育信息化

与智慧阅读领域积极布局，研发打造的 STEAM 创客空间、智能电子学生证、智慧校园整体解决方案等被评为"实现教育均衡化的有力工具"。通过运用"文化＋智能＋大数据"创新思路与模式，自主研发的"智能微型图书借阅机""24 小时智慧图书馆""24 小时无人值守城市书房""图书馆整体解决方案"等，引领新的阅读模式，助推全民阅读。

"文化＋艺术"板块，五洲世纪集团积极肩负新时代文化担当，开发建设了五洲世纪文化创意中心，中心位于长江文化艺术湾区、九龙美术半岛门户位置，总建筑面积 10 万平方米。项目将在世界顶尖设计、策划、运营精英团队的运营下，构筑文化艺术产业聚集高地。

图 1　五洲世纪文化创意中心

"文化＋书店"板块，五洲世纪集团重点建设以"人文、时尚、智能、艺术"为核心理念的中国"最美书店"——五洲书店，总体规划面积 3.3 万平方米，是重庆市首个集文商旅于一体的书店综合体，打造文化新地标、传播文化好声音，提供城市文化生活空间新可能，高质量构筑世界级文化场所。

2021 年，五洲世纪集团营收总额为 21.34 亿元，纳税 1.29 亿元。自成立以来，集团始终践行责任担当，先后荣获中宣部、文化和旅游部、国家广播电视总局三部委颁发的第六届"全国服务农民、服务基层文化建设先进集体""全国五一劳动奖状""全国三八红旗集体""重庆文化产业示范基地""重庆市优秀民营企业""重庆服务企业 100 强""重庆民营企业 100 强"

等多项荣誉。

2022 年是"十四五"承前启后的关键之年，更是"第二个百年"新征程的开局之年。近年来，国际环境和国内疫情带来的严重冲击复杂严峻。如何科学判断发展形势、明确发展思路、做好战略部署与谋划，在严峻挑战下实现更好发展，为书写新时代经济社会高质量发展新篇章作出更大努力和贡献，是五洲世纪集团时刻考虑的核心议题。

作为一家以文化教育为核心的企业，五洲世纪集团着力巩固良好发展态势，努力激活创新发展动能，实现企业发展企稳向好。

履行社会责任实践及成效

作为深耕文化产业多年的企业，五洲世纪集团将"诚信""关爱""责任"刻入了企业的基因和血液，内化为企业文化的重要组成部分。

一、坚守文化责任，助力文化振兴

2021 年 7 月 29 日，第五届中国出版政府奖表彰会在北京举行。五洲世纪集团董事长徐登权荣获中国出版政府奖——优秀出版人物奖，系全国 69 名优秀出版人物奖获奖人员中唯一一名民营企业代表。中国出版政府奖是我国出版领域的最高奖，是国家级"三大奖"之一。"这不仅是我个人的荣誉，也是民营文化企业共同的荣誉。"徐登权说道。

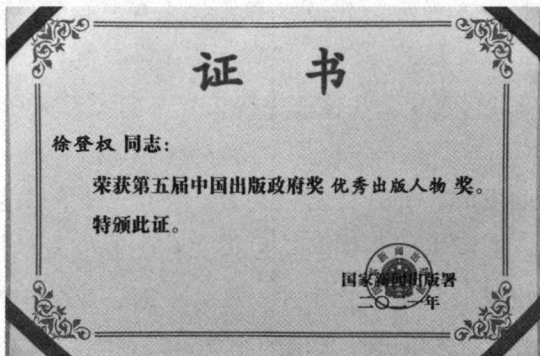

图 2　徐登权获中国出版政府奖——优秀出版人物奖

　　传承优秀传统文化，坚定文化自信。五洲世纪集团在企业发展过程中坚持将优秀的中华传统文化融入产品研发中，不断推陈出新，使继承传统文化和弘扬时代精神相统一，推动中华文化创造性转化和创新性发展。

　　为贯彻落实国家《完善中华优秀传统文化教育指导纲要》，集团联合重庆国学院院长、西南大学教授刘明华编写《国学经典》系列丛书，引导广大青少年了解中华民族的历史文明，学习中国优秀的传统文化，弘扬中华民族的传统美德，强化教育引导、实践养成，夯实全民族全社会的思想道德基础。

　　坚持以人民为中心，增强文化服务供给。为贯彻落实国家文化产业发展规划，更好地顺应新时期文化和教育改革要求和政策规范，集团把坚持正确导向、奉献更多更好文化精神食粮作为一切工作的出发点和落脚点。

案例1:《五洲彩虹名著》书系正式发布

　　2020年1月4日，教育部统编语文教材配套名著整本书阅读《五洲彩虹名著》书系发布会在北京国宾酒店盛大举行。

　　该套书系由五洲世纪集团策划发行，全国政协副秘书长、民进中央副主席、中国新教育实验发起人朱永新，韬奋基金会理事长、中国出版集团原总裁、全民阅读发起人聂震宁担纲总主编，人民出版社出版，会聚全国上千名语文教研员、特级教师精心编写，帮助了数以万计的青少年"多读书、读好书、读整本书"。

　　十一届全国政协副主席张梅颖在发布会上动情地说："人民出版社、重庆五洲世纪集团精心策划组织和出版的这套《五洲彩虹名著》书系，体现了出版单位和文化企业的政治使命和社会责任感，解决了当下我国中小学生在课业负担沉重的情况下，选择性地阅读古今中外文学名著的现实问题。"

　　推动文化产业发展，提升文化软实力。文化产业的关键，是要健全现代文化产业体系。五洲世纪集团坚持发挥文化企业的带动作用，顺应数字化发展趋势，加快发展新型文化企业、文化业态、文化消费模式，提高文化领域竞争力，用企业力量助推文化产业发展。

案例2：五洲世纪文化创意中心正式启用

2022年8月8日，位于长江文化艺术湾区、九龙美术半岛门户位置的五洲世纪文化创意中心正式启用，总建筑面积10万平方米。该项目为重庆文化产业发展"十三五"规划重点项目之一，重点建设以"人文、时尚、智能、艺术"为核心理念的中国"最美书店"——五洲书店，总体规划面积3.3万平方米。

作为中国迄今最大的单体书店综合体，五洲书店将打造"茑屋+诚品"结合体，主要涵盖特色沉浸体验、网红时尚购物、文艺展演活动等，将呈现20万种、80万册海量图书，25米高的书塔、彩虹书墙等地标，以人文艺术引领时尚生活，打造重庆对话世界的文化蓝本。

图3 五洲世纪中心落成启用

满足群众精神文化需求，助力乡村文化振兴。 五洲世纪集团充分发挥文化企业的优势，努力在缩小城乡公共文化发展差距，实施文化惠民工程，促进城乡文化协调发展等方面施展力量。

案例3：五洲世纪集团助力毛相林助学专项基金会成立

2022年2月25日，重庆市巫山县慈善会毛相林助学专项基金会成立，五洲世纪集团现场捐献30万元，用于资助巫山县尤其是竹贤乡的优秀学生，以及因修筑下庄天路献出生命的村民家属、受伤村民等困难群众，帮助当地建设农村书屋，为当地群众提供精神文明建设的支撑，用文化振兴助力乡村振兴。这是五洲世纪集团捐助农村文化建设的一个缩影。

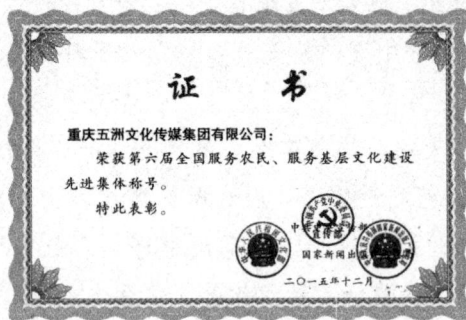

图 4　五洲世纪集团获"第六届全国服务农民、服务基层文化建设先进集体"荣誉称号

在不断发展壮大的同时，五洲世纪集团积极贯彻落实党的构建学习型社会的要求，充分发挥文化企业的宣传和引导作用，积极参与乡村文化建设中。

2016 年"中华慈善日"，五洲世纪集团向重庆市区县捐赠价值 300 万元的图书，助力基层文化建设。第二十六届全国图书交易博览会期间，集团向内蒙古地区人民捐赠价值 20 万元的图书，支持当地开展全民阅读活动。

为表彰五洲世纪集团一直以来为基层文化建设作出的贡献，中宣部、文化部、国家新闻出版广电总局授予集团"第六届全国服务农民、服务基层文化建设先进集体"的荣誉称号。

二、坚持诚信责任，实现创新发展

2022 年 2 月 24 日，中共中央宣传部副部长、文化和旅游部部长胡和平莅临五洲世纪集团调研时表示，五洲世纪集团坚守文化阵地，持续文化创新，这种发展理念很好，也取得了不错的发展成绩，充分体现了企业作为市场主体对产业的引领、带动和推动作用，在这里真实看到、真切感受到了文化企业的责任担当和实践行动。

（一）恪守诚信，打牢健康发展之基

诚信是中华民族的传统美德，是企业存在和发展的基石。五洲世纪集团始终坚持"诚信、关爱、拼搏、进取"的核心价值观，建诚信准则，深刻理解诚信内涵，以诚信作为价值理念、企业文化及工作准则，将诚信落实到经营管理、产品服务的全过程中。通过制度规范员工行为，提高配置人力资源效率，树立诚信服务意识，优化诚信服务水平，营造推广诚信、倡导诚信、践行诚信的制度体系。

五洲世纪集团连续多年获得"守合同重信用单位""中国百佳诚信经营单位""建国60年中国信用建设特别贡献单位""中国企业诚信经营示范单位""A级和谐劳动关系企业"等荣誉称号。徐登权先后获得"中国百杰诚信企业家""建国60年中国信用建设特别贡献人物""中国诚信优秀企业家"等荣誉奖项。

（二）弘扬创新精神，构建企业创新文化体系

创新是民族进步的灵魂，是一个国家兴旺发达的不竭动力，是推动人类社会向前发展的重要力量。之于企业，创新是企业永葆生机、基业长青的核心所在。

五洲世纪集团在发展过程中，将创新融入血液，刻入基因，形成了集团独特的创新文化。从体系建设、人才培养、产品研发到客户服务，创新精神已经全面融入集团的每一个环节、每一名员工、每一项工作中。

五洲世纪集团通过自主创新和开放式创新相结合，内培外引，打造人才创新高地。对内引进和培养创新人才，持续完善企业的创新体系，营造积极的创新文化，不断激发企业的创新活力；对外通过五洲教育研究院等平台，栽得梧桐树，引得凤凰来，成为聚集外部优质创新人才的高地。

（三）知识创新，构筑知识产权高地

2021年年初，重庆市知识产权局发布"重庆市知识产权优势企业"名单，五洲世纪集团名列其中。

版权、知识产权管理一直是五洲世纪集团重点关注的工作，集团制定印

发了相应的《知识产权管理办法》，明确了知识产权相关制度。集团获得国家"知识产权管理体系认证证书"，已累计申报专利 30 余项、商标 150 余项，申报著作权、软件著作权等 200 余件。

案例 4：重庆市五洲教育研究院成立

2021 年 2 月，重庆市民政局正式批复重庆市五洲教育研究院成立。该研究院是重庆市省部级一级教育研究院，主要由高校教育理论专家、基础教育界研究员、名校长和名师组成。

时至今日，研究院已经成为集团会聚全国创新人才的高地，在全国组织开展教育研究活动数百场，更好地促进了全国教育内涵发展，促进了广大教师队伍素养的提高，加快了教师专业化成长的步伐，全面提升了教育教学质量，进一步促进了学生全面而有个性的发展，创新了产学研深度融合新模式，为教育事业贡献了创新力量。

（四）科技创新，促进企业转型升级

科技创新是企业的第一生产力。五洲世纪集团注重用科技力量助力传统业务升级，拓展全新业务板块，促进企业转型发展，构筑企业核心竞争力。

集团旗下教育科技板块，聚焦教育信息化、智慧校园、数字课堂、STEAM 教育、创客教室等服务，项目遍布全国多个省份。时任全国工商联副主席安七一一行莅临五洲世纪集团调研时，对集团研发打造的"STEAM 创客空间"、智能电子学生证、智慧校园整体解决方案等赞赏不已，评价其为"实现教育均衡化的有力工具"。

案例 5：打造重庆市永川区图书馆，服务公共化建设

2022 年 1 月 4 日，重庆市永川区图书馆新馆正式开馆。图书馆占地面积约 7000 平方米，设有信息查询、图书阅览借还、少儿阅览、报刊阅览、老年阅览、视障阅览、数字文献阅览等功能窗口 20 余个，可同时接待读者 1000 余人。

这是由五洲世纪集团倾情打造的又一图书馆力作，也是集团在智能科技阅读领域实现转型升级发展的一个缩影。

集团通过智能化自助借阅及图书馆 RFID 系统解决方案的打造，致力于智慧图书馆整体建设规划、设计、软硬件建设等全流程服务。开发的"图书馆整体解决方案""智能微型图书借阅机""24 小时智慧图书馆""24 小时无人值守城市书房"等产品，已经在重庆、四川、贵州等地落地，服务当地文化建设。

（五）安全绿色，建设环境友好企业

五洲世纪集团牢固树立"安全生产""安全运营"理念，安全管理贯穿企业生产、物流、办公、活动等全过程，着力打造安全型企业。通过做好安全决策、安全生产管理制度、计划和监督，严堵疏忽和漏洞。

在绿色可持续发展方面，集团一方面着力自身低碳发展，同时以安全赋能零碳数字化转型，助力传统文化产业实现绿色升级；另一方面，在现代物流中心建设、生态环境治理等领域，以文化科技赋能，降本、增效、减碳，助力推动实现"双碳"目标。此外，通过改善办公室和生产物流中心的能源与水的使用方式，提高使用效率，优化及降低营运成本，同时降低能耗，构建环境和谐型企业。

案例 6：五洲世纪文化传媒智慧物流中心正式开工

2021 年 7 月 28 日，五洲世纪文化传媒智慧物流中心正式开工。中心主要功能涵盖与图书相关的智能装备制造、云计算高端服务业、教育科技产品研发与推广、图书策划与发行等多个领域，将打造成为图书研发及现采智慧物流一体式综合性现代服务平台。

中心建设遵循生态、绿色建设目标，高标准要求、高起点设计、高速度建设、高质量保证，严格按照环境管理体系标准施工，精心布置严密的施工计划，科学施工。

三、坚定企业担当，勇担社会责任

2021 年 12 月 29 日，《重庆市民营企业社会责任报告（2021）》新闻发布会在市政府新闻办举行，2021 重庆市民营企业社会责任百强榜单正式出

炉，五洲世纪集团名列前茅。集团在勇于担当社会责任方面再一次得到认可、肯定和鼓励。

心中有信仰，脚下有力量。五洲世纪集团自成立以来，时刻谨记"饮水思源、回馈社会"，将履行社会责任作为促进共同富裕，满足人民群众对美好生活的向往和追求，实现"两个健康"的重要抓手，多措并举践行责任担当。集团税收贡献能力增强，就业带动作用凸显；抗击疫情奉献大爱，决胜脱贫勇于担当；创新能力大幅跃升，绿色转型成效显著。

作为重庆市工商联副主席、九龙坡区工商联主席、重庆市文化产业商会会长、重庆市青年商会会长，徐登权弘扬新时代企业家精神，争做爱国敬业、守法经营、创业创新、回报社会的典范，他积极组织动员更多的民营企业和商会共同推进"万企兴万村"行动，为乡村振兴贡献民企力量。

（一）规范经营依法纳税，稳定带动社会就业

五洲世纪集团始终坚持诚信经营，依法足额纳税。集团现有员工700余人，带动上下游产业就业近万人。在企业发展过程中，从未拖欠过员工一分钱工资，从未发生过劳动纠纷。

近几年，面对错综复杂的国内外形势和持续不断的新冠肺炎疫情冲击，五洲世纪集团克服种种困难，在努力实现高质量发展的同时，用责任助力"六稳六保"，积极寻找发展新思路、新方法。集团创新经营模式，采取有力措施稳就业、保民生，积极构建和谐劳动关系，切实维护员工合法权益。

图5 荣获"全国就业与社会保障先进民营企业"称号

2021年2月，由全国工商联、人力资源和社会保障部、全国总工会三

方联合主办的全国就业与社会保障先进民营企业暨关爱员工实现双赢表彰大会举行，五洲世纪集团因在就业与社会保障方面的突出表现，荣获"全国就业与社会保障先进民营企业"称号。

（二）发挥文化企业优势，抗击疫情奉献大爱

自新冠肺炎疫情发生以来，五洲世纪集团积极贡献文化企业力量，坚持"守望相助，共克时艰"的精神，按照党和政府统一部署，结合企业实际情况，第一时间积极组织企业复工复产，助力经济社会全面复苏。

在防疫工作最艰难、最要紧的时刻，五洲世纪集团第一时间成立由徐登权担任组长的抗疫领导工作小组，通过捐款、捐物、组织转产复产、全球采购防疫物资和直接投身抗疫一线等多种途径积极参与应对疫情防控的人民战争。

案例7：勇担企业责任，携手共抗疫情

2020年2月10日，五洲世纪集团第一时间向重庆市九龙坡区慈善会捐赠总价值200万元的款物，携手一线共抗疫情。其中包括现金30万元、约13.7万册《新型冠状病毒感染的肺炎学生防护读本》、口罩1.5万只、护目镜200个、手套5000只、医用酒精500桶、医用消毒液100桶、菜籽油800桶、大米500件。

图6　向重庆市九龙坡区慈善会捐赠物资及现金

大疫虽无情，五洲有大爱，全体员工一天内捐助现金15万元，以微薄之力，共筑大爱之城。3月12日，集团向九龙坡区一线医务人员子女捐赠价值六万元的《五洲彩虹名著》《五洲作文》《智慧鹰幼教》等课外阅读书籍；5月30日，在"全国工商联携手知名民企助力疫后重振脱贫攻坚湖北行"活动中，徐登权爱心认捐20万元。

在这场严峻的斗争中，五洲世纪集团充分发挥自身优势，积极履行社会责任，累计选派抗疫志愿服务者 300 余人次，累计捐赠款物价值达 500 余万元，为疫情防控提供了有力支撑，被全国工商联授予"全国抗击新冠肺炎疫情先进民营企业"荣誉称号，被重庆市授予"重庆市抗击新冠肺炎疫情先进民营企业"荣誉称号。

（三）决胜脱贫勇于作为，精准帮扶建设小康

"万企帮万村"精准扶贫行动作为脱贫攻坚十大行动的排头兵、社会扶贫的知名品牌，得到了习近平总书记的充分肯定。五洲世纪集团积极行动，连续四年为重庆市国家级贫困县城口县捐款捐物，累计总额达 330 万元，助力城口脱贫攻坚、乡村振兴事业。

五洲世纪集团通过捐赠图书、援建图书馆、提档升级农村书屋等多种方式丰富城口县基础文化设施，助力基层文化建设。2020 年 9 月被授予"重庆市'万企帮万村'精准扶贫行动先进民营企业"荣誉称号。

图 7　获"重庆市'万企帮万村'精准扶贫行动先进民营企业"荣誉称号

（四）组织高效保障有力，品牌公益持续推进

2015 年 8 月，五洲世纪集团成立专门的"五洲慈善公益小组"，以徐登权为组长，牵头带领集团全体员工投身慈善工作。集团将慈善公益支出列入年度经费预算，为长久、深入、有效地开展慈善公益事业设立了明确的目标方向并提供了经费保障。

五洲世纪集团专注于关爱留守儿童、基层文化建设、捐资助学等公益事

业。针对贫困山区的学子开展捐书、捐资等活动，在高校设立"五洲奖学金"，每年惠及学子500余人；积极开展送书下乡，助力农村教育事业发展。

经过多年实践，集团已经形成"五洲圆梦行动""五洲精准扶贫""五洲蒲公英"三大公益品牌并持续推进。成立至今，集团在公益慈善领域支出已达5000万元，彰显了文化企业的责任与担当。

图8 "五洲圆梦行动""五洲精准扶贫""五洲蒲公英"活动

四、立足员工责任，构建和谐企业

案例8：病魔无情，五洲有爱，为员工燃起重生的希望

2016年的一天，五洲世纪集团董事长徐登权正在公司和团队讨论工作。突然门开了，一个熟悉的人走到徐登权面前，扑通一声跪下，紧握住徐登权的手，久久不肯起来。来者是五洲世纪员工刘新，他声泪俱下地说："徐总，谢谢您！谢谢您给了我重生的机会，给了我第二次生命。今生今世都难以报答！"

2015年，刘新突感不适，前往医院检查，得知结果犹如晴天霹雳。他患的是极为罕见的肺纤维化，且已进入较严重阶段，治愈希望不仅渺茫，能够治疗这个疾病的医院在国内比较少，高昂的治疗费用也是这个普通家庭不可承受之重。徐登权鼓励刘新，有什么困难企业来解决。

集团员工多次捐款捐物并前往医院探望，在家人和同事们的鼓励下，刘新积极配合治疗。刘新需要进行肺移植手术，在苏州找到了一家可以开展手术的医院，他燃起了重生的希望。但是，100多万元的手术费用根本无从凑起，刘新的心情又一下子跌入谷底。

徐登权得知后，二话不说，私人捐款60万元，加上前期各类捐赠款项，成功地为刘新解决了手术费用难题。徐登权还鼓励刘新好好养病，等身体恢复了继续回来工作，五洲大家庭等他回来。

在集团的关爱和家人的陪伴下，手术成功进行。刘新病愈返回单位，集团又为其安排了强度较轻的工作岗位。

刘新重获新生只是五洲世纪集团履行社会责任、关爱员工的一个缩影。员工是企业最珍贵的财富，集团对员工的关爱体现在方方面面。

（一）保障员工合法权益

五洲世纪集团将保障员工权益放在首要位置，700余名员工的劳动合同签订率100%，社会保险覆盖率100%，健康体检覆盖率100%。

遵照执行劳动法所有规定，集团制定的劳动合同、工资协商和劳务争议调解等制度在实际应用中不断改进、完善，让制度在保护员工利益过程中发挥切实有效的作用。

在为员工办理国家规定的各项社会保险基础之上，集团还增加办理了相关的商业保险，为切实保护员工利益和身心健康提供了坚强保障；严格遵守国家劳动工时、休假及特殊劳动保护等规定；实行带薪年假，节假日发放员工福利，发放工装等劳保用品。

（二）关怀关爱女性员工

五洲世纪集团女性员工占比高达65%，集团通过多种举措形成关爱女员工的良好氛围，给她们创造舒适的办公环境，关心她们的工作生活状况，关注她们身心健康。

全面落实女员工生育保险、孕产哺乳假期关怀；根据女员工需求，开展女性形象、生理保健、健康养生、安全保护等方面的专题讲座和交流活动；

组织相关符合女性特点的活动，如摄影、插画、茶艺、形象设计等。2017年，集团获得"全国三八红旗集体"荣誉称号。

（三）帮助员工成长成才

员工发展是集团长期关注的重要课题。一方面持续完善员工培训与提升体系，打造员工成长之路；另一方面，为员工提供科学化、规范化、合理化的晋升途径，打造员工成就通路和平台。

通过内训与外训相结合的方式，集团有效促进员工素质教育和职业技能提升，岗位培训率达到100%。

（四）创造良好办公环境

五洲世纪集团为员工提供现代科技、宽敞明亮、设施齐全、服务便捷的办公环境，人均办公面积超过30平方米。

集团还配置了环境优美的员工食堂，为员工提供营养丰富、美味可口的免费膳食；通过建立多个兴趣协会，坚持举办员工生日会、节日晚会，开展植树活动、摄影比赛、期刊投稿活动等，极大地丰富了员工的文化生活。

公司内，便捷的生活服务，休闲区、咖啡区、茶水室、儿童区等设施一应俱全。下午茶、节日惊喜、生日礼物、结婚生子福利等仪式感满满的安排和丰富多彩的团队建设活动，提升了员工的归属感和凝聚力。

五、注重客户责任，提升产品服务

从产品研发到客户服务，从响应速度到服务内容，从线下服务到线上服务，一直以来，五洲世纪集团都秉承"员工为本、客户为尊"的品牌理念，不断打造企业软实力，从产品到形象再到服务都悄然发生着变化，通过展新颜、抓规范、暖客户、治痛点、传口碑、强基础等举措，建立起横向覆盖各条线、纵向贯通各层级的服务管理机制。

（一）打造教育精品，严控产品质量

五洲世纪集团始终坚持把传承优秀文化、正确教育导向、奉献更多更

好的精神食粮作为服务客户的根本。

顺应新时期教育改革要求和政策规范，满足广大师生对优质教育内容的需求和期待，集团策划的《五洲彩虹名著》《五洲作文书系》《国学经典》《智慧鹰幼教》等品牌产品，深受青少年喜爱。

集团设立质量控制部、物流部等部门，细化工作职责，严控产品质量、安全生产、节能降耗，特别对原料采购、计划执行、生产任务完成、质量管控等进行系统化、数据化管理，有效保证产品质量和物流效率。

（二）坚持客户导向，开展教育服务

五洲世纪集团坚持客户导向，始终做到靠前服务。依托五洲教育研究院，会聚全国知名教育专家、优秀名师、教研人员数千人。

结合全国各地师生对教育培训、教育指导的需求，集团已累计开展线上线下各类教育培训、教育教研活动上千场，服务全国师生数万人，覆盖重庆、广东、广西、江西、安徽、四川、河南、河北等全国各地。

集团通过邀请全国教育专家、优秀名师深入教育资源匮乏的三四线城市和乡镇农村等地，为当地师生带来和一线城市同步的优质教育资源，受到热烈欢迎和广泛认可。

（三）响应国家号召，促进全民阅读

作为文化企业，五洲世纪集团责无旁贷，积极投身于推动全民阅读的大军中。

在图书研发编写方面，邀请4000多名从事实践研究的老师参与图书编写；在新产品方面，研发的智能书屋、智能书柜系列产品，被广泛应用于在城市的各个场景，助力书香社会建设。

集团还向各地捐赠图书、阅读设备，积极参与文化公益、图书下乡活动中。集团打造的五洲书店，是全国最大的实体书店综合体，将树立城市文化的标杆。

（四）紧跟客户需求，完善售后服务

客户服务是一个系统工程，五洲世纪集团组建专业团队，依托产品、市场和客户需求，提供亲情、高效的后期服务，持续提升客户满意度。

集团健全的客户服务体系贯穿整个销售流程，通过向客户提供更适合、更优质的系统解决方案，帮助客户提高竞争优势，构筑起以市场需求为引擎，以资源整合力、问题解决力、场景体验力、用户服务力为驱动的客户服务支撑体系。

六、积极融入社会，塑造责任公民

五洲世纪集团深知，企业是社会的企业，企业来自社会，是社会的细胞，脱离社会，企业就成了无源之水、无本之木。集团一直积极参与社会建设、回馈社会支持，致力于做负责任的企业公民。

案例 9：政企合力，担起"疫"线力量

2022 年 8 月 22 日，五洲世纪集团总部所在地重庆市九龙坡区突发疫情，九龙坡区杨家坪街道临时封闭管控，开展全员核酸检测。时间紧任务重，人手短缺，街道向集团求助。收到消息后，短短半个小时，就有近 30 名五洲人报名参加志愿者。

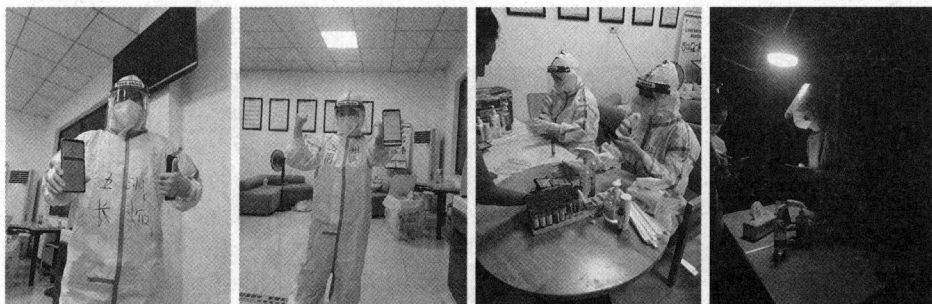

图 9　五洲志愿者支援疫情防控

时间临近傍晚，五洲志愿者顾不得吃饭，就集中来到街道办事处，经过短暂的培训后，被安排到各个核酸检测点参与相关工作。

这是重庆有气象记录以来最热的一年，连续一个多月都是超过 40℃的高温，密不透风的防护服穿在身上，不一会儿就汗如雨下。五洲志愿者忘我地投入紧张有序的服务工作中，经过数小时的奋战，直到 23 日凌晨，才完成相应任务。

作为环境友好型企业，五洲世纪集团一直坚持将企业发展与环境共存、共荣、共生紧密结合。每年春天，集团都要开展义务植树活动，树立起植树造林、绿化祖国的责任意识。

集团组织志愿者先后多次深入养老院、偏远农村等，参与街道、社区、村镇社会工作，关爱老人、留守儿童，为和谐社会建设作出企业的一份努力。

作为重庆文化企业的代表人士，徐登权先后担任重庆市第三届、第四届政协委员，重庆市第五届人大代表，热心社会事务，积极参政议政，始终做到听党话跟党走，紧紧围绕党中央国务院决策部署，落实重庆市委、市政府提出的发展目标和中心工作，服务经济建设大局，认真履行人大代表、政协委员、工商联主席职能职责，积极发挥参谋助手的作用。

案例 10：密切联系群众，争当群众满意的好代表

2022 年 7 月 6 日，重庆市人大常委会主任张轩开展主任接待日活动，徐登权受邀参加。这是对徐登权积极参政议政，对五洲世纪集团做负责任企业公民的认可和鼓励。

徐登权就贯彻落实中央、市委人大工作会议精神，在基层更好践行全过程人民民主，围绕中心大局依法履职等方面做了详细发言，提出了针对区域发展、社会民生等一系列建议。

图 10　徐登权受邀参加重庆市人大常委会主任接待日

张轩对此充分肯定，她希望人大代表接下来能够继续加强同人民群众的密切联系，把坚持党的领导、人民当家作主、依法治国有机统一贯彻到代表履职的全过程，严格依法履职，充分发挥在践行全过程人民民主中的重要作用。

在担任重庆市第五届人大代表期间，徐登权深入一线、深入基层，密切联系群众，关注人民群众生产生活中的热点难点问题，以实际行动作出示范、带好风气，争当群众满意的好代表，共提交人大建议 39 件。

其中，《关于大力支持我市实体书店发展的建议》（第 0437 号建议）被重庆市人大常委会列为重点督办建议，由重庆市人大常委会主任张轩亲自督办；《关于大力支持我市文化产业发展》（第 0374 号建议）被重庆市人大常委会列为重点督办建议，由时任重庆市委常委、宣传部部长，现重庆市人大常委会副主任张鸣亲自督办。

在担任重庆市第三届、第四届政协委员期间，徐登权就社会发展中的重点难点、群众关心的热点问题建言献策，共提交政协提案 48 件，连续荣任重庆市第三届、第四届优秀政协委员。

徐登权还担任了重庆市青年商会会长、重庆市文化产业商会首任会长，团结带领工商界人士，紧扣服务国家战略、服务社会经济发展、服务人民群众对美好生活的需求这一主要任务，以文化为引领，以产业为依托，担负起推动高质量发展的责任和使命。

面向未来，五洲世纪集团将不断增强"四个意识"、坚定"四个自信"、做到"两个维护"，坚守文化产业，强化使命担当，为全面建设社会主义现代化国家、实现中华民族伟大复兴的中国梦而不懈奋斗！

做好化肥保供稳价，全面推进绿色发展

——云南祥丰实业集团有限公司

提要：

作为云南省重点农用化肥生产企业和国家发展改革委确定的化肥保供重点企业，云南祥丰实业集团积极响应国家提出的"碳达峰、碳中和"要求，着力构建绿色低碳发展新格局。坚持把践行社会责任融入企业的经营和发展中，努力做优做强磷复肥主业，全力保障粮食安全，推动国家磷复肥产业向"绿色、安全、循环、可持续"方向发展，为建设美丽中国作出自身应有的贡献。

企业简介

云南祥丰实业集团有限公司（以下简称"祥丰集团"、集团或公司）创办于1988年，前身为云南祥丰化肥股份有限公司。集团总部位于云南省安宁市，是一家以生产高、中浓度磷复肥为主的大型民营企业。目前主要产业为磷复肥生产、磷矿采选、进出口贸易、农化服务、磷石膏综合利用，在做优做强现有产业的同时，依托资源、管理、技术优势，积极推进转型升级，布局精细磷化工、新能源电池材料、氟化工产业，不断完善和提升公司产业结构。

多年来，祥丰集团坚持以质量为基础，致力于生产中国最优质的肥料和最受老百姓欢迎的肥料，长期以来赢得广大经销商和种植户的充分信任，奠定了自身在磷复肥行业的发展地位。集团所生产的"螳丰""云弘祥""滇金麦"等品牌产品，畅销东南亚、南美洲、澳洲、日本等多个国家和地区，国内市场网络覆盖全国各省区市。2021年，实现营业收入138.29亿元，上缴税金6.83亿元。近三年，累计实业营业收入303.28亿元，上缴税金13.35

亿元。

公司连续多年荣获"中国化肥企业100强""中国石油和化工企业500强""中国石油和化工民营企业百强""云南省非公企业100强""云南省非公企业制造业20强""中国化肥质量稳定品牌企业""中国化肥金口碑企业""放心农资下乡信得过单位"等荣誉。

积极践行社会责任，为祥丰集团赢得诸多荣誉和广泛好评：先后获得"致富思源，扶贫救困企业""昆明市劳动关系和谐企业""反哺社会、回报桑梓"等数十项荣誉。集团董事局主席杨宗祥获得"抗洪赈灾先进个人""关爱员工优秀民营企业家""助人为乐模范""全国优秀企业家""云南省劳动模范""昆明市劳动模范"等数十项荣誉。2018年10月，杨宗祥荣获中央统战部、全国工商联推荐的"改革开放40年百名杰出民营企业家"荣誉称号，成为云南省唯一获此殊荣的云南民营企业家。

企业履责实践与成效

在"创一流企业，树百年品牌"的企业愿景下，祥丰集团秉承"责任、诚信、务实、共赢"的企业价值观，以幸福员工、成就客户、引领产业为使命，做爱国敬业、守法经营、创业创新、回报社会的典范。坚持"创新驱动、绿色发展"战略，致力于成为全国领先的现代农业肥料提供商。

一、坚持党建引领，助力企业高质量发展

党建做实了就是生产力，做强了就是竞争力，做细了就是凝聚力。祥丰集团党组织成立于2002年9月，2022年2月升级为党委，现下设五个党支部，有党员107名。集团将党建工作融入生产经营各项工作中，不断做实做强，成为"云南省非公企业党建示范单位"。

"四同"党建模式，增强凝聚力。集团坚持以企业发展与党组织建设同心、队伍管理与党员教育同步、企业文化与党建文化同向、企业治理与服务地方同行的"四同"党建模式，走出了"百强非公企业"党建之路，使党组织成为增强企业生产力、向心力、凝聚力和竞争力的源泉，实现了党

建工作与企业发展同频共振、互促共进。2021年6月被评为"云南省先进基层党组织"。

案例1：以"四同"党建模式，助力"百强非公企业"健康发展

坚持企业发展与党组织建设同心，既壮"筋骨"，又通"血脉"。公司坚持"立足发展抓党建，抓好党建促发展"的思路，围绕"六好"标准，以打造"四型"企业党组织为目标，实现党组织建设与企业同步壮大、党建工作与公司治理深度融合。

祥丰集团注重将现代企业制度与党建制度"联建"，企业管理结构与党的组织"联合"，企业生产经营与党建活动"联动"，开展党员示范岗、工人先锋号、青年文明号"双岗双号"创建活动，将党建工作与企业生产经营同部署、同管理、同考核。

图1 2021年6月，祥丰集团党总支荣获"云南省先进基层党组织称号"

坚持队伍管理与党员教育同步，既做"学者"，又做"教者"。公司坚持人才优先战略，一抓"关键少数"，二抓"中坚力量"，三抓"终端触角"，通过党员教育和队伍管理，引导企业职工深度参与企业生产经营活动，推动技术和管理创新，努力把党的政治优势、组织优势转化为公司的竞争优势和发展优势。

坚持企业文化与党建文化同向，既"掌舵"，又"扬帆"。公司始终秉持"积极向上、实干苦干"的企业精神凝聚党员、团结职工干事创业，注重"文化兴企""共商共谋"和党员的"先锋引领"作用，增强全体员工的战斗力。

坚持企业治理与服务地方同行，既耕"责任田"，又耘"自留地"。公司坚持把践行党的宗旨、践行初心使命与履行社会责任结合起来，把履行社会责任作为企业治理的价值导向。实现党建"共融"、资源"共享"、责任"共担"，在助推农业发展、脱贫攻坚、助推城市治理中贡献力量。

至今，祥丰集团已接待各级领导、各地考察团共 50 多批次，有 4000 多人到企业学习交流。

图2　2022 年 6 月，祥丰公司帮扶"挂包帮"安宁市禄脿街道密马龙村捐助化肥

提高产业工人党员比例。祥丰集团加大在产业工人队伍中发展党员力度，把技术骨干、优秀员工吸引到党组织中来，着力把工人党员培养成企业生产经营管理骨干，提高工人党员比例，不断增强产业工人先进性。截至目前，在现有党员中，49 名为集团中层以上管理人员、27 名为工人技术骨干。

完善责任治理体系。祥丰集团坚持问题导向，抓重点、补短板，聚焦"治理、用人、激励"三大机制，不断深化内部管理，激发企业内生动力。集团高度重视企业社会责任与企业发展战略相融合，不断优化社会责任管理体系，将绿色可持续发展理念融入公司产业营运和风险管理的各个层面。

近年来，祥丰集团对生产经营过程中可能遇到的风险进行详细划分和评估，及时识别和把控风险，加强了对安全环保风险、市场波动风险的应对能力。此外，公司积极完善内控管理体系建设，持续推动管理制度及流程的建设和优化，强化内控运行的监督检查，推动了集团公司高质量发展。

二、做好化肥保供稳价，全力保障国家粮食安全

2022 年，中央一号文件将"守住保障国家粮食安全"提升到了"底线"的高度，强调要全力做好化肥等农资生产储备调运，促进保供稳价。

祥丰集团牢记习近平总书记"中国人的饭碗任何时候都要牢牢端在自己手上"的重要指示批示精神，把保障国家粮食安全放在首位。2022 年，祥丰集团携手行业 200 余家企业，开展了"携手奋进、共保春耕"为主题的春耕保供稳价行动倡议，在推动复工复产、保供稳价、深入基层开展社会化服务等方面发挥各自优势，全力保障化肥供应，夯实全年粮食生产基础。

为优先保证国内化肥供应，祥丰集团积极调配资源，调减出口比例，积极参与竞购国家储备钾肥，并提供低价复合肥给农户，加大产品惠农力度，充分满足农户春耕需求；积极做好农资运输，加强与主要经销客户和物流单位的沟通协调，及时将化肥产品调运至各种植区域，主动为物流单位申请通行许可证，保障化肥及时发运，为春耕农资供应提供保障。

案例 2：全面完成 2022 年国家 10 万吨"夏管肥"储备任务

2022 年 6 月 2 日，云南祥丰实业集团首批国家"夏管肥"正式投放市场。作为云南省重点农用化肥生产企业，祥丰集团积极承担起国内化肥储备和价格稳定的社会责任，全面完成国家"夏管肥"储备任务，为保障国家粮食安全作出了应有努力。

图 3　2022 年 6 月，祥丰集团首批"夏管肥"正式投入市场

当前，祥丰集团第一时间面向市场投放 10 万吨"夏管肥"，其中包括磷酸二铵六万吨、复合肥两万吨、尿素两万吨，进一步稳定市场预期，为

"三夏"农业生产提供强有力保障。服务"三农"做表率，立足本职当先锋，祥丰集团将一如既往为农民提供充足、优质的化肥，为中国农业生产增产增收作出自己应有的贡献。

公司还积极组织化肥生产发运，及时向黑龙江、辽宁等重要产粮大省投放化肥资源，为各地春季化肥供应和粮食安全提供强有力的保障。

案例3：四封感谢信背后的担当——祥丰集团践行保供稳价责任

自2022年5月以来，云南祥丰实业集团接连收到四封分别来自黑龙江省供销合作社联合社、辽宁省供销合作社联合社、中农集团控股股份有限公司、工业和信息化部的感谢信。信中，对云南祥丰实业集团强力保障黑龙江、辽宁的春耕化肥需求，践行保供稳价责任，在关键时期为黑龙江省、辽宁省农业生产给予的鼎力支持与合作表示感谢。

工业和信息化部感谢信中指出，云南祥丰实业集团有限公司讲政治、顾大局，千方百计稳产增产，为春耕化肥保供作出了突出贡献。

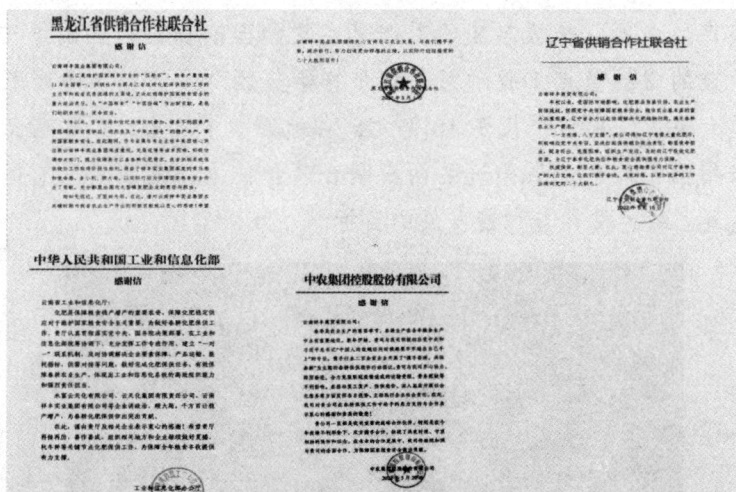

图4　2021至2022年祥丰集团"春耕保供稳生产"的各方感谢信

云南祥丰集团舍小利、顾大局，以实际行动为保障国家粮食安全作出了贡献，彰显出国内大型磷复肥企业的责任与担当。

三、创新推动可持续发展，产业升级助力低碳经济

祥丰集团积极响应国家提出的"碳达峰、碳中和"的要求，坚持创新、协调、绿色、开放、共享发展，着力构建绿色低碳发展新格局。

（一）开展天然气综合利用合成氨项目

2017年，祥丰集团成立云南祥丰石化有限公司，投资18亿元，建设30万吨/年合成氨项目，于2019年12月31日建成投产。

项目以中缅天然气管线的天然气为原料，采用两段联合转化技术和先进成熟的净化及氨合成工艺技术，淘汰原有煤制气工艺，实现了产业升级转型，祥丰石化也成为云南省内第一家使用天然气作为原料的化工企业。项目投产后，与原有装置相比较，综合能耗下降33%，烟尘降低100%，二氧化硫降低99.8%，氮氧化合物降低31.5%。

案例4：云南祥丰石化有限公司天然气综合利用合成氨项目正式投产

2019年12月31日，云南祥丰石化有限公司天然气综合利用合成氨项目正式投产。该项目是祥丰集团贯彻落实党和国家石化产业调结构、促转型、增效益的省级重点工程项目，也是祥丰集团立足当前、着眼长远发展大局的重大决策。项目总投资18亿元，占地面积186亩，以中缅天然气为依托，采用国内外行业最先进的两段联合转化技术，淘汰了原有的煤制气工艺，达到了绿色发展与和谐发展的目标。

图5　云南祥丰石化有限公司生产区

成效：天然气综合利用合成氨项目的顺利投产，标志着祥丰集团高质量发展的框架正式拉开，将有效破解公司在工业经济发展中的各项瓶颈制约，助力祥丰集团构建绿色产业发展体系，走产业生态化道路，对调整云南省工业结构、推动社会经济快速发展产生积极深远的影响。

（二）持续加大环保投入

安全环保隐患"零容忍"。祥丰集团始终把安全、环保作为企业的生命工程来抓，牢固树立环境友好、资源节约、可持续发展的经营理念，大力开展技术创新、管理创新。认真履行企业安全生产主体责任，增强安全意识，加强安全教育，深入开展隐患排查治理，坚持安全环保隐患"零容忍"。对隐患排查中发现的问题，及时进行整改，形成闭环管理，做到安全环保风险可控。

更新改造设备系统。在节能减排的工艺技术上，祥丰集团实施能源消耗系统节能改造、耗能设备更新改造，加大低温余热、废热等回收利用，积极实施电力、热力系统技术优化。祥丰金麦和弘祥化工低温余热回收发电装置，使热回收率达到 90%，降低整体能耗 49%。

持续加大环保投入。2022 年，集团新建工业废水循环绿色利用、蒸汽梯级应用等项目，累计完成固定投资 3384 万元。其中，工业废水循环绿色利用投入 2417 万元，蒸汽梯级应用与研究投入 967 万元。祥丰集团积极开展绿色工厂、绿色矿山建设，集团两家生产企业被评为"绿色工厂"，集团荣获"中国化肥行业绿色环保示范企业"。

案例 5：祥丰集团工业废水循环绿色利用项目树立绿色循环经济发展新标杆

2022 年 6 月，位于安宁市禄脿街道安丰营村的祥丰集团工业废水循环绿色利用项目进入试运行，投产后预计年减排总磷 4380 吨、氟化物 1460 吨、氨氮 292 吨，工业废水日处理量达 4000 立方米。

与之配套的蒸汽梯级研究与应用项目充分利用处理后的水回到焚硫工段产生蒸汽，通过梯级能源发电，是资源综合利用、节约能源、降低企业生产成本、减少环境污染的一种有效节能方式。项目建成后，每小时预计发电 9700 度，年发电量 6984 万度，每小时可节约标煤 2921 千克，年节约标煤量 2.104 万吨，按电价 0.42 元 / 度计算，可节约成本至少 2700 万元 / 年。

图6 云南祥丰金麦化工有限公司厂区

云南祥丰集团工业废水循环绿色利用项目属于国家鼓励类产业，项目的试运行是安宁市工业企业践行绿色发展理念、深入推广节能降耗、降本增效意识、持续推进节能减排有效改造措施的突出典范。

四、打造循环经济，推进磷石膏资源综合利用

磷石膏，是湿法磷酸生产过程中产生的工业副产石膏，全球综合利用率不到 8％。目前我国磷石膏堆存量已经超过六亿吨，每年还新增 6000 万吨左右，主要集中在长江上游的湖北、贵州、四川、云南等省份，增量不断产生，存量却利用率偏低，如果处置不当，极易对大气、水系及土壤造成污染，还存在溃坝和泥石流风险。

云南省是磷石膏产生的大省之一，在昆明市的海口、安宁、晋宁等磷肥产区已形成数座"磷石膏山"。工业固废磷石膏排放堆积，造成了严重的环境污染。

2017 年 4 月，祥丰集团成立云南祥丰环保科技有限公司，投资 7.79 亿元，建设 200 万吨 / 年磷石膏综合利用项目。项目总规划占地面积 857.33 亩，目前已建成磷石膏输送系统、水洗净化系统及煅烧系统，引进建设石膏建

材、水泥缓凝剂、高分子复合塑料掺混磷石膏等项目。

依托项目，将为磷石膏新产品、新材料、新技术的应用提供可靠的渠道保障，也为专业从事磷石膏综合利用的技术研究与开发、循环再生产品的生产提供专业技术指导。其产品应用于砂浆、建筑材料、自流平、市政产品、砌块、商品原料，推进了磷石膏资源集约化、产业化、绿色化综合利用。

目前，祥丰集团环保科技磷石膏综合利用项目已完成总体规划和布局，其主要规划思路是对磷石膏完成预处理，并通过"洗""选""烧"去除杂质后，交由专业公司开发水泥缓凝剂、石膏建材、石膏化工建材产品、土壤调理剂、生态修复填充料。

该项目的投产，使得磷石膏得到有效利用消耗。

社会效益方面：将解决其堆存对水土污染的环保问题。用磷石膏替代高分子产业中的生产原料碳酸钙，将有效避免由碳酸钙开采带来的对森林植被的破坏，并能有效降低能耗，同时也避免磷石膏堆积带来的安全隐患和环境风险，有效减少了二氧化碳排放量。

经济效益方面：将为企业带来新的利润增长点，并为企业发展循环经济、走高质量发展道路开拓新领域，增强新动能。

除了缓解生态环保压力，磷石膏也可生产制造更多的节能、节材、环保产品，加快实现磷石膏变废为宝的产业路径，实现更加绿色的经济效益。还可以有效带动下游高分子材料等项目建设，加快促进产业集群发展。

案例6：祥丰环保科技磷石膏综合利用项目200万吨水洗净化装置试车投产

2021年8月12日，云南祥丰磷石膏综合利用项目200万吨/年水洗净化装置试车投产。项目于2020年8月开工建设，采用行业最先进的水洗净化，无害化处理及再生循环技术，降低生产能耗，提高产品质量，实现节能减排，增强环保效益，提高资源综合利用水平，提升磷化工产业转型升级，推进磷石膏资源集约化、产业化、绿色化综合利用。

祥丰环保科技有限公司磷石膏综合利用项目共包括六大板块：

第一板块，磷石膏预处理，包括磷石膏的输送、洗涤、净化、选色和煅烧等。

第二板块，石膏建材。

第三板块，石膏水泥缓凝剂。

第四板块，石膏化工建材，计划利用磷石膏高温煅烧成无水石膏，将其研磨为细度1200目细粉，代替碳酸钙作为塑料填料使用。

图8 聚氯乙烯（改性无水磷石膏）管道、磷石膏路沿石

第五板块，磷石膏无害化处理，将其作为生态修复、土地复垦填充料等使用。

第六板块，高端高强度石膏建材，如无纸面石膏板、石膏装饰品等。

案例7：磷石膏资源化利用与研究合作协议签订

2022年6月17日，云南大学建筑与规划学院、昆明市建筑设计研究院股份有限公司、云南祥丰集团磷石膏资源化利用与研究合作签约仪式在祥丰实业集团总部举行。云南大学建筑与规划学院院长谭纵波、昆明市建筑设计研究院董事长杨宝璋、云南祥丰集团董事长杨利荣分别代表各方签署《磷石膏资源化利用产学研合作框架协议》，谭纵波院长代表学院分别向两家单位授牌。

图9 云南大学建筑与规划学院、昆明市建筑设计研究院股份有限公司、
云南祥丰集团磷石膏资源化利用与研究合作签约仪式

根据协议内容，三方将全面建立产学研合作关系，利用各自优势，共同开展磷石膏资源化利用及相关领域关键性、共性技术的研究及新产品的研发与应用推广，着力提升企业创新能力和高校先进科技成果工程化应用能力，形成专业、产业相互促进共同发展，实现"校企合作、产学共赢"。

祥丰集团将以磷石膏综合处理利用为契机，秉承绿色和谐发展理念，致力于化解磷石膏堆存所带来的环境污染和安全隐患难题，打造安宁工业资源综合利用示范园区，为地方经济发展和建设美丽云南贡献自身力量。

五、加大吸纳就业力度，关爱员工打造和谐企业

保供保就业，长期以来就是祥丰集团履行社会责任的重点工作。目前，祥丰集团有员工 3000 余人，新冠肺炎疫情发生以来，集团不仅没有减员，还增加了 400 多人就业。

（一）校企合作，为高校毕业生提供实习就业培训

集团重视对高职院校毕业生的培养，与昆明理工大学、云南农业大学、昆明学院、昆明国防工业职业技术学院、昆明冶金高等专科技术学院等高校签订校企合作协议，指定祥丰生产厂、祥丰金麦、祥丰石化等企业为实习基地，每年为各大院校应届毕业生提供实习平台，并给予实习生较好的待遇。近五年，共招收实习生 266 人，提供了 55 个岗位安置学生。

通过实习，大学生可以全面了解祥丰集团，加快角色转换，企业也可以通过实习考察选拔优秀毕业生就业，从而使企业、学校、学生三方实现共赢。

案例 8：安宁市域内高校书记、校长到云南祥丰实业集团走访调研

为深化产教融合、校企合作，2022 年 5 月 9 日，安宁市域内九所高校的书记、校长及相关人员和安宁职教园区管委会、安宁工业园区管委会有关负责人共同到云南祥丰实业集团走访调研，并开展座谈交流。

图10 2022年5月9日，安宁市域内高校走访祥丰集团

座谈会上，与会人员共同观看了祥丰实业集团企业宣传片，集团人事部简介了祥丰实业集团员工培养需求情况，并就深化产教融合、校企合作方面谈了四点建议，希望建立校企合作服务平台，促进教育链、人才链与产业链、创新链的有效衔接；加大精细磷化工、应用化工、新能源电池材料等专业学科的设置和人才培养，为安宁新能源电池材料产业发展提供支持；共建共享联合实验室，推进企业与院校紧密合作；加强就业引导，使全社会进一步关注、支持实体企业的发展，鼓励支持更多年轻人成为产业工人。

各职业专科院校分别介绍了学校的总体情况和专业优势，希望企业与学校进一步加强沟通交流，在专业人才培养、学生实习实践、科技成果转化输出等领域加强合作。

目前，祥丰集团已经和云南省多家院校搭建了人才定向委培模式，积极开展校企合作，每年到学校参加校园招聘会，学校也为公司组织安排专场招聘宣讲会，为公司选拔优秀人才给予支持。

祥丰集团建立了"师带徒奖励制度"，为企业培养高技能人才奠定基础。以"学徒对接岗位、公司对接学校"为核心，探索职业教育现代学徒制培养模式，使更多的新生劳动者成为技能型专门人才以进一步增强企业的后备技术力量。

新员工入职，签订《师徒带教协议》，指定专人对新员工进厂带教，从生活、学习、技能等方面进行一对一带教，让新员工尽快融入实际工作中，并能长期稳定在公司工作，通过不断的学习、提升和发展，员工能成长为优秀的高技能人才，在为企业发展贡献力量的同时，还能实现自己的价值。

（二）关爱员工，打造和谐企业

厂务公开，保障员工合法权益。祥丰集团历来重视厂务公开民主管理工作，采取"员工利益集体协商"的办法，制定了一系列与劳动保障和安全管理相关的制度，全面规范员工关系管理、薪酬与福利管理，充分调动了广大员工的工作积极性和创造性。

关爱员工，增强员工团队精神。公司制定合理的薪酬等级，每年定期评价，对薪酬做适当调整，为员工购买保险和公积金。在经济下行、疫情形势严峻的双重压力下，2021年公司还上调了员工工资，增长达8%～10%。

公司为员工新建500套经济适用房，让辛苦工作的员工居其屋、安其业。公司还开设职工食堂免费为职工提供中餐、开通职工交通车，建设图书馆、体育馆等文体设施；建立爱心互助基金，组织员工旅游、文娱活动、竞赛等，丰富员工的文化生活，使工无后顾之忧，增加员工的归属感，确保员工引得进、留得住、用得好、出效益。

种种福利及"以人为本，关爱员工"活动的开展，使祥丰集团广大员工体会到了组织的温暖，坚定了大家与企业同呼吸、共命运的主人翁意识和同心协力把企业搞好的决心。

案例9：金秋助学促人才，祥丰关爱暖人心

2012年，祥丰集团成立了爱心互助基金，用于救助公司困难员工，帮扶困难群众，并将每年的7月和8月定为"爱心助学活动月"。截至目前，共有121名员工的子女领取了金秋助学金，共计19.2万元。

多年来，公司始终坚持把开展金秋助学活动作为一项重要工作，及时准确了解职工子女升学情况，并逐一进行落实。通过助学活动传递爱心，传承美德，进一步强化了企业和职工之间的深厚感情，公司为莘莘学子梦圆大学筑起爱的桥梁，共同构建了企业和谐友爱的良好氛围。

图 11　2021 年 8 月 31 日，祥丰集团金秋助学金发放活动

重视安全生产，维护员工健康安全。企业的安全关系着员工最基本的劳动安全健康权益。祥丰集团在加大安全设施投入、改善劳动环境的基础上，不断完善安全生产规章制度，层层落实安全生产责任制，严格安全生产管理和考核奖惩，把企业安全生产工作纳入法治化轨道。加强现场安全管理、安全隐患治理和安全技术改造，做到及时发现、及时整改。加强员工安全知识、消防知识的培训，提高员工安全意识和安全技能，切实保护员工的健康安全。

加强人才工作，实施人才强企战略。集团全面实施人才强企战略，以提升职业能力为目标，紧抓"培养、吸引、用好人才"三环节，全力加快集团人才队伍建设步伐。坚持从理念改革、薪酬改革、专业人才队伍改革方面入手，不断优化人力资源结构。

其一，建立分行业、分专业、分层次后备干部队伍库，严格定岗定编定员管理，大力引进新鲜血液，培养建立梯队人才；

其二，大力提拔使用德才兼备、业绩突出、群众公认的干部，坚决反对论资排辈；

其三，不断改革薪酬分配机制，重点向基层一线员工、核心骨干人才、优秀高技能人才倾斜。坚持"按劳分配"凭效益业绩拿薪酬，杜绝大锅饭；

其四，积极培育核心团队和核心竞争力，以员工团队的高素质保障企业发展的高效率和高效益。鼓励职工对现有职称和学历再造提升，对职称和学历再造提升的职工给予技术职称工资奖励。

推进企业文化建设，营造和谐氛围。祥丰集团把企业文化建设纳入企业的发展战略规划中，与管理创新、制度创新相结合，重点放在增强企业的凝聚力和感召力上，围绕生产、经营目标，在全公司范围内广泛开展了形式多样的创先争优活动，以及文化、体育、娱乐活动。

公司通过明确的企业文化价值导向，把企业精神和核心价值观融入企业和谐发展的全过程中，营造尊重、关心、理解包容、互信互助的和谐氛围，对外树立良好的企业形象，对内增强员工的凝聚力。努力培养员工的奉献意识、大局意识、竞争意识、诚信意识，极大地鼓舞和调动了员工的工作积极性、主动性和创造性，使公司员工形成锐意进取、扎实工作、争创一流、人心齐、劲头足的良好氛围。

六、积极投身公益事业，履行社会责任

祥丰集团致力于把社会责任理念贯穿于企业的生产经营全过程中，多年来，积极参与光彩事业和各类公益扶贫事业，为推进云南省经济社会发展贡献民企力量。先后参与精准扶贫、乡村振兴、抗击新冠疫情、支持德宏高黎贡民族文化教育发展、支援河南洪涝灾区、支持缅甸抗击新冠肺炎疫情、参与政企携手共建滇中最美绿城等多项公益活动。截至目前，集团累计捐款捐物价值逾 2000 万元。

防疫"战"疫。2020 年 2 月 3 日，云南祥丰实业集团有限公司通过光彩事业促进会捐资 120 万元，驰援抗击新型冠状病毒性肺炎前线。其中，通过安宁市光彩事业促进会捐资 20 万元，用于安宁市疫情防控工作；通过云南省光彩事业基金会捐赠 100 万元，定向用于支援云南省及昆明市新型冠状病毒性肺炎疫情防控。集团董事局主席杨宗祥表示，祥丰集团将全力支援抗击疫情工作，与各方同舟共济、守望相助、共克时艰。

捐清香木，共建滇中绿城。2021 年 11 月，祥丰集团受邀参与安宁市工商联举行的"政企共建林"揭碑挂牌仪式，同时捐赠清香木，为安宁创建

滇中最美绿城出一份力。

案例 10：河南有难，祥丰来援，捐赠化肥 350 吨

2021 年 7 月，河南郑州、新乡等地发生特大暴雨引发农作物严重受损。中国磷复肥工业协会向全国磷复肥行业发出紧急援助倡议，支援灾区恢复农业生产。

云南祥丰化肥股份有限公司心系灾区人民，积极响应协会号召，第一时间通过河南省农业农村厅捐赠 350 吨价值 110 万元的复合肥料，为灾后重建家园送上爱心和援助。按照统筹安排，8 月 3 日爱心农资全部装运发出。

图 12　2021 年 7 月，集团捐赠化肥 350 吨支援河南灾区

"敬老节"活动。2021 年 10 月 14 日，祥丰集团到企业周边村委会看望老人，发放"敬老节"慰问金，向县街街道陈家村、好义村、车铺里村、禄脿街道下禄脿村、青龙街道后甸大村、草铺街道架良山村等八个村民小组，慰问困难老人 449 人，发放慰问金 159200 元。70 岁的李伯紧紧握住爱心企业代表的手激动地说："每年'敬老节'你们都有这么多人来看我们，我们心里很高兴。"

作为云南省重点农用化肥生产企业，云南祥丰实业集团将紧紧围绕中

国农业发展方向和趋势，坚持"创新驱动、绿色发展"战略，继续做优做强磷复肥主业，坚定不移向现代农业产业、精细磷化工、新能源电池材料、磷石膏综合利用等领域延伸，切实履行企业的社会责任。将继续为公司优秀的企业文化注入新的发展内涵，推动企业转型升级和创新发展，致力于成为全国领先的现代农业肥料提供商。